「近衛砲隊暴動始末」と「口供書」

――竹橋事件・日本軍隊史上最大の兵士の叛乱

刊行に寄せて

「竹橋事件」は、西南戦争後の官側兵士たちの恩賞に対するただ単なる要求闘争事件ではない。わが国の括弧付きの「近代化」に対する大事件の一つである。事件の広さと深さは、いまだ研究途上にある。

法政大学名誉教授松尾章一先生の提起を受けて、二〇〇八年六月六日より、私たちは月一回の「口供書」の現代口語訳と研究に、前野良沢・杉田玄白の『解体新書』翻訳事業以上の情熱を持って取り組んだ。足掛け七年（その間に二人の貴重な友人を失った）、七十三回もの研究会の後、二〇一四年一二月に、士官・下士官を含めた五七名の口供書の現代口語訳を完成した。

松尾先生に監修をお願いしたところ、官側作成の「近衛砲隊暴動始末」が無いという重大な欠落を指摘された。私たちは、はじめ、「近衛砲隊暴動始末」は権力側の意向であり、これの翻刻および現代語訳は見合わせ、兵士たちの「口供書」の中から竹橋事件の本質を掴もうと試みた。しかし、先生のご指摘通り、「近衛砲隊暴動始末」は重要であった。最後の部分に竹橋事件の本質に係わる箇所があったのである。

「近衛砲隊暴動始末」の現代口語訳や出版社との交渉その他で、その後二年を要したが、本日、この書を上梓することができた。

現在、軍事裁判所はわが国に存在しない。幸いなことである。兵士たちの「口供書」を読めば、「なぜこのようなことで死刑（砲殺＝銃殺）されなければならなかったのか」と疑問を持たざるを得ない兵士たちが多々いることに気付かれると思う。軍事裁判の恐ろしさである。この書を読んで、そのことだけでもご理解下されば幸いであり、処刑された兵士たちの霊も少しは慰められると思う。

最後に、松尾先生のご指導、菊池久氏（竹橋事件青山墓地遺族会会長）、海老原勉氏（同事務局長）、谷田部隆博氏（つくばね舎社主）の、並々ならぬご盡力に心より感謝申し上げます。

二〇一七年二月二十八日

刊行委員会委員　岡田三郎助

目次

凡例

本書は、明治十一年八月二十三日夜に勃発した近衛鎮台砲兵の反乱（竹橋事件）について、法政大学名誉教授松尾章一氏が収集した諸史料のうち、中心をなす三文書（いずれも手書きの漢字片仮名混じり文）の活字化およびその現代語訳である。陸軍裁判所が過酷な糾問で録った「口供書」は、兵士たちの口供書と士官・下士官の口供書の二構成で、いずれも国立公文書館に所蔵されている。冒頭の「近衛砲隊暴動始末」は、陸軍裁判所が暴動の大要として記したもので、明治十一年十月十四日、陸軍卿西郷従道が太政大臣三条実美に宛てた「犯罪処分伺い書」に「断案（判決案）」「口供書」を添えた、その時期に送付されたものであるが、現在、国立国会図書館憲政資料室に所蔵されている。

本書は、次の方針で編集にあたった。

一　原史料の活字化について

①常用漢字表にあるものはこれに換え、ない場合は他の漢字または仮名に換える。

②人名は原史料のままにする。したがって、本来の漢字と常用漢字が併用されている。

③小文字部分は（　）で括る。

④明らかな誤字、欠字、衍字、濁音・半濁音の仮名、方言及び拡張新字体には、文字の右側に「ママ」を付す。

⑤判読不能の文字は□とし、推測される文字を右側に（　）に示す。

二　現代語訳について

①直訳を基本とし、訳しすぎないようにする。

②人名は、署名も含めて常用漢字に統一する。

三　原史料は改行が少ないため、原史料の仕方に準じて、改行を増やす。原史料の欄外の付記に該当する箇所を▼で示す。語句解説をした語句には＊を付し、特に読みが難しい語句に振り仮名を付す。

四　各章扉の（　）書きは、国立公文書館・国立国会図書館における所蔵分類を示す。

1

近衛砲隊暴動始末

（三条家文書　第五十）

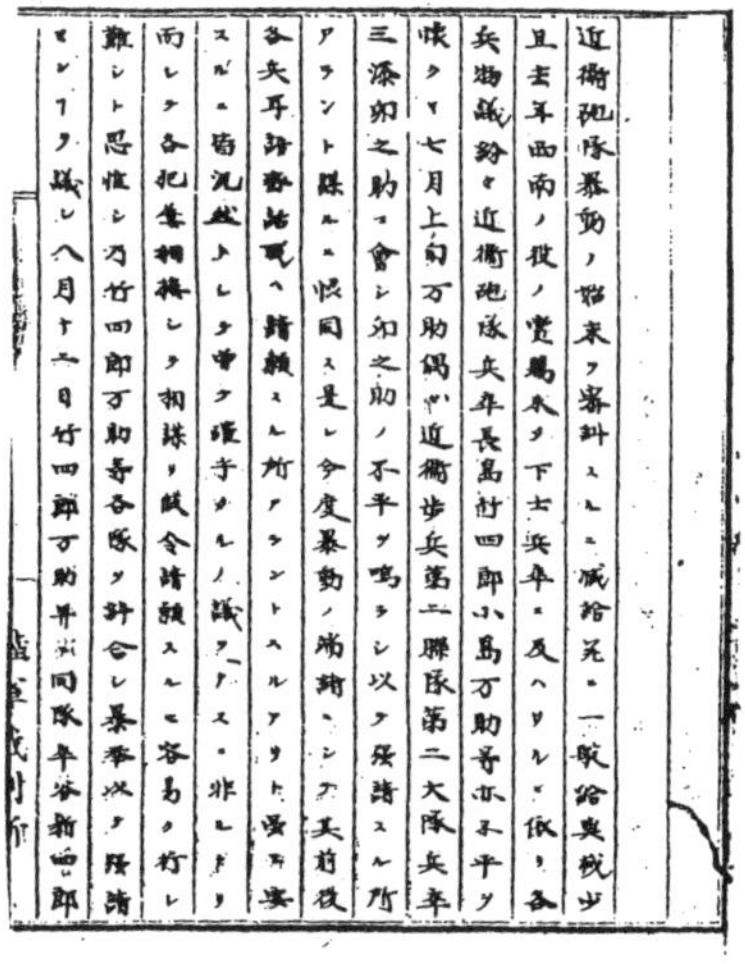

近衛砲隊暴動ノ始末ヲ審糾スルニ減給并ニ一般給與減少
且去年西南ノ役ノ賞賜未タ下士兵卒ニ及ハサルニ依リ各
兵物議紛々近衛砲隊兵卒長島竹四郎小島万助等亦不平ヲ
懐クヤ七月上旬万助偶々近衛歩兵第二聯隊第二大隊兵卒
三添卯之助ニ會シ卯之助ノ不平ヲ鳴ラシ以テ強請スル所
アラント陳ルニ帳同ス是レ今度暴動ノ端緒ニシテ其前後
各兵耳語密話既ニ請願スル所アラントスルアリト雖モ要
スルニ皆沈黙シテ曾テ確乎タルノ議アルニ非ルナリ
而シテ各犯罪相接シテ相謀リ假令請願スルモ容易ク行レ
難シト思惟シ乃竹四郎万助等各隊ヲ糾合シ暴挙以テ強請
セントノ議ヲ議シ八月十二日竹四郎万助并ニ同隊卒谷新四郎

【原史料】

近衛砲隊暴動ノ始末ヲ審糾スルニ減給并ニ一般給与減少且去年西南ノ役ノ賞賜未タ下士兵卒ニ及ハサルニ依リ各兵物議紛々近衛砲隊兵卒長島竹四郎小島万助等亦不平ヲ懐クヤ七月上旬万助偶々近衛歩兵第二連隊第二大隊兵卒三添卯之助ニ会シ卯之助ノ不平ヲ鳴ラシ以テ強請スル所アラント謀ルニ協同ス是レ今度暴動ノ端緒ニシテ其前後各兵耳語密話或ハ請願スル所アラントスルアリト雖モ要スルニ皆汎然トシテ曽テ確乎タルノ議ヲナスニ非ルナリ而シテ各犯屢相接シテ相謀リ仮令請願スルモ容易ク行レ難シト思惟シ乃竹四郎万助等各隊ヲ糾合シ暴挙以テ強請センコトヲ議シ八月十二日竹四郎万助并ニ同隊卒谷新四郎等先ツ之ヲ卯之助ニ謀ラント欲シ神田錦町某ノ家ニ会ス而ルニ卯之助事故アリ其同隊卒大住宗太郎平林紋之助代リ至ルヲ以テ議遂ニ決セス翌日会議スヘキヲ約シテ散ス又近衛工兵隊卒地木樂新介ハ竹四郎ノ同県ニシテ旧交アルヲ以テ之ヲ招キ該隊ヲ慫慂セシメントセシガ《ママ》新介我隊ハ糾合ス可ラスト称シ之ヲ肯ンセス竹四郎等猶尽力アランコトヲ托シ去ル

八月十三日　同所ニ於テ卯之助来リ会シ竹四郎万助密ニ之ト謀リ暴挙ノ議決ス是ニ於テ卯之助ハ今ヨリ一週間内ニ連隊中ヲ糾合シ次ノ火曜（乃チ二十日）ヲ期シテ其形《ママ》況ヲ通報シ其翌二十一日各隊赤坂山王社ニ集会スヘキヲ約ス此日新四郎及ヒ同隊卒小川弥藏宮崎關四郎髙橋小三郎等モ参会スト雖モ其密議ニハ与カラス新介又来リ遂ニ其協同ヲ謝絶シタリ是ヨリ先竹四郎同隊卒菊地《ママ》作次郎ヲシテ其一面識ナル第一連隊第二大隊卒福田清松ヲ召ハシメ事ヲ謀ラントスルモ清松来ラスシテ止ム

八月十七日　竹四郎万助等営内砲廠ニ於テ小三郎弥藏新四郎及ヒ同隊卒金井総《ママ》太郎大久保忠八ト商議シ総太郎忠八ハ鎮台予備砲兵隊ヨリ近衛ニ編入スル者ニシテ該隊ニハ旧交多キヲ以テ同シク該隊営ニ至リ兵卒宮崎忠次髙見澤卯助ニ面シテ之ヲ謀リ且近衛砲兵歩兵等ハ既ニ協同シ二十一日各隊赤坂山王ニ集会議決スヘキヲ告ク二人未タ肯テ諾セス総《ママ》太郎曰ク猶追テ協議スヘシ且明日我カ休息所ニ来ルヘシト乃チ去ル忠次卯助等之ヲ同隊卒真田兼松ニ告ク遂ニ鈴木直次ニ転告シ横山昇渡邉鐵之助等モ亦与リ聞ケリ

八月十八日　卯助忠次等総《ママ》太郎ヲ訪ハントシ途九段坂ヲ過キ偶忠八ニ会ヒ共ニ総太郎ノ休息所一橋通町某ノ家ニ至リ之ヲ談論スルニ卯助等其首領ナキヲ難シ亦肯テ允諾セスシテ去ル是ヨリ先キ東京鎮台第一連隊兵卒容貝次郎ナルモノ竹四郎ノ相識ニシテ其為人亦共ニ事ヲ謀ルヘキヲ以テ之ト商議シ該連隊ヲ慫慂セント欲シ総《ママ》太郎万助等ト共ニ其営ニ至リ之ヲ謀リ談ヲ終スシテ別レ此日麹町後家湯ト称スル家ニ於テ万助竹四郎新四郎等次郎ニ再会シ後又（二十日）神田錦町某ノ家ニ出会事ヲ謀リシニ次郎ハ新入兵ニシテ事遂ニ成スヘカラスト称シ辞シテ諾セス

八月二十日　是ヨリ先キ鎮台予備砲兵隊ニ在リテハ忠次卯助直次等未タ全ク此挙ニ議同セスト雖モ其事ニ就テハ固ヨリ不平ナキニ非ス亦同気相求メ計議スル所アルニ際シ此日直次出テ、麹町ノ酒肆ニ至リ偶同隊火工下長平山荊ニ会シ遂ニ共ニ飲シ談話ノ次直次不図頃日大事ニ関シ痛慮ニ堪ヘストノ語ヲ吐クヤ荊甘言其事ヲ聞カントシ直次初メハ秘シテ言ハサルモ之ヲ強ラル、ニ及ヒ遂ニ密語シ其事各隊一般ニ渉リ其関スル所亦徒兵卒ノミナラサル者ノ如ク故ラニ之ヲ張大ニシ以テ告ク荊聞テ其立論名義ノ旨趣ニ因リテハ或ハ為スヘキヲ称賛シ我隊少尉内山定吾下副官梁田正直等モ亦若クハ賛成尽力スルアラン且梁田内山ノ如キハ曽テ是等ノ事ニ於テ議論アルニ依リ之ヲ語ルモ決シテ告発スル等ノ患ナキヲ誓言シ又曰ク明日山王社ニ至テハ能ク其旨趣ノ在ル所方略ノ存スル所ヲ聞ケ余モ亦皈リテ梁田等ニ謀リ或ハ山王ニ赴クヘシト

○此日忠八新四郎小三郎及同隊卒廣瀬喜市等ハ更ニ予備砲兵営ニ至リ忠次ニ逢フテ弥明日山王ニ集会スヘキヲ告ケ又鎮台砲兵隊ヲ慫慂セントシ忠八喜市同隊営ニ至リテ兵卒永井銀蔵ニ会シ其事ヲ陳述シ且同志ノ徒ニ通センコトヲ托スルニ銀蔵亦略之ヲ諾ス乃チ明日山王ニ集会スヘキヲ約シテ去ル於是乎近衛砲兵隊同歩兵第ニ連隊鎮台砲兵第一大隊同予備砲兵《ママ》第一大隊ハ略声息相通スルヲ得各隊ニ二十一日ヲ以テ赤阪山王ニ集会大ニ議定スル所アラント欲ス

八月二十一日　初メ三添卯之助ハ二十日ヲ期シテ其連隊糾合ノ形況《ママ》ヲ竹四郎万助等ニ通報スヘキノ約ナリシニ当日其消息ナキノミナラス此日午時ニ及ンテ猶報知ナキニ依リ竹四郎等疑念ヲ生シ卯之助ニ面会之ヲ促サント欲シ午後其営ニ至リシニ外出不在ナリト聞キ或ハ我カ休息所ニ尋ネ至リシナランカト察シ各所ニ奔走之

ヲ捜索スルモ遂ニ会セス集会ノ時期已ニ迫リ山王ニ至リシニ亦近衛歩兵ノ来リ会スルモノナシ乃チ益疑フ

○而シテ平山荊ハ鈴木直次ニ聞ク所ヲ以テ即夜之ヲ梁田正直ニ告ケ此日正直ト共ニ之ヲ内山少尉ニ告ク皆各不平ヲ懐クノ際ニシテ意気相投シ共ニ其事ニ関シ将ニ為ス所アラントシ乃チ正直荊ハ本日午後卯助直次等ニ尾行山王ニ赴ク而レトモ敢テ集会ノ席ニ列セス其近傍ニ在テ窃カニ集会ノ形況《ママ》ヲ窺フ直次卯助ハ直チニ其席ニ至ルニ兵卒数名先キニ已ニ在リ乃チ此日山王ニ集会スルモノハ近衛砲隊兵卒長島竹四郎小島万助大久保忠八小川弥蔵馬場鐵市松本久三郎岩本久造水上丈平廣瀬喜市髙橋小三郎新熊安三郎藤橋吉三郎野中與吉木島治《ママ》三郎鎮台砲兵第一大隊兵卒永井銀藏木村伊四郎同予備砲兵第一大隊兵卒髙見澤卯助鈴木直次等ナリ然ルニ近衛歩兵ノ来会セサルニ依テ衆議紛々皆ナ前キニ近衛砲隊卒等ノ各隊卒ニ告クル所ト違フヲ責メ銀藏伊四郎等ハ既ニ各隊協同セサルコト斯ノ如ナルニ於テハ党ヲ免レントシテ辞シ去ル直次等モ亦頗ル忿激近衛砲隊卒ヲ詰リ且ツ我カ隊ノ如キハ糾合已ニ成リ況ンヤ士官下士モ尽力スヘキ迄ニ運ヒ今夜事ヲ挙ルモ亦能ク成スヘシト称シ以テ之ヲ激動ス喜市等モ亦竹四郎万助ガ専ラ近衛歩兵ト結約ノ事ヲ担当セシニ今如此ナレハ事必ス為スヘカラス自己等モ乞フ党ヲ免カレント云フニ至ル於是竹四郎万助ハ慙愧辞ナク席ニ堪スシテ近衛歩兵ノ参会ヲ促サント出テ卯之助ヲ捜索シ去ル梁田正直平山荊ハ近傍ニ在テ集会ノ形況《ママ》ヲ窺フニ在ルモノハ十数人ノ兵卒ニ過キス已ニシテ密ニ直次ヲ呼ヒ之ニ問フニ事前項ノ如ク近衛歩兵ノ来リ会セサルニ依リ未タ議決ニ至ラスト聞キ曩キニ直次ノ称セシ所ト違フヲ以テ稍失望シ直次ニ命スルニ能ク其首謀方略等ヲ聞キ得テ皈ルヘキヲ以テシ先山王ヲ去ル直次ハ再ヒ集会ノ席ニ至リ喜市忠八等ト議シテ曰ク事已ニ茲ニ至ル今之ヲ止ムモ罪アリ急ニ事ヲ挙ルニ若カスト遂ニ二十三日夜暴挙スヘキヲ概定シ猶明二十二日招魂社境内ニ集会議決スヘキヲ約シ皆解散ス既ニシテ皈途弥藏丈平相謂テ曰ク若シ歩兵協同セサレハ事成リ難シ宜ク各自尽力其ヲシテ協同セシムヘシト其飯田町ヲ過クルヤ丈平ノ一面識アル近衛歩兵第二連隊第二大隊卒簗山寅藏外一名ニ会ヒ弥藏密ニ其事ヲ告ケ且尽力アランコトヲ乞ヒ明日熟議センコトヲ約シテ別ル又竹四郎万助ハ近衛歩兵ヲ協同セン為メニ山王集会ノ席ヲ去リ周旋頗ル勉メ各処ヲ捜索スト雖モ遂ニ卯之助ニ会セス二人窮迫為ル所ヲ知ラス更ニ鎮台歩兵ヲ慫慂セント欲スルモ遽カニ策ノ施スヘキナク時已ニ皈営ノ期限ニ迫リ空シク皈隊ス

○正直荊ハ山王ノ皈路内山少尉ノ家ニ到リ其見聞スル所ヲ告ケ半信半疑スト雖モ皆ナ事ヲ好ムカ故ニ猶其形勢ニ因リ為ス所アラントシ其大隊長岡本少佐モ亦或ハ事ヲ共ニスヘキヲ以テ之ニ詢ラント欲スルニ当時伊香保ノ浴場ニアリ三人相議シテ之ヲ召ヒ迎ヘントシタリシガ《ママ》未タ敢テ果サス是レ正直荊等カ前後直次等ニ説クニ陽ニ名義ノ有無ヲ論シ又其軽挙スヘカラサルヲ諭シテ陰ニ岡本少佐内山少尉等モ事情ニ依リ尽力スヘキノ意ヲ言貌ノ間ニ介ミ以テ之ヲ煽動セシ所以ナリ直次等則チ其党類ニ対シ事ヲ挙クルノ後ハ上官指揮スヘキノ人アリト云ヒ之ヲ聞クノ暴徒等頼テ以テ其意ヲ強フセシコト知ルヘキノミ

八月二十二日　築山寅蔵外一人昨日ノ約ニ因リ近衛砲隊ノ営ニ至リ弥蔵ニ会セシガ《ママ》営中密談ニ便ナラサルヲ以テ午後神田白銀《ママ》町某ノ家ニ出会スヘキヲ約シテ去ル午後ニ至リ弥蔵喜市及同隊卒久保田善作共ニ其家ニ赴ク而シテ寅蔵未タ来ラス其同隊卒新宅智観先至リ喜市之ニ接セシニ議協ハス且ツ智観曰ク寅蔵ハ浅草ニ至ル故ニ或ハ来ラサラント蓋シ智観寅蔵ヲ諭シ避ケテ聞カラサラシメントスル也是ニ於テ弥蔵善作ハ先ツ去リ喜市モ亦続テ去ル已ニシテ弥蔵忠八喜市丈平治《ママ》三郎善作万助等神田美土代町某ノ家ニ会シ同隊卒大崎石松松本三四郎下津八十吉モ亦此家ニ在リ喜市忠八等発議シテ曰ク連判血盟以テ本日ノ集会ニ至リ信ヲ予備砲兵隊ニ得ント既ニ之ヲ初ムルヤ治《ママ》三郎善作等之ヲ拒ミ果サスシテ止ム

○此日招魂社ニ会スルモノ竹四郎治《ママ》三郎万助忠八喜市弥蔵丈平久三郎并ニ其同隊卒伊藤丈三郎羽成常助櫻井鶴次及ヒ卯助并ニ其同隊卒横山昇等ニシテ近衛歩兵第二連隊第一大隊卒川島清蔵同連隊第二大隊卒築山寅蔵ハ巨魁等途上ヨリ誘ヒ来リ清蔵ニハ略其事ヲ告ケ勉メテ尽力アランコトヲ托シ又喜市二人ニ対シ曰ク暴挙ノ時ニ当リ服装ハ上ニ冬ノ略衣ヲ着シ白布ヲ以テ右ノ肩ヨリ襷ヲ掛ケ帽ノ日覆ヲ脱ズヘク時期ハ未タ確定セスト雖モ事宜ニ依テハ今夜発スルモ亦知ル可ラス故ニ之ヲ告クト是ニ於テ清蔵寅蔵ハ明日猶此所ニ会スヘキヲ約シテ皈リ去ル寅蔵及ヒ近衛砲隊卒是永虎市鎮台予備砲兵卒富田清吉小林千太郎真田兼松等至リ会スルモ皆其議ヲ与リ聞カス而シテ竹四郎万助忠八喜市昇等別ニ密会ヲナセシモ此日原ト近衛歩兵隊ヲ連合シ而シテ時日ヲ決定セントスル為ニシテ他又別ニ議事アラス只暴挙ノ時ノ服装等ヲ議定シ且近衛歩兵ハ既ニ前ノ如クニシテ連合期スヘカラス仮令両砲隊ノミニテモ弥明二十

三日夜十二時近衛砲隊営ニ於テ大砲ヲ発スルヲ合図ニ暴発スヘキヲ議ス然レトモ昇等ハ近衛歩兵協同セサレハ事軽ク発スヘカラサルヲ論シ決議ニ至ラス明日更ニ茲ニ集会決定センコトヲ約シテ解散ス此日午前内山定吾等ハ其大隊長岡本少佐ノ浴場ヨリ皈ルト聞キ定吾直チニ其家ニ至リ各隊不平ヲ懐キ各処ニ集会事ヲ企ルノ形勢ヲ説キ其尋常ナラス又其党類モ兵卒ニ止ラサルカ如ク事頗ル大ナルヲ語リ以テ其意ヲ探ル岡本少佐亦肯テ之ヲ可否問究セス茫漠以テ之ニ応スルノミ定吾以為ラク少佐ノ言必シモ此挙ヲ以テ不可ト為サヽル如シ然レトモ其意猶未タ知ルヘカラストシ乃チ去ル

八月二十三日　内山定吾ハ昨日招魂社集会ノ状ヲ梁田正直平山荊ヨリ聞クニ（正直荊ハ之ヲ昇ヨリ聞シナリ）事頗ル軽忽ニシテ大ニ為スヘキナキカ如ク稍々疑ヲ生シ又岡本少佐ノ家ニ至リテ其聞ク所ヲ告クルヤ少佐ハ只能ク其根源ヲ探索スヘキヲ答フ定吾又云ク本日我隊中ノ者九段阪《ママ》ニ参会スル筈ナリ後刻梁田若クハ平山ヨリ貴官ニ上申スル所アルヘシト乃チ去ル此時ニ当リ定吾少佐ノ意ヲ察シ猶或ハ以テ頼ルヘシトスルナリ午後正直荊モ亦少佐ノ宅ニ至リ事ノ概略ヲ告ケ以テ之ヲ測ルヤ少佐亦深ク之ヲ咎メスト雖モ事ノ遂ニ成スヘカラサルヲ論ス二人是ニ於テ少佐ノ事ヲ共ニス可カラサルヲ察シ去リテ其休息所ナル市ケ谷阪《ママ》町ノ某家ニ至リ横山昇ニ論シテ曰ク汝チ今日集会ノ席ニ至ラハ名義ノ如何ヲ論シ首謀ノ誰タルヲ審ニシ各隊ノ応否ヲ推セ事果タシテ軽忽ニ属シ名義モ正シカラサルニ於テハ辞シテ皈ルニ若カスト蓋シ正直荊初メ専ラ之ヲ担任周奨シ陰ニ直次昇等ヲ煽動スト雖モ躬親ク其事ニ接セサルヲ以テ各隊ノ事状詳カナラス毎ニ半信半疑ヲ懐キ是ニ至リテ岡本少佐ノ事ヲ共ニセサルヲ察シ皆益苦心シテ昇カ集会ニ至リ如何ナル議決ヲナシ来ルヤヲ待ツ同隊火工下長八木駒次軍曹徳永貞幹モ初ヨリ之ニ関シ此日亦共ニ此ニ在リシナリ昇ハ去リテ九段阪《ママ》上水茶屋ニ赴クニ会スルモノ竹四郎忠八喜市新四郎総《ママ》太郎弥藏小三郎治《ママ》三郎并ニ其同隊卒松宮辨次郎永合竹次郎及ヒ寅藏并ニ其同隊卒岡田資源及ヒ昇卯助等ニシテ弥今夜十二時暴挙スヘキヲ決シ又暗号旗号等ヲ定メ且ツ近衛砲隊営ニ於テ砲ヲ二発スルヲ合図トシテ各隊直チニ皇居ニ至ルヘク若シ之ヲ妨ル者ハ都テ之ヲ撃ツヘシ已ニ皇居ニ至ルニ及ンテハ別ニ指揮スル者アリト称ス是レ曩キニ直次等我カ隊ノ士官下士尽力スル者アルト云フヲ頼ムニ過キス其目的タル実ニ茫漠ニ属シ或ハ其成算ナキヲ知ルト雖モ所謂騎虎ノ勢ニシテ妄リニ暴挙セントスル者ノ

如シ但竹次郎資源寅藏ハ其席ニ列スルモ其議ニ関カラスシテ先ツ散シ去ル而シテ竹四郎万助等カ曩キニ結約セシ所ノ卯之助ハ初メ自ラ該連隊ヲ糾合スヘシト称スト雖モ遂ニ行ハレサリシヲ以テ又出会スルニ面目ナク避ケテ遂ニ来ラス

○已ニシテ会員漸ク散シ竹四郎忠八喜市治《ママ》三郎総《ママ》太郎昇等猶在リ昇ハ議已ニ決スルヲ以テ忠八ヲ遣リ荊ヲ呼来リテ之ヲ告ケ且其尽力ヲ請フ荊其名義ナキヲ難シ又各隊之ニ応スル者寡少ナルヲ以テ其期ヲ緩フセント議スルモ皆固ク執テ変セス事茲ニ至リ仮令自訴スルモ其期ヲ遷延シ難シト云フニ至ル荊昇等ハ已ニ近衛砲隊中ニ首領ナキヲ知リ同隊卒等ニ問テ曰ク我カ隊ノ士官下士出テ其指揮ヲ為スモ子等皆之ニ服従スルヤト衆皆允諾ス荊已ニ説ントスルモ行レス期ヲ緩フセントスルモ聴カレス太タ窮窘シ曰ク然ラハ予ハ直チニ大隊長ニ謀リテ其決ヲ取リ今夜第九時ヲ期シ之ヲ近衛砲隊ニ報セント其議定スル所ノ暗号旗号ヲ携ヘ将ニ去ントスルニ臨ミ昇之ヲ内山少尉ニ伝ヘンコトヲ托ス荊ノ曰ク諾汝ハ之ヲ梁田等ニ報セヨト乃チ出去ル途ニシテ荊遽ニ其志向ヲ変シ之ヲ久徳大尉ニ告訴シ又去リテ内山少尉ニ其事実ヲ告ク少尉ハ猶其形勢ニ応シテ為スヘキアラントシ余ハ今ヨリ岡本少佐ニ告ケ然ル後登営スヘキヲ以テ汝ハ早ク営ニ皈リ衆兵ヲ鎮撫シ以テ余カ至ルヲ待テト命シテ直ニ荊ヲ去ラシム久徳大尉已ニ荊ノ報ヲ得直チニ家ヲ出テ途熊谷少尉ニ会シ事変ヲ岡本少佐ニ報スヘキヲ托シ去リテ衛戍本部ニ赴ク

○昇ハ荊ノ報ヲ聞キ之ヲ近衛砲隊ニ報スル為メ喜市ヲ伴ヒ去リテ市ケ谷ニ赴ク時方ニ薄暮集会ノ員悉ク解散セリ昇喜市已ニ市ケ谷阪《ママ》町ニ至リ昇正直駒次貞幹等ニ告テ曰ク今夜暴挙ノ議決シ平山モ之ヲ諾シテ去レリ乞フ大隊長ヲ誘ヒ出サンコトヲ求ムト其言語容貌断乎トシテ説諭ノ聴クヘキニ非ス是ニ於テ正直駒次等然ラハ大隊長ニ謀ラント称シ匆卒出去ル而シテ其去ルニ臨ミ曰ク後刻報スル所アラン汝ハ茲ニ在テ待テト蓋シ是時ニ当テ正直ハ事ノ遂ニ成スヘカラサルヲ覚リ又暴動ノ意ヲ絶ツ也是ヨリ正直駒次ハ直チニ岡本少佐ノ家ニ至ルニ少尉熊谷正躬先在リ而テ少佐外ヨリ至ル熊谷少尉ハ久徳大尉ノ言ヲ伝ヘテ今夜隊中暴動ノ企アリ云々ト変ヲ告ケ少佐未タ応セサルニ正直別席ヲ乞フテ窃カニ少佐ニ告テ曰ク事愈今夜ニ決シタリト少佐曰ク然ラハ行軍シテ之レヲ他ニ避ケント正直曰ク髙見澤卯助ハ集会ノ席ヨリ先キニ皈リテ今隊中ニアリ横山昇ハ後チニ其席ヲ去リ今下士官等ノ下宿（市ケ谷阪《ママ》町ノ休息所ヲ云フ）ニアリ卯助ハ昇ノ皈営ヲ待テ之ヲ隊中ニ告クルノ約ナ

リ今行軍ヲ為スナラハ昇ノ未タ皈営セサルニ先チ急遽呼集ヲ令セラレンコトヲ望ムト此ノ時少佐正直ニ士官某々ノ優劣ヲ問ヒ了リテ原トノ席ニ至リ熊谷少尉ニ命シテ曰ク予ハ今ヨリ直チニ出営シテ之ヲ鎮撫セントス子ハ之レヲ鎮台司令長官ニ報セヨト抑正直少佐ニ別席ヲ乞シ所以ノモノハ少佐若シ説諭ヲ以鎮撫セント欲セハ之ニ説クニ尋常ノ手順ヲ履ミ之ヲ鎮撫スルモ行ハルヘカラス宜シク士官下士中其人ヲ選ヒ之レニ委スヘシト云フヲ以セント欲シ且熊谷少尉ノ在ルヲ憚ルニ出ルナリ（其人トハ内山少尉ノ如キ平山荊ノ如キ者ニシテ此ノ挙ニ関シテ兵卒ノ望ミヲ得タル人）然レトモ少佐行軍シテ之レヲ鎮スルノ言アリ正直依テ其事ヲ陳セスシテ止ム

〇昇喜市ハ阪町《ママ》ノ休息所ニ在テ正直駒次ノ報ヲ待ツニ貞幹モ亦皈営シテ隊中ノ準備ヲナスト称シテ去リ時ヲ移スモ正直等ノ報未タ来ラス已ニ第十時ニ及ンテ一ノ報知ヲ得ス是ニ於テ喜市昇ハ休息所ヲ出テ予備砲隊営ニ赴キ其動静ヲ窺フニ営中寂然トシテ常ニ異ナリ且其裏門ニ哨兵アルヲ見或ハ此事発覚シテ我カ党捕縛セラレシナラント察シ而シテ本隊ノ已ニ王子ニ赴キタルヲ知ラス時既ニ暴挙ノ期ニ迫リ猶予スヘカラサルヲ以テ去テ竹橋ノ営ニ赴ク

各兵既ニ当夜十二時暴挙スヘキヲ議決シ漸次九段阪《ママ》ノ会処ヲ解散シ近衛砲兵卒等或ハ酒肆ニ飲ミ或ハ其休息所ニ至リ私有物ヲ処分シ或ハ足袋草鞋麺包白衣等ヲ買フ者アリ或ハ刀剣ヲ求ムル者アリ而シテ皈営ノ時限ヲ過タス皆営ニ皈リ又窃カニ準備ヲ為シ後又一二ノ脱営シテ刀ヲ買ヒ求ムル者アリ

〇是ヨリ先午後第七時頃大尉津田震一郎登営シ週番大尉深沢己《ママ》吉ニ告ケテ曰ク昨廿二日鎮台予備砲兵隊軍曹阪西良一ナル者来リ面会ヲ乞フ我カ皇居当直ニシテ不在ナルヲ以テ家弟三郎之ニ接セシニ良一ハ頃日各隊兵卒相謀リ暴挙ノ企アリ将ニ来ル廿四日ヲ以テ発セントシ自己モ亦共同ヲ勧メラレ疑惑為ス所ヲ知ラス敢テ来リ措置ヲ謀ルト云フニ依リ三郎之ヲ止メ該隊士官ニ密告スヘキヲ諭シ猶家兄帰宅スレハ之ヲ伝ヘント答ヘ良一明日再タヒ来ルヘキヲ約シ去レリト本日皇居下直ノ後三郎ヨリ之ヲ聞キ其来ルヲ待チ午後第五時ニ至ルモ来ラス其実否知ルヘカラスト雖モ事タル忽セニスヘカラス敢テ告ク宜シク厳ニ注意捜索スヘシト云ヒ去ル

〇深澤大尉直チニ之ヲ小隊週番中尉川上親枝少尉池田綱平ニ諭告シ隊中ノ形況《ママ》ヲ捜索注意スヘキヲ命ス川上中尉池田少尉ハ則チ其動静ニ着目シ点呼ノ後営内ヲ巡視セシニ兵卒等各処ニ会談スルヲ認メ近ツキ至レハ皆散シ去リ其為体常ニ非ス然レトモ暗夜ニシテ其誰タル

ヲ識ルコト能ハス乃チ其形状ヲ大尉ニ報ス第九時頃曹長金子徳輝軍曹荒見勝栄等伍長兵卒ヨリ当夜暴挙ノ企アルヲ聞知シ各自変ヲ下副官若松政継ニ告ケ共ニ来リ之ヲ深澤大尉ニ申報ス此ニ於テ大尉其実ナルヲ覚リ直チニ下副官ヲシテ変ヲ隊長少佐宇都宮茂敏副官中尉井上時義及津田大尉ニ報シ以テ其登営ヲ促サシメ小隊週番士官ニ一層深ク注意スヘキヲ命ス

○時ニ皇居直衛ノ該隊少尉井上正義宇都宮少佐ノ命ヲ奉シ来テ営中ノ形《ママ》況ヲ実検シ深沢大尉ヨリ形《ママ》況并ニ措置ノ意見ヲ聞キ皈リ報ス同時ニ少佐西寛次郎来テ近衛歩兵連隊営ニ至リ深沢大尉ヲ召シ謀ル所アリ暫時ニシテ大尉皈リ来リ小隊週番士官及金子曹長荒見軍曹等ニ命シ共ニ野砲山砲ノ火門ヲ釘死シ又器械係リ軍曹火工下長等ヲシテ弾薬ヲ他処ニ隠匿セシメ又週番士官ニ令シテ下士ニ注意スヘキヲ示諭セシム然レトモ事頗ル急卒諭示遍ク及ハサルヲ以テ下士中或ハ暴発ノ期ニ及フマテ知ラサル者アリ或ハ熟睡スル者アリ其火門ニ釘スルニ当リ井上副官出営亦共ニ従事尽力スト云フ

○茲ニ凶徒巨魁等ハ当夜前後窃カニ各処ニ相会シ各分隊ニ就キ其人ヲ撰テ暴発ノ時期并ニ服装及暗号等ヲ通シ分隊中ニ伝ヘシメ又暴動ノ手配リヲ為シ並ニ其指揮役ヲモ巨魁中抽籤ヲ以テ定メント欲セシカ士官下士ノ巡視頻促ナルニ依リ遂ニ果サス此ヲ以テ暴挙ノ事ヲ告クルモ或ハ偏カラサル者アリ且凶徒等士官ノ頻リニ出入シ其砲ノ火門ニ釘スルヲ見テ事既ニ発覚スルヲ知リ巨魁竹四郎川上中尉荒見軍曹等ニ告テ曰ク前日来各隊会同異謀アリ当隊兵卒等モ亦初メ之ニ協同セシカ皆既ニ其不良ヲ悟リ敢テ之ニ応スル者ナキナリ抑各隊其盟ニ背キ応セサレハ攻撃スヘキノ約ナリ則各隊ノ来テ当営ヲ襲フ必セリ 而シテ今本隊其砲ノ火門ニ釘ス其レ何ヲ以テ之ヲ防カンヤト其言貌前非ヲ悔ヒ異図ナキ者ノ如クシ故ラニ暴徒当夜ノ暗号旗号等ヲ首出シ以テ誆賺セント欲シ又其輙ク暴発スヘカラサルヲ慮リ予シメ約スル所ノ本隊ニ於テ発砲スヘキノ合図ヲ市ケ谷ノ砲隊営ニ於テ施行セシメ一般ノ驚愕スル機ニ乗シ皇居ニ至ラント万助等ニ謀リ之ヲ同隊ニ告ル為メ脱出セントス而シテ皆行ハレサルナリ

○宇都宮少佐ハ井上少尉ノ皈報ヲ得ルヤ直ニ皇居ヲ出テ十一時半頃登営続テ津田大尉モ亦出営相議シ少佐ハ小隊長副官週番士官ニ令シ急ニ下士ヲ説諭シ以テ鎮撫ニ従事セシメントシ各員皆営舎ニ至リ下士ニ説諭スルノ際暴徒等ハ方ニ服装ヲ為シ或ハ已ニ室ヲ出ル者亦在リ其形勢殆ト迫ル此ニ於テ池田少尉ハ第一小隊中央分隊ノ室内ニ撞キ入リ百方説諭言頗ル凱切ナルモ衆肯テ

聴カス遂ニ先ツ吶喊シテ突出ツ各室亦之ニ応シ斉シク暴発鯨波如沸硝子ヲ破リ瓦礫ヲ飛シ椅子ヲ抛チ小銃ヲ振ヒ又皆多クハ抜剣以テ出ツ其勢甚タ猛烈加フルニ夜色暗里ニシテ士官下士之ヲ鎮圧セントスルモ勢支フル能ハス遂ニ放テ室ヲ出シメタリ時未タ第十二時ニ至ラス

○初メ暴徒ノ吶喊室ヲ出ルニ当テヤ井上副官馳セテ急ヲ宇都宮少佐ニ告ク少佐事既ニ此ニ至リ鎮撫スヘカラサルヲ以テ近衛連隊ノ兵ヲ借リ之ヲ鎮圧セント副官ニ命シテ其一二中隊ヲ請求セシム副官馳セテ同隊営ニ到リ而シテ少佐ハ直チニ室ヲ出階ヲ下リ戸外ニ出テントスルニ暴徒ハ僅カニ三四間ノ前ニ在テ呼集ノ喇叭ヲ吹キ蟻集スルノ際ナリ少佐左手ニ灯ヲ提ケ単身手ヲ翼シテ進ミ曰ク衆皆鎮静我言ヲ聞ケト言未タ終ラサルニ一人挺身進ミ来リ静マレトハ誰ソト呼ハリ其提灯ヲ打堕シ衆続テ馳セ聚リ之ヲ乱撃シ少佐ハ両手之ヲ支ヘナカラ我カ生命ノ存スル間ハ凶逆ニ為スヲ許サス若シ強テ為サント欲セハ先ツ我頭ヲ斬レトロ言ヲ絶タス而又一人小隊室ノ方位ヨリ馳セ来リ蓋日本刀ヲ以テ之ヲ斬リ少佐即チ倒ルト云フ伍長大場貞則ハ少佐ニ従ヒ其右側ニ在リ暴徒少佐ノ提灯ヲ打ツヤ剣ヲ抜クニ暇マアラス鞘ノマ、暴徒ヲ打ツ少佐手ヲ以テ之ヲ止ム続テ暴徒ノ少佐ヲ乱撃スルノ際貞則モ亦殴打圧倒セラレ遽カニ起ヲ得ス其起ツヤ少佐ノ倒ルト時ヲ斉フスト云少佐ノ倒ルヤ暴徒等或ハ突キ或ハ撃チ大声ヲ発シテ砲廠ノ辺ニ馳セ去ル時ニ少佐未タ命ヲ絶タス頗ル煩悶セリ貞則モ一旦其地ヲ逃レ再ヒ此ニ至リ其側ニ在リテ若松下副官ノ馳セ過ルヲ認メ之ヲ告ク下副官少佐ヲ負担シ病室ニ至リ介保《ママ》スヘキヲ命シ此形況ヲ近衛局ニ報セント直チニ営ヲ出テ去ル貞則乃チ少佐ヲ負ヒ去ラントスルニ又暴徒ニ追ハレ遂ニ病室背後ノ柵ヲ越ヘシハ暴徒ノ将ニ吶喊営門ヲ出ントスルノ際ニシテ又其認ル所トナリ之ニ追ハレ辛フシテ連隊営ニ達スルヲ得タリ（此末段貞則連隊営ニ至ル砲声ノ後ニ在リト雖モ事ノ連接スルヲ以テ此ニ続記セシナリ）深沢大尉ノ害セラル、モ亦暴発ノ初メニシテ其先後未タ詳カニ知ルヘカラスト雖モ衆言ヲ照スニ少佐被害ノ際ニ在リ

○初メ暴徒ノ吶喊其室ヲ出ルヤ其一群ハ即チ大隊室ノ前面ニ在テ呼集ヲナス者ニシテ其一群ハ該営裏門ヲ壊リ出テ歩兵連隊営通用門ノ辺ニ至リ大声呼噪以テ歩兵ノ出応スルヲ促シ営門亦頗ル喧噪混乱内外共ニ門扉ヲ破リ歩兵若干既ニ門ヲ出ルノ際連隊風紀衛兵其営門ヨリ之ヲ横撃スルニ依リ砲兵卒狼狽逃ケ去リ歩兵モ亦返テ其営ニ入レリ

○是ヨリ前砲兵卒等早ク既ニ数人ノ歩兵営前ニ至リ其形《ママ》況ヲ偵ヒ誘ヒ出サントスル者アリ其表門ヨリスルハ忠八総《ママ》太郎小三郎與吉等ニシテ其裏門ヨリスルハ竹四郎萬助吉三郎等ヲ首トス蓋シ此時忠八歩兵少尉坂本彪ヲ害シ歩兵軍曹中村則貞ノ被傷モ亦此際ニ在ランカ又其一群ハ砲廠ニ至リ砲ノ火門ノ釘ヲ抜ギ又弾薬等ヲ捜索スルモノアリ然リ而シテ一群歩兵営ヨリ逃レ皈ルノ後稍時ヲ移シ暴徒山砲ヲ二発シ同時ニ又秣庫ニ放火シ衆直チニ其砲一門ヲ挽キ営門ヲ出テ皇居ニ向ヒ其他竹橋門ヲ守ルモノアリ此時第十二時二十分頃ナリ

○喜市昇ノ二人ハ市谷砲隊営ヲ去リ竹橋ニ赴クノ途九段阪《ママ》ニ在テ竹橋営ノ既ニ暴発スルヲ認メ馳セ至ルヤ既ニ衆ノ皇居ニ赴カント営ヲ出ツルニ会シ昇ハ直ニ砲車ニ付キ衆ト共ニ至リ行キ喜市ハ一タヒ営ニ入リ冬服ヲ着シ走テ之ヲ追ヒ皇居ニ近ツキ衆ニ逢フ

○続テ又山砲二門ヲ挽キ武庫主管ノ前面ニ至リ砲門ヲ歩兵営ニ擬シ大声撤《ママ》弾ヲ発射スヘキヲ叫ヒ以テ之ヲ劫ス歩兵連隊営ニ在テハ暴徒ノ其営門前面ノ路ヲ経過スルヲ見ルニ及テ其営ヨリ武庫主管ニ連ネ防御線ヲ張リ通路ヲ横断セント兵ヲ出ス暴徒ハ以テ来リ応スル者トシ頗ル歓色アリ豈ニ図ランヤ粛然通過シ去リ其武庫主管ノ門ニ入ルヤ倏焉前後ヨリ暴徒ヲ射撃ス暴徒等意外ニ出テ周章狼狽砲ヲ棄テ潰乱或ハ前進皇居ニ向ヒ或ハ退テ営ニ皈リ或ハ堤塹中ニ潜伏スルアリ又濠ニ転スルアリ丸ニ僵ルアリ此ヲ以テ巨魁竹四郎万助等以下数十人皇居ニ至ラントスルモ既ニ歩兵ノ為ニ支ヘラレ逡巡中止ス

○而シテ前進ノ暴徒中途ニシテ近衛局ヨリ発遣ノ磯林中尉ノ説諭ヲ聴ク者十数人歩兵稲垣少尉ノ説諭ヲ聴ク者七八人蓋シ此時ニ至リ営ヲ出テ皇居ニ向フ者百数十人ニシテ其歩兵ニ捕獲セラレ或ハ途磯林中尉及稲垣少尉ニ従ヒ並ニ自首スル者ヲ合シテ歩兵連隊営ニ至ル者凡ソ四十余人其皇居ニ至ル者巨魁忠八喜市等ヲ首トシ九十余人ニシテ其半蔵門ヲ出ルヤ多ク路ヲ四ツ谷ニ取リ或ハ紀尾井阪《ママ》ヨリ喰違ヲ経テ至ル者アリ途士官ヲ要スル者四回又麹町ニ於テ忠八等警部ヲ刧シ其携ル所ノ刀凡廿本ヲ奪ヒ去ル其麹町九丁目ニ至ルヤ同隊曹長平岡瓢来リ其士官下士ノ之ヲ率ル者ナク又其隊伍ヲナサヽルヲ見テ之ヲ纏メ四谷門外ニ至テ隊伍ヲ編ミ帥ヒテ皇居ノ門外ニ至ル於此西少佐令シテ暴徒ノ兵器ヲ収メシメ之ヲ縛ス此時忠八銃ヲ発シテ自尽ス正サニ廿四日午前第一時半頃ナリ

○抑砲兵営内暴挙ノ初メヨリ暴徒等凶威ヲ振ヒ士官下士ヲ追ヒ其各処ニ潜匿スルヲ捜索シ就中弥蔵等下士数

人ヲ脅迫シ或ハ会計ノ金ヲ奪ヒ或ハ隠匿スル所ノ弾薬ヲ出シ或ハ火薬庫禁錮室ヲ壊ル等ノ形況〔ママ〕委曲ハ事数端ニ渉リ頗ル煩雑其先後次第得テ知ルヘカラスシテ之ヲ歴陳シ難シ又士官下士ハ暴徒ノ凶威当ルヘカラサルニ因リ往々各処ニ潜匿下士中或ハ険ヲ侵シテ遁レ出ル者アリ只池田少尉金子曹長ノ如キハ初メ頗ル尽力スル者ノ如シ然レトモ亦遂ニ鎮圧スヘカラサルヲ計リ他ヨリ之ヲ制スルノ外ナシトシ皆危険ヲ侵シ濠ヲ越ヘ出去ル此ヲ以テ兵卒中初メ士官下士ノ言ヲ聴キ其令ヲ待ツ者モ亦各処ニ潜伏セシニ至レリ

○是ヨリ先近衛砲兵少尉試補中村和義ハ変ヲ聞キ馳テ竹橋ニ至ルニ暴徒竹橋ヲ擁シテ入レス且小銃ヲ射撃セラレ清水門ヨリセントスルニ亦入ル（へ？）ヘカラス而シテ兵卒数人逃レ出テ此辺ニ在ルニ会□初メテ本隊兵卒ノ暴動ナルヲ聞知リ近衛歩兵隊ノ士官某等ト共ニ脱兵ヲ帥ヒ転シテ田安門傍ノ石垣ヲ攀登リ終ニ歩兵連隊営ニ入ルト雖本隊ニ至ルヲ得ス会々本隊井上副官ノ兵ヲ請ヒ来リ在ルニ会シ共ニ兵ヲ連隊長ニ請ヒ以テ営ニ至ラント欲セシニ連隊営モ亦混乱中遽カニ兵ヲ出スヘカラス遷延時ヲ移シ遂ニ井上副官中村少尉試補ハ志ヲ決シ其脱兵数人ヲ帥ヒ本隊営門ニ至リ暴徒ヲ説諭スルノ際連隊歩兵若干銃ニ剣シテ進ミ来リ暴徒勢挫折輙ク門ニ入ルコトヲ得タリ而シテ其歩兵ハ直チニ竹橋ニ向フ此際少尉試補平野好省既ニ営ニ至ル時当サニ廿四日午前第二時ナリ此ニ於テ井上副官中村平野ノ両少尉試補及下士若干名共ニ営内ヲ巡察シ宇都宮少佐深沢大尉ノ屍ヲ移シ又暴徒ヲ捜索シ在営ノ士官下士モ亦集マリ来ル続テ連隊歩兵来リテ営ヲ占メ守備ヲナシ暴徒ヲ鎮圧シ事全ク平定ニ皈ス而シテ其他ノ士官ハ変ヲ聞キ至ルモ其入ルヘカラサルヲ以テ皇居ニ赴キ或ハ後レテ至リ皆此鎮定ノ際ニ及ンテ終ニ登営スルヲ得タリ

○近衛歩兵第二連隊第一大隊兵卒川島清蔵同第二大隊兵卒築山寅蔵岡田資源ノ如キハ已ニ集会ニ列シ巨魁等ヨリ頻リニ慫慂セラレ又暴挙ノ暗号旗号ヲ示サルヽニ至リシト雖モ全ク之ヲ諾セス皈営ノ後モ隊中ヲ煽動セス然ルニ同第二大隊兵卒山本福松ナル者廿三日午後第三時過キ九段阪〔ママ〕下牛ケ渕ニ於テ姓名不識近衛砲隊兵卒ニ出会シ築山寅蔵ナル者ヲ識ルヤト問ハル福松之ヲ識ラスト答フ砲隊卒ハ本日招魂社ニ集会アリ来ラサルヤト云フ福松其集会ノ趣旨ヲモ聞カス但事故アリ至ル能ハスト辞スルニ砲隊卒云ク我カ砲隊及ヒ鎮台予備砲隊□（ニ？）於テ今夜若クハ明夜ヲ以テ暴発シ子ガ隊モ概ネ同意事ヲ発スルノ約ナリ宜ク隊中ノ同夥ニ伝ヘ其期ニ至ラハ相応シテ事ヲ為サンコトヲ乞フ而シテ暴挙ノ服装

ハ上ニ冬服ヲ着スル筈ナリト福松聞テ之ヲ諾シ皈営ノ後同隊兵卒白谷竹次郎ニ告クルニ竹次郎モ亦之ヲ諾シ奮フテ事ニ従ハント答ヘ之ヲ沖浦文治新林功賢ニ転告シ亦皆雷同シ遂ニ蔓延シテ三十余名ニ及フ砲隊ノ暴徒已ニ事ヲ発シ第二大隊ノ兵ヲ誘出セント欲シ多人数其営外ヨリ大声ヲ発シテ気ヲ付ケト呼フヤ竹次郎功賢等二十余名之ニ応シ士官ノ命ヲ用セス扉ヲ破毀シテ室ヲ出テ東通用門ヲ破リ外ニ出ルニ当リ第一連隊ノ風紀衛兵其営門ヨリ之ヲ射撃シ皆又退テ営ニ入リ其歩兵ノ之ニ応スルモノ甚タ少ナク加フルニ士官等已ニ哨兵ヲ配布スルヲ見テ暴動ヲ逞フスルコト能ハスシテ止ム

○東京鎮台予備砲兵第一大隊ハ始メ近衛砲隊ヨリ暴挙ノ議ヲ受ケ士官下士ノ陰ニ之ニ関係スルモノアリ為メニ大ニ本隊并ニ近衛砲隊暴徒ノ勢焔ヲ盛ンナラシメタルコトハ已ニ前項ニ記載スル如シト雖モ遂ニ暴発ニ至ラスシテ止ミシモノハ抑亦士官下士ノ此謀議ヲ与リ知ルモノアリ大隊長モ予メ之ヲ概知シタル所アルヲ以テ其機ニ先チ鎮撫ノ方ヲ尽シ得タルコトノ多キニ居ルカ為メナラン

八月廿三日薄暮　火工下長平山荊招魂社傍水茶屋ノ集会席ヲ去リテ大尉久徳宗義ノ宅ニ至リ今夜十二時本隊并ニ近衛砲隊其他各隊ノ兵暴発ニ決シタルコトヲ報シ且ツ本隊ノ兵ハ常ニ少尉内山定吾ヲ畏愛スレハ此人ヲシテ鎮撫セシムルニ如スト告タリ依テ荊ヲシテ内山少尉ノ宅ニ至ラシメ已レハ之ヲ衛戍本部ニ報セント欲シ急ニ之ニ赴ク途上本隊附中尉小橋誠人ニ会フテ其概略ヲ告ケ且ツ急ニ登営シテ鎮撫ノ方ヲ尽スヘキヲ托シ九段中阪《ママ》ニ至リ本隊附少尉熊谷正躬ニ面シ亦概略ヲ告ケ且ツ之ヲ大隊長岡本少佐ニ報告スヘキヲ托シ直チニ去リテ衛戍本部ニ至リ之ヲ衛戍副官井門大尉ニ報告ス時ニ午後第七時ヲ過ク小橋中尉ハ直ニ登営週番少尉浅野函ニ会シ隊ノ景況ヲ問フニ未タ異状アルヲ見スト云熊谷少尉ハ急ニ岡本少佐ノ宅ニ至ルニ少佐在ラス使ヲ其在ル所ニ馳セ少佐皈宅スルニ依リ久徳大尉ノ言ヲ少佐ニ陳述ス此時下副官梁田正直火工下長八木駒次モ亦来リ少佐カ熊谷少尉ノ言ヲ聞キ了リテ未タ答ヘサルニ梁田ハ少佐ニ別席ヲ乞ヒ告ルニ事太タ急ナルヲ以テス少佐然ラハ今ヨリ出営シテ行軍ヲナスヘシト答フ其事已ニ前項ニ詳カナリ

○是ヨリ少佐ハ直ニ武装出営セントスルニ際シ久徳大尉ノ来ルニ遇テ相共ニ営ニ至ル途上大尉ニ謂テ曰ク当隊兵卒仮令命ヲ聴テ鎮静ニ皈スルモ同営ニアル他ノ砲隊ハ其景況知ル可ラス宜シク行軍シテ之ヲ他ニ避クヘ

シト是ヨリ登営直チニ呼集ヲナスニ兵士ノ状況穏ナラス乃チ背嚢ヲ負ハス弾薬ヲ携帯セス大砲ヲ挽カスシテ行軍スヘキヲ令ス然ルニ兵卒等偶語シテ輙ク列ニ就カス時ニ鈴木直次等整列ノ後縛セラレンヲ恐レ若シ縛セラル、者アラハ衆力ヲ以テ其縛ヲ解ヲ乞ハント議スルアリト雖匆卒ノ際全ク行レスシテ止ム稍クニシテ衆列ニ就ク直次大声ヲ発シ行軍ニ弾薬ヲ携帯セサルハ如何ト呼フ士官下士等周旋尽力始メテ隊伍整頓シ営ヲ出ルニ至ル時已ニ第九時ヲ過ク已ニ七八町ノ所ニ及ンテ兵卒髙見沢卯助等隊伍ノ間ヲ奔走シテ行進ヲ妨ケ隊列大ニ乱ル士官ノ尽力ニ依リ纔カニ治ルヲ得タリ牛込神楽阪《ママ》ニ及ンテ内山少尉来リテ隊伍ニ属ス腰ニ双眼鏡ヲ帯フ士官等之ヲ異シム砲兵本廠ノ辺ニ於テ内山少尉ハ平山荊及白石某ニ命シ先行王子ニ至リテ設宿セシム進ンテ駒込ノ追分ニ至リ内山少尉擅断ヲ以テ梁田正直ニ命シ皈リテ東京諸隊ノ形《ママ》況近衛砲隊暴発ノ状ヲ視セシム而シテ後之ヲ岡本少佐ニ申ス妙義阪《ママ》ニ至ルニ及ンテ砲声ヲ聞キ皆顧望スルニ火焔ノ揚ルヲ見ル是ニ於テ隊伍又乱レ近衛砲隊ヲ助ケテ暴発スルニ非レハ行進スヘカラスト呼フモノアリ内山少尉ハ兵卒ヲ諭スニ大隊長及ヒ余輩モ到底暴発スヘキヲ以テシテ之ヲ鎮定スト雖モ此際隊伍大ニ乱レテ前後ノ巨《ママ》离《ママ》二丁許ニ及フ岡本少佐久徳大尉ニ議シテ曰ク巨魁分明ナラサレハ王子ニ至ルト雖モ之カ処分ヲ為ス能ハス宜シク隊中今日ノコトヲ知ル者数名我カ面前ニ出ヨト令スヘシ乃チ巨魁ヲ識ルヲ得テ処置施スコトヲ得ント是ヨリ久徳大尉ハ先行シテ平山荊ニ会シ其命ヲ伝フ已ニシテ隊伍王子ニ着スルニ先チ荊ハ髙見沢卯助鈴木直次ヲ隊列ヨリ抜キ両人ニ命シテ曰ク汝等暴発スルカ将タ之ヲ拒カントスルカ抑唯大隊長ノ命ニ是レ従フカ能ク他ノ兵卒ト議シ後刻大隊長ノ前ニ出テ、是ヲ上申セヨト卯助直次之ヲ諾ス岡本少佐王子ニ着シ扇屋ニ於テ直次卯助等ヲ召フ栗原伊《ママ》十《ママ》郎モ亦出席ス時ニ久徳大尉栗原中尉小橋中尉熊谷少尉内山少尉其他数名同席ス大隊長直次卯助等ニ告テ曰ク余予メ今日ノ事アルヲ知ル従来事ヲ為サントシテ過マル者少ナカラス決シテ軽挙ヲナスヘカラス汝等我カ命ニ服シテ事ニ従フヤ我レ若クハ暴徒ヲ鎮圧セントスルモ知リ難シト卯助等答テ曰ク已ニ此地ニ来リシ者ハ命令ニ従ヘハナリ爾後ト雖モ命令ニ服スヘキハ勿論ナリ但不条理ノ命令ニハ従ヒ難シ若シ隊中ニ於テ暴発ニ与セントスルモノ過半ナラハ暴発スル方ニ与セント其語気暴発セサレハ止マサル者ニ似タリ岡本少佐云フ然ラハ今ヨリ人ヲ東京ニ出シテ事実ヲ探索スヘシ汝等其ノ人ヲ撰ヘト是ニ於テ卯助直次相謀リ第一第二中隊ヨリ各一人ヲ出ス（山本八十八栗原伊十郎《ママママ》）岡本少佐之ニ闊袖服ヲ着シテ東京ニ差遣スルヲ許シ且命シテ曰ク皇居ハ何某隊ノ警備スル所タルヤ近衛歩兵モ亦発シタルヤ否ヤ能ク是ニ件ヲ探偵シ得テ来レト内山少尉傍ニ在テ之ヲ賛成ス卯助等又弾薬ヲ請求シ少尉最モ之ヲ賛成シ少佐亦之ヲ允可ス其足袋草鞋ヲ請求スルニ及ンテ少佐栗原中尉ニ命シ之ヲ弁理セシム而シテ先キニ行進途上ヨリ東京ニ赴キタル梁田正直ハ已ニ皈来竹橋内ニ於テハ愈暴発シ他隊ハ知ル可ラスト雖モ一橋辺ハ往来ヲ止メ小川町ハ人行如織巡査等平日ニ異ナラサルノ状ヲ報ス此際金円ヲ警視分署ニ借ランコトヲ議シ（出営ノ際匆卒金円ヲ隊中ニ置ク）小橋中尉命ヲ受テ分署ニ至リ金円ヲ借ラントスルニ警部ハ大警視ニ伺問シテ然ル後ニ答フヘシト称シ遂ニ果サスシテ止ム少佐等又議シテ曰ク宜ク警視官ニ依頼シ先キニ探偵ノ為東京ニ遣シタル兵卒二名ノ皈路ヲ要シ之ヲ捕縛セント久徳大尉ノ曰ク然リ之ヲ小橋中尉ニ命セント時ニ内山少尉之ヲ不可ナリトシ議遂ニ止ム少佐已ニ弾薬ノ請求ヲ許シ先ツ平山荊ヲ板橋火薬製造所ニ遣ハサントシ弾薬受領証書ヲ製シ荊ニ兵卒数名ヲ付シ之ニ赴カシム旧兵等弾薬請取トノコトヲ洩レ聞キ皆之レニ赴カント称シ遂ニ荊ニ随フテ行クモノ三十許名ニ及フ此際少佐ハ内山少尉ニ命シテ衆兵ヲ鎮撫セシメ且命シテ曰ク兵卒悉ク之ニ赴クハ不可ナリト而シテ少尉擅断ヲ以テ旧兵ニ悉ク行クヘキヲ許ス是ニ於テ旧兵ノ赤羽根火薬庫ニ向フモノ五十許名久徳大尉出テ、兵卒ニ令シテ曰ク仮令旧兵ハ行クトモ新兵ハ決シテ行クヘカラスト是レ旧兵ハ已ニ少尉カ独断ヲ以テ行クコトヲ許シ今之ヲ制ス可ラサルカ為メナリ已ニシテ本隊附医官東京ヨリ来リ鎮台砲兵第一大隊等ハ暴発セス神田橋辺ハ警備概ネ整ヒタルヲ報ス少佐ノ曰ク兵士等赤羽根ニ至リテ兇暴ノ所業アランモ難計士官中誰カ行テ之ヲ取締ルヘシト久徳大尉乃チ内山少尉ニ赤羽根ニ赴クヘキヲ依託シ少尉之ヲ諾シ高見沢卯助ヲ伴ヒ乗車赤羽根ニ赴カントスルニ臨ミ大尉命シテ曰ク然ラハ王子ニ皈レト令スル迄ハ旧兵ヲシテ彼ノ地ニ在ラシメヨト少尉之ヲ諾シテ去ル第二時頃中尉栗原乙也ヲ東京ニ遣ハシ事実ヲ視察セシム已ニシテ先キニ東京ニ差遣セシ探偵ノ兵卒二名皈リ報シテ曰ク一ツ橋近傍ハ警備甚タ厳ニシテ自己等モ不審セラレ辛フシテ免レ四ツ谷近傍ニ至ルニ亦然リ蓋シ概ネ鎮定セシナラント是ニ於テ衆皆安堵ス

○平山荊ハ板橋ニ至ルモ弾薬ナキヲ以テ空シク王子ニ皈来内山少尉ハ赤羽根ニ至リ（夜二時四五十分頃）該所哨兵司令中尉宮原正人ニ会フテ弾薬ヲ請求ス宮原中尉ハ

砲兵本廠ノ許可証票ナキニ於テハ一弾モ出ス能ハサルヲ答ヘ且其挙動言語ヲ怪シミ実包火薬ヲ哨兵ニ渡シテ大ニ警戒スルニ至ル少尉ハ声ヲ低フシ火薬庫ノ開閉ハ中尉ノ司トル所ナルカト問フニ中尉否ラスト答フ是ヨリ先キ東京衛戍本部ヨリ差遣セシ増加兵ヲ率ヒ加川軍曹赤羽根ニ着スルヤ内山少尉ニ従ヒ来リシ兵士等暴言ヲ発シ容易ニ増加兵ヲ柵内ニ入ラシメス少尉又天明ニ至ラントスルヲ以テ急ニ弾薬ヲ逓与アランコトヲ迫ルト雖モ中尉之ヲ謝絶ス已ニシテ衛戍ノ伝令使来リテ暴徒未タ鎮定ニ帰セスト雖モ衛戍ノ警備ハ已ニ整ヒシヲ報ス少尉ハ是等ヲ知リ中尉ニ告スシテ去ル兵卒等モ事ノ成ラサルヲ知リ少尉ニ従フテ王子ニ皈ル王子ニ於テハ探偵卒二名ノ言ニ依リ先キニ已ニ東京ノ鎮静セルヲ知リ岡本少佐ハ稲村大尉ヲ遣シ本隊ノ景状ヲ鎮台司令長官ニ報シ且ツ士官総代トシテ皇居ニ赴キ天機ヲ伺フヘキヲ命シ久徳大尉ニ本隊ヲ引率皈営スヘキヲ命シ置キ而シテ衆ニ先チ王子ヲ発シ衛戍本部ニ至リ司令岡本中佐ニ面シ巨魁ヲ捕縛ノ為メ衛戍兵三十人ヲ差遣アランコトヲ乞ヒ再ヒ王子ニ赴ク途上駒込辺ニ於テ久徳大尉ノ隊伍ヲ引率シ来ルニ逢フテ巨魁捕縛モ衛戍兵ヲ要スルニ及ハサルヲ談議シ之ヲ衛戍本部ニ報ス而シテ内山少尉等赤羽根ヲ発シ王子ニ皈ラントスル途上伝令下士ノ王子ヨリ来ルニ会フテ本隊ノ已ニ東京ニ向フテ発シタルヲ知リ乃チ王子ニ至リ旧兵五十許名ヲ纏メテ王子ヲ発ス廿四日午前第十時本隊悉ク市ケ谷ノ営ニ皈リ巨魁等皆縛ニ就キ事全ク平ク

是レ斯暴動ノ顛末ニシテ其状情委曲ハ各自ノ口供ニ於テ自ラ明瞭ナリト雖モ事衆ニ渉リ糾鞫ノ書類頗ル多ク且錯雑今遽ニ之ヲ展閲スル蓋シ亦難シ故ニ形《ママ》況ヲ記スルヤ如前又更ニ其要件ヲ摘ミ左ニ記載シ以テ識者ノ参観ニ供スト云爾

一　此暴挙徒党ノ原因多クハ減給及賞勲ノ事ニ在ルカ如シト雖モ各自ノ供スル所頗ル異同アリ或ハ給与品ノ事ニシテ夏時靴下足袋ヲ下付セサルヲ以テ不平ヲ懐キ或ハ徴兵ノ制ヲ議シ民権論ニ渉ル如キモノ等アリ其旨趣一ナラス

一　其目的強請ト供スト雖モ其事為ハ則チ暴挙政府ヲ顛覆スルヲ期スルモノ、如シ然レハ其異図豈徒暴動ニ止マランヤ別ニ謀ル所アルガ《ママ》如シ而シテ之レヲ審鞫スルニ他又異事ナシ是兵卒等浅薄軽浮誠ニ深謀遠慮ナク軽忽衆ヲ恃ミ上ヲ要スルニ過キス却テ其首領ナク又以テ其根源ナキヲ知ルニ足ルナリ

一　二十二日招魂社内集会ニ或ハ鎮台工兵歩兵ノ至リ在ルヲ見タリト供スル者アリト雖モ曽テ之ニ接スル者ナク甚タ曖昧想フニ当時夏服ニシテ其兵種殆ント弁別シ易カラス故ニ砲兵ヲ誤リ認ムル者ナランカ宜ク疑ヲ闕クヘキナリ

一　暴挙ニ先タチテ在京各隊ヲ部署シ某隊皇居某隊ハ砲兵本廠某隊ハ青山火薬庫等ト記スル書類アリ又大臣参議ノ家ヲ襲フ兵員分配書等アリト雖モ遂ニ各隊ヲ協同スル能ハス又遽ニ其期ヲ急ニスルガ《ママ》故ニ皆此ヲ議定スルニ至ラスシテ止ミ結局皇居ニ至ラント議決セシナリ

一　其暴挙只皇居ニ至ルニ止リ其目的ノ如何ヲ議セサル者ハ予備砲兵隊ノ士官下士等指揮スル所アラント云フヲ信スルニ過キサルノミ

一　隊中ニ在テ何ノ事タルヲ知ラス周章狼狽スル者亦不少其皇居ニ至ル者ノ内ニモ其暴動タルヲ知ラサル者亦或ハ在リ

【現代語訳】

近衛砲隊暴動の始末をくわしく調べてみると、減給と一般の給与減少、そしてまた去年の西南の役の賞賜が未だに下士、兵卒に及ばないので、各兵は物議紛々としていた。近衛砲隊の兵卒・長島竹四郎、小島万助等も不平を抱いていたところ、七月上旬、万助がたまたま近衛歩兵第二連隊第二大隊の兵卒・三添卯之助に会い、卯之助が、「不平を鳴らし、強請しようではないか」と謀るのに同調した。これがこのたびの暴動の発端であって、その前後、各兵は、耳うち、密談し、あるいは、請願したいことがあるのに、要するに、皆浮ついていて、それまではしっかり論議することがなかった。こうして、各犯はしばしば接し謀りあい、たとえ請願してもたやすくはいかないと考えた。竹四郎、万助等は、各隊をとりまとめ、暴挙して強請しようと協議し、八月十二日、竹四郎、万助、同じ隊の兵卒・谷新四郎等は、先ずこれを卯之助に謀りたいと考え、神田錦町某の家で会った。しかし、卯之助は支障があって、その同じ連隊の兵卒・大住宗太郎、平林紋之助が代理で来たので、協議はついに決まらず、翌日会議をしようと約束して解散した。また、近衛工兵隊の兵卒・地木樂《ちきら》新介は、竹四郎と同県で旧交があるので、これを招き、その隊をそそのかせようとしたが、新介は、「わが隊はとりまとめできない」と言って承諾せず、竹四郎等は、「なお尽力してほしい」と頼んで去った。

八月十三日、同所に卯之助が来たので、竹四郎、万助は、ひそかにこれと謀り、暴挙しようと決めた。この時、卯之助は、「今から一週間以内に連隊内をとりまとめ、次の火曜日（すなわち二十日）にその状況を知らせ、翌二十一日、各隊は赤坂山王社に集まろう」と約束した。この日、新四郎および同じ隊の兵卒・小川弥蔵、宮崎関四郎、高橋小三郎等も参会したが、その密議には関わらなかった。新介がまた来て、結局その協同を断わった。これより先、竹四郎は、同じ隊の兵卒・菊池作次郎に、一面識のある第一連隊第二大隊の兵卒・福田清松を呼び出させ、事を謀ろうとしたが、清松は来ずに終わった。

八月十七日、竹四郎、万助等は、営内の砲廠で、小三郎、弥蔵、新四郎および同じ隊の兵卒・金井惣太郎、大久保忠八と相談した。惣太郎、忠八は、鎮台予備砲兵隊から近衛に編入した者で、その隊には旧交が多いので、その隊営に行き、兵卒の宮崎忠次と高見沢卯助に面会してこの事を謀り、そして、「近衛砲兵、歩兵等はすでに協同し、二十一日、各隊が赤坂山王に集まり議決するはずだ」と告げた。二人はまだあえて承諾しようとしなかった。惣太郎は、「なお追って協議しよう。そして、明日はわが休息所に来てもらいたい」と言って去った。忠次、卯助等は、これを同じ隊の兵卒・真田兼松に告げた。結局、鈴木直次に伝わり、横山昇、渡辺鉄之助等も関わり聞いたのである。

八月十八日、卯助、忠次等は、惣太郎を訪ねる途中九段坂を過ぎ、偶然忠八に会い、一緒に惣太郎の休息所である一橋通町某の家に行った。一件につき話し議論したが、卯助等は、首領がいないのを非難し、再び承諾せずに去った。これより先、東京鎮台歩兵第一連隊兵卒・容貝《かたがい》次郎なる人物は竹四郎の知り合いなので、その人と共に事を謀ろうと考えて、次郎と相談してその連隊をそそのかそうと考え、惣太郎、万助等と共にその兵営に行き謀ったが、話が終わらずに別れた。この日、麴町の後家湯という家で、万助、竹四郎、新四郎等は次郎に再会し、また、後に（二十日）、神田錦町某の家で出会い事を謀ったが、次郎は、「新入りの兵であり、事は結局できない」と断わり、承諾しなかった。

八月二十日、これより先、鎮台予備砲兵隊では、忠次、卯助、直次等はまだまったくこの挙に賛同していなかったが、この事については、もとより不平がないわけではない。また、気の合った仲間は求めあい相談することがあるもので、この日、直次は外出して麴町の酒屋に行き、偶然、同じ隊の火工下長・平山荊《いばら》に会った。結局一緒に飲み、話の終わりに、直次がふと、「このごろ大事に関わりひどく心配でたえられない」と口外すると、荊は甘言でそれを聞き出そうとした。直次は、はじめは黙っていたが、強要されるに及んで、ついにひそかに打ち明けた。そのことは、各隊一般にひろがり、関与するのは兵卒だけではないかのように、ことさらに誇張して告げられた。荊は、これを聞くと、その立論や名義の趣旨によってはあるいは為すべきことだと称賛して、「わが隊の内山定吾少尉殿、梁田正直下副官殿等も、あるいは賛成し、尽力することもあろう。そして、梁田殿、内山殿の如きは、以前これらの事で議論したことがあるので、これを話しても決して告発などの心配はない」と誓って言い、また、「あす山王社に行ったら、よくその趣旨、方略を聞いておけ。自分もまた帰営して梁田殿等に謀り、あるいは山王に行くつもりだ」と言った。

○この日、忠八、新四郎、小三郎および同じ隊の兵卒・広瀬喜市等は、さらに予備砲兵営に行き、忠次に会い、「いよいよ明日山王で集会する」と告げた。また、忠八、喜市は、鎮台砲兵隊をそそのかそうとしてその隊営に行き、兵卒・永井銀蔵に会い、その事を述べ、「同志の仲間に知らせてほしい」と頼むと、銀蔵は、おおむねこれを承知した。そこで、「あす山王に集まろう」と約束して去った。ここにおいて、近衛砲兵隊、同歩兵第二連隊、鎮台砲兵第一大隊、同予備砲兵第一大隊は、ほぼ互いに連絡をとり合うことができ、各隊は二十一日に赤坂山王に集会、大いに論議し決定したいと願った。

八月二十一日、はじめ三添卯之助は、二十日を期して歩兵連隊のとりまとめ状況を竹四郎、万助等に知らせる約束であった。しかし、当日その連絡がなかっただけでなく、この日昼時になってもなお知らせがないので、竹四郎等は疑念を生じた。卯之助に面会して催促しようと考え、午後連隊営に行ったが、外出不在だと聞き、あるいは自分の休息所に尋ねて来ているかも知れないと察し、各所を奔走して捜してみたが、ついに会えなかった。集会の時刻はすでに迫り、山王に行ったが、またしても近衛歩兵の者は来ておらず、そこでますます疑った。

○いっぽう平山荊は、鈴木直次から聞いたことを、その夜梁田正直に告げ、この日正直とともに内山少尉に告げた。皆それぞれ不平を抱く折、意気投合し、ともにその事に関わり、必ず為すことがあるだろうと考えた。そこで、正直、荊は、この日午後、卯助、直次等の後をつけて山王に行った。しかし、敢えて集会の席に出ず、その近くにいて、ひそかに集会の状況をうかがった。直次、卯助は直ちに集会の会場に行ったが、兵卒数名がすでに先に来ていた。この日山王で集会した者は、近衛砲隊の兵卒・長島竹四郎、小島万助、大久保忠八、小川弥蔵、馬場鉄市、松本久三郎、岩本久造、水上丈平、広瀬喜市、高橋小三郎、新熊安三郎、藤橋吉三郎、野中与吉、木島次三郎、鎮台砲兵第一大隊の兵卒・永井銀蔵、木村伊四郎、同予備砲兵第一大隊の兵卒・高見沢卯助、鈴木直次等であった。ところが、近衛歩兵が来ていなかったので、衆議紛々、皆は、前に近衛砲隊の兵卒等が各隊の兵卒に告げたことと違うことを責め、銀蔵、伊四郎等は、「各隊がこのように協同していないというのであれば、党をやめる」と主張して辞去した。直次等もまた、すこぶる憤慨し、近衛砲隊兵卒をなじり、そして、「わが隊などはすでに結束できている。ましてや士官、下士も尽力するまで進み、今夜事を挙げても十分やれるぞ」と主張し、これを激しくつきあげた。喜市等もまた、「竹四郎、万助がもっぱら近衛歩兵との約束の取りつけを担当したのに、今このようでは、事は絶対にやるべきではない。自分等も、党をやめさせてくれ」と言うに至った。ここで、竹四郎、万助は、恥じ入って言葉なく、席に耐えられず、近衛歩兵の集会参加を促そうとして、卯之助を探しに出て行った。梁田正直、平山荊は〝近くにいて集会の状況をうかがってみると、参加者は十数人の兵卒に過ぎなかった。そこで、ひそかに直次を呼び出して聞くと、事は前項のように、近衛歩兵が来ていないので、未だに議決に至らないという。前に、直次が主張したことと違うので、いささか失望して、直次に、「よくその首謀者や策略等を聞き出してから帰って来い」と命じたうえ、先に山王を去った。直次は、再び集会の席にもどり、喜市、忠八等と協議し、「事はすでにここに至った。今これをやめても罪となる。早急に事を挙げるほかない」と言った。ついに二十三日夜暴挙と決しようと約束して、皆解散した。こうして、帰途、弥蔵、丈平は、「もし歩兵が協同しなければ、事の成功はむずかしい。ぜひとも各自尽力して協同させよう」と互いに話し合った。飯田町を過ぎて、丈平と一面識のある近衛歩兵第二連隊第二大隊の兵卒・簗山寅蔵ほか一名に会い、弥蔵は、ひそかにその事を告げ、尽力してほしいと請い、明日じっくり協議しようと約束して別れた。また、竹四郎、万助は、近衛歩兵を協同させるため、山王集会の席を去り、斡旋に大いに努め、各所を探してみたが、ついに卯之助に会えず、二人はせっぱ詰まり為すすべもなかった。さらに鎮台歩兵をそそのかそうと願ったが、にわかに策を施すあてもなく、時すでに帰営の時刻が迫り、空しく帰隊した。

○正直、荊は、山王の帰路、内山少尉宅に行き、その見聞きしたことを報告した。半信半疑とはいえ、皆事を好むが故に、なおその形勢により為すことがあろうし、大隊長・岡本少佐もまた、あるいは事をともにするかも知れないと考えて、意見を聞きたいと願ったのだが、少佐は当時伊香保の温泉場にいた。三人は相談して、隊長を呼び迎えようとしたが、未だに敢てそうしていない。これが、正直、荊等が前後して直次等に説くのに、表では名義の有無を論じ、また軽挙はすべきでないと諭し、裏では岡本少佐、内山少尉等も事情により尽力するだろうとの意中を、言葉と態度の間にはさみ、直次等を煽動した理由である。こうしてやっと、直次等が、その仲間に対し、「事を挙げた後は上官に指揮する人がいる」と言い、これを聞いた暴徒等は頼りにして、心強くしたことが分かるのである。

八月二十二日、築山寅蔵ほか一人が、前日の約束により、近衛砲隊営に来て弥蔵に面会したが、営内は密談に不便なので、午後神田白銀《しろがね》町某の家で会おうと約束して去った。午後、弥蔵、喜市と同じ隊の兵卒・久保田善作は、ともにその家に行くが、寅蔵は未だ来ていなかった。その同じ隊の兵卒・新宅智観が先に来て、喜市がこれと応接したが、話が合わなかった。そして智観は、「寅蔵は浅草に行ったので、あるいは来ないだろう」と言った。たぶん智観は、寅蔵を諭し、避けて聞かせないようにしたのだろう。そこで、弥蔵と善作は先に去り、喜市もまた続いて去った。その間に、弥蔵、忠八、喜市、丈平、次三郎、善作、万助等は、神田美土代町某の家で会い、同じ隊の兵卒・大崎石松・松本三四郎・下津八十吉もこの家にいた。喜市、忠八等が、「予備砲兵隊は、連判血盟によってきょうの集会を迎え、信頼を得た」と発議して、血判が始まると、次三郎、善作等はこれを拒み、果たさずに終わった。

○この日招魂社に集まった者は、竹四郎、次三郎、万助、忠八、喜市、弥蔵、丈平、久三郎とその同じ隊の兵卒・伊藤丈三郎、羽成常助、桜井鶴次および卯助と同じ隊の兵卒・横山昇等であり、近衛歩兵第二連隊第一大隊の兵卒・川島清蔵、同連隊第二大隊の兵卒・築山寅蔵は、巨魁等が途中で誘ってきた。清蔵には概略を告げ、努めて尽力してほしいと頼み、また、喜市は二人に対して、「その時は、服装は上に冬の略衣を着し、白布を右の肩より襷がけし、帽子の日覆を取れ。日時は未確定だが、事と次第によっては今夜発するかも知れないので、告げておく」と言った。そこで清蔵と寅蔵は、あすまたここで会おうと約束して帰って行った。寅蔵および近衛砲隊の兵卒・是永虎市、鎮台予備砲隊の兵卒・富田清吉、小林千太郎、真田兼松等は来会したが、皆その協議を与り聞いていなかった。そして、竹四郎、万助、忠八、喜市、昇等は別に密会をしたが、この日は、もともと近衛歩兵隊と連合して、その上で日時を決定するためで、他に議事はなかった。ただ暴挙の時の服装等を決めた。また、近衛歩兵は、すでに前記のように、連合が期待できないので、たとえ両砲隊だけでも、いよいよ明二十三日夜十二時、近衛砲隊営で大砲を発するのを合図に暴発すべきと協議した。しかし、昇等は、近衛歩兵と協同しなければ、事は軽率に発すべきではないと主張し、決議に至らなかった。明日更にここに集まって決定しようと約束して解散した。この日午前、内山定吾等は、大隊長・岡本少佐が温泉場から帰ると聞いた。定吾は、直ちに少佐宅に行き、各隊が不平を抱き各所に集会し事を企てている形勢を説明し、それは尋常でなく、またその仲間も兵卒にとどまらないようで、事はすこぶる重大であると語り、その意中を探った。岡本少佐は、また敢えてこの可否を問いただざず、漠然としてこれに応ずるだけであった。定吾は、少佐は必ずしもこの挙を不可としないようだが、しかしその意中は未だ知ることができないと考えて去った。

八月二十三日、内山定吾は、前日招魂社集会の状況を梁田正直、平山荊から聞くと（正直、荊はこれを昇から聞いたのである）、事はすこぶる軽率で、たいして為すべきではないようで、いささか疑いを生じ、ふたたび岡本少佐宅に行き、聞いたことを告げると、少佐は、「よくその根源を探れ」とだけ答えた。定吾は、「きょう、わが隊の者が九段坂に参会するはずです。後刻、梁田か平山が、貴官に申し上げることでしょう」と言って去った。この時、定吾は少佐の心中を察し、なおあるいは頼れそうだと判断したのだった。午後、正直、荊も少佐宅に行き、事の概略を告げ、その心中を推しはかった。少佐は、また深くこれをとがめなかったが、事は結局成功しないだろうと論じた。二人はここで、少佐は事をともにしないだろうと察した。ここを去り、休息所の市ヶ谷坂町某家に行き、横山昇に、「お前は、きょう集会の席に出たら、名義がどうかを論じ、首謀者が誰かをよく調べ、各隊の応否をさぐれ。結局、事が軽率で、名義も正しくなければ、断わって帰った方がよい」と諭した。恐らく、正直、荊は、はじめもっぱらこれをひきうけ仲介し、陰で直次、昇等を煽動したのだが、みずから直接その事に接することなく、各隊の事情にくわしくなくて、常に半信半疑を抱いていた。ここに至って、岡本少佐が事をともにしないと察し、皆ますます苦しみ、昇が集会に行き、どんな議決をして帰るかを待った。同じ隊の火工下長・八木駒次、軍曹・徳永貞幹も、はじめからこれに関与して、この日もまたともに梁田、平山等の休息所にいたのである。昇はそこを去って、九段坂上の水茶屋に行った。会った者は、竹四郎、忠八、喜市、新四郎、惣太郎、弥蔵、小三郎、次三郎とその同じ隊の兵卒・松宮弁次郎、永合竹次郎および寅蔵とその同じ隊の兵卒・岡田資源そして昇、卯助等である。いよいよ今夜十二時暴挙と決め、また、暗号や旗号、さらに、近衛砲隊営で砲を二発打つのを合図に、各隊は直ちに皇居に行くこと、もしこれを妨害する者はすべて撃つことなどを決めた。皇居に達してから、別に指揮する者がいるという主張は、直次等が以前、「わが隊の士官、下士で尽力する者がいる」と言ったのを頼るに過ぎない。その目的たるや実に漠然としており、あるいはその成算なきを知るとはいえ、いわゆる騎虎の勢いというもので、ゆきがかり上、中途でやめにくいだけのことで、みだりに暴挙しようとするもののようである。ただし、竹次郎、資源、寅蔵はその席に列したが、その協議に関与せず、先に別れて去った。そして、竹四郎、万助等と以前約束のあった卯之助は、はじめみずから連隊をとりまとめると主張したが、結局実行しなかったので、出席するにあわせる顔がなく、避けてついに来なかった。

○さて、参加者は順次解散し、竹四郎、忠八、喜市、次三郎、惣太郎、昇等はなお残っていた。昇は、協議がすでに決まったので、忠八を使って荊を呼んで来させ、これ（今夜暴発の決定）を告げ、尽力を要請した。荊は、その名義なきを非難し、また各隊でこれに応ずる者が少ないので、その時期を延ばそうと提議したが、皆固執して変わらなかった。事ここに至り、たとえ自分が訴えても時期を延ばすのはむずかしくなったとみた荊、昇等は、すでに近衛砲隊内に首領はいないと知り、近衛砲隊の兵卒等に、「わが隊の士官、下士がその指揮をとっても、諸君はみんなそれに服従するか」と問うと、多くの者は皆承諾した。荊は、すでに説諭しようにも説得できず、時期を延ばそうにも聴かれず、はなはだ行きづまって、「それならば、自分は直ちに大隊長に謀りその決断を得、今夜九時を期して、これを近衛砲隊に知らせよう」と言った。決まった暗号、旗号を持って、今にも去らんとする時、昇は、これを内山少尉に伝えるように頼んだ。荊は、「分かった。お前はこれを梁田殿等に知らせよ」と言って、すぐに出て行った。途中、荊は急に志を変えて、これを久徳大尉に告訴し、また、内山少尉にその事実を告げた。少尉は、なおその形勢に応じて為すことがあろうと考え、「自分は、今から岡本少佐に報告し、その後登営するので、お前は早く兵営に戻り、兵たちを鎮め、自分が行くまで待っておれ」と命じて、直ちに荊を去らせた。久徳大尉は、荊の報を得て、直ちに家を出、途中熊谷少尉に会い、事変を岡本少佐に報ずるように頼み、衛戍本部に向かった。

○昇は、荊の報を聞き、これを近衛砲隊に知らせるため、喜市をつれ、市ヶ谷に行った。時まさに暮れ方、集会の者はみな解散していた。昇、喜市は、すでに市ヶ谷坂町に戻った。昇は、正直、駒次、貞幹等に、「今夜暴挙を決めました。平山殿もこれを承諾して行かれました。どうか、大隊長を誘い出してくれるようにお願いします」

と告げた。その言語や顔つきは断乎として、説諭を聴くようなものではなかった。こういうわけで、正直、駒次等は、「それでは大隊長に相談しよう」と主張し、あわただしく出て行った。そして去る時に、「後刻知らせることがあろう。お前はここにいて待て」と言った。思うに、この時正直は、結局事は成功しなかろうと悟り、暴動の意思を絶ったのである。ここから正直、駒次は、直ちに岡本少佐宅に行くと、少尉・熊谷正躬が先にいた。そして少佐は外から帰って来た。熊谷少尉は久徳大尉の言を伝えて、「今夜隊内に暴動の企てあり云々」と異変を告げた。少佐が未だ応答しないうちに、正直は別席を乞い、ひそかに少佐に、「事はいよいよ今夜に決まりました」と告げた。少佐は、「しからば、行軍してこれを他に避けよう」と言った。正直は、「高見沢卯助は、集会から先に帰って今隊内におり、横山昇は、後にその席を去って、今下士官等の下宿(市ヶ谷坂町の休息所をいう)におります。卯助は、昇の帰営を待って、これを隊内に知らせる約束があります。今行軍をされるのであれば、昇が未だ帰営しない前に、急ぎ呼集を命令してください」と望んだ。この時、少佐は、正直に士官某と某の優劣を尋ね終え、もとの席に戻って、熊谷少尉に、「予は今から直ちに出営し、これを鎮めるようにする。君はこれを鎮台司令長官に報告せよ」と命じた。そもそも正直が少佐に別席を求めた理由は、少佐がもしも説諭によって鎮めようと望むならば、その説得は、尋常の手順をふんでもうまく行かない。ぜひとも士官、下士の中から「その人」を選び、これに任すのがよいと言おうとし、そのうえ、熊谷少尉がいるのをはばかったからである(「その人」とは、内山少尉や平山荊の如き者で、この挙に関して兵卒に人望を得た人物)。しかし、少佐は行軍してこれを鎮めると言ったので、正直はそのことを述べずに終わった。

○昇、喜市は、坂町の休息所にいて、正直、駒次の報を待っていたが、貞幹も、「帰営して隊内の準備をする」と言って去った。時がすぎても、正直等の報は来ず、すでに十時になって一つの知らせも得られなかった。そこで、喜市、昇は、休息所を出て、予備砲隊営に行き、その動静をうかがったが、営内は静かでいつもと違い、さらに、その裏門に哨兵がいるのを見て、あるいは事が発覚して、仲間たちは捕縛されたのではないかと察し、しかも、本隊がすでに王子に行ったのも知らず、時すでに暴挙の時刻にせまり猶予できないので、竹橋の兵営に向かった。
○各兵は、すでにその夜十二時暴挙すると議決し、順次九段坂の会場を解散した。近衛砲兵卒等は、あるいは酒店で飲み、あるいはその休息所に行き私物を処分し、あるいは足袋、草鞋、麺包、白衣等を買う者あり、あるいは刀剣を求める者あり、そうして帰営の時刻をたがわず皆帰営し、またひそかに準備をし、後に脱営して刀を買い求めた者が一、二いた。
○これより先、午後七時頃、大尉・津田震一郎が登営し、週番大尉・深沢巳之吉に対し、「昨二十二日、鎮台予備砲兵隊軍曹・阪西《ばんざい》良一なる者が来て、面会を求めた。自分は皇居当直で不在であったので、弟の三郎が面接したのだが、良一が、『このごろ各隊の兵卒は相謀り、暴挙の企てがある。まさに来たる二十四日に起こすといい、自分自身もまた共同をすすめられ、本当かどうか、どうしていいか分からない。あえて処置を相談しに来た』と言うので、三郎はこれをひき止め、その隊の士官に密告すべきだと諭し、『なお兄が帰宅したらこれを伝える』と答えた。良一は、『明日再び来る』と約束して帰ったというのだ。きょう皇居下直の後、三郎からこのことを聞き、良一が来るのを待ったが、午後五時になっても来なかった。その虚実は知るべくもないが、ことがこと、ゆるがせにしてはならない。あえて申しておく。厳重に注意し捜索せよ」と告げて去った。
○深沢大尉は、直ちにこれを小隊週番中尉・川上親枝、少尉・池田剛平に諭告し、隊内の状況を捜索し注意するように命じた。川上中尉、池田少尉はすぐにその動静に着目し、点呼の後営内を巡視した。兵卒等が各所で会話するのを認め、近づいて行くと、皆散り去り、そのため全体が常と違うが、暗夜のためそれが誰かを知ることができず、すぐにその状況を大尉に報告した。九時頃、曹長・金子徳輝、軍曹・荒見勝栄等は、伍長、兵卒から、当夜暴挙の企てがあるのを聞き知り、各自異変を下副官・若松政継に告げ、ともに来て、これを深沢大尉に報告した。ここで、大尉はその実なることに感づき、直ちに下副官を使って、異変を隊長の少佐・宇都宮茂敏、副官中尉・井上時義および津田大尉に報告して登営を促し、小隊週番士官に一層深く注意するように命じた。
○時に皇居直衛の、その隊の少尉・井上正義は、宇都宮少佐の命令を奉じ来て、営内の状況の実否を点検し、深沢大尉から状況と措置の意見を聞き、帰って報告した。同時に、少佐・西寛次郎が来て、近衛歩兵連隊営に行き、深沢大尉を呼びよせて謀った。しばらくして、大尉が帰って来て、小隊週番士官および金子曹長、荒見軍曹等に命じ、ともに野砲山砲の火門を釘打ちし、また、器械係軍曹、火工下長等に弾薬を他所に隠させ、また、週番士官に命じて下士に注意するよう指示させた。しかしながら、事態はすこぶるあわただしく、指示はひろがらず、下士の中には暴発の時まで知らない者がいたり、あるいは熟睡する者がいたりで、その火門に釘打ちする時には、井上副官が出営し、また一緒に従事尽力したという。
○さて、暴徒の巨魁等は、当夜前後ひそかに各所で会い、分隊ごとに人選して、暴発の時間と服装、暗号などを通知し、分隊内に伝えさせ、また暴動の手配をし、そしてその指揮役も巨魁の中から抽籤で決めようと望んだが、士官、下士の巡視が頻繁になったので、遂に果たさなかった。こうなってから、暴挙の事を知らせても、あるいは味方にならない者あり、その上、暴徒等は、士官がしきりに出入りし、砲の火門に釘を打ちこむのを見て、事すでに発覚したと知り、巨魁の竹四郎は、川上中尉、荒見軍曹等に、「先日来、各隊は会合し謀反の計略がある。当隊の兵卒等も、はじめはこれに協同したが、皆すでにその不良を悟り、わざわざこれに応ずる者はなくなった。そもそも各隊は、その盟約に背き応じなければ、攻撃すると約束がある。すなわち、各隊が当営を来襲するのは必至だ。それなのに今本隊ではその砲の火門に釘打ちしている。それではどうやってこれを防ぐのか」と告げた。その言葉と顔つきは前非を悔い、異心を持たない者のようで、ことさらに、暴徒は、当夜の暗号、旗号等を自白することで、だまし機嫌をとろうとしたのである。また、不用意に暴発しないようにと配慮して前もって約束していたところの本隊で発砲すべき合図を、市ヶ谷の砲隊営で行わせ、一般の人がひどく驚く機に乗じて皇居に行こうと万助等に謀り、これを市ヶ谷砲隊に告げるために脱出しようとした。しかし、いずれも皆実行されなかったのである。
○宇都宮少佐は、井上少尉の帰報を得ると、直ちに皇居を出て十一時半頃登営、続いて津田大尉もまた出営して、合議した。少佐は小隊長副官と週番士官に命じ、急ぎ下士を説諭し、鎮撫に従事させようとし、各員皆営舎に行った。下士に説諭している時、暴徒等はまさに服装をととのえ、あるいはすでに部屋を出る者がいた。その形勢はいよいよ迫った。このとき池田少尉は、第一小隊中央分隊の室内にたたき入り、あれこれ説諭、言葉はすこぶる適切でぴったりだが、兵たちはあえて聴こうとしなかった。ついに先ず鬨の声をあげてとび出した。各室またこれに応じ、一斉に暴発、鬨の声は沸くが如く、ガラスを破り瓦礫を飛ばし、椅子を投げ、小銃を振い、また皆多くは抜剣して出た。その勢いははなはだ猛烈、そのうえ夜陰は真っ暗闇で、士官、下士がこれを鎮圧しようにも、勢いをくいとめられず、遂に放っておいて部屋を出させた。時は未だ十二時になっていなかった。

○はじめ暴徒が鬨の声を挙げて部屋を出るにあたり、井上副官は駆けつけて急を宇都宮少佐に報告した。少佐は、ことすでにここに至り鎮撫はできないので、近衛連隊の兵を借りて鎮圧しようと、副官に命じ、その一、二中隊の出動を求めさせた。副官は駆けて連隊営に行った。そうして少佐は、直ちに部屋を出、階段を下り、戸外に出ようとすると、暴徒はわずか三、四間前にいて、呼集ラッパを吹き、蟻のように群がり集まる時であった。少佐は左手に提灯を提げ、単身手を翼のように広げて進み、「お前たち、みんな静まれ。わが言うことを聞け」と言った。言い終わらぬうちに、一人が身を挺して進み来た。「静まれとは誰だ」と叫び、その提灯を打ち落とした。兵たちは続々駆け集まり、少佐を乱撃、少佐は両手で身を支えながら、「わが生命のあるかぎり、凶逆をなすは許さん。もし強いてやるなら、先ずわが頭を斬れ」と言い続けた。そしてまた一人が、小隊室の方角から駆け来て、恐らくは日本刀で斬りかかり、少佐は即倒れたという。伍長・大場貞則は、少佐に従い、その右側にいて、暴徒が少佐の提灯をたたくや、剣を抜く暇なく、鞘のまま暴徒を打った。少佐は、手でこれを止めた。続いて暴徒が少佐を乱撃する際、貞則もまた殴り倒されて、すぐに起きられず、起き上がったのは、少佐の倒れる時と同じという。少佐が倒れると、暴徒等は、あるいは突き、あるいは撃ち、大声を発して砲廠のあたりに駆け去った。時に少佐は未だ命を絶たず、ひどく苦しんでいた。貞則も一旦その場を逃れ、再びそこに戻り、そのそばにいて、若松下副官が駆け過ぎるのを認め、これを報告した。下副官は、少佐を背負って病室に行き、介抱を命じ、この状況を近衛局に報告しようと、直ちに兵営を出て行った。貞則は、そこで少佐を背負って行こうとすると、また暴徒に追われ、ついに病室背後の柵を越えたのは、暴徒がちょうど鬨の声を挙げて営門を出ようとする時で、またこれに見つかって追われ、辛うじて連隊営に着くことができた（この末段の、貞則が隊営に着いたのは砲声後のことであるが、ことが連続するのでここに続記した）。深沢大尉が殺害されたのも、また暴発の始まった時で、そのあとさきは未だ詳細を知ることができないが、多数者のことばに照らしてみると、少佐の被害の時と同じであった。

○はじめ暴徒が関の声を挙げて部屋を出ると、一群は直ちに大隊室前に呼集した。他の一群は、その隊営の裏門を壊し、歩兵連隊通用門あたりに行き、大声で叫び騒いで歩兵に応じて出るよう促した。営門もまたひどく騒がしく混乱し、内外ともに門扉を壊し、歩兵の若干が門を出た時、連隊風紀衛兵がその営門からこれを側面攻撃したので、砲兵卒は狼狽して逃げ去り、歩兵もまたその兵営に戻って行った。

○これより先、砲兵卒等はすでに数人が歩兵営前に行き、その状況をうかがい誘い出そうとする者がいた。それを表門でしたのは忠八、惣太郎、小三郎、与吉等であり、裏門では竹四郎、万助、吉三郎等をかしらとした。たぶんこの時、忠八は、歩兵少尉・坂本彪を殺害し、歩兵軍曹・中村則貞の負傷もまた、この時であろうか。またその一群は砲廠に行き、砲の火門の釘を抜き、また、弾薬等をさがし求める者がいた。そして、一群は歩兵営から逃げ帰った後、しばらく時をおいて、暴徒は山砲を二発打ち、同時にまた馬草庫に放火した。大勢の者は、直ちにその砲一門を引き、営門を出て皇居に向かい、そのほか、竹橋門を守る者もいた。この時は十二時二十分頃であった。

○喜市、昇の二人は、市ヶ谷の砲隊営を去り竹橋に行く途中、九段坂で、竹橋営がすでに暴発したのを認め、駆けて行くと、すでに兵たちが皇居に行こうと兵営を出たのに会った。昇は、直ちに砲車に付き、兵たちとともに行き、喜市は、いったん兵営に戻り、冬服を着し、走ってこれを追い、皇居に近づいて兵たちに会った。

○続いてまた山砲二門を引き、武庫主管の前に来て、砲門を歩兵営に向けて、大声で「散弾を発射すぞ」と叫び、おどした。歩兵連隊営では、暴徒がその営門前の路を通過するのを見とどけ、兵営から武庫主管に連ねて防御線を張り、通路を横断しようと兵を出した。暴徒は、相呼応するものとみてひどく喜ぶ気配があった。あに図らんや、粛然として通過し行き、その武庫主管の門に入るや、突然前後より暴徒を射撃した。暴徒等は、意外な策に出られて周章狼狽、砲を捨て散り散りに乱れ、あるいは前進して皇居に向かい、あるいは退いて兵営に帰り、あるいは土手の塹内に潜伏する者あり、また濠に転落する者あり、弾に倒れる者ありとなった。こうして巨魁の竹四郎、万助等以下数十人は、皇居に行こうとしたが、すでに歩兵のために防ぎとめられ、ためらって中止した。

○かくして、前進した暴徒は、途中で近衛局から派遣された磯林中尉の説諭を聴く者十数人、歩兵連隊の稲垣少尉の説諭を聴く者七、八人で、恐らくこの時には、兵営を出て皇居に向う者は百数十人であり、歩兵に捕えられ、あるいは途中で磯林中尉や稲垣少尉に従う者、自首する者を合わせて、歩兵連隊営に至った者はおよそ四十余人である。皇居に至った者は巨魁の忠八、喜市等をかしらとして九十余人である。半蔵門を出ると多くは路を四ツ谷にとり、あるいは紀尾井坂より喰違《くいちがい》を経て行った者もいた。途中、士官を待ち伏せしたのは四回、また、麴町で忠八等は、警部をおびやかし、その携帯していた刀およそ二十本を奪い去った。その麴町九丁目に至ると、同じ隊の曹長・平岡瓢《ひさご》が来て、士官、下士が率いるでもなく、また隊伍を組まないのを見て、これをまとめ、四ツ谷門外に行って隊伍を編成し、統率して皇居の門外に達した。ここで、西少佐は、暴徒に命令して兵器を収めさせ、これを捕縛した。この時、忠八は銃を発砲して自殺した。まさに二十四日午前一時半頃であった。

○そもそも砲兵営内では暴挙のはじめから、暴徒等は暴威をふるい士官、下士を追い、各所に潜みかくれているのを捜した。とりわけ弥蔵等は、下士数人を脅迫し、あるいは会計の金を奪い、あるいは隠してあった弾薬を探し出し、あるいは火薬庫、禁錮室をこわすなど、状況の詳細は、こと多岐にわたり、すこぶる煩雑、そのあとさきや次第を得て知ることもできず、これをいちいち述べるのは難しい。また士官、下士は、暴徒の暴威が当たるべからざる勢いなので、しばしば各所に潜みかくれ、下士の中にはあるいは危険を冒して逃れ出る者がいた。ただし、池田少尉、金子曹長の如きは、はじめたいへん尽力する者のようであったが、ついに鎮圧できないと判断して、他からこれを制圧するほかないと考え、皆危険を冒して濠を越え、出て行った。こうして、兵卒の中にも、はじめて士官、下士の言を聞き、その指令を待つ者が、また各所に潜伏するに至った。

○これより先、近衛砲兵少尉試補・中村和義は事変を聞き、竹橋に馳せて来たが、暴徒が竹橋を守っていて入れず、さらに、清水門から入ろうとしたが、小銃を射撃されて、果たせなかった。そして、兵卒数人が逃げ出てそのあたりにいるのに会えて、はじめて本隊兵卒の暴動だと知った。近衛歩兵隊の士官某等とともに脱走兵を率い、移転して田安門わきの石垣をよじ登り、やっと歩兵連隊営に入ったが、本隊に行けず、たまたま本隊の井上副官が出兵を請いに来ているのに会い、共に出兵を連隊長にお願いに兵営へ行きたいと望んだが、連隊営もまた混乱中、にわかに兵を出すことはできない。ぐずぐずして時移り、ついに井上副官、中村少尉試補は、志を決め、脱走兵数人を率いて、本隊営門に至り、暴徒を説諭している時、連隊歩兵若干が銃に着剣して進んで来た。暴徒の勢いはくじけ、たやすく門に入ることができた。そうして、その歩兵は直ちに竹橋に向かった。この際、少尉試補・平野好省がすでに兵営に行った。時まさに二十四日午前二時であった。この時、井上副官、中村、平野の両少尉試補および下士若干名は、ともに営内を巡視し、宇都宮少佐、深沢大尉の屍を移した。また暴徒を捜索し、在営の士官、下士も再び集まって来た。続いて連隊歩兵が来て、兵営を占領、守備をなし、暴徒を鎮圧して、事はすべて平定に帰した。こうして、そのほかの士官は事変を聞いて来たが、そこに入れず、皇居に行き、あるいはおくれて到着したりして、皆この鎮定の時になって、ようやく登営することができた。

○近衛歩兵第二連隊第一大隊兵卒・川島清蔵、同第二大隊兵卒・築山寅蔵、岡田資源の如きは、すでに集会に参加し、巨魁等からしきりにそのかされ、また暴挙の暗号、旗号を見せられるまでになったとはいえ、まったくこれを承諾せず、帰営の後も隊内で煽動しなかった。しかし、同第二大隊兵卒・山本福松という者は、二十三日午後三時過ぎ、九段坂下牛ヶ渕で、姓名を知らない近衛砲隊兵卒に出会い、「築山寅蔵という者を知っているか」と問われ、福松は、「知らない」と答えると、「砲隊の兵卒がきょう招魂社に集会する。来ないか」と言われた。福松は、その集会の趣旨も聞かずに、ただ、「支障がある。行けない」と断わったが、砲隊の兵卒は、「わが砲隊と鎮台予備砲隊では、今夜か明夜に暴発する。君の隊もおおむね同意して、事を起こす約束だ。よろしく隊内の仲間に伝え、その時には一緒に事をされることを願う。それから、暴挙の服装は上に冬服を着るはずだ」と言った。福松はこれを聞いて、承諾した。帰営の後、同じ隊の兵卒・白谷竹次郎に告げると、竹次郎もまたこれを承諾し、「進んで事に従おう」と答え、これを沖湘文治、新林功賢に伝え、また皆付和雷同し、ついに蔓延して三十余名に及んだ。砲隊の暴徒はすでに事を発し、第二大隊の兵を誘い出そうと思い、多人数がその営外から大声を出して、*「気を付け」と叫ぶと、竹次郎、功賢等二十余名がこれに応じ、士官の命令に従わず、扉をつき破って部屋を出、東通用門を破壊して外に出た。この時、第一連隊の風紀衛兵がその営門からこれを射撃し、皆また退いて営内に入った。その歩兵の、これに応ずる者ははなはだ少なく、その上、士官等がすでに哨兵を配置したのを見て、暴動を勢いづけることができずに終わった。

○東京鎮台予備砲兵第一大隊は、はじめ近衛砲隊から暴挙の協議を受け、士官、下士の陰でこれに関わる者がいて、このため、本隊および近衛砲隊暴徒の気勢を大いに盛んにしたことは、すでに前項に記した通りである。しかし、遂に暴発に至らずに止んだのは、そもそもまた士官、下士にこの謀議を与り知る者がおり、大隊長もあらかじめこれをおよそ知っていたので、その機に先だち、鎮撫の手立てを尽し得たことが多かったためであろう。

一　八月二十三日の暮れがた、火工下長・平山荊は、招魂社わき水茶屋での集会を去って、大尉・久徳宗義宅に行き、「今夜十二時、本隊ならびに近衛砲隊、その他各隊の兵が暴発を決めました」と報告し、「本隊の兵は常に少尉・内山定吾殿を敬愛していますので、この人に鎮撫させるのが一番です」と告げた。そこで、久徳大尉は、荊を内山少尉宅に行かせ、自分はこれを衛戍本部に報告しようと考え、急ぎそこに向かった。途中、本隊附中尉・小橋誠人に会い、その概略を伝え、かつ、急ぎ登営して鎮撫の手立てを尽すように頼み、九段中坂に行き、本隊附少尉・熊谷正躬に面会して概略を伝え、大隊長・岡本少佐に報告するように頼み、また、直ちに去って衛戍本部に行き、これを衛戍副官・井門大尉に報告した。時に午後七時を過ぎていた。小橋中尉は、直ちに登営し、週番少尉・浅野函に会い、隊の状況を尋ねると、浅野は、「未だ異状は見られない」と言った。熊谷少尉は、急ぎ岡本少佐宅に行くと、少佐は不在であった。使いをその居場所に走らせ、少佐が帰宅したので、久徳大尉の言を少佐に伝えた。この時、下副官・梁田正直、火工下長・八木駒次も来た。少佐が熊谷少尉の言を聞きおわり、未だ答えないのに、梁田は少佐に別席を求め告げたのは、事態がはなはだ急だったからである。少佐は、「しからば、今から出営して行軍をしよう」と答えた。この事はすでに前項にくわしい。

○これより後、少佐は、直ちに武装し出営しようとする際、久徳大尉が来るのに会い、ともに兵営に行く途中、大尉に、「当隊の兵卒がたとえ命令を聞いて鎮静に帰しても、同営にある他の砲隊は、その状況をつかめないだろう。よろしく行軍してこれを他に避けるつもりだ」と話しかけた。これより登営し、直ちに呼集をすると、兵士の状況は穏やかでなかった。すなわち、背のうを負わず、弾薬を携帯せず、大砲を引かずに行軍すると命じたが、しかし、兵卒等はひそひそ話をしてたやすく列につこうとしなかった。その時、鈴木直次等は、整列後、捕縛されることを恐れ、「もし捕縛される者があれば、大勢の力でその縛を解いてほしいと求めよう」と発議があったが、あわただしい折、まったく実行されずに終わり、ようやくにして大勢は列についた。直次は、大声を出し、「行軍に弾薬を携帯しないとはどういうことか」と叫んだ。士官、下士等が斡旋に尽力し、はじめて隊伍は整列し、兵営を出るに至った。時すでに九時を過ぎていた。七、八町進んで、兵卒・高見沢卯助等は、隊伍の間を奔走して行進を妨害し、隊列は大いに乱れた。士官の尽力により、なんとか治まった。牛込神楽坂に及んで、内山少尉が来て隊伍に加わった。腰に双眼鏡を携帯するのを、士官等は怪しんだ。砲兵本廠のあたりで、内山少尉は、平山荊と白石某に、「王子に先行して宿泊準備をするように」と命じた。行軍は進んで駒込の追分に至り、内山少尉は、独断で梁田正直に、「東京に帰って、諸隊の状況や近衛砲隊暴発の様子を視察するように」と命じ、事後にこれを岡本少佐に上申した。妙義坂に至るに及んで、砲声を聞き、皆ふり向くと、炎があがるのを見えた。このため、隊伍はまた乱れ、「近衛砲隊を助け、暴発するのでなければ行進すべきでない」と叫ぶ者がいた。内山少尉は、兵卒に、「大隊長も自分も、結局は暴発すべきと考えている」と諭して鎮めたが、この時、隊伍が大いに乱れて、前後の距離は二町ほどになった。岡本少佐は、久徳大尉と協議し、「巨魁がはっきり分からなければ、王子に行っても、その処分をすることができぬ。当然、隊内できょうのことを知る者数名に、わが面前に出よと命ずれば、そこで、巨魁を知ることができ、処置を施すことができよう」と言った。ここから久徳大尉は先行して平山荊に会い、その命令を伝えた。そうこうしているうちに、隊伍が王子に着くに先だち、荊は、高見沢卯助、鈴木直次を隊列から抜き、両人に、「お前等は暴発するのか、それとも、これを防ごうとするのか。そもそも、ただ大隊長の命令だけに従うか。よくほかの兵卒と協議の上、後刻大隊長の前に出て、これを上申せよ」と命じた。卯助、直次は、これを承諾した。岡本少佐は、王子に着き、扇屋で、直次、卯助等を呼び寄せた。栗原猪重郎もまた出席した。時に、久徳大尉、栗原中尉、小橋中尉、熊谷少尉、内山少尉、その他数名が同席した。大隊長は、直次、卯助等に「わしは、以前からきょうの事あるを知っている。これまで、事を為さんとして誤る者は少なくない。決して軽挙してはならぬ。お前たちはわしの命令に服して事に従うか。わしは、あるいは暴徒を鎮圧しようとするかも知れぬぞ」と告げた。卯助等は、「すでにこの地に来たのは命令に従ったからです。これからも、命令に服すべきは当然のことです。ただ、不条理の命令には従えません。もし隊内において、暴発に与するものが過半ならば、暴発する方に与します」と答えた。その語気は、暴発せずにはおれない者に似ていた。岡本少佐は、「しからば、今より人を東京に出し、事実を探索するがよい。お前たちはその人物を選べ」と言った。こうして、卯助、直次は相談して、第一、第二中隊より各一人を選出した（山本八十八と栗原猪重郎）。岡本少佐は、これに和服を着せて東京に行かせることを許し、「皇居はどの隊が警備しているか、近衛歩兵もまた暴発したか否か、よくこの二件を探偵して来い」と命じた。内山少尉はわきにいてこれに賛成した。卯助等はまた弾薬を請求し、少尉は最もこれに賛成し、少佐もまたこれを許可した。足袋、草鞋を請求するに及んでは、少佐は栗原中尉に命じて、これを用意させた。そうして、先に行進途中から東京に行っていた梁田正直が帰って来て、竹橋内ではいよいよ暴発し、他隊は知ることができなかったが、一橋あたりは交通を止め、小川町は人の往来は繁く、巡査等は平日と変わらない状況だ、と報告した。この際、金円を警視分署に借りる件（出営の際、あわてて金円を隊内に置いてきた）を審議し、小橋中尉が命令を受けて分署に行き、金円を借りようとすると、警部は、「大警視にお伺いし、しかる後に答える」と言い、遂に果たさずに終わった。少佐等はまた、「うまく警視官に依頼して、先に探偵のため東京に遣わした兵卒二名を、帰路に待ち伏せして捕縛させよう」と発議した。久徳大尉は、「その通り。これを小橋中尉に命じよう」と言った。その時、内山少尉は、「それはよくない」とし、議論はついに終わった。少佐は、すでに弾薬の請求を許可し、先ず平山荊を板橋火薬製造所に遣わそうとして、弾薬受領証書を作り、荊に兵卒数名を付けてそこに行かせた。古参兵等は、弾薬受取りのことを洩れ聞き、皆「そこに行こう」と言い、ついに荊に従って行くものが三十名ほどになった。このとき少佐は、内山少尉に命じて兵たちを鎮めさせ、かつ、「兵卒が残らず行くのはだめだ」と命じた。そこで少尉は、専断で古参兵全員が行くのを許した。このため、古参兵の赤羽火薬庫に向かう者は五十名ばかり。久徳大尉は、兵卒に、「たとえ古参兵は行くとも、新兵は決して行ってはならぬ」と命じた。これは、古参兵はすでに少尉が独断で行くことを許し、今さらこれを制限はできないからである。そうこうしているうちに、本隊附医官が東京から来て、「鎮台砲兵第一大隊等は暴発せず、神田橋あたりは警備がおおむね整った」と知らせた。少佐が、「兵士等は赤羽に行って兇暴のふるまいをしてしまうか否か予測しがたい。士官の中で誰か行ってこれを取り締まれ」と言った。久徳大尉は、そこで内山少尉に赤羽に行くように依頼した。少尉がこれを承諾し、高見沢卯助を伴い人力車に乗り、赤羽に行こうとする時になって、大尉は、「しからば、王子に帰れと命ずるまでは、古参兵は赤羽に止めておけ」と命じた。少尉はこれを承諾して去った。二時頃、中尉・栗原乙也を東京に遣わし、実情を視察させた。さて、先に東京に遣わした探偵の兵卒二名が帰って来て、「一ツ橋近辺は警備がはなはだ厳しく、自分等も不審尋問され、辛うじて免れた。四ツ谷近くまで行ったが、また同じ。たぶんおおむね鎮定されたのだろう」と報告した。こういうわけで、大勢は皆安堵した。

○平山荊は、板橋に行っても弾薬がないので、空しく王子に帰って来た。内山少尉は赤羽に行って(夜二時四、五十分頃)、そこの哨兵司令中尉・宮原正人に会って、弾薬を請求した。宮原中尉は、砲兵本廠の許可証票がなければ、一弾も出すことはできないと答え、その上、その挙動言語を怪しみ、実包火薬を哨兵に渡して、大いに警戒するに至った。少尉は声を低くし、「火薬庫の開閉は中尉の司る所か」と問うと、中尉は、「否」と答えた。これより先、東京衛戍本部が遣わした増加兵を率い、加川軍曹が赤羽に到着すると、内山少尉に従って来た兵士等は暴言を発し、容易に増加兵を柵内に入れさせなかった。少尉は、また明け方になろうとするので、急ぎ弾薬を手渡されたいと迫ったが、中尉はこれを拒絶した。そうしているうちに、衛戍の伝令使が来て、「暴徒は未だ鎮定してはいないが、衛戍の警備はすでに整った」と報告した。少尉はこれを知り、中尉に告げずに去った。兵たちも事の不成功を知り、少尉に従って王子に帰った。王子では、探偵の兵卒二名の話により、先にすでに東京が鎮まったことを知っていた。岡本少佐は、稲村大尉を遣わし、本隊の状況を鎮台司令長官に報告した上、士官総代として皇居に行き、天皇の機嫌を伺うように命じた。久徳大尉には本隊を率いて帰営するように命令しておき、そして、大勢に先だち王子を発ち、衛戍本部に行き司令岡本中佐に面会し、巨魁の捕縛のため衛戍兵三十人の派遣を乞い、再び王子に戻った。途中、駒込あたりで、久徳大尉が隊伍を率いて来るのに出会い、巨魁の捕縛に衛戍兵は必要ないと話し合い、これを衛戍本部に知らせた。そして、内山少尉等は、赤羽を発ち、王子に帰ろうとする途中、伝令下士が王子から来るのに出会い、本隊はすでに東京に向けて発ったことを知ったので、王子に戻り、古参兵五十名ばかりをまとめて王子を発った。二十四日午前十時、本隊は全員残らず市ヶ谷の兵営に帰り、巨魁等は皆縛につき、事はすべて平定した。

これがこの暴動の顚末であり、その情状の詳細は、各自の供述で自ずから明瞭であるが、ことは多岐にわたり、取り調べの書類がすこぶる多く、かつ、複雑に入り混じり、今にわかにこれを一般に読ませるのは、おそらく難しい。故に、状況を記すならば前述の通りであるが、またさらにその要点をかいつまんで、左に記し、以て識者の参考に供するものである。

一　この暴挙徒党の原因の多くは、減給および賞勲のことにあるようだが、各自の供述には非常に異同があり、あるいは給与品のことで、夏に靴下、足袋を支給されないことに不平を抱き、あるいは徴兵制を論じ、民権論にわたるようなものなどがあり、その趣旨は同じではない。

一　その目的は強請と供述されるが、その行動はすなわち暴挙、政府の顚覆を期すもののようである。そうならば、その謀反をたくらむ心はどうしてただ暴動に止まるだろうか。別に謀る所があるようなので、これをくわしく調べてみると、ほかには変わったことはない。これは、兵卒等が浅薄軽浮、まことに深謀遠慮がなく軽率で、多勢頼み、上を必要とするに過ぎず、かえって、その首領がおらず、またその根源のなさを知るに十分である。

一　二十二日招魂社内の集会に、あるいは鎮台工兵歩兵が来ているのを見たと供述する者がいるが、かつてこれに接した者はなく、はなはだ曖昧である。思うに、当時は夏服であって、その兵種はほとんど見分けにくい。故に、砲兵を誤って認めたのではないか。疑いを除いておくのが当然である。

一　暴挙に先だち、在京各隊を役割分担し、某隊は皇居、某隊は砲兵本廠、某隊は青山火薬庫等と記した書類があり、また、大臣、参議の家を襲う兵員分配書等があるが、ついに各隊を協同し得なかった。また、にわかにその時期を急いだが故に、皆これを議決するに至らずに終わり、結局、皇居に行こうと議決したのである。

一　その暴挙はただ皇居に行くに止まり、その目的の如何を議論しなかったのは、予備砲兵隊の士官、下士等が指揮するのであろうと信じていたからに過ぎなかっただけのことである。

一　隊内にいて、何のことかを知らず周章狼狽する者がまた少なくはなく、皇居に行く者の中にも、それが暴動だと知らない者も、またもしかしたらいたのである。

〔語句解説〕

＊「気を付け」とあるが、これは合い言葉かも知れない。野中与吉と菊池作次郎の口供書参照

2　士官・下士官の口供書

（公文録・明治十二年・第99巻）

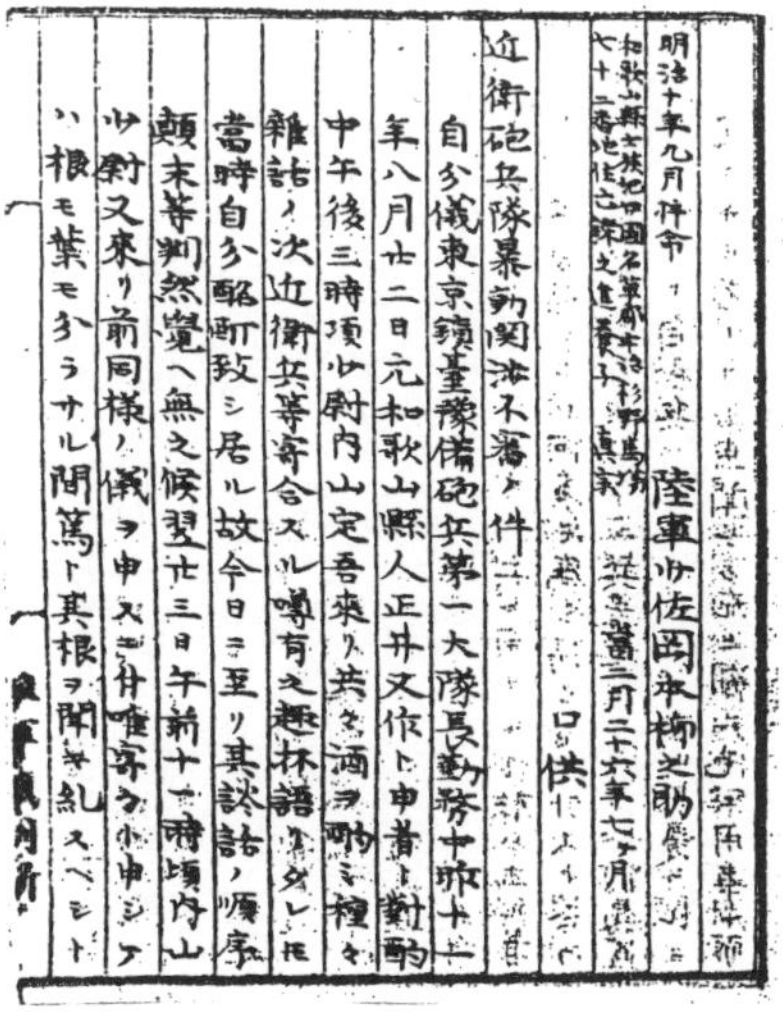
明治十年九月件令ノ……陸軍少佐岡本柳之助……

……口供

近衛砲兵隊暴動関渉不審ノ件

自分儀東京鎮臺豫備砲兵第一大隊長勤務中明治十一

年八月廿二日元和歌山縣人正井文作ト申者ト對酌

中午後三時頃少尉内山定吾来リ共ニ酒ヲ酌ミ種々

雑話ノ次近衛兵等寄合スル噂有之趣林語リタレ圧

當時自分酩酊致シ居ル故今日ニ至リ其談話ノ順序

顛末等判然覺ヘ無之候翌廿三日午前十一時頃内山

少尉又来リ前同様ノ儀ヲ申スニ付唯寄合ト申シテ

ハ根モ葉モ分ラサル間篤ト其根ヲ聞キ糺スヘシト

1　岡本柳之助

陸軍少佐　岡本柳之助　当二月二十六年七ヶ月
明治十年九月拝命　和歌山県士族　紀伊国名草郡宇
治杉野馬場七十二番地住　亡鏻之進養子　真宗

口供

近衛砲兵隊暴動関渉不審ノ件

自分儀東京鎮台予備砲兵第一大隊長勤務中昨十一年八月廿二日元和歌山県人正井又作ト申者ト対酌中午後三時頃少尉内山定吾来リ共々酒ヲ酌ミ種々雑話ノ次近衛兵等寄合スル噂有之趣抔語リタレトモ当時自分酩酊致シ居ル故今日ニ至リ其談話ノ順序顛《ママ》末等判然覚ヘ無之候翌廿三日午前十一時頃内山少尉又来リ前同様ノ儀ヲ申スニ付唯寄々ト申シテハ根モ葉モ分ラサル間篤ト其根ヲ聞キ糺スヘシト申聞ケタル処少尉ハ何ニカ物案ジ《ママ》ノ体ニテ別ニ話モ無之立帰リ候同日午後二時頃下副官梁田正直火工下長平山荊来リ内山少尉ヨリ何ニカ申上ケタル事無之ヤト申スニ因リ何事ナルヤト尋ヌレハ正直等勲賞減給ノ儀ニ就キ各隊不平ヲ鳴シ集会等致シ余程穏ナラサル様子ナリト申ス故自分其様ナル大義ニ背キタル事ハアルマシト申聞ケタル処正直兵ヲ用フルニハ必ス大将ヲ要スル者ナルヤト問フ自分古ヨリ大将ナクシテハ兵ヲ用フルコト能ハサル者ナリ寄合勢ニテハ何事モ為シ得ル者ニ非スト答フ正直又問フ若シ東京中ノ兵暴起スルトキハ如何処置スヘキヤト自分兵ハ大阪ニモ備ヘ有之故憂フルニ足ラサル者ナリト申聞ケタルニ荊ハ他ニ用事アリトテ先キニ帰リ正直ハ跡ニ残リ衛戍本部ニ奉職願度ト申スニ付隊中ノ制規モ有之故不相成旨申聞ケタル処外ニ話モ之ナク立帰リ候其夕刻牛込区築土八幡町拾三番地住伯父堀田誠一方ニ参リ居ル折柄家僕来リ只今大至急御用ノ趣ニテ少尉熊谷正躬参ラレタリト申スニ因リ不取敢罷帰ル処正直モ来リ熊谷少尉ヨリ只今平山火工下長久徳大尉方ニ罷越シ近衛諸隊並ニ当隊兵卒等今夜暴発スル趣ヲ報シタリト申シ告ク此時正直別席ヲ乞ヒ最早暴徒ノ巨魁帰営可致間速カニ御登営アリテ処分セラルヘシト申スニ付自分士官中人望アル者ヲシテ鎮撫セシムヘクト存シ誰々ハ人望アルヤト正直ニ尋ネタル処久徳大尉内山少尉ノ内ニ可有之ト答フ其レヨリ直ニ原ノ席ニ戻リ熊谷少尉ニ命シ司令長官野津少将ニ報セシメ自分ハ急キ支度致シ門前ニ出テ乗馬スル際久徳大尉来リ同行途中ニ於テ相談致シ当隊ハ両大隊同営ノ事ナレハ鎮撫甚タ難ク他ノ一大隊ノ様子モ計リ難ク兎角遠隔ノ地ニ避《ママ》クル方可然ト遂ニ王子行軍ノ事ニ決シ登営スレハ既ニ形況稍常ニ違ヒ候様相見ヘタリ即チ急キ不時呼集ヲ為シタルニ兵卒等整列

ノ際騒擾頗ル容易ナラサル形況《ママ》ニテ服装モ整ハス不体裁ノ事モ之アレトモ暴勢ヲ割クニ急ナルヲ以テソレ等ニハ拘ハラス遽カニ営ヲ出テ候処営外凡ソ七八町ノ所ニ到レハ隊伍乱雑久徳大尉等尽力致シ少シク静マリタレトモ兎角騒々シク牛込神楽阪《ママ》下ニ趣キタル節内山少尉来リ属ス望遠鏡ヲ携ヘ且其容子言辞頗ル異シムヘキヲ覚フ夫ヨリ西ケ原村辺ヲ過ル頃砲声ヲ聞ク（是竹橋近衛砲兵営ノ暴挙ト認メタリ）此時隊列又乱ル自分久徳大尉ニ向ヒ此様子ニテハ王子ニ到ルモ処分甚タ難ク且未タ巨魁モ分明ナラサレハ如何シテ可然ヤト相談ノ末一策ヲ按シ王子ニ到ラハ先ツ隊兵ヲ止メ隊中今日ノ事ヲ知ル者ハ出ヨト令セハ必ス巨魁可相分其時巨魁数人ヲ欺キ探偵ヲ名トシ逐次ニ東京ニ遣リ警視分署ニ依頼シテ之ヲ途ニ要シ以拘留セハ隊中ノ兵ハ其帰ルヲ待居ル内自然時移リ気モ折ケ説諭ノ法可行届ト相議シ王子村ニ著シ自分并ニ士官ハ扇屋ノ二階ニ兵卒等ハ同家並ニ海老屋ニ入リ先ツ人力車五挺ヲ雇ヒ策ノ如ク令シタルニ兵卒鈴木直次髙見澤卯助栗原伊十《ママママ》郎ノ三名出頭セリ自分偽テ今日ノ事ハ我既ニ之ヲ知レリ汝等我命ニ従フヤ否ト申セハ直次等国家万民ノ為メニハ隊長ノ命ト雖トモ従フ能ハサル者アリト答フ自分今少シク待テ先キニ東京ニ出シ置タル探偵ノ者モ帰リ来ルヘキ間其上ニテ処分スヘシト欺キ又汝等ノ中一両人今ヨリ東京ニ行キ形況《ママ》ヲ実見シテハ何如《ママ》ト申セハ卯助等兵卒山本八十八並ニ伊十《ママママ》 郎ノ両人遣シ度旨申出且兵卒ノ服ニテハ目立チ候故闔袖衣ヲ著用致サセ度趣申ニ付其意ニ任セ車ニテ差遣シタリ然ルニ前段久徳大尉ニ謀リシ捕縛ノ儀警視分署ニ依頼センコトヲ議シタルニ内山少尉之ヲ拒ムヲ以果サス又茶代食料等仕払ノ為メ金円ヲ警視分署ヨリ借用致度旨内山等申スニ付小橋中尉ニ命シ金円借用ノ儀依頼セシメタル処分署限リニテ取計ヒ難ク其筋ヘ申出候上可回答趣ニ候又内山少尉ハ弾薬足袋草鞋調ヒ《ママ》度旨ヲ主張シ兵卒等モ亦迫マリ出ツ自分赤羽根火薬庫ニスペ《ママ》ンセルノ弾薬ナキヲ承知致シ居ル故請求書ヲ認メ捺印平山火工下長ニ与ヘ兵卒数名ヲ附ケ赤羽根ニ遣シ足袋草鞋ハ皆之ヲ買ヒ求メシム又兵卒ノ気ヲ慰ムヘクト存シ酒ヲ飲マシメンコトヲ議セシカ久徳大尉等不同意ノ趣申スニ付砂糖水ヲ与ヘ候時ニ跡ニ残リ居ル兵卒等又弾薬受取リニ参ルヘクトテ騒キ立ルニ付内山少尉ニ命シ鎮メシメタル処内山専断ニテ新兵ノミヲ止メ旧兵ハ許シ遣シタル旨申出テ候自分因テ思フニ既ニ斯ク令セシ上ハ致方無之且旧兵暴発スルトキハ新兵ヲ以鎮圧スヘシト其趣士官等ニ相議シ旧兵ハ差遣シ新兵ヲ止メシム是ヨリ先大尉稲村元資中尉栗原乙也等来リ属

ス是ニ於テ栗原中尉ヲ遣シ東京ノ形況《ママ》ヲ探偵セシム暫クアリテ先キニ東京ニ遣シタル兵卒帰リ来リ鎮定ノ趣ヲ報シタルニ付隊兵稍相鎮マリ申候此ニ於テ稲村大尉ニ命シ本隊ノ様子ヲ野津司令長官ニ上申セシメ且士官総代トシテ　天機伺ノ為メ参内セシム又暫クシテ後事ヲ久徳大尉ニ托シ自分ハ王子村出発直チニ衛戍本部ニ到リ中佐岡本兵四郎殿ニ面会事状《ママ》ヲ談シ巨魁ノ者捕縛ノ為メ衛戍兵三十名被差遣度段申談シ復王子ニ立帰ル途中駒込辺ニテ久徳大尉ノ兵ヲ率ヒ来ルニ逢ヒ様子ヲ承ル処最早衛戍兵ヲ要スルニ及ハサル形況《ママ》ニ付其趣衛戍ヨリ従ヒ来ル伝令騎兵ヲ以衛戍本部ニ報シ帰営致候処司令長官ノ告諭書到来即チ兵卒等ニ相達シ又巨魁ノ者ヲ取糺ス折柄少佐大嶋久直近衛砲兵卒ノ口書ヲ持チ来ル之ヲ見ルニ内山少尉梁田下副官平山火工下長ノ名アリ始メテ内山少尉等ノ巨魁ナルコトヲ承知致シタレトモ兵卒ノ捕縛終ルマテハ先ツ知ラサル体ニ致シ置キ廿五日内山少尉等ヲ当裁判所ニ護送ノ事ニ取計ヒ候但行軍中ノ始末時限並ニ其節士官ヘ応対ノ次第等ハ匆卒ノ際ニテ逐一ハ記憶不致候

右之通申立候処

内山少尉ノ申立ニハ八月廿二日午後岡本少佐ノ宅ニ到リ酒席談話ノ次自分ヨリ今般諸隊相謀リ頗ル動揺セントスル状況ニテ当隊ノ者モ之ニ与シタル様子ニ有之昨日モ集会アリ今日モ集会シテ事ヲ決スル趣近衛士官抔余程張リ込ミ盛ナル勢ニテ此事ハ根モ深キ様子故当隊ノ之ニ与シタル者ニ手ヲ附ルモ如何ト存シ又其主意ハ賞典ノ事カ減給ノ事カ或ハ政体ノ事カ判然セサレトモ自分モ品ニ依レ与《ママ》スル抔申述ヘシ処少佐ハ今事ヲ起スト申シテモ名義ナカルヘシ口実トスル所ハ減給ノ事カ賞典ノ事ナルヘケレトモ夫等ノ事ニテ暴発スルコトハ出来サルヘシ併何ソ他ニ名義アリヤ賞典ノ件ハ予モ関係致シ居レハ是ハ仕方モアルヘシ減給ノ事カ政体ノ事カ根ヲ能ク探ルヘシ当隊ノ兵之ニ与シタル者アリトテ格別ノ事ニアラサルヘシト答ヘラレタリ尤右談話ノ初メヨリ姓名不知和歌山人ト覚シキ者一人同席ニテ対酌ノ間ニ有之他ノ之ニ関係セサル談モ雑リシ故言語ノ前後致シタル所アルハ免カレ難シト雖トモ其応対ノ概略ニ於テハ決シテ相違コレナク候又廿三日午前十一時頃再タヒ岡本少佐ノ宅ニ到リ自分ヨリ昨廿二日当隊ノ者集会ノ席ニ参リシ処名義モ何ニモ分明ナラサル趣ニ付今日ハ能ク其根源ヲ聞キ糺シ妄リニ他隊ノ者ニ鼓動セラレサル様正直荊ノ両人ヨリ集会ニ出席スル者ニ申付ケヨト命シ置キタリ今日ハ事ヲ決スル筈ニテ近衛歩兵第二連隊ヨリモ出席スル趣ナリ何レ後刻正直荊両人ノ

中ヨリ何ニカ申上ルナラン猶自分ヨリモ分リ次第御報知致サント申述ヘタル処少佐ハ暴挙々々（ヤルヤルト云ハレシヤ判然覚ヘス）ト申シテモ根カ不分明ニテハ処置ハ出来ス能ク根ヲ聞キ糺シ然ルヘクト答ヘラレタリト

又梁田下副官ノ申立ニハ八月廿三日平山荊ト岡本少佐殿ノ宅ニ到リ内山殿ヨリ何ニカ申上ケシナラント申シタル後近衛砲兵ヨリ当隊（当隊ハ予備砲兵隊ナリ下同シ）ノ兵ニ通知アリテ当隊ノ兵モ屢々集会ノ席ニ出テ相談シタル様子其事柄ト申スハ何ニカ不平ノ故ニテ廿三日夜暴挙ニ及フトノ論アリタレトモ当隊ノ兵ハ集会ノ席ニテ廿三日ト時日ヲ極メル訳ニハ参ルマシト断テ帰リシ様子ナリ尚今日ノ集会ニテ事ヲ決スル趣併其集会ノ議論一致シテ之ヲ指揮スル人アルニ非ス唯兵卒等カ囂々致シ居ル様子ナリ如何ノモノヤト申述ヘシニ岡本殿ヨリ先ツ其許等如何思フヤト申サレシニ付時日モ立テハ諸隊モ概ネ一致スヘシ然ル上ハ容易ニ事ヲ遂クルコトモ出来可申旨ヲ答フル処岡本殿ヨリ其様ナル大義ニ背キシコトハ出来ヌモノナリ多数ノ兵ニ伝播スル間ニハ漏レテ破ル、コト必定ナリト申聞ケラル此際荊モ何ニカ議論シ居レトモ如何ナル趣意ヲ申述ヘタリシヤ覚ヘス右等談話ノ末岡本殿ハ古ヨリ義兵ヲ挙ケタルコト抔談話アリ其成功ヲ見タルハ皆之ヲ指揮スル人ノ良将ナレハナリ今兵卒軽躁事ヲ挙ルモ何程ノ事ヲ為シ得ヘキニ非ス我ヲシテ試ミニ在京中ノ兵ノ暴動ニ際シ之カ処置ヲ為セトナラハ直チニ大阪ニ電報シ其鎮台兵ヲ船ニテ品海ニ寄セ以之ヲ撃ハ目下ニ打散スヲ得ヘシト申談シタル由

又平山火工下長ノ申立ニハ梁田ト大隊長ノ宅ニ到リ梁田ヨリ大隊長ニ向ヒ諸隊ニテ何ニカ事ヲ企テ当隊ノ兵モ出テ、集会シ一揆ヲ起ス様ナル形況《ママ》ナリ併他ニ之ヲ指揮スル人モナク唯兵卒等カ囂々致シ居ル様子是等ハ如何ノモノト申述ヘシニ大隊長ヨリ先ツ汝等ノ見込ハ如何ナルト申サレシニ付（隊長ヨリ此問ヒアリト覚フ但今ニ至リ判然記憶セス）自分ハ不平等ヨリ起ルコトハ成就セサル者ナラント云ヒ梁田ハ当今ノ勢ハ何トモ難計抔申述ヘタルニ大隊長ハ右様ナル大義ニ背キシコトハ出来サルモノナリト申聞ケラレシニ付自分ハ梁田ニ先チ大隊長ノ宅ヲ辞シ去ルト

右内山少尉梁田下副官平山火工下長ノ申立ル所ノ者談話ノ順序能ク整ヒ事実亦明瞭ニシテ自分ノ申立ル所ノ者首尾相応セス事理曖昧ナルヲ以申分難相立趣御糺問ヲ被リ申開キハ無之候得共自分ニ於テハ再三熟考仕候ニ何分彼等ノ申立ル如ク委細ニ承リタル覚ヘ無之然レトモ右容易ナラサル儀ヲ内山少尉梁田下副官平山火工

下長ノ三人前後三次来談スルヲ軽忽ニ聞キ過シ然マテノ事トモ思慮セス亦之ヲ上申セサル段御糺問ヲ被リ且王子行軍中ノ処置或ハ兵卒ニ酒ヲ飲マシメントシ或ハ暴徒ニ闊袖衣ヲ著セ斥候ニ出シ又暴徒ノ乞ニ任セ足袋草鞋等ヲ買ヒ且其請求ニ応シ弾薬ヲ受ケ取ラントト人ヲ遣シタル件々御不審ヲ蒙リ自分ニ於テハ只管鎮撫ヲ旨トシテ臨機ノ処分ヲ致シタル儀ニテ固ヨリ異心アリテ取計ヒタル儀ニハ無之ト雖トモ説諭ノ言辞並ニ処分曖昧職務上鎮圧ノ法ヲ失シタル段御糺問ヲ被リ一言ノ申開キ無之奉恐入候

右之通相違不申上候

明治十二年二月廿二日

岡本柳之助

【現代語訳】

近衛砲兵隊の暴動に関与した容疑の件

自分は、東京鎮台予備砲兵第一大隊長勤務中の昨十一年八月二十二日、元和歌山県人・正井又作という者と対酌中、午後三時頃、少尉・内山定吾が来て、ともども酒を酌み、種々雑談したあと、「近衛兵等が寄合しているという噂があります」などと言ったが、当時、自分は酩酊していたので、きょうに至りその話の順序や顚末等をはっきり覚えていない。

翌二十三日午前十一時頃、内山少尉がまた来て、前同様のことを言うので、「ただ寄合、寄合と言うだけでは根も葉もわからない。とくとその根を聞きただせ」と言うと、少尉は何か物案じの様子で、別に話もしないで帰った。

同日午後二時頃、下副官・梁田正直、火工下長・平山荊《いばら》が来て、「内山少尉から何か申し上げたことがありませんか」と言うので、「何のことか」と尋ねると、正直等は、「勲賞や減給のことで、各隊が不平を鳴らして集会等をし、かなり不穏な様子です」と言うので、自分は、「そのような大義に背いたことはあるまい」と申し聞かすと、正直が、「兵を用いるには、必ず大将が必要なものでしょうか」と聞いた。自分は、「古から大将なくしては兵を用いることはできないものだ。寄合勢では、何ごともなしうるものではない」と答えた。正直がまた、「もし東京中の兵が暴動を起こしたときは、どのように処置すべきでしょうか」と問うた。自分は、「兵は大阪にも備えがあるから心配はいらない」と言うと荊が、「ほかに用事がありますので」と先に帰り、正直はあとに残って、「衛戍本部*に奉職をお願いしたいのです」と言うので、「隊内の決まりもあるから、そうはできない」と言い聞かすと、ほかに話もなく帰っていった。
その夕刻、牛込区築土八幡町十三番地に住む伯父・堀田誠一方に行っていると家僕が来て、「ただ今、大至急のご用の様子で熊谷正躬少尉が参られました」と言うのでとりあえず帰ると、正直も来ていた。熊谷少尉が、「ただ今、平山火工下長が久徳大尉方に来て、近衛諸隊と当隊の兵卒等が今夜暴発するようだ、と知らせてきました」と告げた。このとき正直は別席を求め、「もはや暴徒の巨魁は帰営しているでしょうから、速やかにご登営され、処分されるべきです」と言ったので、自分は、士官の中で人望のある者に鎮撫させようと考え、正直に、「誰々が人望があるか」と尋ねると、「久徳大尉か内山少尉です」と答えた。それから直ちに元の席に戻り、熊谷少尉に命じて司令長官・野津少将に報告させ、自分は急ぎ支度し、門前に出て乗馬するとき、久徳大尉が来て、同行した。途中で相談し、「当隊は二大隊*が同営なので、暴発を鎮撫するのは非常に難しく、他の一大隊の様子もわからない。ともかく遠隔の地に避ける方がよい」と、ついに王子行軍を決めた。

登営してみると、すでに状況はいつもと少し違っているように見えた。急ぎ不時呼集をかけたが、兵卒等の整列の際の騒擾はすこぶる容易ならざる状況で、服装もとめのわず不体裁だったが、暴徒勢を割くことが急なので、それらには構わず、急ぎ出営したが、営外およそ七、八丁の所に行くと、隊伍が乱れた。久徳大尉等が尽力し、少し静まったが、とにかく騒々しかった。牛込神楽坂下に差しかかったとき、内山少尉が来て、行軍に加わった。望遠鏡を持ち、その様子、ことばづかいがすこぶる異様だと感じた。

それから西ヶ原村あたりを過ぎる頃、砲声を聞いた(これは竹橋近衛砲兵営の暴挙だと判断した)。このとき、隊列がまた乱れた。自分は久徳大尉に向かい、「この様子では王子に行っても、処分は非常に難しい。その上、いまだに巨魁もはっきりしない。どうすべきか」と相談した末、一策を考えた。「王子に着いたら、まず隊兵を止め、隊の中できょうのことを知っている者は前に出ろ、と命ずれば、必ず巨魁がわかるだろう。そのとき、巨魁数人を欺き、探偵を名目として順次東京にやり、それを警視分署に依頼して途中で待ち伏せて拘留する。そうすれば、隊内の兵はその帰りを待っているうちに自然に時間も経ち、気も挫け、説諭が行きとどく」と話し合った。

王子村に着き、自分と士官は扇屋の二階に、兵卒等は同家と海老屋に入った。まず人力車五挺を雇い、策のように命じると、兵卒・鈴木直次、高見沢卯助、栗原猪重郎の三名が出頭した。自分は偽って、「きょうのことはわしはすでに知っている。お前等、わしの命令に従うか否か」と言うと、直次等は、「国家万民のためには、隊長のご命令と言えども従えないものがあります」と答えた。自分は、「もう少し待て。先に東京に出しておいた探偵の者も帰ってくるだろうから、その上でどうするか決めよう」と欺いた。また、「お前等の中から一両人、今から東京へ行き、状況を実見してはどうだ」と言うと、卯助等は、「兵卒・山本八十八と猪重郎の二人をつかわしたいと思います」と申し出、さらに、「兵卒の服では目立ちますので、和服を着用させたいのですが」と言うので、その意向に任せ、人力車で行かせた。

ところが、前段久徳大尉と企てた捕縛の件は、警視分署に依頼することをはかると、内山少尉が拒んだのでできなかった。また、内山等が、「茶代や食料等の支払いのため、金円を警視分署から借用したいと思います」と言うので、小橋中尉に命じ、金円借用の件を依頼させたが、分署だけでは取り計らいは難しく、上部へ申し出た上、回答するということだった。また内山少尉は、「弾薬、足袋、草鞋を調達したいと思います」と主張し、兵卒等もまたそれを迫ってきた。自分は、赤羽火薬庫にはスペンセル銃の弾薬がないことを承知していたので請求書を書き、捺印して平山火工下長に渡し、兵卒数名をつけて赤羽につかわし、足袋、草鞋はすべて買い求めさせた。また、兵卒の気持を慰めようと考え、酒を飲ませることをはかったが、久徳大尉等が、「同意できません」と言うので、砂糖水を与えた。そのとき、あとに残っていた兵卒等がまた、「弾薬を受け取りに行くべきだ」と騒ぎ出したので、内山少尉に命じて鎮めさせたが、内山は独断で、「新兵だけを残し、古参兵には行くのを許可しました」と申し出た。自分はそこで、すでにそう命じた以上はいたしかたない、さらに、古参兵が暴発したときは新兵をもって鎮圧しよう、と考え、それを士官等にはかり、古参兵は行かせ、新兵を残した。これより前、大尉・稲村元資、中尉・栗原乙也等が来て、行軍に加わった。そこで栗原中尉を派遣して、東京の状況を探偵させることにした。しばらくして、先に東京に派遣した兵卒が帰ってきて、「暴動は鎮定されました」と報告したので、兵はやや静まった。ここで、稲村大尉に命じて、本隊の様子を野津司令長官に上申させ、士官総代として、天機伺い*のため参内させた。またしばらくして、後事を久徳大尉に託し、自分は王子村を出発、直ちに衛戍本部に行き、中佐・岡本平四郎殿に面会、事情を話し、巨魁の者の捕縛のため、衛戍兵三十名を差しつかわされたいと要請し、再び王子に引き返す途中、駒込あたりで久徳大尉が兵を率いてくるのに出会った。様子を聞くと、もはや衛戍兵を必要とする状況ではないので、それを衛戍から従ってきていた伝令騎兵に衛戍本部に報告させ、帰営した。そこに司令長官の告諭書が届き、すぐに兵卒等に伝達した。また巨魁の者を取りただすにあたり、少佐・大島久直が近衛砲兵卒の口書《くちがき》を持ってきた。これを見ると、内山少尉、梁田下副官、平山火工下長の名があり、初めて内山少尉等が巨魁であることを知ったが、兵卒の捕縛が終わるまでは、とりあえず知らないふりをして、二十五日、内山少尉等を当裁判所に護送するよう取り計らった。ただ、行軍中のいきさつや時間、およびそのときの士官への対応の経過等は、あわただしくて逐一は記憶していない。

右の通り申し立てたところ、

内山少尉の申し立てには、

八月二十二日午後、岡本少佐宅に行き、酒席での話のあと、自分から、「今般諸隊がはかり合って、大きく動揺しようとする状況で、当隊の者もこれに与している様子です。きのうも集会があり、きょうも集会して事を決めるようです。近衛士官等相当張り切って盛んな勢いで、このことは、根も深い様子なので、当隊でこれに与する者に手をつけるのもいかがなものかと考えます。またその主意は、賞典のことか、減給のことか、あるいは政体のことか判然としませんが、自分もことしだいによっては与します」などと述べると、少佐は、「今、事を起こすと申しても、名義があるまい。口実とするのは減給のことか賞典のことだろうが、それらのことで暴発することはできないだろう。しかし、何かほかに名義があるのか。賞典の件は自分も関係しているから、これはやり方もあろう。減給のことか、政体のことか、根をよく探るべきだ。当隊の兵でこれに与する者がいても、格別のことではないだろう」と答えられた。もっとも、この話の初めから、姓名を知らない、和歌山人と思われる者が一人同席し、対酌中だったので、ほかのこれに関係ない話もまざっていたから、ことばの前後した所のあるのは免れがたいが、その応対の主意においては、決して相違はない。また、二十三日午前十一時頃、再び岡本少佐宅に行き、自分から、「昨二十二日、当隊の者が集会の席に参りましたが、名義も何も明らかでないようでしたので、きょうは、よくその根源を聞きただし、みだりに他隊の者に鼓動されないよう、正直、荊両人から集会に出席する者に申しつけよ、と命じておきました。きょうは、事を決めるはずで、近衛歩兵第二連隊からも出席するようです。いずれ後刻、正直か荊両人の中から何か申し上げるでしょう。なお、自分からも、わかり次第ご報知します」と申し上げると、少佐は、「暴挙、暴挙（やる、やると言われたかはっきりと覚えていない）と言っても、根がはっきりしないのでは処置はできない。よく根を聞きただすべきだ」と答えられた、とある。

また、梁田下副官の申し立てには、

八月二十三日、平山荊と岡本少佐殿の宅に行き、「内山殿から何か申し上げたのではありませんか」と聞いたあと、「近衛砲兵から当隊（当隊は予備砲兵隊なり。以下同じ）の兵に通知があり、当隊の兵も、しばしば集会の席に出て、相談した様子です。その事柄と言うのは、何か不平の故で二十三日夜、暴挙に及ぶという話がありますが、当隊の兵は集会の席で、二十三日と時日を決めるわけにはいかない、と断わって帰ってきた様子です。なお、きょうの集会で事を決するようです。しかし、その集会の議論が一致してこれを指揮する人物がいるのではありません。ただ兵卒等がごうごうしている様子です。どうしたものでしょうか」と申し上げた。すると岡本殿が、「まずお前等はどう思うのだ」と言われるので、「時日も経てば、諸隊もおおむね一致するでしょう。そうなれば、容易に事を遂げることもできるでしょう」と答えると岡本殿は、「そのような大義に背いたことはできないものだ。多数の兵に伝播する間には、漏れて破れることは必定だ」と言われた。このとき、荊も何か議論していたが、どのような趣意を申したか覚えていない。右等の話の最後に岡本殿は、「古から義兵を挙げたこと等の話がある。その成功を見たのは、皆これを指揮する人の良将であったからだ。今、兵卒が軽操に事を挙げても、何ほどのことをしうるものでもない。我をして試みに在京中の兵の暴動に際してこれが処置をせよ、というなら、直ちに大阪に電報し、その鎮台兵を船で品川沖に集めて暴徒を撃てば、一気に打ち散らすことができる」と言われた、とある。

また、平山火工下長の申し立てには、

梁田と大隊長宅に行き、梁田から大隊長に向かい、「諸隊で何か事を企て、当隊の兵も出て集会し、一揆を起こすような状況です。しかし、ほかにこれを指揮する人もなく、ただ兵卒等がごうごういたしている様子です。これらはどんなものでしょうか」と申し述べると、大隊長は、「まずお前等の見込みはどうなのだ」と申されたので（隊長からこの問いがあったと覚えている。ただ、今となってははっきり記憶していない）、自分は、「不平等から起こることは成就しないものでしょう」と言い、梁田は、「今の勢いは何とも判断できません」などと申し述べると、大隊長は、「そのような大義に背いたことはできないものだ」と申し聞かされたので、自分は梁田に先立って大隊長の宅を辞し去った、とある。

右の内山少尉、梁田下副官、平山火工下長の申し立ては、話の順序がよく整い、事実もまた明瞭なのに、自分の申し立ては首尾一貫せず、すじみちが曖昧で、申し分が立ちがたいとのことでご糾問を受け、申し開きはないが、自分においては再三熟考しても、何分彼等が申し立てたように、委細に聞いた覚えがない。しかしながら、右容易ならざることを、内山少尉、梁田下副官、平山火工下長の三人が前後三回来宅して話したのを軽忽に聞き過ごし、これほどまでのこととも思慮せず、また、これを上申しなかったことでご糾問を受け、その上、王子行軍中の処置、あるいは兵卒に酒を飲まそうとし、あるいは暴徒に和服を着せ斥候に出し、また、暴徒の乞いに任せて足袋、草鞋等を買い、さらに暴徒の求めに応じて弾薬を受け取ろうと人を派遣した件々、ご不審をこうむり、自分においては、ひたすら鎮撫を旨として臨機の処分をしたのであって、もとより異心あって取り計らったことではないとはいえども、説諭のことばや処分の曖昧さ、職務上鎮圧の方法を誤ったことでご糾問を受け、一言の申し開きもなく、恐れ入る。

右の通り相違ない。

明治十二年二月二十二日　岡本柳之助

〔語句解説〕

＊衛戍《えいじゅ》本部　旧日本陸軍部隊が永久に一つの地に駐屯することを衛戍といい、当該軍隊がその地域の警備および陸軍の秩序、軍紀、風紀の監視ならびに陸軍に属する建築物などの保護の任に当たった（平凡社大百科事典）。その東京にあった本部

＊二大隊　東京鎮台予備砲兵第一大隊と第二大隊

＊天機伺い　参内して天皇の機嫌をうかがうこと（広辞苑）。

2　内山定吾

東京鎮台予備砲兵第一大隊　武器掛
陸軍少尉　内山定吾　当十月廿六年八ヶ月
明治八年二月少尉拝命　島根県士族　因幡国邑美郡鳥取包丁人町住　覚治長男　東京西久保桜川町一番地寄留　神葬

口供

徒党暴動ニ干預ノ件

自分儀明治十年鹿児島逆徒征討ノ役ニ奉命出戦シ三月四日田原阪《ママ》ニ於テ負傷ス然ルニ前年仮士官学校ニ於テ共ニ修業セシモノ及ヒ其他ノ士官熊本城ニ達シタルモノハ多ク昇級シ其以前ニ負傷シタルモノハ昇級セス是等ハ不公平ナル儀ト凱旋後モ常ニ不満ニ存シ居タル折柄本年八月廿一日午前営内ニ於テ今般諸隊ノ兵士等不平ノ為メ事ヲ起スヲ企テ近衛砲兵隊ヨリ当予備砲隊ヘ通シ来リ今日午後右ノ件ヲ議スル為メ諸隊ノ兵赤阪《ママ》山王社ニ集会シ当隊ノ火工卒鈴木直次ナルモノ其席ニ出頭可致筈ナリト火工下長平山荊ヨリ承リ此時下副官梁田正直モ同席ス正直荊ハ其事実ヲ探索セン為メ山王社ニ赴ク心得ナリト申ニ付自分モ之ヲ然リトシ然ラハ集会ノ帰路自分宅ニ立寄レト右両人ニ申聞ケタリ後程ナク荊ヨリ此頃兵卒ノ様子穏ナラス兎角上官ヲ軽蔑スル形《ママ》况有之ニ付理非ノ別チモナク百姓一揆ノ如クナルコトヲ起ス様ニテハ不都合ユヘ何卒衆兵能ク一致シテ事ニ従フ様心得サスル講義ヲ致タサレテハ如何ト申ニ付自分モ然ルヘシト答フル処荊ハ已ニ直次ヲ以テ此事ヲ兵卒等ニ伝談セシメタルニ依リ聴聞ノ人員モ頗ル多カリシ斯クテ自分ハ偉蹟伝中ネルソン氏ノ伝ヲ講説シネルソンハ仏国革命戦ノ際ニ功烈ヲ著シタルコトヲ説キタリ革命トハ政府ノ不善ナルヲ他ヨリ起テ改革スルモノニテ不良ノコトニアラス喩ヘハ王政維新ノ如キモノナリ一揆トハ政府猶政ヲ失ハサルニ妄リニ之ヲ覆サントスルモノニテ不良ノコトナリ喩ヘハ佐賀ノ乱ノ如キモノヲ云フ故ニ革命ハ可ナリ一揆ハ不可ナリ然レトモ兵士タルモノハ都テ事ヲ行フニ能ク一致シテ之カ主将トナル者ノ命令ニ服スルニ非レハ必ス成就シ難キ旨ヲ演説シタリ同日午後自分ハ已ニ営ヨリ帰宅致シ居ル処

兼テ約シタル通リ正直荊ノ両人山王社ノ帰路ナリトテ来レリ依テ集会ノ状況ヲ承ルニ正直等カ山王社ヲ去ル頃迄ハ人モ十分集ラス何レ浅草ニ集会セル近衛士官ヨリノ報ヲ待テ事ヲ決スヘキ筈ナリ鈴木直次カ委細ノコトヲ聞糺シテ後刻貴宅ニ立寄ルヘキニ付其時詳細相分ルヘシ右両人ハ集会ノ席ニハ臨マス直次ヲ其席ヨリ呼出シテ聞取リタル趣尤モ兵士数名集合致居ヲ両人モ目撃致シタリト云是ニ於テ自分ハ頗ル大事件ニモ可立至ト存シ事宜ニ依レハ之ニ与ミシ事ヲ起サント思惟シ正直荊両人モ共ニ謀リ事ヲ起サントノ言語コソ接セサレ固ヨリ自ラ意気相投シテ同志ノ儀ナリ然レトモ自分首謀トナリテ事ヲ執ラントニハ非ス大隊長岡本少佐殿ニ謀リ少佐ノ意見ヲ問ヒ其決ヲ取リテ事ヲ為サント存シタリ然ルニ少佐ハ此時伊香保ノ温泉ニ赴キ居ラル、ニ付右相談ノ為メ之ヲ呼戻シ度左様致シテモ落度ニナルニモ非ルヘシ抔正直荊ト語リ対酌ノ末右両人ハ立去ル程ナク教導団歩兵生徒井上某ト申同郷人来訪シタル処井上ニハ右ノ事件ヲ一語モ申聞ケス已ニシテ鈴木直次来リシユヘ談スヘキコトアリ席ニ就ケト申セシ処井上カ坐ニアル故カ兎角遠慮シテ席ニ就カス依テ自分ヨリ何カ急ナコトハナキヤト尋ルニ格別ノ事モ無之ト答フルニ付然ラハ梁田等ノ方ニ行クヘシト申シタレハ直次ハ立去ル

同廿二日午前登営致ス所鈴木直次カ昨夜集会席ヨリ皈リテ其事実ヲ正直荊ニ語リシトテ両人ヨリ申述ルヲ聴クニ其主意ハ勲賞并減給等ノ処置宜シカラサル為メ故ニシテ首謀事ヲ執ル人モ未タ分明ナラス浅草ニ集会セシト云近衛士官ノ報知ハ竟ニ来ラスシテ止ミタレトモ来ル廿三日頃ニ暴発スルコトハ粗談決シ猶廿二日招魂社ニ集会シテ事ヲ議スルヲ約シテ山王社ノ会ハ散シタル趣ナリ依テ自分ハ正直ニ向ヒ是事ヲ久徳大尉殿ニ話シテ置キテハ如何ト申セシニ正直ハ今少々見合セ可然ト答ヘタリ夫ヨリ退営時限ニ至リ自分営ヲ出ル際岡本少佐殿ノ馬丁ニ逢テ少佐カ伊香保ヨリ皈京セシ趣ヲ承知シタルニ付直チニ少佐ノ宅ニ至リ酒席談話ノ次自分ヨリ今般諸隊相謀リ頗ル動揺セントスル状況ニテ当隊ノ者モ之ニ与シタル様子ニ有之昨日モ集会アリ今日モ集会シテ事ヲ決スル趣近衛士官抔余程張リ込ミ盛ナル

勢ニテ此事ハ根モ深キ様子ユヘ当隊ノ之ニ与ミシタル者ニ手ヲ付ルモ如何カト存ス又其主意ハ賞典ノ事カ減給ノ事カ或ハ政体ノ事カ判然セサレトモ自分モ品ニ依レハ与ミスル抔申述ヘ少佐ノ所存ヲ探リシ処少佐ハ今事ヲ起スト申シテモ名義ナカルヘシ口実トスル所ハ減給ノコトカ政体ノコトカ根ヲ能ク探ルヘシ当隊ノ兵之ニ与ミシタル者アリ迚格別ノ事ニモ非ルヘシト答ヘラレタリ尤モ右談話ノ初メヨリ姓名不識和歌山県人ト覚シキ者一人同席ニテ対酌ノ間ニ有之他ノ之ニ関係セサル談モ雑リシ故言語ノ前後致シタル所アルハ免レ難シト雖モ其応対ノ主意ニ於テハ決シテ相違之レナク又右ノ和歌山県人ト覚シキ者ハ酩酊致シ居リ或ハ仮眠シ屡《ママ》々其席ヲ起チタルコトアルニ付此談話ノ始末ヲ悉クハ傍聴セサル儀ト存ス而シテ此時少佐ノ心底ヲ自分カ想像スル所ニテハ少佐親ラ事ヲ執ルコトハ為サルヘシ但他ノ者カ事ヲ起スモ強テ之ヲ制セサルナランカト思ハレタリ（但対談ノ要領ハ本文ノ如クナレトモ原ト少佐ヲ探ルカ為メニテ且飲ミ且談シ事婉曲ニ申述シ故自分ノ言意ヲ少佐悉ク酌取リシヤ否ハ敢テ臆度シ難シ）

同廿三日午前登営シ当隊火工卒横山昇ナルモノ昨廿二日招魂社ノ集会ニ出席シ帰リテ其景況ヲ正直荊ニ話シタル次第ヲ右両人ヨリ承ルニ鎮台歩兵隊工兵隊ニハ其相談モ未タ行届カス近衛歩兵隊ハ通リ掛リシ第二連隊ノ兵卒二名ヲ集会ノ席ニ呼ヒ寄セテ相談セシ位ナレハ廿三日夜暴発スルコトハ六ケ敷其主意ハ減給賞典等ニ外ナラス且主謀者モ未タ判然セス昇ハ右様ニテハ不同意ノ趣ヲ一応申シタレトモ近衛砲隊ノ者ハ是非廿三日夜暴発ト申張リ昇ハ猶明日（廿三日）ノ集会ニ至リテ能ク相談スヘシト申シ其席ヲ散シタリト云自分ハ之ヲ聞了リ正直荊ニ向ヒ然ラハ今日ハ能ク其根原ヲ聞糺シ妄リニ他隊ニ鼓動セラレサル様可致而シテ其趣ヲ昇ニ申付ヨト命シタリ

同日午前十一時頃又岡本少佐殿宅ニ至リ自分ヨリ昨廿二日当隊ノ者集会ノ席ニ参リシ処名義モ何モ分明ナラサル趣ニ付今日ハ能ク其根原ヲ聞糺シ妄リニ他隊ノモノヨリ鼓動セラレサル様正直荊両人ヨリ集会ヘ出席スル者ニ申付ヨト命シ置キタリ今日ハ事ヲ決スル筈ニテ近衛歩兵第二連隊ヨリモ出席スル趣ナリ何レ後刻正直

荊両人ノ中ヨリ何カ申上ルナラン猶自分ヨリモ分リ次第御報知致サント申述タル処少佐ハ暴挙々々（ヤルヤルト云ハレシカ判然覚ヘ不申）ト申テモ根カ不分明ニテハ処置ハ出来ス根ヲ能ク聞糺シ可然ト答ヘラレタリ夫ヨリ皈宅致居ル処午後第八時頃ト覚フ荊招魂社集会ノ席ヨリ来リテ愈今夜暴発ト決着シ当隊ニ於テ暴発セサルトキハ彼ヨリ襲来センモ難計弾薬ヲ兵ニ渡可然モノナルヤ且如何相心得可申哉抔申述ルニ付自分荊ニ向ヒ然ラハ他隊ニ突キ込マレサル用心ニ士官学校ノ方ヘ哨兵ヲ張ラサルヲ得ス拙者ハ自然ノ勢ニ任セテ何レニテモ致スナリ且弾薬渡方等宜敷取計ヒ置カレヨ何レ大隊長方ニ至リ相談シテ何分報知スヘキニ付汝ハ夫レ迄兵ノ動揺セサル様取鎮メ置レヨト申聞ケ荊ハ立去ル自分ハ直チニ武装シテ大隊長宅ニ至リシ処已ニ出営セラレシ趣ユヘ其方ニ参ル途中隊伍ニ行逢フタルハ牛込辺ナリ大隊長ハ今ヨリ行軍王子ニ赴クナリト申聞ラル自分ハ甚タ御早ヤカリシト申シタリ是ヨリ隊列ニ付キ行進ノ途上砲兵本廠ノ辺ニテ荊并ニ白石軍曹ニ命シ先行王子ニ至リテ設宿セシム駒込追分ノ先キニテ東京ノ様子如何ト懸念シタル故梁田正直ニ府下諸隊ノ形《ママ》況ヲ見テ参レト命シテ東京ヘ差帰シタリ是レハ自分一己ノ考ニテ大隊長ヘハ後ニ之ヲ申告シタリ夫ヨリ妙義阪《ママ》ニ及フ頃砲声ヲ聞ク時ニ兵士等近衛砲隊ヲ助ケテ暴発セサレハ行進セス抔囂々申述ヘ隊伍混雑スルニ付大隊長及ヒ自分等モ事ヲ起ス方ナルニ依リ各鎮マリ行進セヨト申諭シ已ニ王子ニ着シ扇屋ノ二階ニテ兵卒鈴木直次髙見澤夘助栗原伊十郎《ママママ》ノ三名ハ衆兵ニ代リ意見ヲ大隊長ニ申出タル末大隊長夘助等ニ東京ノ変状ヲ探偵セシムルニ依リ其人ヲ撰ミ出セト命セラレ夘助直次議シテ伊十郎《ママママ》及ヒ山本八十八ヲ差遣ハサレ可然ト申出タル節皇居ハ何隊カ警備シ居ルヤ近衛連隊モ暴発セシヤヲ能ク見届ケノ事并ニ濶袖服ヲ着シ行ク方可然トノ議ハ自分之ヲ賛成シ右探偵卒二名ヲ遣ハセシ後警視官ニ依頼シテ其皈路ヲ要シ捕縛セシムルノ議起リシトキ自分ハ夫ニハ及間敷ト申出タリ又弾薬ヲ取寄セントノコトハ自分尤モ其議ヲ賛成ス是レハ何レノ道戦ハサルヲ得スト考ヘ弾薬等ハ自分ノ主管ナレハナリ金円ヲ警察署ヨリ借受ルノ議ハ他ノ士官モ同意ニテ自分等之ヲ賛成シ大隊長之

ヲ許可シ平山荊弾薬請取ノ為メ大隊ノ受領証書ヲ持シ兵卒数名ヲ之ニ付シ先ツ板橋火薬製造所ニ遣ハサントスルニ兵卒等ハ弾薬受取ノコトヲ洩レ聞キ皆口々ニ行カント騒キ立チシニ付自分ハ大隊長ノ命ヲ受ケ鎮撫ニ尽力致シタリ平山荊已ニ兵卒二十名許ヲ伴ヒ板橋ニ赴クト雖モ残レル兵卒等ハ頻リニ弾薬ヲ請求シ不容易勢有之ニ付尚之ヲ取鎮メントスル際大隊長ヨリ兵卒悉皆罷越テハ不都合ナリト申聞ケラレシニ依リ自分ノ見込ニテ新兵ハ残レト命シ且下士官ノ内誰ソ引連レ行ケト申聞シ故旧兵ハ悉ク赤羽根火薬庫ニ赴ク此時本隊附医官東京ヨリ来リ鎮台野砲隊等モ暴発セス同歩兵隊ハ已ニ神田橋辺ヲ警備シ居ルトノ事ヲ承知セリ然ルニ大隊長ヨリ兵卒等火薬庫ニ至リテ兇暴ノ所業アランモ難計ニ付士官ノ内誰カ行テ取締致スヘシト命セラレ久徳大尉殿ヨリ是非自分ニ赴キ呉レヨト申聞ラレ自分ハ之ヲ諾シ卯助ヲ伴ヒ乗車ニテ王子ヲ発スル際此方ヨリ何分ノ報知致ス迄ハ兵卒等王子ニ皈リ来ラサル様可致ト久徳殿ヨリ申聞ラレ之ヲ諾シ去リテ兵卒等ニ赤羽根火薬庫柵外ニテ追付タリ時ニ衛戍本部ヨリノ巡邏兵（増加兵ナリシコトヲ当時知ラス）茲ニ来リ居ル故其司令ト覚シキ者ニ東京ノ動静ヲ問フニ詳カナラス自分ハ直チニ柵内ニ入リ哨兵司令中尉宮原正人殿ニ面シテ都下ニ変アルヲ告ケ而シテ申迄モナク差掛リタル儀ニ付弾薬ヲ請取度ト申述タリ時ニ廿四日午前第三時ヲ過ク中尉ハ砲兵本廠ノ允許証ナキニ於テハ渡ス能ハスト答フルニ付当火薬庫ノ開閉ハ貴官ノ主トル所歟ト問フニ然ラスト答ヒ《ママ》且都下ノ変状敵我ノ区分勝敗ノ如何ヲ自分ニ尋問スルニ付自分ハ近衛隊主トナリテ事ヲ起セシトノミ答ヒ《ママ》其他ヲ確答セス只弾薬ヲ請取リテ変ニ赴キ尽力セント欲スル旨申陳タル処中尉又茲ニ来リシ兵員ハ若干ナルヤト尋ルニ付出テ、白石軍曹ニ問ヒ入リテ中尉ニ向ヒ凡ソ七八十人ナリ且是兵ハ弾薬運搬ノ為メ来レル者ニテ其他ハ王子ニ屯在セリト答フ此際中尉ハ自分ノ隊号官姓名ヲ手記セラレ且下士ニ命シテ実包火薬ヲ哨兵ニ分配セシムルヲ見受タリ自分天明ニ垂ントスル故急ニ弾薬ヲ請取度ト乞フ処砲兵属廠ニ照会シ其允許ヲ得タランニハ之ヲ渡スヘシト答フルニ付自分ハ出テ白石軍曹ニ先ツ板橋ニ至リ属廠ノアル所ヲ問フテ之ニ赴キ允許証ヲ得テ来レト命ス又先キニ本隊附医官ヨリ聞タル次第ヲ衆兵ニ告ルニ兵等之ヲ信セス已ニ東京ノ方向ニテ連隊斉シク発射スル如キ音抔聞ヘシトテ騒キ立チ居ルユヘ自分モ尓《ママ》後都下ノ形勢如何ヲ知ラント存シ兵卒一人（井上善太郎ナルコトヲ当時知ラサリシ）ヲ東京ニ遣ハシタリ此時衛戍本部ノ伝令騎兵茲ニ来リシ故自分ハ復柵内ニ入リ宮原中尉殿ト同席ニテ其言ヲ聞クニ蓋シ暴発セシハ近衛砲隊ノミニテ未タ鎮定セサレトモ衛戍ノ警備線ハ已ニ整フタリト云依テ自分ハ又柵外ニ出テ伝令騎馬ノ言ヲ兵卒等ニ語リ已ニ斯クノ如クナル以上ハ此寡兵ヲ以テハ如何トモ難致宜シク王子ニ皈ルヘシ然レトモ汝等異存アラハ承ラント申諭セシ処一同異存ナシト答フルニ付之ヲ率ヒ王子ニ引返ス途中八木駒次ニ逢フテ已ニ鎮定ニ属シ本隊ハ先キニ王子ヲ発シ駒次ハ自分等ヲ呼戻ス伝令ノ為メ来リシト申陳ヘタルニ付王子ニ至リ喫飯ノ末右兵卒ヲ引卒《ママ》シ廿四日午前第十時頃帰営致シ同廿五日当裁判所ヘ出頭拘留被仰付候事

右之通相違不申上候

明治十一年十月十日　内山定吾

【現代語訳】

徒党暴動に関与の件

自分は明治十年、鹿児島逆徒征討の役に奉命、出戦し、三月四日、田原坂で負傷した。ところが、先年、仮士官学校でともに修業した者およびその他の士官で、熊本城に到達した者は多く昇級し、それ以前に負傷した者は昇級しなかった。これらは不公平なことだと、凱旋後も常に不満に思っていた。

そうした折柄、本年八月二十一日午前、営内で、「今般、諸隊の兵士等が不平のため事を起こそうと企てていると、近衛砲兵隊から当予備砲兵隊に知らせてきました。きょう午後、右の件を協議するため、諸隊の兵が赤坂山王社に集会し、当隊の火工卒・鈴木直次という者がその席に出るはずです」と、火工下長・平山荊から聞いた。このとき下副官・梁田正直も同席していた。正直と荊が、「その事実を探索するため、山王社に出かけるつもりです」と言うので、自分もそれがよいと考え、「それなら、集会の帰路、自分宅に立ち寄ってくれ」と、右二人に言った。そのあとすぐ荊が、「最近、兵卒の様子がおだやかでなく、ともすれば、上官を軽蔑する風潮があり、理非のけじめもなく、百姓一揆のようなことを起こすようでは不都合ですから、なにとぞ多くの兵たちがよく一致して事に従うよう心得させる講義をいたされてはどうでしょうか」と言うので自分も、「そうしよう」と答えた。荊が前もって直次にそのことを兵卒等に伝えさせたので、聴聞の人員もたいへん多かった。

　このようにして自分は、『偉蹟伝』の中からネルソン伝を講説し、ネルソン*がフランス革命戦のとき、功烈をあらわしたことを説いた。「革命とは、政府が不善であるのをほかから立って改革するもので、不良のことではない。例えば、王政維新のようなものだ。一揆とは、政府がまだ失政を犯していないのにむやみにこれを転覆しようとするもので、不良なことだ。例えば、佐賀の乱のようなものを言う。故に革命はよいが、一揆はよくない。しかしながら、兵士たるものはすべて、事を行なうにはよく一致して、主将となる者の命令に服さなければ、必ず成就しない」旨を演説した。

　同日午後、自分が兵営から帰宅していると、かねて約束した通り正直、荊の両人が、「山王社の帰りです」と言ってやってきた。そこで、集会の状況を聞くと、「自分等が山王社を去る頃までは、人もじゅうぶん集まらず、いずれ浅草に集会した近衛士官からの知らせを待って事を決めるはずです。鈴木直次が委細のことを聞きただして、後刻、ここに立ち寄るでしょうから、そのとき、詳細がわかるでしょう」と言った。右両人は集会の席には臨まず、直次をその席から呼び出して聞き取ったようだが、兵士が数名集合しているのを、両人も目撃したと言う。これを聞いて自分は、すこぶる大事件にも立ち至るだろう、ことがうまくゆけば、これに与して事を起こそう、と考え、正直、荊両人も、共謀して事を起こそうとのことばにこそ接しなかったが、もとより自然に意気投合して、同志のようだった。しかし自分は、首謀となって事を行なうのではなく、大隊長・岡本少佐殿にはかり、少佐の意見を問い、その決断を得て事をなそうと考えた。しかし少佐はこのとき、伊香保温泉に行っておられたので、「その相談のため、少佐を呼び戻したい。そうしても、落度にはならないだろう」などと正直、荊と語り、対酌のあと、右両人は立ち去った。

　ほどなく、教導団歩兵生徒・井上某という同郷人が来訪したが、井上には右の件を一言も話さなかった。そうこうしているうちに、鈴木直次が来たので、「話すことがある。席につけ」と言ったが、井上が同席していたせいかとにかく遠慮して、席につかなかった。そこで自分の方から、「何か急なことはないか」と聞くと、「格別のこともありません」と答えるので、「それでは、梁田等の方へ行け」と言うと、直次は帰っていった。

同二十二日午前、登営すると、鈴木直次が昨夜、集会の席から帰って会の内容を、正直、荊に話したというので、それを両人から聞いた。事を起こす主意は、勲賞と減給等の処置がよくないためであること、首謀して事を指揮する者もまだはっきりせず、浅草で集会したという近衛士官からの知らせはついに来なかったが、来る二十三日頃に暴発することはほぼ決まり、さらに二十二日招魂社で集会して事を協議すると約束して、山王社の会は解散した、ということだった。そこで自分は正直に向かい、「このことを久徳大尉殿に話しておいてはどうか」と言ったが、正直は、「今少々見合わせるべきです」と答えた。

それから退営時間になり、自分が営を出るとき、岡本少佐殿の馬丁に会い、少佐が伊香保から帰京したと聞いたので、すぐに少佐の宅に行った。酒席での話のあと、自分から、「今般、諸隊がはかり合って、大きく動揺しようとする状況で、当隊の者もこれに与している様子です。きのうも集会があり、きょうも集会して事を決めるようです。近衛士官等相当張り切って盛んな勢いで、このことは根も深い様子なので、当隊でこれに与する者に手をつけるのもいかがなものかと考えます。またその主意は、賞典のことか、減給のことか、あるいは政体のことか判然としませんが、自分もことと次第によっては与します」などと申し述べ、少佐の考えを探った。すると少佐は、「今、事を起こすと申しても、名義があるまい。口実とする所は減給のことか、政体のことか、根をよく探るべきだ。当隊の兵でこれに与する者がいても、格別のことではないだろう」と答えられた。もっとも、この話の初めから、姓名を知らない、和歌山県人と思われる者が一人同席し、対酌していたので、ほかのこれに関係ない話もまざっていたから、ことばの前後した所があるのは免れがたいが、その応対の主意は決して相違なく、また、その和歌山県人と思われる者は酩酊していて、居眠りしたり、しばしばその席を立っていたので、この話の顛末をことごとくは傍聴していないと思う。そして、このときの少佐の心底を自分が想像するところでは、少佐はみずから事を指揮することはないだろう、だが、他の者が事を起こしても、強いてこれを制止しないだろう、と思われた（ただ、対談の要領は本文の通りだが、もともと、少佐を探るために、飲みながら話し、ことを婉曲に述べたので、自分の言ったことの意味を少佐がすべて汲み取ったかどうかは憶測しがたい）。

同二十三日午前、登営し、当隊火工卒・横山昇という者が、昨二十二日、招魂社の集会に出席し、帰ってその状況を正直、荊に話したというので、それを右両人から聞いた。「鎮台歩兵隊と工兵隊には、その相談もまだよく行なわれておらず、近衛歩兵隊は、通りかかった第二連隊の兵卒二名を集会の席に呼び寄せて相談したぐらいなので、二十三日夜、暴発することは難しい。その主意は減給、賞典等にほかならず、また、主謀者もいまだはっきりしない。昇は、『こんなことでは同意できない』と、一応述べたが、近衛砲隊の者は、『どうしても二十三日夜、暴発だ』と言い張った。昇は、『またあす（二十三日）の集会で、よく相談すべきだ』と言い、席を立った」ということだった。自分は、これを聞き終えて、正直、荊に向かい、「そうであれば、きょうはよくその根原を聞きただし、みだりに他隊に鼓動されないようにすべきだ。そして、その趣旨を昇に申しつけよ」と命じた。

同日午前十一時頃、また岡本少佐殿宅に行き、自分から、「昨二十二日、当隊の者が集会の席に参りましたが、名義も何も明らかでないようでしたので、きょうは、よくその根原を聞きただし、みだりに他隊の者から鼓動されないよう、正直、荊両人から参加する者に申しつけよ、と命じておきました。きょうは、事を決するはずで、近衛歩兵第二連隊からも出席するようです。いずれ、後刻、正直、荊両人のうちから何か申し上げるでしょう。なお、自分からも、わかり次第ご報知します」と申し上げると少佐は、「暴挙、暴挙（やる、やると言われたかはっきり覚えていない）と言っても、根がはっきりしないのでは処置はできない。根をよく聞きただすべきだ」と答えられた。

それから帰宅したが、午後八時頃と記憶するが、荊が招魂社の集会の席から来て、「いよいよ今夜暴発と決着し、当隊で暴発しないときは、向こうから襲来するかもしれません。弾薬を兵に渡してもよいものでしょうか。また、どのように心得ればよいものでしょうか」などと言うので、自分は荊に向かい、「それならば、他隊に突っ込まれない用心に、士官学校の方へ哨兵を配置せざるをえない。拙者は、自然の勢いに任せてどのようにでもする。また、弾薬の渡し方など、よろしく取り計らっておいてくれ。いずれ大隊長宅に行って相談し、何か知らせるから、お前はそれまで、兵が動揺しないよう取り鎮めておけ」と言うと、荊は立ち去った。自分は、直ちに武装して大隊長宅に行くと、すでに出営されたとのことで、その方に向かう途中、隊伍に行き合ったのは牛込あたりだった。大隊長は、「今から行軍、王子におもむく」と言われた。自分は、「たいへんお早かったですね」と言った。

ここから隊列につき、行進の途上、砲兵本廠のあたりで、荊と白石軍曹に命じ、先行して王子に行き、宿舎を設営させた。駒込追分の先で、東京の様子がどうか懸念したので、梁田正直に、「府下の諸隊の状況を見てまいれ」と命じて、東京へ差し帰した。これは、自分一人の考えで、大隊長には後に申告した。それから妙義坂に達した頃、砲声を聞いた。そのとき、兵士等は、「近衛砲隊を助けて暴発しないなら、行進はしない」などと、ごうごう言い立て、隊伍が混乱したので、「大隊長および自分等も事を起こす側だから、それぞれ鎮まって行進せよ」と申し聞かせた。王子に着き、扇屋の二階で兵卒・鈴木直次、高見沢卯助、栗原猪重郎の三名は、兵たちを代表して、意見を大隊長に申し出た。その結果、大隊長は卯助等に、「東京の変状を探偵させるから、その人を選び出せ」と命じられた。卯助と直次が相談して、「猪重郎と山本八十八を差しつかわすのがいいと思います」と申し出ると、皇居は何隊が警備しているか、近衛連隊も暴発したかをよく見届けること、および、和服を着用して行く方がいいのかの件については、自分はこれに賛成し、右探偵の兵卒二名をつかわしたあと、警視官に依頼して、その帰路を待ち伏せて捕縛させるという議論が起こったとき、自分は、「それには及ばないでしょう」と申し出た。また、弾薬を取り寄せようとの件は、自分はもっとも強く賛成した。これは、どのみち戦わざるをえないと考え、弾薬等は自分が主管だからだ。金円を警察署から借り受ける件は、ほかの士官も同じ意見で、自分等はこれに賛成し、大隊長はこれを許可した。平山荊を、弾薬受け取りのため、大隊の受領証書を持たせ、兵卒数名をこれにつけ、まず板橋火薬製造所につかわそうとすると、兵卒等は弾薬受け取りのことを漏れ聞いて、皆口々に、「行こう。行こう」と騒ぎ立ったので、自分は大隊長の命令を受け、鎮撫に尽力した。平山荊が、兵卒二十名ばかりをつれて板橋に行ったが、残った兵卒等はしきりに弾薬を請求し容易ならざる勢いだったので、これを取り鎮めようとしたとき大隊長が、「兵卒全員が行くのは不都合だ」と言われたので、自分の判断で、「新兵は残れ。下士官のうち誰か兵を引きつれて行け」と命じたので、古参兵はことごとく、赤羽火薬庫に向かった。このとき、本隊付医官が東京から来て、鎮台野砲隊等も暴発せず、同歩兵隊はすでに神田橋あたりを警備していることを知った。しかし、大隊長は、「兵卒等が火薬庫に着いて凶暴な所業をするかもしれない。士官のうち誰か行って取り締まりをせよ」と命じられ、久徳大尉殿から、「ぜひ内山に行ってもらいたい」と言われ、自分はこれを承諾し、卯助をつれて人力車で王子を出ようとしたとき、久徳殿が、「こちらから何か通知するまでは兵卒等が王子に帰らぬようにせよ」と言われたので承諾して出発し、兵卒等に赤羽火薬庫の柵外で追いついた。そのとき、衛戍本部からの巡邏兵《じゅんら》（増加兵であることを当時、知らなかった）がそこに来ていたので、その司令と思われる者に東京の動静を聞いたが、くわしくはわからなかった。自分は直ちに柵内に入り、哨兵司令中尉・宮原正人殿に面会して、東京に変事があることを告げ、「言うまでもなく差し迫ったことなので、弾薬を受け取りたい」と言った。ときに二十四日午前三時を過ぎていた。中尉は、「砲兵本廠の允許証《いんきょしょう》がなくては渡すことはできない」と言うので、「当火薬庫の開閉は貴官が責任者ですか」と聞くと、「そうではない」と答え、東京の変状、敵味方の区別、勝敗のいかんを自分に尋ねるので、自分は、「近衛隊が主となって事を起こしました」とだけ答え、ほかのことは確答せず、ただ、「弾薬を受け取って現地に行き、尽力したいと望んでいます」と言った。すると、中尉は再び、「ここに来た兵員は少人数か」と尋ねるので、外に出て白石軍曹に聞き、柵内に入って中尉に、「およそ、七、八十人です。そのほかは王子にいます」と答えた。ただし、この兵は弾薬運搬のために来た者で、そのほかは王子にいます」と答えた。このとき、中尉は自分の隊号、官名、姓名を書かれながら、下士に命じて実包火薬を哨兵に分配させているのを見受けた。自分は、「もう夜が明けるので、いそいで弾薬を受け取りたい」と願い出ると、「砲兵属廠に照会し、その允許を得れば渡す」と答えるので、自分は外に出て、白石軍曹に、「まず板橋に行って属廠のある所を聞き、そこに行って允許証を入手してこい」と命じた。また、先刻、本隊付医官から聞いた報告を兵たちに伝えると、兵等はこれを信じないで、「さっき東京の方で、連隊がいっせいに発射したような音等が聞こえた」と騒ぎ立てたので、自分も、その後の都下の形勢がどうなったかを知りたいと考え、兵卒一人（井上善太郎であることを当時、知らなかった）を東京に派遣した。このとき、衛戍本部の伝令騎兵が来たので、自分はまた柵内に入り、宮原中尉殿と同席して、その報告を聞いた。「たぶん暴発したのは近衛砲隊だけで、まだ鎮定されていないが、衛戍の警備線はすでにととのった」と言う。そこで自分は、また柵外に出て、伝令騎兵のことばを兵卒等に話し、「すでにこのような状況である以上、この少人数ではいかんともしがたい。王子に帰るべきだ。しかし、お前等に異存があるならそれを聞こう」と説諭すると、一同、「異存なし」と答えたので、兵を率い、王子に引き返す途中、八木駒次に会った。駒次は、「暴発はすでに鎮定され、本隊は先に王子を出発しました。自分は、内山殿等を呼び戻す伝令として来ました」と言った。王子に着き、食事のあと、右兵卒を引率し、二十四日午前十時頃帰営いたし、同二十五日当裁判所へ出頭し、拘留を仰せつけられた。

右の通り相違ない。

明治十一年十月十日　　内山　定吾

〔語句解説〕

＊ネルソンがフランス革命戦のとき、功烈をあらわした……　ネルソンはイギリス海軍提督で、フランスと戦った人物。内山の誤り

3　梁田正直

東京鎮台予備砲兵第一大隊
下副官陸軍曹長　梁田正直　当十月二十三年一ヶ月

明治十年三月曹長拝命　島根県士族　伯耆国会見郡米子内町二百五十八番地　彦江長男　禅宗

口供

徒党暴動ニ干預ノ件

自分儀昨年西南戦闘ノ後死傷者等ノ御取扱ハ悉ク至当トモ存セス恩給ノ典モ兼テ定メラレタル通ニテ瑕瑾ナシトハ思ハレス又政府ノ御所置《ママ》モ瑕瑾ナシトハ存セス但其箇条ハ是レ々々ト指シタル訳ニハ無之候得共不平ニ存シ居タル折柄本年八月廿日午後第八時過キ同隊火工下長平山荊自分室ニ来リ今般近衛砲兵卒ヨリ当隊卒ヘ相談有之他隊ニ於テハ巳ニ概ネ一致イタシ事ヲ起スノ企アリ明廿一日右事件ヲ議スル為メ赤坂山王社ニ於テ集会有之当隊火工卒鈴木直次ハ其席ニ赴クヘク又此事ハ元来下士以上ニハ相談セサル筈ナリシト鈴木直次ヨリ承リシ旨申述タリ是ニ於テ自分ハ荊ト謀リ能ク其事実ヲ探索セント存シタリ

一　同廿一日午前営内ニ於テ荊ト共ニ右ノ次第ヲ同隊

武器掛少尉内山定吾殿ニ申述ヘ本日自分ハ荊ト共ニ山王社ニ至リ集会ノ原因等ヲ探索シ度ト申セシニ内山殿モ之ヲ然リトシ山王社ノ皈路内山殿ニ其次第ヲ告クルコトヲ約ス同日午後荊ト共ニ外出兼テ休息所トナシ置タル市谷坂町ノ定斎薬屋ニ至リ直次及ヒ同隊兵卒髙見沢夘助モ茲ニ来リ合セ夫ヨリ自分ハ荊ト共ニ潤袖服ヲ著シ山王ノ坂下ニテ直次等ト別レ自分ハ荊ト共ニ社ノ傍ニ至ル直次等ハ同社傍ノ水茶屋ニ至リ茲ニ兵卒十名許集リ居ルヲ見受ケタリ待ツコト稍々暫クアリテ何等報知ナキニ依リ荊ト相談シ自分手帖ヲ裂キ鈴木直次ト記シ之ヲ人ニ為持テ直次ヲ呼寄セ集会ノ次第ヲ尋ルニ近衛歩兵ノモノ未タ来ラスシテ人モ十分集ラス格別ノ論モナシ尤モ浅草ニ近衛隊ノ士官下士集会致居リ其方ヨリ報知アルヲ待テ事ヲ決スル筈ナリト云依テ何隊ノ誰カ首謀ナルヤ何ノ旨意ナルヤ能ク聞糾シ皈路内山殿宅ニ立寄レ我々ハ内山殿宅ニテ相待タント申述ヘ内山ノ住居番地ヲ直次ニ申聞ケ而シテ自分ハ荊ト共ニ去リテ内山殿ノ宅ニ至リ右山王社ニテ直次ヨリ承リシ次第ヲ語ル此時大隊長岡本少佐殿ハ伊香保ノ温泉ニ赴キ居ルニ付兎ニ角之ヲ呼戻シ度左様致シテモ落度ニモ相成間敷抔申合対酌ノ末皈営ス此夜人員検査后荊ノ室ニ於テ火工下長八木駒次軍曹徳永貞幹モ同席ノ上本日山王社集会ノ次第ヲ直次ヨリ承ルニ来ル廿三日夜暴発スルコトヲ概ネ取極メテ来リ明廿二日猶又招魂社ニ集会シテ能ク事ヲ取極メル筈ニテ首謀者ハ誰ナルヤ不相分其旨意ハ賞典減給ノ儀ニ付不平ノ為ナリト云依テ自分等夫ハ先ツ見合セタル方可然近衛砲隊ヤ我カ隊位ニテハ事ハナシ難シ能ク其首謀人ハ誰ニシテ他ノ隊ハ如何ナルヤヲ聞糾セト直次ニ申聞ケタリ此談話ノ終ル頃齋藤軍曹来ル齋藤ニハ何等不相話候

一　同廿二日午前熊谷少尉殿ヨリ鈴木直次ニ何カ不審ノ事ハナキヤト尋問ヲ受ケタルニ付格別御心配ニ可相成程ノ事ニモ無之ト答ヘ置キタリ而シテ前後直次ヨリ承リシ次第ヲ内山殿ニ申述ヘタリシニ内山殿ハ久徳大尉殿ニ相話シ置キテハ如何ト申サレタレトモ自分ハ今少々見合セ可然ト答フ同日午後八時頃同隊火工卒伍長代理横山昇ガ《ママ》日間招魂社ノ集会ニ赴シコトヲ承致シ荊ト共ニ昇ヲ呼ヒ集会ノ始末ヲ聞クニ全ク不平ノ為メノミニテ他ニ名義モ方略モナク又首謀モ判然セスト云ニ付夫ハ重大ノ事ナリ名義モナク妄リニ為スヘキコトニ非ス明廿三日ノ集会ニ於テ猶能ク他隊ノ様子モ聞糾シ可申ト昇ニ申聞置タリ

一　同廿三日前件ヲ内山殿ニ申述タリ同日午後一時頃平山荊ト共ニ岡本少佐殿カ此挙ニ与ミスルヤ否ヤヲ探

ラン為メ罷越ニ先チ荊ヨリ昇ヲハ坂町ノ休息所ニ待タセ置クコトニ致シタルヲ承ル是ハ自分等岡本殿ノ心底ヲ探リタル上横山昇ニ集会席ニ於テノ判談《ママ》ノ仕様ヲ申含メタル為ナリシ已ニ岡本殿ノ宅ニ至リ内山殿ヨリ何カ申上シナラント申シタル後近衛砲兵ヨリ此方ノ（予備砲隊ヲ云フ）兵ニ通知アリテ此方ノ兵モ屡《ママ》々集会ノ席ニ出テ相談シタル様子其事柄ト申ハ何カ不平ノ故ニテ廿三日夜暴挙ニ及フトノ論アリタレトモ此方ノ兵ハ集会ノ席ニテ廿三日ト時日ヲ極メル訳ニハ参ラスト断テ皈リシ様子ナリ尚今日ノ集会ニテ事ヲ決スル趣而シテ其集会ノ議論一致シテ之ヲ指揮スル人アルニ非ス但兵卒等カ囂々致シ居ル様子ナリ如何ノ者ヤト申述ヘシニ岡本殿ヨリ先ツ其許等ハ如何思フヤト申サレシニ付時日モ立テハ諸隊モ概ネ一致スヘシ然ル上ハ容易ニ事ヲ遂ルコトモ出来可申旨ヲ答フル処岡本殿ヨリ其様ナル大義ニ背シ事ハ出来ヌモノナリ多数ノ兵ニ伝播スル間ニハ洩レテ破ル、コトハ必定ナリト申聞ラル此際荊モ何カ議論シ居タレトモ如何ナル趣意ヲ申述タリシヤ覚ヘス右等談話ノ末岡本殿ハ古ヨリ義兵ヲ挙タルコト抔談話アリ其成功ヲ見タルハ皆之ヲ指揮スル人ノ良将ナレハナリ今兵卒等カ軽躁事ヲ挙ルモ何程ノ事ヲ為シ得ヘキニ非ス我ヲシテ試ニ在京中ノ兵ノ暴動ニ際シ之カ処置ヲ為セトナラハ直ニ大坂《ママ》ニ電報シ其鎮台兵ヲ船ニテ品海ニ寄セ以テ之ヲ撃ハ目下ニ打散スヲ得ヘシ云々ト是ヨリ先キ荊ハ岡本殿カ此挙ニ与ミセサル容子ナルニ付自分ニ先チ去リテ坂町ノ下宿ニ至ル午後第四時過キ自分ハ岡本殿ヲ辞シ去リ市谷阪《ママ》町ノ休息所ニ至ルニ昇ハ已ニ過刻集会ニ赴キシ旨荊等ヨリ承知ス是ニ於テ荊等ト共ニ昇カ集会席ニ臨ミ如何ナル相談ニナルモノナルヤ愈今夜暴発ト決シタルニ於テハ各如何カ所置《ママ》スヘキヤ抔申合タリ午後五時過キ近衛砲兵大久保忠八来リ荊ニ面会シテ之ヲ伴ヒ去ル是ハ昇カ招魂社ノ集会ヨリ荊ヲ呼ヒタルナリシコトヲ当時自分ハ知ラサリシ午後第七時頃ニ及ヒ荊ハ猶皈リ来ラス已ニシテ昇ハ近衛砲兵一名（廣瀬喜市ナリシヲ当時シラス）ト共ニ右休息所ニ来リ云フ近衛ノ方ハ已ニ今夜暴発ニ決著シタリ荊ハ事已ニ決シタル上ハ如何トモス可ラス今ヨリ内山殿ノ宅ニ至リ相談シテ引出スヘシト申テ集会ノ席ヨリ立去リシトノ事ニ付自分駒次貞幹ト共ニ大事ナリ大隊長ニ告ケント申合タル末自分昇ニ向ヒ何故右様取極メ来リシヤ不都合ノ事ナリト申聞タレトモ昇ハ断然決心ノ体ニテ更ニ聞入ルヘクモ非ス此際駒次ハ已ニ立テ隊長方ニ参ルヘシト申ニ付自分モ其侭《ママ》立去ル而シテ貞幹ヲハ跡ニ残シ昇カ此所ヲ去テ隊ニ行カサル様取計呉レヨト貞幹ニ申聞ケ而シテ再ヒ岡本殿宅ニ至ルニ熊谷少尉殿モ参リ居リ岡本殿ハ外ヨリ皈宅セラル熊谷殿此変動ヲ告ケ了ルヤ否ヤ自分ハ別席ヲ乞ヒ先刻参堂御話申セシ后阪《ママ》町ノ休息所ニ至リ居ル処横山昇集会ノ席ヨリ皈リ来リテ愈今夜暴発ニ決著シタル旨申述ヘタリ然ル上ハ兵力ヲ以テ処置致スヨリ外仕方アルマジ《ママ》ト申セシニ岡本大隊長殿云フ然ラハ今ヨリ拙者出営呼集ヲナシ可申ト依テ自分ハ本日集会ニ赴キタル横山昇高見沢夘助両人ノ中夘助ハ先キニ皈営シ昇ハ其席ヨリ下士ノ下宿（阪《ママ》丁ノ下宿）ニ来リ今猶下宿ニ居ルナリ然ルニ夘助ハ昇カ皈営スル迄ハ今夜暴発ニ決シタリトノ事ヲ他ノ兵卒等ニ通セサル筈ノ趣ニ付呼集行軍ヲセラルトナレハ昇カ皈営セサル間ニ早ク致シタル方可然ト申述タリ其別席ヲ乞ヒシ所以ハ大隊長若シ説諭等ニテ鎮撫セラルトナレハ兵卒等ハ内山殿ノ如キ荊ノ如キ此度ノ件ニ関シタル者ニ服シ居ルユヘ唯尋常ノ手順ニテ説諭スルモ行ハレストノコトヲ申告セント存シタルニ付熊谷殿ヲ憚リテ別席ヲ乞ヘリ然ルニ隊長ハ行軍シテ之ヲ避ルトノコトユヘ別席ノ主意ハ果サスシテ止ム隊長又云フ当直士官ハ誰ナルヤ自分答フ浅野少尉殿ナリト又問フ熊谷少尉ト浅野少尉トハ何レカ優レル自分答フ熊谷少尉殿ノ方優レルナラント此問答終リテ原ノ席ニ就ク時ニ大隊長熊谷殿ニ向ヒ拙者ハ今ヨリ出営鎮圧ニ尽力スルニ付其許ハ之ヲ司令長官野津少将殿ニ報告セヨト申聞ラレ内ニ入リテ武装ヲセラル、ニ付自分又熊谷少尉殿ニ当隊及ヒ近衛第二連隊同砲兵隊鎮台野砲隊等カ今夜十二時ニ暴発スル趣キヲ申述ヘタリ而シテ自分ハ是ヨリ先キ暴発ノ兵一手ハ皇居ニ趣キ一手ハ砲兵本廠ヲ襲《ママ》フノ部署ナリシコトヲ承知シ（此事ハ誰ヨリ聞シカ覚ヘザレトモ一両度聞タリト覚フ）居リシニ此時駒次ハ砲兵本廠ヘ通スルコトヲ大隊長ニ申告シテハ如何ト申セシ故自分モ然ルヘシト存シタルニ依リ岡本殿ニモ砲兵本廠ヘ警備ノコトヲ御通シアリテハ如何ト申シタルニ岡本殿夫レニハ及フマシト申聞ラレタリ是ヨリ自分ハ駒次ト共ニ去リテ帰営シ大隊長出営セラレ呼集ヲナシタルトキ自分ハ白石軍曹ニ此行軍ハ暴動ヲ避クル為メ王子ニ赴ク儀ニ付其心得ニテ尽力取鎮メ呉レル様申聞ケタリ兵士等甚混雑ノ末稍ク整列ニ及ヒ行軍王子ニ向フ自分ハ跡取片付ノ為メ少シク後レテ営ヲ出ツルニ駒次貞幹ト同伴セシガ《ママ》自分ハ乗馬故先行シテ隊伍ニ追付キ駒次追分ノ先ニテ内山少尉殿ニ命セラレ近衛砲隊ノ様子ヲ見ン為メ引返シ神田橋辺ニテ銃声ヲ聞キ巡査ニ問フニ景況詳ナラス程ナク一発ノ砲声ヲ聞キ一ツ橋内ニ及ンテ又砲声ヲ聞ク夫ヨリ文部省ノ前ニ至リ暴発ノ様子ヲ窺ヒシニ竹橋内ノ景況判然セス一ツ橋近傍ハ往来留メニナリ小川町辺ハ往来繁キヲ目撃シ飯路ハ万世橋ヲ出テ帰リテ之ヲ隊長ニ報告シタリ已ニシテ兵卒三人隊長ノ前ニ罷出兵卒二人隊長ノ令ニテ東京ニ赴キシ始末ハ自分始メヨリ之ニ関係不致ニ付詳カニ存セス荊カ大隊長ノ命ヲ受ケ板橋火薬庫ニ至リシコト其後又内山殿カ赤羽根火薬庫ニ赴カレシコトモ自分ハ其顛《ママ》末ヲ詳細ニ存セス但最初ハ内山殿及ヒ荊ト同意ニテ両端ヲ抱キ事宜ニ依レハ其挙ニ与ミセント存シ各隊ノ景況ヲ窺ヒ大隊長ノ決ヲ取リテ事ニ従フ心得ニテアリシナリ同廿五日当裁判所へ出頭拘留被申付候事

右ノ通リ相違不申上候

明治十一年十月十一日　梁田正直

【現代語訳】

徒党暴動に関与の件

自分は、昨年の西南戦闘のあと、死傷者等のお取り扱いは、ことごとく至当とも思わず、恩給の規則も、以前に定められた通りで、瑕瑾なしとは思わない。また、政府のご処置も瑕瑾なしとは思わない。ただ、その箇条はこれこれ、と指摘したわけではないが、不平に思っていた。

そうした折柄、本年八月二十日午後八時過ぎ、同じ隊の火工下長・平山荊が自分の部屋に来て、「今般、近衛砲兵卒から当隊の兵卒に相談があり、他隊ではすでにおおむね一致いたし、事を起こす企てがあります。明二十一日、この事件を論議するため、赤坂山王社で集会があり、当隊の火工卒・鈴木直次はその席に行くようです。また、このことは、もともと下士以上には相談しないはずだったと、鈴木直次から聞きました」と言った。そこで自分は、荊と相談してくわしくその事実を探索しようと思った。

一　同二十一日午前営内で、荊とともに右の経過を同じ隊の武器掛少尉・内山定吾殿に申し述べ、「きょう自分は荊とともに山王社に行き、集会を開く原因等を探索したいと思っています」と言うと、内山殿もこれに賛同し、山王社からの帰路、内山殿にその成り行きを報告することを約束した。

同日午後、荊とともに外出、かねて休息所としている市ヶ谷坂町の定斎薬屋に行った。直次と当隊の兵卒・高見沢卯助もここに来合わせた。それから自分は荊とともに和服を着て山王の坂下まで行き、そこで直次等と別れ、自分は荊とともに社殿の傍らに行った。直次等は同社傍らの水茶屋に行ったが、そこに兵卒十名ばかりが集まっているのを見受けた。待つことややしばらくあって、何等知らせがないので荊と相談し、自分は手帳を裂いて「鈴木直次」と書き、これを人に持たせて直次を呼び寄せ、集会の様子を聞いた。すると、「近衛歩兵の者がまだ来ていないし、人も十分集まらず、格別の議論もありません。もっとも、浅草で近衛隊の士官、下士等が集会をしていて、その方から知らせがあるのを待って、事を決するはずです」と言う。そこで直次に、「何隊の誰が首謀なのか、何の旨意なのか、よく聞きただし、帰路、内山殿宅に立ち寄れ。われわれは内山殿宅で待っている」と指示し、内山宅の住居番地を直次に教えた。そうして自分は荊とともに内山殿宅に行き、山王社で直次から聞いた経過を報告した。このとき、大隊長・岡本少佐殿は伊香保の温泉に行っているので、「とにかく大隊長を呼び戻したい。そうしても落ち度にもならないだろう」などと言い合い、対酌してから帰営した。

この夜、人員検査後、荊の部屋で火工下長・八木駒次、軍曹・徳永貞幹も同席の上、この日の山王社の集会の経過を直次から聞くと、「来る二十三日夜、暴発することを、おおむね取り決めてきました。明二十二日、なおまた招魂社に集会して、くわしく事を取り決める予定です。首謀者は誰なのかわかりません。その旨意は、賞典や減給について不平のためです」と言った。そこで自分等は直次に、「それはとにかく見合わせた方がよい。近衛砲隊やわが隊くらいでは事をなし遂げられない。その首謀人は誰で、他の隊はどうなのか、聞きただせ」と言い聞かせた。このやりとりが終わる頃、齋藤軍曹が来た。齋藤には何等話さなかった。

一　同二十二日午前、熊谷少尉殿から、「鈴木直次に何か不審のことはないか」と尋問を受けたので、「格別ご心配になるべきほどのこともありません」と答えておいた。それから、これまで直次から聞いたことを内山殿に伝えると、内山殿は、「久徳大尉殿に話しておいてはどうか」と申されたが、自分は、「今しばらく見合わせた方がよいと思います」と答えた。

同日午後八時頃、同じ隊の火工卒伍長代理・横山昇が昼間、招魂社の集会に行ったことを知り、荊とともに昇を呼び、集会のいきさつを聞くと、「まったく不平のためだけで、ほかに名義も計略もなく、また首謀もはっきりしません」と言うので、「それは重大なことだ。名義もなく、みだりになすべきことではない。明二十三日の集会でなおよく他隊の様子も聞きただすべきだ」と、昇に申し聞かせておいた。

一　同二十三日、前件を内山殿に申し上げた。同日午後一時頃、平山荊とともに、岡本少佐殿がこの企てに与するかどうかを探るため、少佐宅に行くのに先だち、荊から、「昇を坂町の休息所に待たせておくことにしました」と聞いた。これは、自分等が岡本殿の心底を探った上、横山昇に集会の席での判断のしかたを申し含めるためだった。岡本殿の宅に行き、「内山殿から何か申し上げたのではありませんか」と聞いたあと、「近衛砲兵からこちらの（予備砲隊を言う）兵に通知があり、こちらの兵も、しばしば集会の席に出て相談した様子です。そのことがらと言うのは、何か不平の故で二十三日夜、暴挙に及ぶという話がありますが、こちらの兵は集会の席で、二十三日と時日を決めるわけにはいかない、と断わって帰ってきた様子です。なお、きょうの集会で事を決するようです。しかし、その集会の議論が一致して、これを指揮する人がいるのではありません。ただ兵卒等がごうごうしている様子です。どうしたものでしょうか」と申し上げた。すると岡本殿が、「まずお前等はどう思うのか」と申されるので、「時日も経てば、諸隊もおおむね一致するでしょう。そうなれば、容易に事を遂げることもできるでしょう」と答えると、岡本殿は、「そのような大義に背いたことはできないものだ。多数の兵に伝播する間には、洩れて破れることは必定だ」と言われた。このとき、荊も何か議論していたが、どのような趣意を申し述べたか覚えていない。右等の話の最後に岡本殿は、「古から義兵を挙げたこと等の話がある。その成功を見たのは、皆これを指揮する人が良将であったからだ。今、兵卒等が軽操に事を挙げても、何ほどのことなしうるものでもない。われをして試みに在京中の兵の暴動に際し、これが処置をせよ、というなら、直ちに大阪に電報し、その鎮台兵を船で品川沖に集めて暴徒を撃てば、一気に打ち散らすことができる云々」と言われた。これより先、荊は、岡本殿がこの企てに与しない様子なので、自分に先立って坂町の下宿に帰っていった。

午後四時過ぎ、自分は岡本殿宅を辞し、市ヶ谷坂町の休息所に行くと、昇はすでに先刻、集会に出かけていったと、荊等から聞いた。そこで、荊等とともに、昇が集会の席に臨みどのような相談になるものか、いよいよ今夜暴発と決まったら、各々がどのように対処すべきか等を申し合わせた。午後五時過ぎ、近衛砲兵大久保忠八が来て荊に面会して彼を伴って出ていった。これは、昇が招魂社の集会から荊を呼んだからであることを、そのとき自分は知らなかった。午後七時頃になっても、荊はなお帰ってこなかった。そうこうしているうちに、昇が近衛砲兵一名（広瀬喜市であることを当時、知らなかった）とともに右休息所に来て、「近衛の方は、すでに今夜暴発に決着しました。平山殿は、『事すでに決した以上、いかんともできない。今から内山殿の宅に行き、相談して引き出す』と言って、集会の席から出ていきました」と言った。そこで、自分、駒次、貞幹は、「たいへんだ。大隊長に報告しよう」と申し合わせ、自分は昇に、「なぜそのように取り決めてきたのか。だめではないか」と言ったが、昇はきっぱり決心した態度で、それ以上聞き入れようとしない。このとき、駒次はもう立ち上がって、「隊長方に行こう」と言うので、自分もそのまま出ようとしたが、貞幹をあとに残し、「昇がここを去って隊に行かないように取り計らってくれ」と頼んだ。

そうして再び岡本殿宅に行くと、熊谷少尉殿も来られており、岡本殿は外から帰宅された。熊谷殿がこの変動を告げ終わるや否や、自分は別席をお願いし、「先刻参上してお話したあと、坂町の休息所に行って待っていると、横山昇が集会の席から帰り、いよいよ今夜暴発に決着した旨申し述べました。こうなった上は、兵力を以て処置するよりほかしかたがないと思います」と申し上げた。すると岡本大隊長殿は、「それなら、今から拙者は出営し、呼集をかける」と言われた。そこで自分は、「きょう集会に行った横山昇、高見沢卯助両人のうち、卯助は先に帰営し、昇はその席から下士の下宿（坂町の下宿）に来て、今なお下宿におります。しかし卯助は、昇が帰営するまでは、今夜暴発に決したとのことを他の兵卒等に知らせないことになっているようです。それで、呼集して行軍されるならば、昇が帰営しない間に、早くいたした方がよいと思います」と進言した。別席を乞うたゆえんは、大隊長が、もし、説諭等で鎮撫されようとするなら、兵卒等は、内山殿や荊のような今度の件に関係した者に心服しているので、ただ尋常の手順で説諭してもうまくゆかないことを申告しようと思ったので、熊谷殿を避けて別席を求めたのだ。しかし、隊長は行軍してこれを避けるとのことなので、別席の意味は果たさずに終わった。隊長がまた、「当直士官は誰か」と聞いた。自分は、「浅野少尉殿です」と答えた。さらに、「熊谷少尉と浅野少尉とはどちらが優れているか」と聞かれたので、自分は、「熊谷少尉殿の方が優れているでしょう」と答えた。この問答が終わって元の席に着いたとき、大隊長は熊谷殿に向かい、「拙者は今から出営、鎮圧に尽力するので、お前は、これを司令長官・野津少将殿に報告せよ」と申しつけ、中に入って武装をされていたので、自分はまた熊谷少尉殿に、「当隊および近衛第二連隊、同砲兵隊、鎮台野砲隊等が今夜十二時に暴発します」と申し述べた。自分はこれより先、暴発の兵の一手は皇居に行き、一手は砲兵本廠を襲う部署であることを承知して（このことは誰から聞いたか覚えがないが、一、二度聞いたと記憶している）いたが、このとき、駒次が、「砲兵本廠に通報することを、大隊長に申告してはどうか」と言うので、自分もそう思い、岡本殿にも、「砲兵本廠へ警備のことをご通知されてはいかがでしょうか」と進言したが、岡本殿は、「それには及ぶまい」と言われた。それで自分は、駒次とともに退出し、帰営した。

大隊長が出営され、呼集をされたとき、自分は白石軍曹に、「この行軍は、暴動を避けるため王子に行くので、その心得で尽力し、取り鎮めてくれ」と言い聞かせた。兵士等はひどく混乱したあと、ようやく整列し、行軍して王子に向かった。自分は後片付けのため、少し遅れて営を出た。駒次、貞幹と同伴だったが、自分は乗馬だったので先行し、隊伍に追いついた。

一　駒次は、追分の先で内山少尉殿に命じられ、近衛砲隊の様子を見るため引き返し、神田橋あたりで銃声を聞き、巡査に問うたが、状況はくわしくわからなかった。ほどなく一発の砲声を聞き、一ツ橋内に行って、また砲声を聞いた。それから文部省の前に至り、暴発の様子をうかがってみたが、竹橋内の状況ははっきりしなかった。一ツ橋近辺は通行止めになり、小川町辺は人の行き来で混雑しているのを目撃し、帰路は万世橋を出て、帰ってこれを隊長に報告した。

その前、兵卒三人が隊長の前にまかり出て、兵卒二人が隊長の命令で東京に行った経緯は、自分は初めからこれに関係していないのでくわしくは知らない。荊が大隊長の命令を受け、板橋火薬庫に行ったこと、そのあとまた内山殿が赤羽火薬庫に行かれたことも、自分はその顚末を詳細には知らない。ただし、最初は、内山殿、荊と同意して二心を抱き、うまくゆけば、その挙に与しようと思い、各隊の状況をうかがい、大隊長の決断を取って事に従う心得でいた。同二十五日当裁判所へ出頭し、拘留を申しつけられた。

右の通り相違ない。

明治十一年十月十一日　　　　梁田正直

4　平山　荊

東京鎮台予備砲兵第一大隊第一中隊附

陸軍火工下長　平山荊　当十月廿七年十ヵ月

明治九年一月廿日火工下長拝命　同年同月入隊　長崎県平民　対馬国下県郡厳原元玖多道町　寿喬次男

真宗

口　供

徒党暴動ニ干預ノ件

自分儀明治六年一月砲兵本廠生徒被申付爾来凡ソ三年間西洋教師ニ就キ火工術修業致シ九年一月火工下長拝命予備砲隊附被申付十年西南征討ノ役ニモ一時出張致シタリ右修業三年ニモ及ヒ拝命ヨリ本年ニ至ル迄又凡三年ニ及ヒテモ昇級モ不致隊中ニテハ自分ガ《ママ》修業セシ技術ニ応スル程ノ仕事モナク是等ハ火工技術卒業免状ニ対シテモ不面目ノ儀ト常ニ不満ニ存シ居折柄本年八月廿日午後外出麹《ママ》町十三丁目鮓屋ニテ一酌致シ居ル処同隊火工卒鈴木直次来リテ談話ノ次直次ハ同夥ヨリ相談ヲ掛ケラレシコトアリ何事モ手ニ付ズ《ママ》ト申述ル故何事ナルヤト尋問スルニ直次答ヘテ今度近衛砲隊兵卒ヨリ当隊兵卒ニ相談有之已ニ諸隊モ申合セ事ヲ起スニ付明二十一日赤阪《ママ》山王社ニ於テ集会アル趣ニテ自分集会ニ参ル筈ニ相成タリ其趣意ハ判然セサレトモ減給勲賞之儀ニ不平ヲ抱キテノ為ニシテ此事ハ元来下士以上ニハ告ケサル筈ナルヲ今尋問セラレシ故申述レトモ到底成就スル者ナルヤト問フニ依リ自分答テ曰フ此等ノ事ニ付テハ余モ議論アリ又少尉内山定吾殿下副官梁田正直殿モ是等ノ事ハ議論アル様子ニ思ハル且事宜ニヨリテハ猶立派ナル人周旋致シ呉ル丶モ難計然ル上ハ汝等ノ迷惑ニハ不相成又明日ノ集会ニ自分モ罷越スヘク尤モ之ヲ内山殿ニ話シ行カサル方可然トノコトナレハ汝等ノミ罷越スヘシ又明日ハ内山殿ニ頼ミ兵卒ノ気ノ引立ツ様ナルヲ致サン抔申聞ケ（講義ノコトハ申セシヤ否ヤ酔中ユヘ判然覚ヘナシ）夫ヨリ帰営シ梁田殿ノ室ニ至リ直次ヨリ承リシ次第ヲ語リ共ニ其事実ヲ探索セント議シタリ

一　同廿一日午前器械室ニ於テ直次ヨリ承リシ件ヲ内山殿ニ話シタリ時ニ梁田殿モ同席ナリシ自分ハ事ニヨレバ《ママ》探索ノ為メ山王社ニ罷越ス積ナリト申述帰路内山殿宅ニ立寄ルコトヲ約ス又午前ノ練兵後直次ヲ呼出シ練兵場ノ南ナル土手ノ蔭ニ至リ此事ハ内山殿梁田殿ニモ告ケタリ自分ハ集会ニ趣クヘシ乍去他ノ隊ニテモ士官下士其席ニ臨ミ居レハ自分モ臨席スベク《ママ》然ラサレハ臨席セス梁田殿モ多分罷越スナラン汝ハ行キ掛ケニ我カ下宿ニ立寄リクレヨ且汝集会席ニ臨ミタラハ能ク其主意ト主謀者ト事ヲ起ス時日トヲ探索スヘシ又只今ヨリ内山殿ニ講義ヲ為致可申ニ付汝ハ兵ヲ集メテ聴聞サスル様周旋スヘシト申

聞置キ夫ヨリ帰室シテ内山殿ニ向ヒ今日ハ何ソ講義ヲ致シ賜ハレ已ニ直次ニモ貴君ガ《ママ》講義セラル、ニ付兵卒等ニ聴聞サスル様周旋スヘシト申聞ケ置キタリ此頃兵卒ノ状ヲ見ルニ理非ノ別チモナク百姓一揆ノ如キ無謀ノコトヲナサントスル勢ヒユヘ条理ヲ弁ヘ暴ニ事ヲ為サヌ様ニ心得サスル事ヲ講セラレテハ如何ト申述ヘ内山殿モ然ルヘシトテ偉蹟叢伝ヲ取出シ講セラレタリシ同日午飯後自分ハ梁田殿ト同伴営ヲ出テ市ヶ谷阪《ママ》町ニ兼テ休息ノ為メ設ケアル下宿定斎屋ニ至リ茲ニテ澗袖服ヲ着替ヘ梁田殿ト共ニ乗車山王社坂ニテ下車同行ノ鈴木直次及ヒ高見沢卯助ハ水茶屋ニ至リ自分ハ梁田殿ト共ニ社ノ傍ニ至ルニ兵卒数名水茶屋ニ集リ居ルヲ見受タリ稍々暫ラクアリテ梁田殿ヨリ直次ヲ召寄セ集会ノ次第ヲ承ルニ近衛歩兵ノモノモ来ラス人モ十分集ラス但近衛隊士官等浅草辺ニ集会シ其方ヨリ報知アルヲ待テ事ヲ決スヘシトノコトナリ依テ梁田殿ト共ニ猶能ク聞糺シ帰路内山殿宅ニ来レト直次ニ申聞ケ夫ヨリ去リテ内山殿宅ニ至リ直次ヨリ承リシコトヲ語リ且ツ此時大隊長岡本少佐殿ハ伊香保温泉ニ赴キ居ラル、ニ付兎モ角モ之ヲ呼戻シ度左様致シテモ落度ニモ相成間敷抔語リ合ヒ是ヨリ帰隊シ夜ニ入リ直次ガ《ママ》集会ヨリ帰リシ趣ヲ承リシニ付之ヲ呼ヒ梁田殿并ニ火工火《ママ》長八木駒次軍曹徳永貞幹同席ニテ相尋ル処直次ハ明後廿三日夜暴発ノコトニ概ネ取極メ来リシト云ヒ且其主意ハ減給賞典等ニシテ主謀者モ不相分近衛歩兵并ニ浅草ノ報知モ遂ニ来ラズ《ママ》シテ止ミ尚明廿二日招魂社ニ集会シテ事ヲ談スル筈ナリト申スニ付梁田殿始メ能ク其事実ヲ聞糺シタル上事ヲ取極メサレハ不可ナル旨直次ニ申聞ケタリ時ニ齊藤軍曹来リシ処同人ヘハ何等不相語候

一　同廿二日午前室内ニテ直次ヨリ承リシ次第ヲ内山少尉殿ニ告ケタリ此日大隊長伊香保ヨリ帰京セラル同隊卒横山昇ハ午後招魂社ノ集会ニ赴タルニ付其模様ヲ承ル為此夜人員検査後昇ヲ呼ヒ寄セシ処昇ノ言ニ鎮台歩兵隊工兵隊ニハ相談モ未タ届カス近衛歩兵隊ハ通リ掛リシ兵卒二人ヲ集会席ニ呼ヒ寄セテ相談セシ位ニテ明夜暴発ハ六ケ敷カラン其主意ハ減給賞典等ニ外ナラス又主謀者モ判然セス依テ昇ハ右様ニテハ不同意ノ趣ヲ一応申シタレトモ近衛砲隊ノ者ハ是非明夜暴発ト申張リ昇ハ猶明日集会シテ事ヲ決スル旨約シテ其席ハ散

シタリト云依テ梁田殿ト共ニ昇ニ明日集会ニ参ル節自分等ノ下宿ニ立寄レト申聞ケ置タリ

一　廿三日午前営内ニ於テ昨夜昇ヨリ承リシ次第ヲ内山少尉殿ニ語ルニ内山殿ハ今日集会ニ赴ク者ニ命シ能々根原ノアル所ヲ聞糺シ妄ニ他隊ニ鼓動セラレサル様可致ト申聞ラレタリ同日午後一時頃梁田殿ト共ニ大隊長カ此挙ニ与スルヤ否ヲ探クル為メ午後第一時頃大隊長ノ宅ニ至リ梁田殿ヨリ大隊長ニ向ヒ諸隊ニテ何カ事ヲ企テ我隊ノ兵モ出テ、集会シ一揆ヲ起ス様ナル形況《ママ》ナリ併シ他ニ之ヲ指揮スル人モナク唯兵卒等ガ囂々《ママ》致居ル様子是等ハ如何ノ者ト申述ヘシニ大隊長ヨリ先ツ汝等ノ見込ハ如何ナルト申サレシニ付（隊長ヨリ此問アリト覚フ但シ今ニ至リテ判然記憶セス）自分ハ不平等ヨリ起ルコトハ成就セサル者ナラント云ヒ梁田殿ハ当今之勢ヒハ何トモ難計抔申述タルニ大隊長ハ右様ナル大義ニ背キシコトハ出来サルモノナリト申聞ラレシニ付自分ハ梁田殿ヨリ先キニ大隊長ヲ辞シ去リ午後第四時頃市ヶ谷坂町ノ下宿ニ至ル是ヨリ先キ出営ノ際八木駒次ニ托シ昇ヲ下宿ニ来ラシメ置キタルヲ以テ駒次昇ハ已ニ茲ニ居タリ是ハ大隊長ノ心底ヲ探リ得タル上昇ニ集会席ニテノ談判方ヲ申含メン為ニテアリシナリ自分ハ初メヨリ両端ヲ抱キ内山殿梁田殿ト同様各隊ノ形勢ヲ窺ヒ居リ大隊長ノ意ヲ探リ其決ヲ取リテ事ニ従フ心得ノ処是ニ至リテ大隊長ハ是挙ニ与ミセザ《ママ》ルナランカト察ス依テ自分ハ昇ニ名義モナク又別ニ主謀及ヒ目的等モナク粗暴ニ事ヲ起スナレハ断ル方可然ト申聞ケタリ昇ハ昨日ノ会ニハ名義ヲ立ル者モナシ唯勲賞減給ノ儀ニ不平ヲ抱キ暴ニ事ヲ起ス迄ニ有之我輩ハ今トナリテハ事ヲ起スモ殺サレ又事ヲ為サ、ルモ同夥ヨリ殺サル、抔申スニ付自分ハ左様ナルコトモアルマジ《ママ》ト申聞タリ昇ハ是ヨリ出去ル其後駒次ヨリ昇ノ人物ハ如何ト問ハレシユヘ随分訳ノ分リタル者ナリト答フ程ナク梁田殿モ下宿ニ来ルニ付愈今夜暴発ニ決シタルトキハ如何処置致スヘキヤ抔語リ合ヘリ已ニシテ近衛砲兵大久保忠八ナルモノ昇ノ依頼ヲ受ケ集会ノ席ヨリ人力車ニテ自分ヲ呼ニ来ル自分ハ何方ヘ赴クト梁田殿ニモ告ケス直チニ忠八ト同車ニテ集会ノ席ニ至ルニ忠八昇并ニ近衛砲兵金井総《ママ》太郎外数名居合セタリ時ニ昇ハ自分ヲ別ノ場所ニ呼ヒ愈今夜ト相決シ延引ハ致シ難シ何卒内山殿ヘ話シ尽力有之度ト申スニ付夫ハ不可ナリ断ルヘシト申聞ケタレトモ昇ハ力ニ及ハスト答フル故自分一坐ノ所ニ至リ衆兵ニ向ヒ今承レハ愈今夜暴動スルトノコトナルガ《ママ》其事ヲ起ス筋ハ何等ノ次第ナルヤ承知致度ト申セシ処是ト申箇条モナケレトモ減給勲賞等種々ノ事ヲ不平ニ存シ事ヲ起スナリト答フ依テ誰カ指揮スル人アリヤト問ニ之無シト答フルニ付然ラハ我隊長及ヒ内山少尉等出テ、指揮スルニ於テハ各方服従スルヤト問フ処目下指揮スル人モナケレハ勿論服徒《ママ》スヘシト答フ自分又目今事ヲ起シ東京ヲ占ルモ政府ニ向フテ何等ノコトヲ責問スル積リナルヤト問フニ一々箇条ヲ挙ルコトハ能ハスト答フルニ付暴発スレハ人民ヲ苦シメ上ニ厄介ヲ懸ルニ相違ナシ然レトモ諸君決心シテ今夜事ヲ挙ルト云ハル、以上ハ此等ノ事ヲ申シタリ迚止マルヘキニモ非スト存スレトモ明日カ明後日迄暴発ヲ見合スルコトハ不出来ヤト申聞ル処兵卒等云フ待ツコトハ迚モ出来不申ト（此時傍ラニテ歩兵ノ方ヘハ已ニ暗号モ渡シ置タレバ《ママ》待ツコトガ《ママ》出来ルモノカ抔申ス者アリシ）是ニ於テ自分然ラハ是ヨリ大隊長ノ宅ニ赴キ謀リテ兎ニ角第九時迄ニハ近衛砲隊営門迄報答スヘケレハ誰ソ一人営門ニ出シ置キ呉レヨト申述又昇ニ向ヒ汝ハ阪《ママ》町ノ下宿ニ至リ此事ヲ梁田殿等ニ告ヨト申聞ケ置キ直チニ其場ヲ立去リ久徳大尉殿宅ニ至リ今夜暴挙ノ事ヲ申述ヘ集会ノ席ニテ兵卒等ヨリ受取タル暗号旗号ヲ差出シ且又当隊ノ兵卒等士官ヲ悪ミ居ル様子ナリ内山少尉殿ノ命令ナレハ従フ景況ナリト語リシ処久徳殿云フ夫ハ何故ナルヤト自分答フ内山殿ハ兼テ兵卒ヲ叱スルコトナクシテ兵卒ニ名望アル故ナラント久徳殿云フ然ラハ汝ハ是ヨリ内山ニ報セヨト依テ自分ハ内山殿ノ宅ニ至リ今夜愈暴発スルニ決着シタリ当隊暴発セサレハ近衛砲隊等ヨリ襲ヒ来ルモ難計如何致スヘキヤ弾薬ヲバ《ママ》兵卒ニ渡シテ可然ヤト問フニ内山殿答ヘテ曰フ渡シテモ差支ナカルヘシ拙者ハ自然ノ勢ニ任セテ何レニデ《ママ》モ致スナリ他ノ隊ニツキ込マレヌ為士官学校ノ方ニ哨兵ヲ張サレハ不相成拙者今ヨリ隊長ノ方ニ行キ其決ヲ取リテ報知スヘキニ付汝ハ帰リテ兎モ角モ兵士ヲ我カ出営スル迄取鎮メ置キ弾薬渡シ方等宜シク取計ヒ置キ呉レヨト是ヨリ自分ハ内山殿ヲ辞シ去テ帰隊スレハ則チ今ヤ隊伍ノ出営セントスルニ遭フ大隊長ハ自分并ニ白石軍曹ニ其方共ハ第二中隊ノ兵ニ気ヲ付ケ居レト命セラレ命ノ如ク同隊尾ニアリテ注意シ行軍途上内山少尉殿ノ命ヲ受ケ白石軍曹ト共ニ隊ニ先チ王子ニ至リテ宿所ヲ周旋ス時ニ一発ノ砲声ヲ聞キタルニ付隊伍ノ混雑如何ト懸念シ白石ト共ニ引返シタル途上ニ於テ久徳大尉殿ニ逢ヒ其命ニ依リ鈴木直次高見沢卯助ヲ呼ヒ（王子ニ着スル少シク手前）汝等ヲ始メ暴発スル方カ又之ヲ拒ク心得カ隊長ノ命令ニ服従スルカ後刻是等ノ件ヲ隊長ヨリ尋問セラルヘケレハ兵士ノ見込ヲ尋ネ置ケト申聞ケタリ已ニ王子ニ着スル後大隊長ノ命ヲ受ケ兵十二人斗リヲ率ヒ板橋火薬庫ニ至ラントスルニ二三十人付来リ板橋ニ至ル処同処ニ弾薬無之旨断ハラレ之ヲ王子ニ帰報ス是ヨリ先大隊長ハ単騎ニテ東京ニ被赴自分ハ久徳大尉殿ノ令ニテ隊伍一同王子ヲ発シ廿四日午前九時頃帰営シ同廿五日当裁判所ヘ護送相成候事

右通相違不申上候

明治十一年十月十一日　　　　平山　荊

【現代語訳】

徒党暴動に関与の件

自分は、明治六年一月、砲兵本廠生徒を申しつけられ、その後およそ三年間、西洋人教師について火工術を修業し、九年一月、火工下長を拝命、予備砲隊付を申しつけられ、十年、西南征討の役にも一時出張した。右修業は三年にも及び、また拝命から本年に至るまでまたおよそ三年に及んでも昇級もせず、隊内では、自分が修業した技術に見合うほどの仕事もなく、これらは火工技術卒業免状に対しても面目ないことだ、と常に不満に思っていた。

そうした折柄、本年八月二十日午後外出し、麴町十三丁目の寿司屋で一酌しているところに同じ隊の火工卒・鈴木直次が来た。談話のあと、直次が、「同僚から相談をかけられたことがあり、何ごとも手につきません」と言うので、「何ごとか」と尋ねると直次は、「こんど、近衛砲隊の兵卒から当隊の兵卒に相談があり、すでに諸隊も申し合わせ、事を起こすについて、あす二十一日、赤坂山王社で集会があるということで、自分も集会に参ることになりました。その趣意ははっきりしないものの、減給や勲賞のことに不平を抱いてのためです。このことは、もともと下士以上には知らせないはずなのを、今、尋問されたので申しましたが、つまるところ、成就するものでしょうか」と問われた。それで自分は、「これらのことについては余も議論があり、また少尉・内山定吾殿、下副官・梁田正直殿もこれらのことは議論がある様子に思われ、その上、うまくいけば、なお立派なる人が動いてくれるかもしれない。そうなれば、お前等の迷惑にはならない。また、あすの集会に自分も行くつもりだ。もっともこれを内山殿に話し、行かない方がよいということなら、お前等だけ行くがよい。またあすは、内山殿に頼み、兵卒の士気を引き立てるような講義をしてもらおう」などと話した（講義のことは、話したか否か、酔っていたのではっきりした覚えがない）。それから帰営して梁田殿の部屋に行き、直次から聞いたことを話し、いっしょにその事実を探索しようと相談した。

一　同二十一日午前、器械室で直次から聞いた件を内山殿に話した。そのとき、梁田殿も同席していた。自分は、「ことによれば、探索のため山王社に行くつもりです」と申し述べ、帰路、内山殿宅に立ち寄ることを約束した。また、午前の練兵後、直次を呼び出し、練兵場南側の土手の陰で、「このことは、内山殿、梁田殿にも知らせた。自分は集会に行くつもりだ。しかし、他隊からも士官、下士がその席に臨んでいれば、自分も臨席するが、そうでなければ臨席しない。梁田殿もたぶん行かれるだろう。お前は行きがけに、わが下宿に立ち寄ってくれ。そして、集会の席に臨んだら、その主意と主謀者と事を起こす時日を探索せよ。それから、今から内山殿に講義をしていただくように言うので、お前は兵を集めて聴聞させるようにしてくれ」と言いつけた。それから帰室して内山殿に向かい、「きょうは何か講義をしてください。すでに直次にも、貴君が講義されるので、兵卒等に聴聞させるよう働きかけろ、と言っておきました。近頃、兵卒の状態を見ると、理非の区別もなく、百姓一揆のような無謀のことをしようとする勢いなので、条理をわきまえ、乱暴に事を起こさないよう心得させることを講ぜられてはどうでしょうか」と申し述べた。内山殿も「それがよい」と言って、『偉蹟叢伝』を取り出し、講義された。

同日午飯後、自分は梁田殿と同伴、営を出て、市ヶ谷坂町にかねて休息のため設けてある下宿の定斎屋に行った。ここで和服に着替え、梁田殿とともに人力車に乗り、山王社坂で下車した。同行の鈴木直次と高見沢卯助は水茶屋に行き、自分は梁田殿とともに社の傍らに行くと、兵卒数名が水茶屋に集まっているのを見受けた。ややしばらくして梁田殿が直次を呼び出し、集会の様子を聞くと、「近衛歩兵の者も来ていませんし、人も十分集まっていません。ただし、近衛隊の士官等が浅草辺で集会していて、そちらから報知があるのを待って、事を決しようとしています」ということだった。そこで、梁田殿とともに、「なおよく聞きただし、帰路、内山殿宅に来てくれ」と、直次に指示した。それから内山殿宅に行き、直次から聞いたことを話し、このとき大隊長・岡本少佐殿は伊香保温泉に行っておられるので、「ともかくも呼びもどしたい。そうしても、落ち度にもならないだろう」などと話し合った。それから帰隊した。

夜になって、直次が集会から帰ったと聞いたので、直次を呼び、梁田殿、火工下長・八木駒次、軍曹・徳永貞幹同席で尋ねると、直次は、「明後二十三日夜暴発、ということに、おおむね取り決めてきました」と言い、さらに、「その主意は減給や賞典等ですが、主謀者もわからず、近衛歩兵ならびに浅草からの連絡もついに来ずに終わりました。なお明二十二日、招魂社に集会して協議する約束です」と言うので、梁田殿はじめ、「よくその事実を聞きただした上で、事を決めなければいけない」と、直次に言い聞かせた。そのとき、齊藤軍曹が来たが、同人には何も話さなかった。

一　同二十二日午前、室内で直次から聞いた内容を内山少尉殿に告げた。この日、大隊長が伊香保より帰京された。同じ隊の兵卒・横山昇は午後、招魂社の集会に行ったので、その模様を聞くため、この夜、人員検査後、昇を呼び寄せた。昇は、「鎮台歩兵隊と工兵隊には相談もいまだされておらず、近衛歩兵隊は通りかかった兵卒二人を集会の席に呼び寄せて相談したぐらいで、明夜暴発は難しいでしょう。その主意は、減給や賞典等にほかならず、また主謀者もはっきりしません。そこで自分は、『このようなことでは同意できない』と一応、言いましたが、近衛砲隊の者は、『ぜひ、明夜暴発』と言い張りましたので、あすまた集会して事を決める約束をして、その席は解散しました」と言った。そこで、梁田殿とともに昇に、「あす集会に行くとき、自分等の下宿に立ち寄ってくれ」と言っておいた。

一　同二十三日午前、営内で昨夜昇から聞いた内容を内山少尉殿に話すと、内山殿は、「きょう集会に行く者に命じて、よくよく根原のある所を聞きただし、みだりに他隊に鼓動されないようにせよ」と言われた。

同日午後一時頃、梁田殿とともに、大隊長がこの企てに与するかどうかを探るため、大隊長宅に行った。

梁田殿から大隊長に向かい、「諸隊で何か事を企て、わが隊の兵も出て集会し、一揆を起こすような状況です。しかし、ほかにこれを指揮する人もなく、ただ兵卒等がごうごうしている様子です。これはどんなものでしょうか」と申し述べると、大隊長は、「まずお前等の見込みはどうなのだ」と申されたので（隊長からこの問いがあったと思う。ただし今になってははっきり記憶していない）自分は、「不平等から起こることは成就しないものでしょう」と言い、梁田殿は、「当今の勢いは何とも判断できません」などと申し述べると、大隊長は、「そのような大義に背いたことはできないものだ」と申しされたので、自分は梁田殿より先に大隊長宅を辞し去り、午後四時頃市ヶ谷坂町の下宿に着いた。

　これより先、出営の際、八木駒次に昇を下宿に来させておくように頼んでおいたので、駒次と昇はすでにそこにいた。これは、大隊長の心底を探り出した上で、昇に、集会の席での協議のしかたを申し含めるためだった。自分は初めから二心を抱き、内山殿や梁田殿と同様、各隊の形勢をうかがい、大隊長の意向を探り、その決断を得て事に従うつもりでいたが、ここに至って、大隊長はこの企てに与しないだろうと察した。それで自分は昇に、「名義もなく、またほかに主謀も目的等もなく、粗暴に事を起こすのであれば、断わる方がよい」と申し聞かせた。昇は、「きのうの集会には名義を立てる者もなく、ただ勲賞、減給のことに不平を抱き、乱暴に事を起こすまでになっています。自分は、今となっては、事を起こしても殺され、また事をなさなくとも同僚に殺されます」などと言うので自分は、「そのようなこともあるまい」と言い聞かせた。昇はこれから出去《いでさ》った。そのあと、駒次から、「昇はどういう人物か」と聞かれたので、「ずい分訳のわかる者だ」と答えた。ほどなく梁田殿も下宿に来たので、いよいよ今夜暴発に決したときは、どのように処置いたすべきかなど語り合った。そうこうしているうちに、近衛砲兵・大久保忠八なる者が、昇の依頼を受けて、集会の席から人力車で自分を呼びにきた。自分は、どこに行くと梁田殿にも告げず、直ちに忠八と同車して集会の席に行くと、忠八、昇ならびに近衛砲兵の金井惣太郎ほか数名が居合わせた。そのとき昇は自分を別の場所に呼び、「いよいよ今夜と決まり、延引は困難です。なにとぞ内山殿に伝え、ご尽力いただきたい」と言うので、「それはまずい。断わるべきだ」と言い聞かせたが、昇は、「そんな力はありません」と答えた。そこで自分は一座の所に行き、兵たちに向かって、「今、聞けば、いよいよ今夜暴動するとのことだが、その事を起こす理由はどういうことなのか知りたい」と言うと、「これと申す箇条もありませんが、減給や勲賞等種々のことを不平に思い事を起こすのです」と答えた。それで、「誰か指揮する人がいるのか」と問うと、「いません」と答えたので、「それでは、わが隊長と内山少尉等が出て指揮するなら、各々方は服従するか」と聞くと、「目下、指揮する人もいないので、もちろん服従します」と答えた。自分はまた、「今、事を起こし東京を占拠しても、政府に向かって何等のことを責問するつもりか」と聞くと、「一々箇条を上げることはできません」と答えたので、「暴発すれば人民を苦しめ、上に厄介をかけるに相違ない。しかし、諸君は決心して今夜事を挙げると言われる以上は、これらのことを申しても中止しないと思うが、あすか明後日まで暴発を見合わすことはできないか」と聞くと、兵卒等は、「待つことはとてもできません」と言った（このとき傍らで、「歩兵の方へはすでに暗号も渡しておいたので、待つことができるものか」などと言う者がいた）。そこで自分は、「それでは、これから大隊長宅に行き、相談して、ともかく九時までには近衛砲隊営門まで返事をするから、誰か一人営門に出しておいてもらいたい」と言った。また昇に向かって、「お前は、坂町の下宿に行き、このことを梁田殿等に告げよ」と言いおき、直ちにその場を立ち去り、久徳大尉殿宅に行き、今夜の暴挙のことを申し述べ、集会の席で兵卒等から受け取った暗号と旗じるしを提出した。また、「当隊の兵卒たちは士官を嫌っているようですが、内山少尉殿の命令ならば従う様子です」と述べると、久徳殿は、「それはなぜか」と聞いた。自分は、「内山殿は、以前から兵卒を叱ることがなく、兵卒に名望があるからでしょう」と答えた。久徳殿は、「それなら、お前はこれから内山に知らせよ」と言われた。そこで自分は内山殿宅に行き、「今夜いよいよ暴発と決着しました。当隊が暴発しなければ、近衛砲隊等が襲ってくるかもしれません。どうすべきでしょうか。弾薬を兵卒に渡していいものでしょうか」と問うと、内山殿は、「渡しても差し支えなかろう」と答え、「自分は自然の勢いに任せてどのようにもする。他の隊に突っ込まれないため、士官学校の方に哨兵を配置しなければならない。今から隊長の方に行って、その決断を得て知らせるから、お前は帰営して、自分が出営するまで、ともかくも兵士を取り鎮めておき、弾薬渡しのこと等よろしく取り計らっておいてくれ」と言われた。それから自分は内山殿宅を辞して帰隊すると、今や隊伍が出営しようとするのに遭遇した。大隊長は、自分と白石軍曹に、「その方どもは、第二中隊の兵に気をつけていろ」と命ぜられ、命令どおり同隊尾で注意し、行軍途上、内山少尉殿の命令を受け、白石軍曹とともに隊に先立って王子に行き、宿所を手配した。そのとき、一発の砲声を聞いたので、隊伍の混乱がどうか懸念し、白石とともに引き返す途上で久徳大尉殿に会った。久徳殿の命令で、鈴木直次と高見沢卯助を呼び出し（王子に着く少し手前）、「汝等をはじめ、暴発する方か、また、これを防ぐ心得か、隊長の命令に服従するか、後刻、これらの件を隊長から尋問されるだろうから、兵士の考えを尋ねておけ」と申し聞かせた。王子に着いたあと、大隊長の命を受け、兵十二人ばかりを率いて板橋火薬庫に行こうとすると、二、三十人がついてきた。板橋に行ったが、同所には弾薬はないと断わられ、王子に戻って報告した。これより先、大隊長は単騎で東京に行かれ、自分は久徳大尉殿の命令で、隊伍一同王子を出発、二十四日午前九時頃帰営し、同二十五日当裁判所へ護送となった。

右の通り相違ない。

明治十一年十月十一日　　　　　　　　　　平山　荊

3

兵士たちの口供書

（公文録・明治十一年・第72巻）

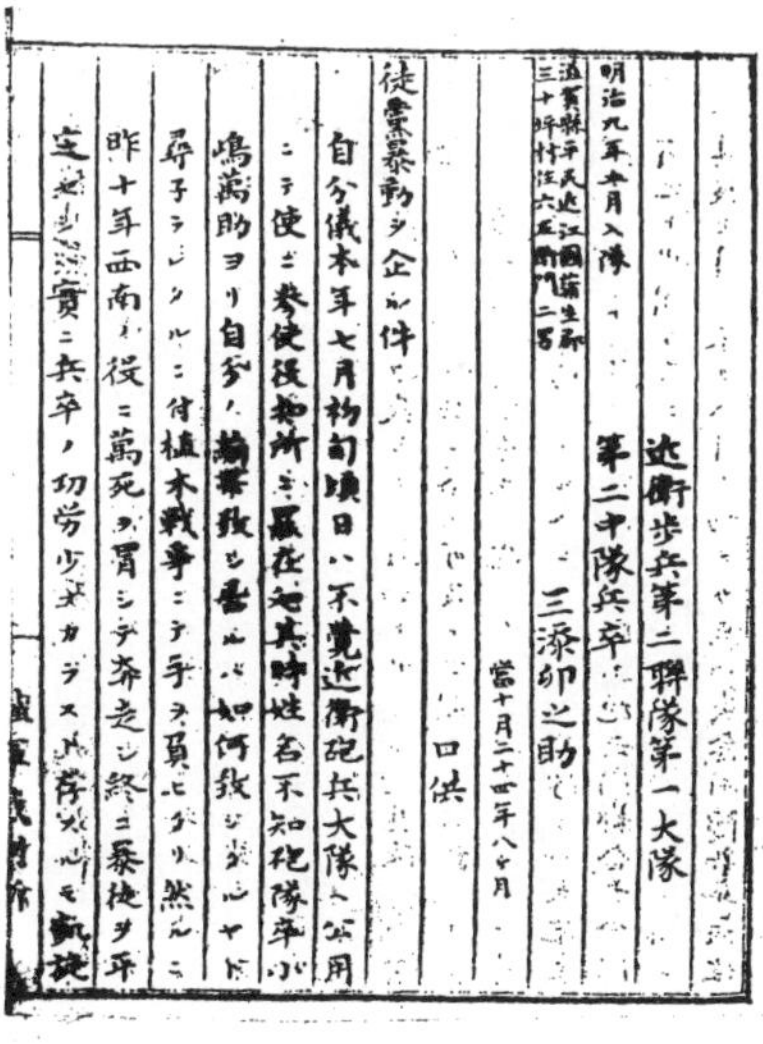

近衛歩兵第二聯隊第一大隊

明治九年十月入隊　第二中隊兵卒

滋賀県平民近江国蒲生郡三十[illegible]村住六左衛門二男　三添卯之助

當十月二十四年八ヶ月

口供

徒党暴動ヲ企ル件

自分儀本年七月初旬頃日ハ不覚近衛砲兵大隊ヘ公用

ニテ使ニ参候砲兵営所ニ罷在ル兵卒姓名不知砲隊卒ハ

嶋萬助ヨリ自分ハ[illegible]致ヲ害ルハ如何致シ[illegible]

[illegible]子ラレタルニ付植木戦争ニテ手ヲ負ヒタリ然ルニ

昨十年西南ノ役ニ萬死ヲ冒シテ奔走シ終ニ暴徒ヲ平

定セシ[illegible]實ニ兵卒ノ功労少ナカラス[illegible]

1　三添卯之助

近衛歩兵第二連隊第一大隊第二中隊
兵卒　三添卯之助　当十月二十四年八ヶ月
明治九年五月入隊　滋賀県平民　近江国蒲生郡三十
坪村住　六左衛門二男

口供

徒党暴動ヲ企ル件

自分儀本年七月初旬頃日ハ不覚近衛砲兵大隊へ公用ニテ使ニ参使役扣所ニ罷在処其時姓名不知砲隊卒小嶋萬助ヨリ自分ノ繃帯致シ居ルハ如何致シタルヤト尋ネラレタルニ付植木戦争ニテ手ヲ負ヒタリ然ルニ昨十年西南ノ役ニ万死ヲ冒シテ奔走シ終ニ暴徒ヲ平定セシハ実ニ兵卒ノ功労少ナカラスト存スルモ凱旋ノ後其勲賞ヲ論セラル、ニ至リテハ大尉以上ハ之ヲ賜ハリ他ハ中尉ニテモ副官ノ外ニ不出兵卒ノ如キハ何等ノ御詮議モナキノミナラス剰サヘ日給并官給品モ減少セラル実ニ不公平ノ事ナリ我連隊ニ於テハ不平ヲ鳴ス者頗ル多ク依テ申合強願ヲ企テントス砲兵隊ニハ少シモ不平ノ者ナキヤト申ス処随分有之趣申ニ付然ラハ尽力致シテハ何《ママ》如《ママ》ト申タル処其隊ニテ奮発スル者アラハ共ニ尽力可致ト申聞且是ハ話シナルカ兵隊一同ニテ皇居并ニ砲兵本廠ヲ囲ミタラハ一時官ニ於テモ致方ナカルヘシト申ニ付其隊ニハ大砲幾門アリヤト問フ処野砲十二門山砲六門都合十八門有之ト申聞ケ直ニ小島ハ立去リ候

一　其後七月ノ末カ八月ノ初メカ日ハ失念同隊兵卒大住宗太郎儀竹橋ニテ其時名前不知砲兵隊卒長嶋竹四郎ナル者ニ出会シタルニ長嶋云ク貴殿ハ繃帯シテ腕ヲ釣リタル三添ト云モノハ知ラスヤト尋ネラレ其時大住成程夫レハ存知セリト答ヒ《ママ》タレハ来ル日曜日神田錦町二丁目村上庄司方長嶋休息所迄自分へ参リ呉レ度旨尤モ書状モ可差出心得ナリト云ヒタル由夕食後営舎ノ外へ呼レ宗太郎ヨリ承リ候事

一　八月三四日頃ト覚へ長島竹四郎ヨリ郵便状ヲ以相談致度儀有之ニ付近日中神田錦町二丁目村上庄司方へ参リ呉度旨申越シタレトモ返書モ不差出打過キ候事

一　八月十一二日ト覚へ午前長嶋竹四郎我隊へ面会ニ来リ同人下宿へ参リ呉ルヘク申聞ルモ当日ハ使役ニ当リ外出相成難ク併シ成ヘク丈ケ都合致シ参リ申スヘク若シ自分差支タラハ誰ナリト名代ヲ出サント答へ置午後大住宗太郎ヲ相頼ミ竹四郎下宿へ差遣シタル処帰営後室内ニ於テ宗太郎ヨリ本日長島下宿へ罷越タル処長嶋云フニハ此度鎮台予備砲兵隊勲賞ノ事ニ付不平ヲ唱へ暴動ヲ発スル由就テハ近衛歩兵ニモ同志ノモノアリヤトノ事故我銃隊ニテハ如何ヤ未タ承知不致併シ国家

人民ノ為或ハ人ノ名誉ニ成ルヘキ事ナレハ我等モ同意致スヘケレト名義モ之ナキ暴動ニハ同意致シ難シト申シタル処長嶋竹四郎微笑シタリト若シ其隊ニ同志ノ者アラハ知ラセ呉レヘク旨ヲ三添ヘ通シ呉レト長島竹四郎ヨリ申シタル旨承知仕候事

一　八月十三日前日大住ヲ以テ伝言ノ趣モ有之ニ付兎モ角モ直談ニ承ルヘシト存シ長嶋竹四郎下宿ニ自分罷越タル処外ニ其時名前不知砲兵隊ノ▼1小島万助髙橋小三郎小川弥藏谷新四郎居合セ此度暴動ノ上皇居并ニ砲兵本廠ヲ囲ムニ付テハ火薬并ニ兵器ヲ要スルニハ如何セント申スニ付弾薬ハ我歩兵一連隊通用門前ノ火薬庫ニ之アリ兵器ハ砲兵歩兵ノ器械共近衛武庫主管ニ格護シ小銃ハ五百挺程モ有之趣兼テ聞知セリ貴隊大砲ノ弾薬ハ如何ト問フ処此節火薬庫修繕中ニ付営内仮小屋ノ内ニ有之差支ナシト申聞ケタリ且種々談話ノ末徒ラ話シヲ申居ルトモ無益ナリ貴隊ニテハ同志ノ者幾人程アリヤト申ニ付凡十二三人許モ之アルヘ▼2シ然ルニ少人数ニテハ事成就セマシト申タルニ然ラハ来ル水曜日即チ廿一日ニ山王社ヘ集会スル故廿日迄ニ挨拶致シ呉レヨ且又同社集会ヘ参リ呉ルヘク様申ニ付承知致シ相分レ夫ヨリ後熟考スルニ自分ハ未タ傷所モ癒ヘス動止不自由ノ身ニテ暴動ニ与ミスルトモ進退奔走ニ難渋シ且大住宗太郎ヨリモ此儀ニ於テハ甚不宜事ト存スレハ今後右等ノ相談ニハ関渉セサル方可然ト申聞ケトモ之アリ旁断念スルニ不如ト決心シ爾後砲隊ヘハ不沙汰ニテ其侭《ママ》打捨候事

右之通相違不申上候

明治十一年十月　三添卯之助

〔欄外に記された書き込み（番号は編集付）〕

▼1　小嶋万助ハ面識アレトモ此日迄姓名ハ知ラス

▼2　此処竹四郎萬助等ノ口供ト小異同アレ共本犯罪犯ノ軽重ニ関セス故ニ本犯口供ノ儘ヲ記ス

【現代語訳】

徒党暴動を企てる件

　自分はことし七月初旬、日は覚えていないが、近衛砲兵大隊へ公用で使いに行った。使役控所にいると、そのときは姓名を知らなかったが、砲隊卒・小島万助から、「包帯をしているのはどうしてか」と尋ねられたので、「植木での戦闘で手を負傷した。しかるに、昨十年、西南の役で死を覚悟して奔走し、ついに暴徒を平定したのは、じつに兵卒の功労が少なくなかったと思うのだが、凱旋ののち、その勲賞を論議された結果、大尉以上はこれを賜り、ほかは中尉であっても*副官以外には出なかった。兵卒に至っては何等のご詮議もないばかりか、その上に、日給および官給品を減らされた。じつに不公平だ。わが連隊では不平を言う者がたいへん多く、申し合わせて*強願《ごうがん》を企てようとしている。砲兵隊には、少しも不平の者がいないのか」と言うと、「ずいぶんいるようだ」と言うので、「それなら尽力したらどうか」と言うと、「そちらの隊で立ち上がる者がいればともに尽力する」と言い、さらに、「これは話としてだが、もし兵隊一同で皇居と砲兵*本廠を包囲すれば、一時官側もどうしようもなくなるのではないか」と言うので、「そちらの隊には、大砲がいく門あるのか」と聞くと、「野砲十二門、山砲六門、合計十八門ある」と答え、直ちに小島は立ち去った。

一　その後、七月の末か八月の初めか、日は忘れたが、同じ隊の兵卒・大住宗太郎が竹橋で、そのときは名前を知らなかったが、砲兵隊卒・長島竹四郎という者に出会った。長島が、「貴殿は、包帯して腕をつっている三添という者を知らないか」と尋ねるので、「知っている」と答えると、「来る日曜日、神田錦町二丁目村上庄司方の長島*休息所まで、三添に来てもらいたい。もっとも、書状も差し出すつもりだ」と言ったことを、夕食後、営舎の外へ呼ばれ、宗太郎から聞いた。

一　八月三、四日頃と思うが、長島竹四郎から郵便状で、相談したいことがあるので近日中に神田錦町二丁目村上庄司方に来ていただきたい旨申し越しがあったが、返書も差し出さずに打ち過ぎた。

一　八月十一、二日頃と思うが、午前、長島竹四郎がわが隊に面会に来て、「自分の下宿に来てくれないか」と言ったので、「きょうは使役当番なので外出は難しい。しかしなるたけ都合をつけて行きたい。もし自分に差し支えがあれば、誰か代理を出そう」と答えた。午後、大住宗太郎に頼んで、竹四郎の下宿へ行ってもらった。帰営後、室内で宗太郎から、「きょう長島の下宿に行くと、長島から、『このたび、鎮台予備砲兵隊が勲賞のことにつき不平を唱えて暴動を起こすようだ。近衛歩兵にも同志の者がいるだろうか』と聞かれたので、『わが*銃隊でどうかは承知していない。しかし、国家、人民のため、あるいは人の名誉になることならばわれ等も同意するだろう。名義もない暴動なら同意しがたい』と答えると、長島は微笑して、『もしそちらの隊に同志の者がいれば知らせてほしい、と三添に話してもらいたい』と言っていた」と聞いた。

一　八月十三日、前日、大住を通じての伝言があったので、ともかく直接会って話を聞きたいと思って、長島竹四郎の休息所に行くと、ほかに、そのときは名前を知らなかった▼1小島万助、高橋小三郎、小川弥蔵、谷新四郎が居合わせ、「このたび暴動の上、皇居と砲兵本廠を包囲する。ついては、火薬と兵器が必要だが、それをどうしようか」と言った。自分は、「弾薬は、わが歩兵一連隊通用門前の火薬庫にある。兵器は砲兵、歩兵の器械とも近衛*武庫主管に格納してあり、小銃は五百挺ほどあると、かねてから聞いている。貴隊の大砲の弾薬はどうだ」と聞くと、「いまは火薬庫の修繕中なので、営内の仮小屋にあるから大丈夫だ」と言っていた。さらにいろいろ話したが、「無駄話をしていても無益だ。貴隊では同志が何人ぐらいいるか」と言うので、「およそ十二、三人ばかりだろう」と言った。「▼2しかし、少人数では事は成功しない」と言うと、「それならば、来る水曜日、即ち、二十一日に山王社で集会をするので、二十日までに返事をくれ。そしてまた、集会に来てもらいたい」と言うので、承知して別れた。

一　それからあと熟考したが、自分はまだ傷も癒えず、動作不自由な身で暴動に与しても、進退、奔走に難渋するし、さらに大住宗太郎からも、「この件ははなはだよくないことと思うので、今後、この相談には関渉しない方がいい」と言われもし、いずれにしても断念するのがいいと決心し、以後、砲隊には連絡せず、そのまま打ち捨てておいた。

右の通り相違ない。

明治十一年十月　三添卯之助

▼1　小島万助は面識があったが、この日まで姓名は知らなかった。

▼2　ここ竹四郎、万助等の口供と小さな違いがあるが、犯人の罪犯の軽重に関係しないので、犯人の口供のままを記す。

〔語句解説〕

*副官　大隊長付の副官で中尉（下副官は曹長）

*強願　集団で武装して、願い出ること

*砲兵本廠　小石川後楽園にあった武器・弾薬の製造工場

*休息所　兵営外の「下宿所」

*銃隊　銃は小銃。小銃を持つ歩兵隊のこと

*武庫主管　本来は職名（武器等の支給、修理、交換等の取扱責任者）だが、武庫主管が配置されている武器庫の意味に使っている。

2　小島万助

近衛砲兵大隊第二小隊

駄卒　小嶋萬助　当十月二十三年十一ヶ月

明治八年四月一日入隊　神奈川県農　武蔵国橘樹郡

箕輪村住　久米右衛門二男　天台宗

口供

徒党暴動之件

一　自分儀去ル七月初旬日失念大隊使役当番中其節姓名不存近衛歩兵第二連隊第一大隊第二中隊兵卒見添《ママ》宇《ママ》之助公用ニテ来リ使役詰所ニ扣ヘ居ル節同人申スニ昨年西南ノ役ニ万死ヲ冒シテ奔走戦闘シ終ニ暴徒ヲ平ケシハ実ニ兵卒ノ功労少ナカラス且我々ノ如キハ傷ヲ負ヒ今ニ操練等モ出来難ク使役ノミ勤メ居レリ然ルニ凱旋ノ後其勲賞ヲ論スルニ至テハ大尉以上ハ之ヲ賜ハリ他ハ中尉ト雖トモ副官ノ外ニ出テス兵卒ノ如キハ今日ニ至ルマテ何等ノ御詮議モナキノミナラス日給金モ減セラレ剰サヘ官給品モ減省セラレ実ニ不公平ノ事ニテ我カ連隊ニ於テハ不平ノ者甚多ク依テ夫々申合強願ヲ企テントス貴隊ニ於テハ不平ノ者ナキヤト尋ヌルニ因リ同様不平ノ者多シト答フレハ然ラハ共ニ尽力致シテハ如何ト申スニ付貴隊ノ方ニテ奮発スル者アレハ随分尽力致スヘクト相答フ其速カニ同意セシ旨趣ハ勲賞減給官給品減省等ノ儀ハ勿論難渋不平ハ同様ノ事且元来服役中官給品及ヒ官物等ヲ毀損セシトキハ顕然過失ニ相違之レナキ者ト雖トモ若干ノ償ヲ徴セラレ殊ニ炊事食事等勤務ノ節ハ数多ノ器具ヲ取扱ヒ其器具食籠ノ如キハ年月使用セハ兎角壊レ易ク些ノ過チニニ《ママ》テ趣ヤスク相損シ其都度々々償ヲ徴セラレ小給ノ兵卒共一同難渋致シ居ル処更ニ日給ヲ減セラレ加之靴下官給ヲ被減練兵毎ニ足痛ニ堪ヘ難ク旁以テ難渋相重ナリ且又賑恤金廃セラレ僅カノ日給積金ヲ以テ満役帰郷ノ後別ニ一戸ヲ立ルノ手段無之左レハトテ終身父兄ノ厄介ト相成ル事モ致シ難ク他家ヘ養子等縁付度モ貰ヒ方無之其次第ハ常備年限漸ク終レハ又後備軍ニ入リイツ何時御召集ニ相成ルモ計リ難ク既ニ昨年ノ役ノ如キ実ニ死生モ計ラレス幸ニ死傷ヲ免レ凱旋スルモ何等ノ御賞詞御手当等無之故当人ノ難儀ハ勿論貰ヒ方ニ於テモ安心相成リ難ク是其貰方無之事ニ候右廉々ノ苦情ハ自分一人ノ事ニ無之間今日ニ至リ暴動ノ所業重々後悔奉恐入候得共全ク最初ハ前顕ノ次第不平ノ余宇《ママ》之助ノ発言ニ同意セシ事ニ候

一　前条見添《ママ》宇《ママ》之助ノ談話ヲ同隊卒長島竹四郎ニ委細

相語リ候

一　七月末カ八月初旬カ聢ト記ヘ不申砲廠ニ於テ長嶋竹四郎其他姓名聢ト記ヘサル者数人ト会合見添《ママ》宇《ママ》之助トノ談話ニ基キ誰レ発意トモナク難《ママ》願ニテハ迚テモ行キ届カサルヘシ暴動ノ上強願致ス方可然ト互ニ申合セ候

一　日ハ失念竹四郎ト相談ノ上宇《ママ》之助ヘ諸事申合セノ為メ文通ヲ以テ来ル十二日神田錦町二丁目村上庄司宅嘗テ長嶋竹四郎ノ休息所ニ定メ置キタル所ニ出会ノ儀申シ遣ハスニ十二日ニハ宇《ママ》之助来ラス其名代トシテ其節姓名不存同隊卒大住宗太郎并ニ平林紋之助来リ自分竹四郎等数名相会シ宗太郎ニ向ヒ先般宇《ママ》之助ヨリ談話ノ儀ニ付尚諸事打合可申并ニ暴動ノ上強願可致事且東京鎮台予備砲隊ニテモ過日営内ニ於テ不平ノ徒彼是騒立タルヨシ風ト承ハリタル故定メテ該隊モ同意致スヘク間打合可申事共申談シタル処何ツレ帰隊ノ後宇《ママ》之助ヘ委細可申聞ト申スニ依リ然レハ明日宇《ママ》之助ニ当所ニ来リ呉ル、様相託シ候此日近衛工兵中隊第二小隊工卒地木楽新助来リ竹四郎ヨリ強願ノ大意ヲ述ヘ尚明日来会ス可ト申聞候

一　同十三日前同所ニ見添《ママ》宇《ママ》之助来リ自分竹四郎小川弥蔵谷新四郎髙橋小三郎等会合自分竹四郎ト共ニ宇《ママ》之助ニ向ヒ他隊連合暴動ノ上強願致スヘク段申シ談シタル処宇《ママ》之助申スニ我隊ニテハ同志ノ者中隊ニ二十二三人ツ、位ハ之レアレトモ少人数ニテ成就致スマシ今日ヨリ一週間モ日合之レアレハ夫々申合同志ヲ語ラヒ来ル二十日マテニ必ス何分ノ模様報知致スヘシト申スニ付自分等又宇《ママ》之助ニ向ヒ当隊ハ小銃皆「スペ《ママ》ンセル」ニテ自然暴動等ノ節用立チ不申旨申セハ宇《ママ》之助夫レハ我隊ノ武庫ニ「スナイドル《ママ》」銃及ヒ弾薬若干有之間其節ハ取出シ御渡可申ト申シ又自分共ヨリ来ル二十一日ハ一同赤坂山王社ニ集会諸事会議可致間必ラス来会相成度約束致置キ候夕刻地木楽新助来リ強願ノ儀同意致シ難キ旨申断立去候

一　同十七日営内砲廠ニ於テ長嶋竹四郎自分大久保忠八髙橋小三郎小川弥蔵金井惣太郎谷新四郎等ト相談ノ上忠八惣太郎ハ元東京鎮台予備砲隊ヨリ本隊ヘ転入ノ者故予備砲隊ノ者ニ語ラウニハ都合宜シク然レトモ両人共新兵ナレハ或ハ疑議《ママ》ヲ来サンコトヲ慮リ尚信ヲ取ル為メ古兵ノ谷新四郎ヲ副ヘテ差遣スヘシ其申遣ス旨趣ハ近衛歩兵隊ニハ中隊ニ十二三人位ツ、同志ノ者アレトモ夫ニテハ人数少ナキニ付尚夫々相談シ来ル廿一日赤阪《ママ》山王社ニ会スル筈貴隊ニモ来会アルヘシトノ事ニ候

一　同十九日長嶋竹四郎予テ知合ナル東京鎮台歩兵第一連隊第三大隊第一中隊兵卒容貝二郎ト申ス者麻布兵営ニ罷在ルニ付キ同人ニ相語ラハントテ自分竹四郎金井惣太郎同行該営エ《ママ》参リ面会各隊ノ申合強願ノ大略ヲ申シ聞ケ其隊ニ於テモ不平ノ者可有之尚可申談事モ有之間明日麹《ママ》町平川町後家湯ニ於テ面会可致夫迄ニ隊中ノ様子探リ呉度相約置候

一　同二十日午後一時頃ヨリ外出竹四郎同行前書相約タル麹《ママ》町平川町後家湯ニ参容貝二郎ニ面会二郎ヨリ一応探リタレトモ格別不平ノ者不相見且自分生兵ノ事故申合等モ行届キ兼ヌル旨申スニ就キ竹四郎ヨリ事ヲ挙クル時ハ襲ヒ行クモ難計ト申セハ二郎襲ヒ来レハ応スル者モ可有之ト申シ尚営中ノ地形兵舎等ヲ尋ネ鉛筆ヲ以テ疎略ナル絵図ヲ認メ貰ヒ相別レ候

一　同二十一日午前昨二十日宇《ママ》之助ヨリ報知アルヘキ筈ナレトモ何等ノ報知無之故竹四郎ト申談シ同人連隊ニ立寄リ宇《ママ》之助ヲ誘ヒ山王ニ出自分ハ直ニ山王ニ参ルコトニ相約シ午後一時頃山王社ニ参リタレハ既ニ鎮台予備砲隊ノ者聢ト姓名ハ存セサル者数名集マリ居リ長嶋竹四郎髙橋小三郎廣瀬喜市藤橋吉三郎野中與吉等其外数名参リ近衛歩兵ノ者来ラサル故予備砲隊ノ者ニ向ヒ兼テ近衛歩兵ニハ今日当社集会ノ約ヲ致シタルニ今ニ一人モ来会セサル段申セハ予備砲兵ノ者申スニ兼テ歩兵ノ方ヘハ貴隊ヨリ諸事談判相成リ今日ハ必定来会可致筈ナルニ一人モ来ラサルハ何《ママ》如ノ次第ナルヤ我隊ニ於テハ諸事申合セ整ヒ士官下士迄与シ居リ其上ニモ立派ナル人与シ居ルニ箇様ノ事ニテハ今日ハ談判調ヒ難シト詰ラレ如何トモ答フヘキナク自分竹四郎ト思フニ歩兵ノ宇《ママ》之助ニ堅ク約定致シ置キタルニ昨二十日モ何等ノ報知無之且今日モ来会セス予備砲隊ノ者ニハ詰ラレ困却ノ余若シヤ竹四郎ノ休息所マテ何トカ申シ来ラサルカト存シ是レヨリ両人行テ見ント其旨喜市ニ申残シ自分竹四郎ニ伴ヒ同社ヲ立去リ竹四郎ノ休息所ニ到リ尋ヌルニ歩兵ヨリ一人モ参ラスト申スニ付時間モ相迫ル故帰営途中大久保忠八等ニ逢ヒ同人好キ都合ナリト申セトモ途中故委細ヲ不承候

一　同二十一日夜給与庫ノ側ニ於テ忠八喜市竹四郎ニ会ヒ忠八等自分ト竹四郎ニ向ヒ先刻竹四郎ノ休息所ニ歩兵ノ者来ラスヤト相尋ヌルニ付一人モ参ラス又何事モ申来ラスト答フレハ忠八等申スニ本日歩兵約ニ違ヒ来会セサルヨリ予備砲隊ノ者ニ種々詰ラレ残念ナレトモ致方ナク此分ニテハ成就致ス間敷ト困却致シ居ル処予備砲隊ノ者ヨリ歩兵ノ者今日来会セサル上ハ当隊ト貴隊トニテ事ヲ挙クヘシト申スニ因リ無余儀其議ニ従

ヒ歩兵ヲ待タスシテ来ル廿三日夜半十二時事ヲ挙クル事ニ大略相決シ尚又明日招魂社ニ会シ談判可致間集会スヘシト申聞ケラル又予備砲隊ノ者申スニ事ヲ挙ル時ハ内山少尉下副官火工下長其外曹長軍曹モ指揮ヲ為シ尚其上立派ナル人総指揮ヲ為スト依《ママ》テ喜市等其立派ナル人ノ姓名ヲ問フニ跡ニテ告クヘシト答ヒタル由承リ候

一　同二十二日神田美土代町ニテ過日湯屋ニテ面会セシ鎮台歩兵容貝二郎ニ出会ヒ同人ヨリ竹四郎ハ何レヘ行キタルヤト尋ネラレ自分多分佐柄木町梅由ト申ス団子屋ニ参リタルナラント答ヘ候

一　神田錦町伊勢屋即▼小川弥蔵ノ休息所ノ前ヲ過レハ不図喜市弥蔵ニ呼込マレ立寄ル処水上丈平並ニ忠八喜市弥蔵等集マリ居リ此席ニテ各血判致ス其節彼是議論有之或ハ只今血判致スモ益ナシト云ヒ或ハ只今一同血判致シ鎮台ノ者ニ示サヽレバ鎮台ノ者ニ血判ヲ為サシムルコト出来サル故是非一同血判可致ト云ヒ遂ニ一同血判ヲ致スコトニ決シ自分ハ自分ノ分隊ニ大久保忠八長島竹四郎谷新四郎ノ姓名ヲ記シ竹四郎新四郎ハ居合セサル故鎮台ノ者ニ示ス為自分代ハリ血判致シ置キ中ニハ不承知ニテ血判セサル者モ有之候夫ヨリ自分ハ過刻神田ニテ逢ヒタル鎮台歩兵容貝二郎定メテ竹四郎ノ休息所ニ可罷在両人ニ面会ノ上同道招魂社ニ可参トテ其旨喜市忠八等ニ申述ヘ其場ヲ立去リ候

一　佐柄木町梅由即竹四郎ノ休息所ニ到レハ竹四郎参リ居リ自分容貝二郎ハ不参ヤト尋ヌレハ参リタレトモ会議時限迫リタル故只今帰レリト答其節急キ会議ニ出ル故二郎ト竹四郎トノ談判ノ様子ハ不承竹四郎ト同伴同家ヲ立出会議ニ赴ク途中忠八外一名ニ逢ヒ忠八申スニ只今一同血判ノ事ハ異論ノ者多ク遂ニ調ハサル故書類ハ所持致シ居ルト申聞ケ候

一　廿二日招魂社ノ会議ニハ小川弥蔵廣瀬喜市大久保忠八長嶋竹四郎等数名並ニ姓名不存鎮台予備砲兵等多人数相集マリ近衛歩兵二人ハ弥蔵同道シ来ル自分等歩兵ノ者ニ大略旨趣ヲ談シタル処歩兵ノ者申スニ左様ノ旨趣ナレハ帰隊ノ上夫々申合セ其申合セノ成否ハ明日午後迄ニ返答可致ト相約シ其場ヲ立去リ候夫ヨリ服装ハ上ハ冬服ヲ着シ白布ヲ右ノ肩ヨリ左ノ脇ニ襷ニ掛ケ合印ニナス可シト取極メ又鎮台予備砲隊ノ者暗号等迄定ム可旨申シタレトモ帰営時限相迫マルニ付忠八ヨリ此等ノ事ハ何レ明日ノ会議ニテ可取極ト申シテ一同退散自分モ帰営仕候

一　同廿三日正午十二時頃大久保忠八ヨリ営内仮火薬庫ニ有之弾薬ヲ取出スニハ立番ノ者ヲ知ラサレハ取出

シ難シ何卒立番ノ順ヲ承知致度トノ相談アルニ因リ高橋竹四郎ニ申聞ケ番割ノ書附ヲ貰ヒ受ケ忠八ニ相渡ス此時竹四郎申スニ当隊ノ弾薬ハ皆「スペ《ママ》ンセル」ニテ用ニ立ツマジ《ママ》ト自分夫レハ事ヲ挙レハ隣営歩兵ヨリ「スナイド《ママ》ル」ヲ渡ス筈ナリト相答ヘ候

一　何レノ頃ナリシヤ不覚当砲隊ハ　皇居ニ詰ムヘキニ決シ其他鎮台予備砲隊近衛歩兵ハ青山火薬庫ト造兵司（砲兵本廠ヲイフ）及ヒ大蔵省ヲ取ルノ手配ナルコトモ承知致居リ候

一　同二十三日ハ招魂社ノ会日故参リ度存シタレトモ厩番ニ当リ不得已集会不仕候

一　同日午後二時ヨリ内々頼ミ合ヒ営ヲ出テ神田錦町団子商売能登屋藤吉ト申ス者年来懇意ニテ休息所ト定メ借置キタル事ニハ非レトモ所持品書類等預ケ置キタル故前条ノ企テニ就テハ身体何如《ママ》ノ事ニ立至ルモ計リ難ク雑品取散シ置キテハ宜シカラスト存シ取纏ノ為メ罷リ越シ夫々取片付四時頃同屋ヲ立出テ招魂社ヘ行カントスル際竹四郎新四郎ニ行逢ヒ会議已ニ畢リタル趣且帰営時限差迫リタルニ付同伴帰営致候

一　誰レヨリ承リタルカ覚ヘ居リ不申レトモ今日招魂社集会畢リ予テ此企ニ同意セラル、東京鎮台予備砲隊付内山少尉并ニ下副官火工下長及兵卒並当隊忠八喜市等数名同社近辺ノ水茶屋ニ相会シ尚又会議致シタル趣承リ本日会議ニ決シタル次第ヲ竹四郎ニ尋ヌレハ同人多用ニテ委細ヲ語ル暇ナク暗号ノミ承リ又忠八ニ尋ヌレハ弥今夜十二時ヲ期シ事ヲ挙ル事ニ決シタル由其外ノ手配ヲ承ラントスル際忠八手帖遺失ノ儀ニ付伍長殿ヘ被呼其余ノ事ハ承リ不申候

一　同日夜砲厰ニ於テ自分長嶋竹四郎ト共ニ近藤祖舟谷新四郎其外数名相会シ弥今夜ニ決シタルコトト服装及暗号等ヲ夫々ニ申シ告ク可ク又小銃弾薬等ノコトヲ担当シ仮令ヒ五発ツ、ニテモ十発ツ、ニテモ分配スヘキ様心掛相成度申談シ候又其後髙橋竹四郎等ニ向ヒ今夜番兵ナルユヘ弾薬ヲ取リ出ス節ハ可然注意致シ呉ル、様申聞ケ候

一　同夜消灯後厩ニ於テ松宮弁次郎吉田定吉石田丑松等ト今夜ノ事ヲ各分隊ノ者ニ各ヨリ通知致スヘク申シ談居ル処ニ永谷竹次郎暗号ヲ忘レタリトテ承度申シ来ル其節一尺余リノ針金ヲ携ヘ今夜大砲ノ属具ハ何ヘカ隠サレタル様子故火門ヲ突クニ差支フヘシト存スルト申ニ付自分受取置タレトモ暴発ノ時ハ忘レ持出シ不申候

一　長嶋竹四郎ヨリ当夜大砲ノ火門ニ釘ウタレテハ発砲ニ差支フル間釘ヲウタセサル為メ一策ヲ設ケ炮車長

吉成軍曹殿ニ是迄申合セノ事ヲ程好ク自首シ就テハ各隊ヨリ暴徒ノ襲ヒ来ル節当隊ノ大砲ニ釘ウチアリテハ臨時御差支ニ可有之ト建言スヘクト相談ニ付可然ト答ヘタレトモ此策遂ニ行レス候

一　竹四郎又来リ当隊ニテ大砲ヲ発シ夫ヲ合図ニ各隊事ヲ挙ル約束ノ処如此火門ニ釘ウタレテハ差支フル間此旨予備砲隊ニ告ケ同隊ニテ大砲ヲ打タセテハ何如《ママ》ト相談ニ付自分可然ト相答ヘ候

一　当二十三日夜ハ自分既不寝番ニ当リ相勤メ居ル処暴発ノ期ハ夜十二時ト心得タルニ十一時半頃第一小隊ノ兵舎ヨリ喊声起リ玻瓈窓ヲ打破ル者烈《ママ》シク続テ第二小隊ノ兵舎ニ於テモ同様騒キ立ツルニ付暴動始マリタリト存シ直チニ室ニ入リ予テ打合ノ通リ上ニ冬服ヲ着シ手拭ヲ以テ合印ニ掛ケ室ヲ出テ階子ヲ降ル際中央ニ小銃一挺有之幸ト存シ携ヘ出テントスルニ川上中尉殿階下ニ居ラレ不都合ニ付銃器棄テアル旨申上ケ差出セハ中尉殿受取ラレ候夫ヨリ既ニ参リ帽子ヲ冠リ器械庫ノ方ニ多人数火薬箱ヲ破居ル間其方ニ参リ二尺計ノ棒ヲ拾ヒ取リ携ヘタル処ニ竹四郎日本刀ヲ持テ来リ此時器械庫ノ前ニテ小銃一挺拾ヒ取リ夫ヨリ隣営歩兵ノ応援何如《ママ》ノ勢ナルヤト存シ竹四郎等十四五人ト共ニ裏門ヲ推破リ出営歩兵営ノ通用門前ニ到レハ歩兵凡三十人計リ門前ニ出営内ニハ多人数立騒キ居リ自分高声ニ歩兵ノ者早ク出ヨ早ク出ヨト頻リニ呼ハヒ促カセトモ只騒キ居ルノミニテハカ、、シク応援スル様子モ相見ヘス其内歩兵撒《ママ》兵ヲ配リ我隊ノ方ニ向ヒ発射スル故一時之ヲ避ケント其場ヲ退ソク此時我営ニテ大砲ヲ発シ続ヒテ秣庫ノ方ニ火ノ手揚リ此ニテ暫ラク止リ景況ヲ窺ヒ考フルニ歩兵ハ応援セサルノミナラス益々戦線ヲ張リ我隊ヲ攻撃スル勢我カ隊ハ立騒クノミニテ他隊ノ応援スヘキ様子更ニ無之最早予テノ事モ成就致スマジ《ママ》ト俄カニ変心シ此上ハ消防等ニ尽力シ体ヨクシナサント谷新四郎中田佐吉ト共ニ軍曹小川貞秀殿伍長片山正則殿同小林長数殿同清水磯吉殿同長屋竹藏殿同代務蓮沼源吾殿等消防致居所ニ参リ共ニ消防致シ畢ハリテ一同厩ニ入リ暫ク休息又片山伍長殿ノ指揮ニ従ヒ厨ニ参リ炊事ニ取リ掛ル時長嶋竹四郎羽羽成常助等参リ炊事ニ従事シ炊事畢テ各室ニ入リ休息致シ居ル内週番軍曹ノ指揮ニ従ヒ一同第二小隊右分隊ノ室ニ入リ休息夫ヨリ当裁判所ヘ護送相成候事

右之通相違不申上候

明治十一年十月三日　小嶋萬助

〔欄外に記された書き込み〕

▼此頃万助神田錦町能登屋ニ参リ自用相達シ夫ヨリ竹四郎へ面会ノ為メ村上庄司宅へ罷越ス途中小川弥藏ノ休息所前ヲ通リカ、リタル也

【現代語訳】

徒党暴動の件

一　自分は去る七月初旬、日は忘れたが、大隊使役当番をしていると、そのときは名前を知らなかった近衛歩兵第二連隊第一大隊第二中隊兵卒・三添卯之助が公用で来て、使役詰所にいた。そのとき彼は、「昨年の西南の役で、死を覚悟して奔走、戦闘し、ついに暴徒を平定したのには、じつに兵卒の功労が少なくないし、自分のように負傷し、今も訓練ができずに使役だけをやらされている者がいる。ところが凱旋ののち、その勲賞を論議した結果、大尉以上はこれを賜ったが、中尉でも副官でないと出なかった。兵卒のごときは、今日に至るまで何のご詮議もされないばかりか、日給金を減らされた上、官給品も減らされたのはじつに不公平で、わが連隊では不平の者がたいへん多く、申し合わせて強願を企てようとしている。貴隊には不平の者がいないのか」と尋ねるので、「わが隊も同様、不平の者が多い」と答えた。「そうならば、いっしょに尽力してはどうか」と言うので、「貴隊の方に決起する者がいれば、大いに尽力する」と答えた。すぐに同意したのは、勲賞、減給、官給品減省等にはもちろん困り、不平であるのは同じだし、もともと服務中、官給品や官物等を毀損したとき、はっきり過失に違いないものでも若干の弁償が求められ、ことに炊事、食事等の勤務のときは、たくさんの器具を使い、その器具、籠は長年使っているのでこわれやすく、ちょっとの過ちでこわすとそのたびに弁償させられる。少給の兵卒どもは皆困っているのに、さらにその上、日給が減らされ、靴下の官給も減らされ、練兵ごとに足が痛くて堪えられないなど、難渋が重なっているからだ。かつまた、*賑恤金《しんじゅつきん》が廃止され、わずかな日給積立金では、満役になり帰郷しても、一戸を立てる手段がない。そうかと言って、生涯、父や兄の厄介になることもできないし、他家へ養子として縁づきたくとも貰い手がない。それは、常備年限がようやく終わっても、また後備軍に入り、いつ何どきご召集になるかわからず、西南の役のように生き死にもわからないような戦争で、幸いにも死傷を免れ凱旋しても、何等のおほめのことば、お手当もないのだから、当人の難儀はもちろん、貰い手も安心できないから、貰い手がない。右のような苦情は自分一

人のことではないから、今になって暴動を起こしたことは重々後悔し、恐れ入っているが、最初は今言ったような不平のあまり卯之助の発言に同意したのだ。

一　前条、三添卯之助の言ったことを、同じ隊の兵卒・長島竹四郎にくわしく話した。

一　七月末か八月初旬か、しかと覚えていないが、砲*廠で長島竹四郎、ほかはっきりと名前を覚えていない数人と会合し、三添卯之助との話をすると、誰の発意ということもなく、「嘆願ではとてもだめだ。暴動を起こし、強願すべきだ」ということになった。

一　日は忘れたが、竹四郎と相談の上、卯之助に手紙で、いろいろ打ち合わせしたいので、来る十二日、かつて長島が休息所にしていた神田錦町二丁目村上庄司宅で会いたい、と申し入れた。その日、卯之助は来なかったが、代わりに、そのとき名前を知らなかった歩兵隊兵卒・大住宗太郎と平林紋之助が来て、自分、長島竹四郎等数名が会った。宗太郎に向かって、「先だって卯之助からあった件について、なおいろいろ打ち合わせしたい。それから暴動の上、強願する件、さらに東京鎮台予備砲隊でも先日、営内で不平の者がかれこれ騒ぎ立てたと、風の便りに聞いた。きっとあの隊も同意するだろうから、打ち合わせてみる」などと話すと、「帰って卯之助にくわしく話す」と言うので、「それではあす、卯之助にここに来てもらいたい」と頼んだ。この日、近衛工兵中隊第二小隊工卒・地木楽《ちぎら》新助が来た。竹四郎が強願の件のおおよそを話し、「あすまた来てもらいたい」と言った。

一　同十三日、同所に三添卯之助が来て、自分、竹四郎、小川弥蔵、谷新四郎、高橋小三郎等が会った。自分、竹四郎が卯之助に向かって、他の隊が連合し、暴動の上強願する件について話すと、卯之助は、「わが中隊には同志の者が十二、三人ずつぐらいはいるが、少人数では成功しない。きょうから一週間、日にちがあるから、それぞれが同志を集めて、来る二十日までに必ず、何等かの状況を報告するようにしよう」と言った。自分たちはまた卯之助に、「当隊の銃は皆*『スペンセル』で、暴動の際には役に立たない」と言うと卯之助は、「それはわが隊の武器庫に『スナイドル』銃と弾薬が若干あるので、暴動の際には取り出し、お渡しする」と言った。自分等は、「来る二十一日、全員、赤坂山王社に集まり、いろいろ話し合い、決定するので、必ずその場に来てもらいたい」と言い、三添は約束した。夕刻、地木楽新助が来て、「強願の件は同意しかねるので断わる」と言って立ち去った。

一　同十七日、営内砲廠で、長島竹四郎、自分、大久保忠八、高橋小三郎、小川弥蔵、金井惣太郎、谷新四郎等が相談し、忠八、惣太郎は元いた東京鎮台予備砲隊からこの隊に転入してきた者だから、予備砲隊の者にこの件を話すのに都合がよいが、二人とも新兵なのであるいは疑われることもあると考えて、信用を得るため、古参兵の谷新四郎をいっしょに派遣することにした。そうするわけは、近衛歩兵隊には、中隊に十二、三人ぐらいずつ同志がいるが、それでは人数が少ないのでそれぞれで同志を募っていること、来る二十一日、赤坂山王社で会議をするので、貴予備砲兵隊からも参加してもらいたい、ということだ。

一　同十九日、長島竹四郎は、かねて知り合いの東京鎮台歩兵第一連隊第三大隊第一中隊兵卒・容貝《かたがい》二郎が、麻布の兵営にいるので、彼と話し合おうと、自分、金井惣太郎が同行して兵営に行き、面会した。各隊で申し合わせた強願について大略を話し、「そちらの隊にも不平の者がいるはずだ。もっと相談したいこともあるので、あす、麴町平川町の後家湯で会いたい。それまでに、隊内の様子を探ってくれ」と言い、約束してもらった。

一　同二十日午後一時頃から外出、竹四郎が同行し、約束した麴町平川町の後家湯に行って、容貝二郎と面会した。二郎から、「一応、探ってみたが、格別不平の者はいなかったし、自分は新兵だから、申し合わせなどを行き届かせることはできない」と言うので竹四郎が、「事を起こすときは、ここを襲うかもしれない」と言うと、二郎は、「襲ってくるなら呼応*する者が出るだろう」と言った。営内の地形、兵舎などを尋ねると、鉛筆で略絵図を描いてくれ、それを貰って別れた。

一　同二十一日午前、昨二十日、卯之助から連絡があるはずなのに、何等の連絡もないので、竹四郎と相談し、竹四郎は同人の連隊に立ち寄って卯之助を誘い、山王社に行くこと、自分はまっすぐ行くことにして、午後一時頃山王社に行ってみると、すでに鎮台予備砲隊の、しかと名前を知らない者数名が集まっており、長島竹四郎、高橋小三郎、広瀬喜市、藤橋吉三郎、野中与吉等のほか数名が来た。近衛歩兵の者が来ていないので、予備砲隊の者に向かって、「近衛歩兵とはきょう、当社で集会する約束をしていたが、まだ一人も来ていない」と言うと、予備砲隊の者は、「歩兵の方には貴隊から申し入れて、きょうは必ず来るはずになっていたのに、一人も来ないのはどうしたことか。わが隊では、申し合わせがきちんとでき、士官、下士までも与している。その上にも立派な人が与しているのに、このようなことではきょうは話し合いをまとめられないではないか」と詰問され、答えようがなかった。自分と竹四郎は、歩兵の卯之助は堅く約束したのに、昨二十日も何の連絡もないし、きょうも来ていない、予備砲隊の者に詰められて困却のあまり〝もしかしたら竹四郎の休息所に何か言ってきているのではないかと思って、「これから二人で行ってみる」と喜市に言い残し、その場を立ち去った。竹四郎の下宿に行って聞いてみると、「歩兵隊から一人も来なかった」と言う。時間も迫ってきたので帰営する途中、大久保忠八に会った。大久保が「ちょうど都合がいい」と言ったが、途中なのでくわしくは聞かなかった。

一　同二十一日夜、給与庫のそばで、忠八、喜市、竹四郎に会った。忠八等は自分と竹四郎に向かい、「先刻、竹四郎の休息所に歩兵の者は来ていなかったのか」と尋ねるので、「誰も来ていなかった」と答えると、忠八等が言うには、「きょう、歩兵の者が約束を破って来ないことで予備砲隊の者に種々詰められ、残念だがいたし方なく、この分では事は成就しないだろうと困っていると、予備砲隊の者が、『歩兵の者はきょう来なかったのだから、当隊と貴隊とで事を実行すべきだ』と言うので、やむをえずその提案に従い、来る二十三日夜半十二時、事を実行することにほぼ決定し、またあす、招魂社に集まり、相談しようということになった。また、予備砲隊の者が、『事を実行するときは、内山少尉、下副官、火工下長*、その他曹長、軍曹も指揮をとり、なおその上の立派な人が総指揮をとる』と言うので、喜市等がその立派な人の氏名を聞くと、『あとで知らせる』と答えた」と言った。

一　同二十二日、神田美土代町で、過日湯屋で面会した鎮台歩兵・容貝二郎に出会い、同人から、「竹四郎はどこに行ったか」と尋ねられ、自分は、「多分、佐柄木町の梅由という団子屋に行ったのではないか」と答えた。

一　神田錦町伊勢屋の小川弥蔵▼の休息所の前を通り過ぎると、突然、喜市、弥蔵に呼び込まれ、立ち寄った。水上丈平、忠八、弥蔵等が集まっていて、この席で血判をしようとしていた。そのとき、かれこれ議論があって、今、血判しても益がないという意見と、今、みんなが血判して鎮台の者に示せないなら鎮台の者に血判をさせることはできない、ぜひ一同血判すべきだ、という意見が出て、ついにみんなで血判することに決まった。自分は、自分と分隊の大久保忠八、長島竹四郎、谷新四郎の名前を記し、竹四郎、新四郎は居合わせなかったので、「鎮台の者に示すため、自分が代わって血判したが、中には不承知で血判しない者がいるかもしれない」と言った。それから自分は、「さっき神田で会った鎮台歩兵・容貝二郎がきっと竹四郎の休息所にいるだろう。両人に面会し、いっしょに招魂社に行く」と喜市、忠八等に言い、その場を立ち去った。

一　佐柄木町の梅由、即ち竹四郎の休息所に行くと、竹四郎がいて、自分が、「容貝二郎は来なかったか」と聞くと、「来たけれども、会議時間が迫っているので、今、帰った」と答えた。急ぎ会議に出るので、二郎と竹四郎との話し合いの様子は聞かなかった。竹四郎と同伴して同家を出、会議に行く途中、忠八ほか一名に会った。忠八は、「今、みんなで血判をするのは、異論の者が多くてついにまとまらなかったので、書類は持っている」と言った。

一　二十二日、招魂社の会議には、小川弥蔵、広瀬喜市、大久保忠八、長島竹四郎等数名、姓名を知らない鎮台予備砲兵等多人数が集まり、近衛歩兵二人は、弥蔵が同道してきた。自分等は歩兵の者に、会議の趣旨のあらましを話すと、歩兵の者は、「そのようなことなら、帰隊して話し合い、申し合わせできたかどうかは、あす午後までに返答したい」と約束して立ち去った。それから、服装は、冬服を着、白布を右の肩から左の脇に襷にかけて合印《あいじるし》にすると取り決めた。鎮台予備砲隊の者が、「暗号などを定めるべきだ」と言ったが、帰営時間が迫ってきたので、忠八が、「それはあすの会議で取り決めよう」と言って一同散会、自分も帰営した。

一　同二十三日正午頃、大久保忠八から、「営内仮火薬庫にある弾薬を取り出すには、立番の者を知らなければ取り出すことが難しい。なんとか立番の者の順番を知りたい」と相談があったので、高橋竹四郎に聞いて、順番割の書付を貰い受け、忠八に渡した。このとき竹四郎が、「当隊の弾薬は皆、スペンセルだから、役に立たないだろう」と言った。自分は、「それは事が実行されれば、隣営の歩兵からスナイドルを渡されることになっている」と答えた。

一　いつの頃か覚えていないが、当砲隊は、皇居に詰めることに決まり、その他鎮台予備砲隊、近衛歩兵は青山火薬庫と造兵司（砲兵本廠を言う）および大蔵省を取るという手配であることも承知していた。

一　同二十三日は招魂社の会議の日で、行きたかったが馬屋当番に当たり、やむをえず欠席した。

一　同日午後二時から、内々に頼み合い、兵営を出、神田錦町の団子商売能登屋藤吉という者、年来懇意にして、休息所としていたわけではないが、そこに所持品、書類等を預けていたので、今回の企てでわが身がどうなるかわからない、雑品を取り散らかしておいてはよくないと思って、取りまとめるため行った。それぞれ片付け、四時頃そこを出て、招魂社に向かうと、竹四郎、新四郎に行き合い、会議がすでに終わったと聞いた。帰営時間が迫っていたので、同伴して帰営した。

一　誰から聞いたか覚えていないが、きょう、招魂社の集会が終わったあと、かねてこの企てに同意されていた東京鎮台予備砲隊付内山少尉ならびに下副官、火工下長および兵卒と、当隊の忠八、喜市等数名が同社付近の水茶屋で会い、さらに会議をしたと聞いた。きょうの会議で決まったことを竹四郎に聞くと、同人は多用で、細かく聞くことができないで暗号のことだけを聞いた。また、忠八に尋ねると、「いよいよ今夜十二時を期して事を実行することに決まった」由。そのほかの手配を聞こうとすると忠八は、手帖*をなくした件で伍長殿に呼ばれ、それ以上のことは聞けなかった。

一　同日夜、砲廠で自分は長島竹四郎とともに、近藤祖舟、谷新四郎その他数名と会って、「いよいよ今夜に決まった。服装、暗号などを各人に伝えること、小銃、弾薬等のことを担当し、たとえ五発ずつであっても、十発ずつであっても分配するよう心がけてほしい」と言った。そのあと高橋竹四郎に、「今夜は番兵だから、弾薬を取り出すときはしかるべく注意してくれ」と言った。

一　同夜消灯後、馬屋で松宮弁次郎、吉田定吉、石田丑松等と、今夜のことを各分隊の者にそれぞれから通知するように話しているところに永合竹次郎が、「暗号を忘れてしまったので教えてくれ」と言ってきた。そのとき、一尺あまりの針金を持っていて、「今夜、大砲の付属器具はどこかに隠されたようだ。火門*を突くのに差し支えがあると思うから、持ってきた」と言うので自分は受け取ったが、暴発のときは忘れて、持ち出さなかった。

一　長島竹四郎から、「今夜、大砲の火門に釘を打たれては発砲に差し支えるから、釘を打たせないよう、一策を講じた。砲車長の吉成軍曹殿にこれまでの申し合わせをほどよく自首し、各隊から暴徒が襲って来たとき、当隊の大砲に釘が打たれていては役に立たない、と建言しようと思うがどうか」と相談があったので、「それがいい」と答えたが、この策はついに行なわれなかった。

一　竹四郎がまた来て、「当隊で大砲を打って、それを合図に各隊が事を挙行する約束だが、このように火門に釘が打たれては発砲に差し支えるので、このことを予備砲隊に連絡して、同隊で大砲を打ってもらうのはどうか」と相談があった。自分も、「それがいい」と答えた。

一　当二十三日夜は、自分は馬屋の不寝番に当たり、勤務していた。暴発の時間は夜十二時、と心得ていたが、十一時半頃、第一小隊の兵舎から喊声が起こり、ガラス窓を打ち破る音が激しくくし、続いて第二小隊の兵舎でも同様、騒ぎが起こったので、暴動が始まったと思い、すぐに部屋に入り、かねて打ち合わせの通り、上に冬服を着、手拭を合印にかけた。部屋を出て階段を下りようとすると、中央に小銃一挺があった。これさいわいと思い、持ち出そうとすると、川上中尉殿が階下におられてぐあいが悪いので、「銃器が捨ててあります」と申し上げ、差し出すと、中尉殿は受け取った。それから馬屋に行って帽子をかぶり、器械庫の方に大勢がいて火薬箱を破っているので、そちらに行き、二尺ばかりの棒を拾ったところに、竹四郎が日本刀を持ってやってきた。このとき、器械庫の前で小銃一挺を拾った。それから、隣営の歩兵の応援はどんな勢いか、と竹四郎等十四、五人とともに裏門を押し破って出営、歩兵営の通用門前に行くと、歩兵およそ三十人ばかりが門前に出て、営内では大勢が立ち騒いでいる。自分は声高に、「歩兵の者、早く出よ。早く出よ」としきりに呼びかけ、促したが、ただ騒いでいるだけで応援しようとする様子も見えない。そのうち歩兵は散開して、わが隊の方に向かい発射した。そこで一時、これを避けようと、その場を退いた。このとき、わが営で大砲が発せられ、続いて馬草庫の方に火の手が上がった。ここでしばらく止まって、状況をうかがっていると、歩兵は応援しないばかりか、ますます戦線を広げてわが方を攻撃する勢い、わが隊は騒ぐのみで他隊が応援する様子もさらにない。もはや、企ては成就しないだろう、と急に気持が変わった。こうなれば消防等に尽力し、体よくしようと、谷新四郎、中田佐吉とともに軍曹・小川貞秀殿、同・小林長数殿、同・清水磯吉殿、同・長屋竹蔵殿、同代務・蓮沼源吾殿等が消防に当たっている場所に行って、いっしょに消防し、終わって一同馬屋に入り、しばらく休息、また片山伍長殿の指揮に従い、炊事場に行って炊事に取りかかったとき、長島竹四郎、羽成常助が来て炊事に従事、炊事が終わって各室に入り休息、週番軍曹の指揮に従い、一同第二小隊右分室に入り休息、それから当裁判所へ護送された。

右の通り相違ない。

明治十一年十月三日　　小島万助

▼この頃、万助は神田錦町能登屋に行って、自分の用事をすませ、それから竹四郎に面会するため、村上庄司宅へ行く途中、小川弥蔵の休息所前を通りかかった。

〔語句解説〕

＊賑恤金（しんじゅつきん）　「退役手当」に相当する。明治4年制定、6年廃止。

＊砲廠　大砲等の格納倉庫

＊スペンセル　砲兵隊が使用していた小銃。銃剣をつけることができず、白兵戦や夜戦には不向きだった。歩兵隊は銃剣をつけられるスナイドル銃を使用。

＊呼応　逆に、「応戦」とも解釈できる。

＊火工下長　火工＝弾丸に火薬を詰める作業。または、その作業をする人。（広辞苑）火工下長は砲兵隊にだけあって、軍曹が務めた。火工卒の指導役。

＊手帖　軍隊手帖（牒）

＊火門　大砲の点火口。点火できなくするために釘を打つ。

3　長島竹四郎

近衛砲兵大隊第二小隊

馭卒　長嶋竹四郎　当十月二十五年七ヶ月

明治九年四月入営　埼玉県平民　武蔵国安達郡原市村住　与四郎次男　真言宗

口供

徒党暴動之件

自分儀明治十一年七月中旬（日ハ失念）小嶋万助ヨリ四五日以前近衛歩兵第二連隊第一大隊第二中隊兵卒三添宇《ママ》之助ナル者公用ニテ当隊会計へ来リタル節相談セシ云々ヲ承知シタリ其訳ハ抑々去ル明治十年西南ノ役ニ従事シ万死ヲ冒シテ奔走シ終ニ平定ノ功ヲ奏セシハ実ニ兵卒ノ苦労少シトセス然ルニ凱旋後其勲賞ヲ論スルニ当テハ大尉以上ハ無論之ヲ賜リ他ハ中尉ト雖トモ副官ノ外ニ下ラス兵卒ニ在テハ其功鮮カラスト雖トモ何等ノ御詮議ナキノミナラス剰ヘ日給金及官給品ニ至ル

迄減省セラレタリ実ニ何ノ理由タルヲ知ラス其御処置タル実ニ不公平ノ至ナラスヤ之ニ由テ歩兵隊ニハ不平ヲ懐クモノ尤モ多ク隊中頗ル苦情ヲ言フモアリ是ヲ以申合セ強請ヲ企テント欲スルナリ砲隊ニハ右等ニ付些ノ不平モ鳴ス人ノナキ歟云々当隊ニ於テモ不平ノ者頗ル多シ強請ノ企然ルヘシ抔相談シタル趣申聞ケタリ依テ惟フニ歩兵ニハ既ニ咄合アルコトト察シ自分共ニ於テモ不公平ノ御処置ト存シ兼テ不平ニ存シ居リシコト故右企ヲ為ント発意シタル末同人等ト申合セ尚他隊ヲ語ラヒ多勢ニ依テ暴発シ以テ強願スルニ若カスト追々同志ヲ語ラント八月上旬（日ハ失念）嘗テ小島万助ヨリ聞及ヒタル近衛歩兵三添宇《ママ》之助ニ面会巨細ノ情実打合スヘクト考ヘ万助相談ノ上都合ヲ見計ヒ一日自分遊歩ノ節休息所ヘ尋ネ呉ル、様書面ヲ遣シタル処一両日ヲ経本隊ヘ尋ネ呉レタルモ折節不在ニテ不得面会尓《ママ》後亦タ同様ノコト有之彼ニ対シ心中甚安カラス旁以面会ノ上其失敬ヲ謝シ且ツ不平ノ事ヲ相話スヘク心得ニテ同月十二日午後出営連隊営ニ到リ宇《ママ》之助ニ面会スルモ傍ラニ人アリテ意ヲ尽ス能ハス故ニ自分休息所迄訪ヒ呉レ度頼ミタレトモ同人ハ負傷休業致シ居リ日水曜ニ非レハ外出六ケ敷キ趣ナレト時宜ニ依リ参ルヤモ計リ難シト申シ相別レタリ夫レヨリ預テ遊歩ノ節休息所ニ致シ置ク神田錦町村上庄司方ニ到リタル処先キニ谷新四郎小嶋万助等モ参リ居リ少焉アッテ見添《ママ》ハ差支有之由ニテ其名代トシテ同隊兵卒大住宗太郎平林紋之助別ニ近衛工兵中隊第二小隊工卒地木楽新助来会シタルモ竟ニ談合ノ結局ニ至ラス馮テ更ニ明日ヲ期シ宇《ママ》之助ノ自ラ来リ会センコトヲ約シテ解散ス

一　八月十三日前同所ニ集会ノ為メ午十二時ヨリ小川弥蔵谷新四郎小島万助同道ニテ前書村上庄司宅ニ到リ少焉シテ宮﨑関四郎近衛歩兵ノ三添卯之助来リ小島万助自分等共ニ談合シ愈暴発スルニ付テハ銃器等ハ如何ノ者哉ト相尋ネタレハ見添《ママ》ノ申聞ルニハ武庫主管ニハ銃器モ多分有之ニ付第一之ヲ襲ヒタレハ砲兵ノ者ヘ配付スルハ心易カルヘシト種々相談シ且同人方ニテハ凡一中隊ニ付二十人位ノ割ニ同志輩アル見込ナリ多人数ノ儀ニ付彼是都合モ之アルコト故自今一週向之レナクテハ申合整フ間敷ト茲ヲ以テ次ノ水曜日迄ニ万事ノ確合ヲスル筈就テハ廿一日ヲ以赤阪《ママ》山王社ニ集会セン尚他隊モ其日同処ヘ集合ノ都合ヲ運ヒ以テ各隊会同ノ上諸般ノ申合セヲナサント弥々暴発強請ノ事ニ決シタリ其談判ヲ終ヘ三添卯之助ハ帰去リ稍アッテ髙橋小三郎并ニ昨日面会シタル工兵隊地木楽新助来会シ云ク昨日一応相談ヲ受ケタル各隊連合暴発強請ノ儀ハ帰営後篤

ト考フルニ自分ノ隊ハ元気アルモノ少シ嚮ニ他ノ事故ニ付強願セント相談シタルモ竟ニハ皆々尻込ミテ止ミタリ之ニ依テ思考スルニ迚モ行ハレカタキ故此度ノ儀ハ之ヲ謝スト又宮﨑関四郎ハ期シテ会シタルニアラス今日之ニ参セシムルヲ好マサルニ渠レ自ラ不快ヲ申募ル故不得止今日ノ話ヲ聞シメタリ而モ廿二日ニ至ル迄復タ共ニ謀ラス

一　八月十七日頃営内砲廠ニ於テ小島万助大久保忠八金井惣太郎谷新四郎等ト相談ノ上大久保忠八金井惣太郎ノ両人ハ鎮台予備砲隊ヨリ近衛ヘ出身ノ人故該隊ニ知己多キニ付該隊ノ同志ヲ語ルハ両人然ルヘシト決シタリ而テ右両人ハ新兵ノ儀ニ付旧兵一名谷新四郎ヲ之ニ副ユル方該隊ノ思ヒ入リ宜シカラント此三人ヲ以テ之ニ当ラシメ終ニ二十一日山王社ニ会合スルニ迄約束シタリ

一　八月十九日頃小嶋万助金井惣太郎等ト東京鎮台歩兵第一連隊第三大隊第一中隊営ニ到リ該隊ノ生兵容貝二郎ハ兼テ旧友ノ親ミアルモノ故之ニ倚ツテ該隊ヲ語ワント存シ該営ニ到リ同人ニ面会ノ上戦功御賞賜無之事ノ大略ヲ話シ附テハ不平ノ者ハ無之哉様子ヲ探リ呉ル丶様相頼ムニ委細ハ寛々承ルヘシト申スニ付来ル廿日ヲ期シテ麹《ママ》町平川町後家湯ニ会スル事ヲ約シ相別レ候事

一　八月廿日午後一時頃ヨリ小嶋万助谷新四郎同道ニテ外出予テ近衛連隊ノ三添宇《ママ》之助ニ約シ置キタル儀有之ニ付様子如何相尋ネ見ント存シ連隊営ヘ罷越シタル処差支有之趣ニテ遂ニ面会ヲ得ス空ク帰リ夫ヨリ麹《ママ》町一丁目水茶屋ヘ罷越シタル処髙橋小三郎廣瀬喜市ト会シ右両人ハ鎮台砲兵并ニ予備砲兵ヘ罷越明日山王社ノ集会ヲ申入候様相談シ両人ニ相別レ自分万助新四郎ハ麹《ママ》町平川町後家湯ニ参リ容貝二郎ニ面会ノ上同意ヲ誘メ且ツ該隊ノ模様ヲ探リ呉レタルヤト云フニ同人申スニハ議論ハ然ルヘケレト自分ハ生兵ノコト故身ニ取テ左ノミ不平ト云フ儀モナシ且生兵引纏ノ身ヲ以テ他人ヲ動スコトハ甚タ容易ナラスト云フニ付同意セサルモノハ暴発ノ期ニ臨ミ殊ニ寄リ攻撃スルモ計リ難ク抔ト申シタル末同人営中ノ略図ヲ示シ貰ヒ猶考ヘ呉レタキ旨申シ残シ不日面会ヲ約シ相分レ其後廿二日ト覚ヘ神田佐柄木町梅由ニテ容貝二郎ニ不図相会シ尚前件ノ相談ニ及ヒタルニ前同様ノ答ニ付キ迚モ相談整ハサルト覚ヘ何レ近日事ヲ発スル期日定ル上ハ報スヘシト申シ同人立去ル後小嶋万助来リ前件ノ次第ヲ相語リ其後容貝二郎ニハ何等ノ事モ通報ハ為サ丶リキ

一　八月廿一日歩兵隊ノ都合ハ必ラス昨廿日ニ通知セ

ラル、筈前週ノ水曜日ノ会ニ三添宇《ママ》之助ト約スル処タリ而モ于今回報之レナキハ果シテ今日ノ会ニテ一定スルコトカ何ニモセヨ面会シテ様子ヲ聞カント存シ連隊ヘ立寄リ三添大住両人ノ内ヘ面会申入タル処両人ハ先刻外出致シタリト答フ気ヲ廻シテ考フレハ其述甚タ訝カシケレト若シヤ自分ノ休息所ニ参リ居ルモ難計ト存シ早々前書村上庄司方ヘ罷越タルニ誰レモ尋ネ来ル人ナシト承リ彼是心当リノ処相尋ネタレトモ竟ニ見当ラス若シ又直ニ山王社ニ到リシカト山王社ニ志シ途中大久保忠八新熊安三郎藤橋吉三郎ノ之ニ赴クニ逢ヒ自分ハ之ヲ行キ越シ同社ニ至ル時小島廣瀬両人在リ続テ右三人及予備砲兵鈴木直治《ママ》及鎮台砲兵永井銀藏外姓名知ラサル者二三名来会シ席ニ列シタリ而シテ歩兵隊約ニ背キ来リ会セス鈴木直治《ママ》曰ク拙者ノ方ハ隊中一同ハ申スニ及ハス兵卒ノ及ハサル人迄ヲ相語ラヒ既ニ今日モ此席ニハ列ナラスト雖トモ此場ノ内ニ臨ミ居レリ其方ノ様ニハ僅カニ歩兵ノ申合セタモ整ハストハ近衛砲兵トモ言ワレナカラ些ト如何シク存スルナリト極メ付ラレタリ又会議ニ来ルヤ否ハ存セサレトモ鎮台砲兵数名ノ社内ニ散在スルヲ見受ケ我隊ヨリモ数人来リ居レリ高橋小三郎云ク歩兵約ニ背カハ人数寡少ニ付事行レカタシ之ニ依テ歩兵来ラサル内ハ拙者此事ニ見込ナシト一旦之ヲ謝シタリ自分ハ歩兵ニ欺カレ他隊ノ者ヨリ極メ付ラレ残念ニ存スレトモ更ニ一言ノ申分相立サルコト故甚タ面目ヲ失ヒ恥入テ口ヲ開ク能ハス去リ迚空クモ打捨カタキコト故何卒歩兵ノ連絡ヲ保タント存シ其場ノコトハ都テ廣瀬大久保等ニ委ネ置キ小島万助ト同道シテ又候神田辺ニ赴キ三添ヲ相尋ヌレトモ終ニ相見ルコト能ハス由テ小川町蕎麦店ニテ一盃相傾ケ帰ル途上竹橋ノ傍ニテ大久保忠八ニ遇フ同人頗ル酩酊ノ様子ニテ自分等ニ向ヒシメタ々々ト言ヘリ馮テ好都合ニナリシカト存シタレト傍ラニ人々モアルコト故素知ヌ振リニテ帰営ス室ニ入テ剣ヲ脱クヤ否大久保忠八廣瀬喜一《ママ》ヨリ呼来給与庫ノ後ロヘ連レ行ケリ小島万助先ツ茲ニ在リ廣瀬大久保両人自分ニ向ヒ云フ貴様今日山王社ヲ立去テ後一層深ク予備隊ノ事ヲ聞クニ彼ノ隊ニハ内山少尉殿下副官梁田某火工下長何某等ヲ始メ隊中ハ勿論其外ニ上長官ノ方ニモ其時ニ臨ンテハ指揮スル方アツテ実ニ兵卒ノ及フ所ニアラサル人ニテ掛引キセラル、事故歩兵ハ兎モ角モ砲兵三大隊ニテ屹度奮発スル筈ニ相談取極メ帰リタリ之ニ依テ尚万端ノ熟談ヲ為スカタメ明日招魂社ニ集会スル筈ナリト由テ更ニ明日ト申シ別レテ各室ニ皈リ其他都テ常例ノ通入寝シタリ

一　八月廿二日午前昨夜廣瀬等ヨリ承ル処ノ都合ヲ宮

崎関四郎へ粗申聞ケ猶今日ノ会ニテ取極メタル上委細話スヘシト約シ其他別事之レナク午後第一時頃小島万助ト同ク営門ヲ出テ一橋ニテ小島ハ神田橋へ自分ハ開成学校ノ方へ別レテ前書梅由ニテ休息凡二時間余モ遊ヒ三時頃ト覚へ小島万助来リ美土代町ニテ小島ヲ始メ廣瀬大久保其他血判シ連判帳ヲ廣瀬ニ渡シ 竹四郎ノ分ハ万助代判セリト承ル実ニ血判ノ代判トハ可笑シキコトニ存シタレトモ固ヨリ同意ノ儀ニ付押シテモ尋ネス承諾シタリ而シテ四時頃小島万助同車ニテ招魂社東側丸ター《ママ》フルノ処ニ到リ廣瀬喜一《ママ》大久保忠八小川弥蔵是永虎一《ママ》等ヲ始メ鎮台砲兵ト覚へ横山某外六名近衛歩兵ノ姓名存セサル兵二名自分参リテヨリハ別ニ込ミ入ツタル談シモ之レナク時刻モ移ルニ付歩兵ニ向ヒ時刻モ之レナキコト故早ク帰営ノ方都合然カルヘシ何分宜シク猶万端ハ明日ノ会ニテ御相談ト申入レ歩兵先ツ去リ暗号其外ハ明日ニセント云テ解散シタリ帰営後舎外縦木ノ下ニテ崎崎関四郎へ事ノ委曲ヲ申聞ケ其方ノ同分隊ニテ話シニ相成ルヘキモノハ誰ソト相尋ネタルニ松宮弁二郎ト答へ由テ同人ヨリ委細ヲ伝ヘシム其後入寝ノ頃カ翌払暁ノコトニアリシカ確ト覚ヘス宮崎関四郎云フ右ノ一件松宮へ談シタル所同人申スニハ委細ハ承知セリ然レトモ兵器其外ノ諸品ハ何如《ママ》スルヤ其指揮スル人ハ誰レトスルカ将タ結局ノ目的ハ那辺ニアルカ其辺委シク承知ノ上ニ之レナクテハ何共返事相成ラス依テ自分竹四郎へ直談ノ上返答スヘシト答ヘタリト

一 八月廿三日午前（時ハ失念）松宮弁二郎ニ面会ノ為既ニ到リシニ羽成常助ト戸外ニ於テ既ニ話シ居ル処タリ松宮曰ク委細ハ先刻ヨリ羽成ニ聞ケリ然レトモ其指揮スル人等仮令立派ナルニセヨ其姓名モ知ラサルハ迂闊ト存スルナリト申スニ付何レ其時ニ臨マハ相分ルハ勿論又深ク推シ究メサルハ自分始メ兵卒ナレハ只兵卒ノ分ヲ尽シテ可ナリトスルナリ先ツ此一事ハ当隊ヲ以テ皇居ノ周囲ヲ守ル迄ニテ其時必ス指揮スル人出ルト承ル拙者迚モ夫迄ノ事ナリ且仮令迂闊ニセヨ是迄申合シタルコト故飽クマテ奮発スル積ナリト申聞ル処松宮云フ兎モ角モ今日招魂社ニ会シ予備砲隊ノ人ヨリ直ニ承ルヘシト同人申シ相別レタル様ニ相覚へ夫ヨリ午後一時頃外出前書梅由ニ到リ遊ヒ居ル中松宮弁二郎ノ休息所ハ其近隣ニ付立寄リ誘ヒタルニ同人ハ鹿児島征討記ヲ写シ居リ出会時限迄ハマタ間モアリ写シ物モ其迄ニハ仕舞フ故之ヲ郵送ニ付シ置入浴シテ参ルヘシト申スニ付自分ハ又梅由ニ到リ喫飯シテ後チ凡四時頃招魂社ニ赴キ同所滝ノ向フナル腰掛ノ辺ニテ髙橋小三郎松本久三郎久保田善作外新兵ノ姓名存セサルモノ二三名

予備砲隊ノ姓名存セサルモノ二名等茲ニアリ午《ママ》後大久保忠八チラト来リシモ何カ急用アルトテ直ニ他ニ行キ小島廣瀬モ居ラサル故之ヲ捜カス為メ三番町ノ方向ニ歩ミ左右ニ気ヲ附ケ居ル内後ロヨリ近衛歩兵ノ当時姓名知ラサル築山寅藏来リ自分ヲ其近隣ナル屋号知ラサル水屋ノ二階へ伴ヒ行ケリ茲ニ廣瀬喜一《ママ》大久保忠八木島治《ママ》三郎予備砲兵ノ横山昇姓名知ラサルモノ数人及ヒ先キニ招魂社滝ノ近傍ニテ見ル所ノ面々且歩兵二名等列席シ適々松宮弁二郎来会ス而テ横山昇自分ニ向ヒ長嶋ニ改メテ話スコトアリ今度ノ事ハ他隊ナレトモ内山少尉殿梁田下副官平山火工下長等ノ指揮ニ服従シテ貫ヒタシ其上ニハ屹度シタ《ママ》ル方ニ請フテ総テ指揮ヲ仰ク積リナリ此儀ハ只今茲ニテ明カニ申シ聞ケカタシ然レトモ其場合ニハ自ラ知レルコトナリ只近衛砲隊ハ其受持ノ如ク皇居ヲ囲ミ守ルニアリ云々之ニ依テ敢テ其深キコトヲ尋ルヲ須ヒス固ヨリ其場合ニ至テ分明ト信シ更ニ異議之レナキ旨ヲ答ヘタリ已ニシテ廣瀬喜一《ママ》ハ服ノ隠シヨリ紙ニ記シタルモノヲ出シ示セリ且曰ク第一小隊ハ斯クノ如シト旗号等ヲ併セテ出シタリ之ヲ視ルニ旗号ノ振リ方ハ云々暗号ハ云々ナリ更ニ又服装等ノコトヲ話シ自分ニハ旗号等ノ拵ヘヲ為スカタメ全事ハ之ヲ廣瀬大久保等ニ委シテ退席出テ、徘徊スルニ此辺ニ小切屋等之レナク偶古道具屋ニテ日本刀ヲ見ルニ懐中乏シク好キ品ヲ手ニ入レ難シ彼是相見ル内谷新四郎来リ又小島万助モ当番ヲ抜ケテ来リ共ニ刀ヲ見タレト終ニ買求メスシテ時限迫リタルヲ以テ右三人同道帰営ス

其夜砲廠ニ於テ小島万助羽成常助ト共ニ谷新四郎近藤祖舟髙橋竹四郎新家仲吉吉田定吉石田丑松等ニ向ヒ服装及ヒ暗号等ヲ申聞ケ且従是前廣瀬喜一《ママ》等ニ向ヒ小銃弾薬等ノ事ヲ談シタル事モ有之右ハ自分ノ受持ニ付此場ニ立合モノハ此事担当シテ貰ヒタシ仮令五発ツ、ニテモ十発ツ、ニテモ分配ノ相成ル様心掛ケ尽力シ呉レヨト新四郎等ニ申入レ尚当夜ノ事ハ其人ヲ見テ通報シ呉レヨト祖舟新四郎ニモ相伝ヘ又髙橋竹四郎新家仲吉ハ営門番ノ事故弾薬其他営門出入ノ節諸事宜シク注意シ呉レヨ其他其場ニ居リ合ス者ハ勿論猶他人ヲモ語ラヒ尽力頼ムト申入タリ其夜洗濯場ニ於テ松本久三郎ニモ愈当夜暴発スルニ付テハ銃器等ハ武庫主管ヨリ取出シ相渡云々ヲ話シ其中食事号音ニ付入リテ食事ヲ終ヘ小便ニ罷越ス際池田少尉殿ハ無提灯ニテ忍ヒ廻リスル様子ニ見受タル故此処彼処ニ集合シ居ル者へ馳セ廻テ通知シ各気ヲ付シメタリ無程川上中尉殿若松下副官殿等見廻ル景況ニ見受シ故自分ハ烟草ヲ吸ヒ付何気ナ

キ体ニテ運動シ居ルニ池田少尉殿誰レカ火ヲ貸シ呉レト云フニ付其傍ニ到リ互ニ烟草ヲ吸ヒナカラ雑談致シ何ニモ知ラヌ振ニテ其場ヲ注意シタリ其内人員検査ノ号音ヲ聞キ直ニ検査ニ立チ而シテ既ニ到リ小島万助ニ議スルコトアリ適々谷新四郎永合竹二郎石田丑松等来ル右ハ暗号ヲ聞直シニ来ルナリ折柄見廻ノ提灯来ル故制シテ其場ヲ避ント見廻ノ人他ニ行クヤ羽成常助外套ヲ着テ来リ今ヨリ刀ヲ買ニ行クト云フ故止ニスルカ宜イ時限ニ後レテハ不都合ナリト申シタルニ常助曰ク固ヨリ夫故ニ此通リト外套ヲ披ラキ其下ニ冬服ヲ着シ居ルヲ見セタリ由テ自分モ一本入用ニ付見計ヒ求メ呉レト金二円相渡シテ別レタリ爰ニ於テ自分ハ小島ニ向ヒ今夜ノ企ハ少シ洩レ聞ヘタルト見ヘテ見廻モ厳シク諸事注意スル様子故甚掛念ナリ馮テ考フル処当営内ニテ砲発シテハ宜シカルマシ今ヨリ市ヶ谷ニ到リ予備砲隊ニテ先ツ砲発セシメ一時彼方ヘ人気ヲ抜キ其機ニ乗シテ当隊ヲ押出セハ容易ニ皇居ヘ達スルヲ得ヘシト小島万助同意シ実ニ然ルヘシト決シタルヲ以テ木嶋治《ママ》三郎ニ議スルニ同人モ至極然ルヘシト云ヒ営内ニ於テ砲発ノコトハ更ニ少シモ相談ナク廣瀬大久保等取極タルコト故自分ニモ其意ニ満サル処アリ然ラハ其儀予備砲隊ヘ通スヘシト申シ別レテ各自脱営セントスルニ又見廻リ来ル故洗濯場ノ傍ニ身ヲ隠シ之ヲ避ケタリ此時田嶋森助外套ヲ着ケ来リ拙者只今ヨリ刀ヲ取リニ行クト云フヲ聞キ夫ヨリ既ニ到リ小島万助ニ向ヒ士官下士等既ニ聞込タルモノト見ヘ貴様モ知ル通リ砲ノ火門ニ釘ヲ打テリ右様ニテハ其期ニ臨ミ働ラキ相附クマシ之ニ依テ砲車長ニ此事自訴スル方可然抔ト相咄シ自分独リニテ砲車長吉成軍曹殿ノ許ニ到リ計略ヲ以テ一通リ企テノ事実ヲ語リ終ニ今日招魂社ニテ集会ノ末各隊一時ニ暴発ト決シタレトモ当隊ハ力ラ及ハサルヲ以テ尻込ノ姿ニ到リ仮令他隊暴発スルモ当隊ハ之ニ応スル者之レナク違約スルニ於テハ他隊ヨリ之ヲ襲撃スルトノ約ナリ然ルニ当隊ハ已ニ応スルモノナシ之ニ依テ必ラス他隊ヨリ攻撃ヲ受ルニ相違ナシ然ルニ今砲ノ火門ニ釘打チ置クハ不覚ト存スル故右ハ御止メニ相成タシト申述ヘタル処第二小隊室ノ入口ニ連レ行キタリ室内ニハ川上中尉殿小川軍曹殿西出軍曹殿清水伍長殿加藤伍長殿伊藤伍長殿等在リ茲ニテ又候右始末ヲ謝シ当隊違約之ニ応セサルニ付テ必ラス他隊ヨリ襲ヒ来ル云々申述其節防禦ニ尽力致度モ火門ニ釘打置キテハ不都合ノ旨前同様色々計略ヲ廻シタルモウマク行レス不得止一時室ニ入テ自分寝台ノ上ニ靴ノ侭《ママ》横臥シ居ル処ヘ木嶋治《ママ》三郎身拵ヘシテ来リ早ク鎮台砲隊ヘ赴クヘシト言ヘリ而

モ入口ニ士官下士多ク居ラル、故所詮出テ行クコトハ六ケ敷ケレハ観念シテ止メロト申聞ケタレト同人ハ是非共透ヲ窺ヒ行クニ若カス自分舎外ニテ待ツヘシト言テ去レリ猶彼此思慮スル内間モナク第一小隊ノ中央分隊ヨリ暴発シ鬨ヲ作テ舎外ニ押出タル様子故皆ナ出口々々ト叫ヒ立タル処手ニ々々支度シ我先キト入口ニ詰メ掛ケ自分ノ傍ニ藤原岩三郎近藤祖舟等ノ約ノ如ク冬衣ヲ着テ来リ戸ヲ開カントスルニ外ヨリ支ヱル者アツテ堅ク塞ケリ多分下士等支フルナラント覚ヘタリ舎外ニハ口々ニ罵リ立テ殺セ々々夫遁スナ抔ト騒キ立テリ由テ入口ニ構ハスシテ窓ヨリ裏手ヘ飛出シタリ其他ノ者モ多分窓ヨリ出テタルト思フ既ニ出ルヤ砲廠ニ於テ羽成常助自分ニ刀ヲ渡シタリ即チ携ル所ノ軍刀ヲ打捨テ刀ノ鞘ヲ其処ニ抜キ捨テ抜刀ヲ提ケ急キ裏門ニ向ヒ錠鎖ヲ刀背ニテ叩キ明ル節《ママ》ト銃ノ音ヲ聞キ小嶋万助吉田定吉外数人後ニ続シモ見覚ヘ申サス将タ前後ニ相成タレト裏門ニ至ル途中営内ニテ馬場鉄市ハ熊手ヲ振舞シ松本久三郎櫻井鶴次等喚キ叫ンテ馳セ廻ルヲ目撃シタリ工兵方面出張所ノ門ニ到リ吉田定吉之ヲ開キ共ニ出ツル際一発ヲ聞キ直チニ営門前ニ至レハ金井惣太郎ハ抜刀ヲ振リ廻シ早ク出ンカ々々ト歩兵ノ出ツルヲ催促シ居レリ此時連隊営門ノ方ヨリ小銃ヲ発射セラレ自分モ共ニ声ヲ揚ケマダ《ママ》カ々々ト罵リ叫ヒ柵際ニ倚ル時砲発相響キ万助ハ何ツカ見失ヒタリ近傍土手脇ニ堤熊吉ノ負傷シ居ルヲ認メ猶連隊ノ模様ヲ見タレト何ニカゴ《ママ》タ付キ其間ニ第一連隊ハ稍繰リ出シ砲隊ハ営ヲ出テタルヤニ思ハレ第二連隊未タ応セサル故西土手ヲ伝ヒ往還ニ出ントスルニ再ヒ歩兵ヨリ烈シク銃撃スルニ付迚モ事成就不致ト相考ヘ丸山新太郎吉田定吉ト共ニ柵ヲ乗リ越ヘ砲兵営ニ入リ柵際ヲ伝ヒ馬建《ママ》ノ後ロナル土手ニ登リ営中ノ景況ヲ見ルニ馬離レテ散乱シ人ノ往キ来忙シケレトモ敢テ騒カシカラス秣庫焼失シテ火ノ光リ猶近辺ヲ輝カセリ于時武庫主管ノ方位ニ当ツテ大砲三発ヲ聞ク此頃ハ砲隊ノ者出テ放チタルカト思ヘリ竹四郎砲発ヲ聞クハ前後五発ナリ又候歩兵ハ一時ニ打チ出シタリ夫ヨリ病室ノ井戸ニテ水ヲ呑ミ営門ニ到レハ未タ暴徒等此処彼処ニ散在シ磯辺伍長殿ヨリ食事ノ拵ラヘヲセヨト言ハレタリ此時自分ハ猶抜刀ヲ提ケ居レリ夫ヨリ第二小隊室入口大隊週番室入口ト二ヶ所ニ死体アルヲ認タリ然レトモ誰レタルコトヲ知ラサリキ又第二小隊室ト週番室中間ニテ小川弥蔵銃ヲ持チ羽成常助刀ヲ差シ三村軍曹殿宮嵜關四郎伊藤与七等アリ弥蔵西出軍曹殿ニ向ヒ銃ヲ差付之ヲ威シ談判スル処故自分小川ニ向ヒ拙者茲ニ在リ且此ノ抜刀ヲ持居ル故大丈夫ナリ敢テ鉄砲ヲ差付ケルニ及ハスト申シテ一応取リ押サヘ更ニ其訳モ聞カス三村軍曹殿ハ何カ羽成ト談シ伊藤与七之ヲ介抱シテ病室ニ連レ行キタリ其時磯辺伍長殿ハ羽成常助ノ持タル提灯ヲ取テ二階ニ登リ羽成ハ自分ヲ呼ヒ二階ニテ吉成軍曹殿磯辺伍長殿等皆冬略衣ニ着換ヘ白晒ヲ斜ニ掛ケ支度ヲ改メタリ自分モ兼テ間ニ合ヒニ掛ケタル白襦袢ヲ裂キ捨テ白キ布ヲ帯ヒタリ夫ヨリ吉成軍曹殿羽成常助ト共ニ炊事場ニ至ルニ片山伍長殿小嶋万助宮嵜関四郎谷新四郎等アリ中田佐吉長屋伍長殿小林伍長殿吉田定吉三村軍曹殿等来リ炊事ニ着手漸ク糧ヲ調ヘ自分営門迄持テ行キ同意ノ者ニ送ラント存スル折柄北村軍曹殿居合サレ歩兵ノ者モ参リ居ル此上ハ所詮同意ノ者ヘ糧食ヲ送ル事モ相成難クト存シ其場ニ居合ス者ヘ遣サレ度ト申差置キタリ而テ炊事場ニ来リ伍長ノ寝床ニテ一睡シ少焉アツテ目ヲ覚シ起上リタル時夜モ白々暁近ク覚ヘタルユヘ最前俵ラノ間ニ隠シ置キタル刀ヲ自分戸外ニ廻テ内ヨリ羽成常助ニ取リ貰ヒ既ノ麦船ノ下ナル他人ノ容易ニ気付サル揚板ノ下ニ隠シ置又炊事場ニテ食事シタル時夜稍ク明ケタリ其中井上中尉殿西出軍曹殿来リ皆々来ルヘシト呼ヒ集メ第二小隊一分隊室ニ残リ居ル兵卒等ト共ニ立籠メラレ同廿四日十二時過キ営内ニ於テ縛セラレ候旨申上ルト雖モ最初室外ニ駆出シタルヨリ砲声ヲ聞クマテノ時間相応セス且ツ其夜携ル処ノ刀ハ暴動ノ後チ隠シ置キタル場所御捜索相成候得共無之就テハ宇都宮少佐殿深沢大尉殿等ヲ殺害致シタルニ相違有之間敷旨御糺問ヲ蒙リ一言ノ申披キ無之候事

右之通相違不申上候

明治十一年十月三日　　　　　長嶋竹四郎

【現代語訳】

徒党暴動の件

自分は、明治十一年七月中旬（日は忘れた）、小島万助から、「四、五日前、近衛歩兵第二連隊第一大隊第二中隊兵卒・三添卯之助という者が、公用で当隊会計に来たとき相談した云々」などと聞いた。その内容は、「そもそも去る明治十年、西南の役に従事し、死を覚悟して奔走し、ついに平定の功をあげたのは、じつに兵卒の苦労が少なくない。ところが凱旋後、その勲賞を論ずるに当たっては、大尉以上はむろん賜わり、ほかは、中尉といえども副官であった者以外には下されなかった。兵卒に至っては、その功績は少なくないのに何等のご詮議もされないばかりか、日給金と官給品に至るまで減省されてしまった。まったく何の理由かわからない。そのご処置はじつに不公平の至りではないか。これによって、歩兵隊には不平を抱く者がたいへん多く、隊中どこにも苦情を言う者がいる。それで、申し合わせて強請を企てたいと思っている。砲兵隊には、これらについて少しも不平を鳴らす者はいないのか」と言われたので、「当隊でも不平の者がすこぶる多い。強請の企ては当然だなどと話し合った」というのだ。これから考えると、歩兵ではすでに話し合いがあったと思われ、自分どもでも、不公平なご処置だ、と以前から不平だったのだから、この企てをやろうと決意し、小島等と相談してさらに他の隊にも働きかけて多勢で暴発し、強願するしかないと、だんだんに同志を集めようとした。

八月上旬（日にちは忘れた）、小島万助から聞いた近衛歩兵・三添卯之助に面会し、いろいろ打ち合わせようと、万助と相談、「都合をつけて、いつか自分が散歩のとき、休息所に訪ねてきてくれないか」という書面を出すと、一日か二日後、訪ねてきてくれたのだが、そのとき自分は不在で面会できなかった。その後また同じことがあった。彼に対し、心中はなはだ安からず、ともかく会って、失礼を謝った上、不平のことを話し合おうと考え、八月十二日午後、兵営を出、連隊営で三添に面会したが、そばに人がいて十分話せなかった。それで、「自分の休息所まで、訪ねてきてくれないか」と頼んだが、三添は、「自分は負傷で休業しており、日曜、水曜以外は外出が難しいが、うまく時間が取れれば、行けるかもしれない」と言うのを聞いて別れた。それから、以前から散歩のとき休息所にしている神田錦町村上庄司方に行くと、先に谷新四郎、小島万助等も来ていた。しばらくして、三添は差し支えがあるため、代理として同隊兵卒・大住宗太郎、平林紋之助、別に、近衛工兵中隊第二小隊工卒・地木楽新助がやってきた。話し合いをしたが結論が出ず、あす、卯之助自身が来て話し合うことを約束して解散した。

一　八月十三日、同所で集会するため、昼十二時から、小川弥太郎、谷新四郎、小島万助と同道して村上庄司宅に行った。しばらくして、宮崎関四郎、近衛歩兵の三添卯之助が来て、小島万助、自分等と話し合い、「いよいよ暴発するとき、銃器等はどうするか」と聞くと三添は、「武庫主管には銃器も多分あるだろう。まずここを襲い、奪った銃器を砲兵の者に配ることは容易だ」などいろいろ相談し、さらに三添は、「歩兵では、一中隊でおよそ二十人ぐらいの同志がある見込みだ。多人数のことだから、かれこれ都合もある。これから一週間はないと申し合わせがまとまらないだろう。つぎの水曜日にはすべてが確かめられる。ついては、二十一日、赤坂山王社に集まろう。なおほかの隊もその日、その場所に集合するよう働きかけ、各隊が皆集まって、諸般の申し合わせをしよう」と、いよいよ暴発、強請することが決まった。話し合いを終えて三添卯之助は帰っていった。少しして、高橋小三郎ときのう面会した工兵隊の地木楽新助が来た。地木楽は、「きのうひとおり相談を受けた、各隊が連合して暴発、強請する件は、帰営後よく考えると、自分の隊には元気のある者が少ないし、以前、ほかの事故について強願しようと相談したことがあったが、結局は皆尻込みして止めてしまった。このことからすると、とてもむりだと考えるから、こんどの件はお断わりする」と言った。また宮崎関四郎は、自分から来たのではなく、きょうの会に参加するのをいやがり、「おもしろくない」と言い張るので、しかたなく連れてきて話を聞かせたのだ。そうして二十二日まで、再び話し合うことはなかった。

一　八月十七日頃、営内砲廠で小島万助、大久保忠八、金井惣太郎、谷新四郎等と相談の上、「大久保忠八、金井惣太郎の二人は鎮台予備砲隊から近衛へ来た者だから、そこに知り合いが多い。同隊から同志を誘うには、この二人がいい」ということになった。しかし、二人は新兵だったから、古参兵の谷新四郎を加える方が、同隊の印象がよくなるだろうと考えた。この三人が説得した結果、ついに、「二十一日の山王社の会合に出席する」というまで約束した。

一　八月十九日頃、小島万助、金井惣太郎等と東京鎮台歩兵第一連隊第三大隊第一中隊営に行った。同隊新兵・容貝二郎はかねてから旧友で親しいので、彼に頼って同隊を説得しようと行ったのだ。彼に会って、戦功に対するご賞賜がないことを言い、「これに不平の者がいないかどうか様子を探ってくれないか」と頼むと、「くわしいことはゆっくり聞きたい」と言うので、「来る二十日、麴町平川町の後家湯で会おう」と約束して別れた。

一　八月二十日午後一時頃から小島万助、谷新四郎といっしょに外出、近衛連隊の三添卯之助に、約束していたことの様子がどうかを尋ねたいと思って、連隊営に行ったが、差し支えがあるようでついに面会できず、空しく帰ってきた。それから、麴町一丁目の水茶屋に行くと、高橋小三郎、広瀬喜市に会った。二人とは、鎮台砲兵と予備砲兵に行って、あすの山王社の集会を申し入れるよう相談して別れ、自分、万助、新四郎は、麴町平川町の後家湯に行き、容貝二郎に会って強願への同意を勧め、「部隊の様子を探ってくれたか」と聞いた。容貝は、「話はわかるが、自分は新兵だからそれほど不平ということもなく、新兵のまとめ役の身で他人を動かすことはたいへん難しい」と言った。自分は、「同意しないと暴発のとき、ことによったら攻撃されるかもしれない」などと言った。最後に容貝は、同人営の中の略図を描いてくれたので受け取り、「なお考えてくれ」と言い残し、またの面会を約束して別れた。自分はその後、二十二日だと覚えているが、神田佐柄木町の梅由で、容貝二郎にたまたま会い、前の件を相談したが、前同様の答えだった。とても相談はととのわないと思い、「いずれ近日中に事を起こす期日が決まる。そうなったら知らせる」と言い、同人が立ち去ったあと、小島万助が来たので、容貝とのことを話した。その後、容貝二郎には何の連絡もしなかった。

一　八月二十一日。歩兵隊の都合は、二十日には必ず通知すると、前週水曜日、三添卯之助と約束した。ところが今もって知らせがない。はたしてきょうの会合で決定できるだろうか、ともかく面会して、様子を聞こうと思い、連隊に立ち寄り、「三添か大住に面会したい」と申し入れると、「二人はさっき、外出した」という答えだった。よく考えれば、そのことばははなはだ疑わしいが、もしかすると、自分の休息所に行っているかもしれないと思い、すぐに村上庄司宅に行った。「訪ねてきた人はいなかった」と聞き、かれこれ心当たりの所を訪れたが、ついに見当たらなかった。もしまた、直接、山王社に行っているかと思って、同社をめざした。途中で、大久保忠八、新熊安三郎、藤橋吉三郎が同社に行くのに会った。自分は三人を追い越した。着いたとき、小島、広瀬がいた。続いて追い越した三人、予備砲兵・鈴木直次と鎮台砲兵・永井銀蔵、ほか姓名を知らない者二、三人が来会し、席に着いていた。ところが歩兵隊は、約束に背いて来ていなかった。鈴木直次が言った。「自分の方は、隊の中の兵卒は言うに及ばず、兵卒の力が及ばない人までも同意し、すでにきょうも、この席には列ならないが、この場に臨んでいる。その方のように、歩兵との申し合わせすらととのわないとは、近衛砲兵とも言われながら、いささかおかしいと思う」と極めつけられた。また、会議に来たのかどうかはわからないが、鎮台砲兵数名が神社内に散らばっているのが見受けられ、わが隊からも数人来ていた。高橋小三郎が、「歩兵が約束に背くと人数が少なくなるから事は実行しがたくなった。このように歩兵が来ないなら、自分は成功の見込みがないと思う」と、いったん参加を断わった。自分は、歩兵に欺かれ、他隊の者から極めつけられて残念に思ったが、もう一言の申し立てもできないことなので、はなはだ面目を失い、恥じ入って口もきけなかった。そうは言っても、空しく放っておけないから、何とかして歩兵との連絡は保ちたいと、その場のことはすべて広瀬、大久保等に委ね、小島万助といっしょにまた神田辺に行って三添を探したが、ついに会えなかった。それで、小川町の蕎麦屋で一杯傾け、帰る途中、竹橋の傍らで大久保忠八に会った。大久保はすこぶる酩酊の様子で、自分等に向かい、「しめた。しめた」と言った。よい結果になったのだな、と思ったが、傍らに人がいたので、素知らぬふりで帰営した。部屋に入って剣をはずすとすぐ、大久保忠八、広瀬喜市から呼び出され、給与庫の後ろに連れていかれた。すでに小島万助がいた。広瀬、大久保が自分に向かい、「貴様がきょう、山王社を立ち去ったあと、さらに深く予備隊のことを聞くと、あの隊には、内山少尉殿、下副官梁田某、火工下長何某等をはじめ、隊中はもちろん、そのほかに上長官の方にも、ときに臨んでは指揮する方があり、とても兵卒の力の及ばない人が関わりを持っている。だから、歩兵はともかくも、砲兵*三大隊で必ず暴発しよう、と取り決めてきた。なおつめた話し合いをするため、あす、招魂社に集会することになった」と言った。別れて各人の部屋に入って、いつものように寝た。

一　八月二十二日午前、昨夜、広瀬等から聞いたことを、あらまし宮崎関四郎に伝え、「きょうの会で取り決めた上で、くわしく話す」と約束した。そのほかには何もなかった。午後一時頃、小島万助と営門を出て、小島は神田橋へ、自分は開成学校の方に別れ、前に書いた梅由で休息、およそ二時間を過ごした。三時頃と思うが、小島万助が来て、「美土代町で自分をはじめ広瀬、大久保その他が血判し、連判状を広瀬に渡した。竹四郎の分は、万助が代判した」と聞いた。血判の代判とはおかしいことだと思ったが、もとから同意している件だから、あえて言わなかった。四時頃、小島万助と人力車で招魂社東側の円形の競馬場*の所に行った。広瀬喜市、大久保忠八、小川弥蔵、是永虎市をはじめ、鎮台砲兵と記憶している横山某ほか六名、近衛歩兵の姓名を知らない兵二名がいた。自分が着いてからは別に込み入った話もなく、時間も移ったので歩兵に向かい、「時間がないから早く帰営した方が都合がいいだろう。何分よろしく。なおすべてはあすの会で相談しよう」と申し入れ、歩兵がまず去り、「暗号その他のことはあした決めよう」と言って解散した。帰営後、樅の木の下で、宮崎関四郎に暴発のことをくわしく言い、「お前が分隊で話せるのは誰だ」と尋ねると、「松宮弁二郎だ」と答えたので、宮崎から松宮に委細を伝えさせた。その後、寝入った頃か翌明け方かはっきりしないが、宮崎関四郎が来て、「事を松宮に話すと、松宮が、『委細は承知している。しかし、兵器その他の物はどうするか。指揮する人は誰か。結局の目的はどのへんにあるのか。そのへんをくわしく知らなくては、何とも返事はできない』と言った。自分は、『竹四郎と直接話してから返答する』と答えた」と言った。

一　八月二十三日午前（時間は忘れた）、松宮弁二郎に面会するため馬屋に行くと、羽成常助と戸外で話しているところだった。松宮が、「委細はさっきから羽成に聞いた。しかし、指揮する人等がたとえ立派な人であるとしても、その姓名も知らないというのは迂闊だと思う」と言うので、「いずれそのときになればわかるし、深くおし究めなかったのは、自分はじめ兵卒なのだから、ただ兵卒の分を尽くせばそれでいい。まずこの一事は、当隊が皇居の周囲を守るまでのことで、そのとき必ず、指揮する人が現れると聞いている。自分もそれぐらいしか聞いていない。たとえ迂闊にせよ、これまで申し合わせたことだから、あくまで奮発するつもりだ」と言うと松宮は、「ともかくもきょう、招魂社に集まり、予備砲隊の人から直接聞くことにする」と言い、別れたように覚えている。それから午後一時頃外出、前記梅由に行って休息してから、松宮弁二郎の休息所がこの近くなので、立ち寄って招魂社の集まりに誘うと、彼は『鹿児島征討記』を写していた。「集合時間までにまだ間があり、写しもそれまでには終わるから、これを郵送し、入浴してから行く」と言うので、自分はまた梅由に戻り、食事してから、およそ四時頃、招魂社の滝の向かいにある腰掛けのあたりに行った。高橋小三郎、松本久三郎、久保田善作のほか、新兵の姓名を知らない者二、三名、予備砲隊の姓名を知らない者二名がそこにいた。このあと、大久保忠八がちょっと来たが、何か急用があると言って、すぐほかに行き、小島、広瀬もいないので、彼等を捜すため、三番町に向かって歩き、左右に気をつけていると、後ろから、そのときは姓名を知らなかった近衛歩兵の築山寅蔵が来て、自分をその近くの、屋号を知らない水茶屋の二階に連れていった。ここに、広瀬喜市、大久保忠八、木島次三郎、予備砲兵の横山昇と姓名を知らない数名、およびさっき招魂社の滝の近くで見た面々、さらに歩兵二名等が列席していた。そのとき、松宮弁二郎が来た。横山昇が自分に向かって、「長島に改めて話すことがある。こんどのことは、他隊の人間だが、内山少尉殿、梁田下副官、平山火工下長等の指揮に服従してもらいたい。そうであれば、きっとしかるべき方にお願いして総指揮を仰ぐつもりだ。このことは今ここではっきり言うことはできない。しかし、事が起こった場合には、自ずとわかることだ。ただ、近衛砲隊が受け持つのは、皇居を囲み、守ることだ云々」と言った。こう言われては、あえて深く尋ねることもない、言うまでもなく、その場合になったら明らかになる、と信じ、「少しも異議はない」と答えた。すると広瀬喜市が、服の隠しから、紙に書いたものを出して、みんなに示して言った。「第一小隊はこのようにした」と旗じるし等もあわせて出した。それを見ると、旗の振り方はどうこう、暗号はどうこうと書かれていた。さらに服装等について話した。自分は旗の製作をするため、すべてを広瀬、大久保等に任せて退席した。歩き回ってもこのあたりには小布屋がなく、たまたま古道具屋で日本刀を見たが、懐ぐあいが乏しくてよい物を手に入れることは難しい。かれこれ見ていると谷新四郎が来、小島万助も当番を抜けてきた。いっしょに刀を見たがついに買い求めず、時限が迫ってきたので、三人同道して帰営した。

その夜、砲廠で、小島万助、羽成常助とともに、谷新四郎、近藤祖舟、高橋竹四郎、新家仲吉、吉田定吉、石田丑松等に向かって、服装、暗号等を伝えた。これより前、広瀬喜市等と小銃、弾薬等について相談した。これは自分の受け持ちなので、「ここにいる者はこのことを担当してほしい。たとえ五発ずつ、十発ずつでも分配できるよう心がけて、力を尽くしてくれ」と谷新四郎等に言い、「今夜のことは、よく人を見て知らせてくれ」と近藤祖舟、谷新四郎にも伝え、また、高橋竹四郎、新家仲吉は営門当番なので、「弾薬その他の出入りの際、よく注意してくれ。その他、力を尽くして、この場にいない者も説得してくれ」と言った。その夜、洗濯場で松本久四郎にも、「いよいよ今夜暴発するが、銃器等は武庫主管から取り出し、渡す云々」と話し、そのうち食事の合図が鳴ったので、食堂に入って食事し、終わって小便に行ったとき、池田少尉殿が提灯なしで、隠れるように巡回しているのを見受けたので、ここかしこに集まっている者に駆け回って通知し、注意させた。ほどなく、川上中尉殿、若松下副官殿等が見回っているのを見受けたので、自分は煙草を吸いつけ、何気ないふりで運動していると、池田少尉殿が、「誰か火を貸してくれ」と言うのでそばに行き、互いに煙草を吸いながら雑談し、何も知らないふりをしながら、その場を注意した。そのうち、人員検査の合図を聞き、すぐ検査に行った。それから馬屋に行って、小島万助と話し合った。そこにたまたま谷新四郎、永合竹二郎、石田丑松等が来た。暗号を聞き直しに来たのだ。そのとき、見回りの提灯が来たので、制してその場を避けた。見回りの人が行ってしまうと、羽成常助が外套を着てきて、「今から刀を買いに行く」と言うので、「止めた方がいい。時限に遅れるのはよくない」と言うと、常助は、「もちろんだ。だからこの通りだ」と、外套を開き、下に冬服を着ているのを見せた。「それなら、自分も一本入用だ。見計らって買ってきてくれ」と、金二円を渡して別れた。それから自分は小島に向かい、「今夜の企ては、少し洩れていると見えて、見回りも厳しく、いろいろ注意している様子なので、ひどく心配だ。考えてみると、当営内で大砲を打つのはよくない。今から市ヶ谷に行って、予備砲隊でまず発砲し、一時、そちらに気を向けさせ、その機に乗じて押し出せば、容易に皇居に着くことができる」と言った。小島万助が同意したので木島次三郎に相談すると、「その通りだ。営内で発砲することは、何の相談もなく広瀬、大久保が取り決めたことだから、自分にも不満がある。そのことを予備砲隊に連絡しよう」と言った。別れて、それぞれが営外に出ようとすると、また見回りが来たので、洗濯場の傍らに身を隠して避けた。このとき、田島森助が外套を着てきて、「自分はこれから刀を取りに行く」と言ったのを聞いた。それから馬屋に行って小島万助に向かって、「士官、下士等はすでに聞き込んでいると見え、貴様も知っているように大砲の火門に釘を打った。こんなことでは、大砲は役立たない。だからこのことを砲車長に自首する方がいいのではないか」と言い、自分一人で、砲車長・吉成軍曹殿の所に行って、計略を巡らせて、企てについて一通り話し、終わりに、「きょう招魂社で集会をして、各隊同時に暴発する、と決めましたが、当隊は力が及ばず、尻込みする形になってしまいました。たとえ他隊が暴発しても当隊にはこれに呼応する者がいません。決まりに反した場合、他隊はそれを襲撃する、という約束になっていますが、当隊はすでに応ずる者がいません。だから、必ず他隊から攻撃を受けるに相違ありません。それなのに、今、大砲の火門に釘が打ってあるのはよくないと思いますので、お止めいただきたい」と言うと、第二小隊室入口に連れていかれた。室内には、川上中尉殿、小川軍曹殿、西出軍曹殿、清水伍長殿、加藤伍長殿、伊藤伍長殿等がいた。ここでまた、このような事態になったのを謝ったあと、「当隊が約束に反し、暴発に加わらなかったのだから、必ず他隊が襲ってきます。そのとき、防御に尽力したくとも、火門に釘が打たれていてはどうしようもありません」などと前のようにいろいろ計略を巡らせて言ったがうまくいかなかった。やむをえず、一時自室に戻り、寝台の上で靴のまま横になっていると、木島次三郎が身拵えして来て、「早く鎮台砲隊に行くべきだ」と言った。「だが、入口には士官、下士が多くおられるから、所詮出ていくのは難しい。観念して止めろ」と言い聞かせたが、同人は、「何としても隙をうかがい、行くしかない。自分は兵舎の外で待っている」と言って出ていった。なおあれこれ考えていると、間もなく第一小隊中央分隊が暴発、鬨の声を上げて兵舎外に押し出した様子だった。みんな「出ろ。出ろ」と叫び立て、それぞれ支度して、われ先に入口に詰めかけた。そばに藤原岩三郎、近藤祖舟等が、申し合わせ通り冬服を着てやってきて、戸を開けようとしたが、外から妨害する者がいて堅く閉じたままだった。たぶん、下士等が妨げているのだろう。兵舎の外では、口々に罵り、「殺せ。殺せ」「それ逃がすな」などと騒ぎ立てている。だから入口に構わず、窓から裏手に飛び出した。その他の者も、たぶん窓から出たのだと思う。出て、砲廠に行くと、羽成常助が自分に刀を渡してくれた。すぐに、持っていた軍刀を捨て、刀の鞘をそこに抜き捨て、抜刀を持って急ぎ裏門に向かった。錠鎖を刀のみねで叩き開けたとき、銃声を聞き、小島万助、吉田定吉ほか数人があとに続いたのだが、見た覚えがない。前後になるが、裏門に来る途中、営内で馬場鉄市が熊手を振り回し、松本久三郎、桜井鶴次等が喚き叫んで走り回るのを目撃した。工兵方面出張所の門に行き、吉田定吉が門を開き、いっしょに出たとき、一発の砲声を聞いた。ただちに営門前に行くと、金井惣太郎が抜刀を振り回し、「早く出んか。早く出んか」と歩兵が出てくるのを促していた。このとき、連隊営門の方から小銃が発射された。自分もいっしょに声をあげ、「まだか。まだか」と罵り叫び、柵際に寄ったとき、砲声が響き、小島万助を見失った。近くの土手の脇で、堤熊吉が負傷しているのを見た。そのなお連隊の様子を見たが、何かごたついていた。その間に、第一連隊がやや繰り出し、砲隊は兵営を出たように思われ、第二連隊がまだ動かないので、西の土手を伝い道路に出ようとしたが、再び歩兵から烈しく銃撃された。これではとても事は成就しない、と考えて、丸山新太郎、吉田定吉と柵を乗り越え、砲兵営に入った。柵際を伝い、*馬立の後ろの土手に上がり、営内の状況を見ると、馬は放たれて散乱し、人が忙しく往来しているが少しも騒がしくない。飼葉庫は焼けて、火の光がまだ近辺を輝かせていた。そのとき、武庫主管に当たる方向から大砲三発の音を聞いた。そのときは、砲隊の者が出て放ったのかと思った。自分が砲声を聞いたのは、前後五回だ。またまた歩兵はいっせいに射ち出した。それから、病室の井戸で水を飲み、営門に来ると、まだ暴発した者等がここかしこに散らばっていた。磯部伍長殿から、「食事を準備しろ」と言われた。このとき自分は、まだ抜刀をさげていた。第二小隊室入口、大隊週番室入口の二か所に死体があったのを見たが、誰かはわからなかった。また、第二小隊室と週番室の中間で、小川弥蔵が銃を持ち、羽成常助が刀を差し、三村軍曹殿、宮崎関四郎、伊藤与七等がいた。弥蔵が西出軍曹殿に向かい、銃を差しつけておどし、談判しようとしていたので、自分は小川に向かって、「おれはここで、抜刀を持っているから大丈夫だ。あえて鉄砲を差しつけるに及ばない」と言って、一応、取り押さえ、さらにそのわけを言い聞かせた。三村軍曹殿は何か羽成と話し、伊藤与七は小川軍曹殿を介抱して、病室に連れていった。そのとき、磯部伍長殿は羽成常助の持っていた提灯を取って二階に上がり、羽成は自分を呼び、二階で吉成軍曹殿、磯部伍長殿等皆冬略衣に着換え、白晒を斜めにかけ、服装を改めた。自分も間に合わせにかけていた白襦袢を裂き捨てて、白い布を身につけた。それから吉成軍曹殿、羽成常助とともに炊事場に行くと、片山伍長殿、小島万助、宮崎関四郎、谷新四郎等がいた。中田佐吉、長屋伍長殿、小林伍長殿、吉田定吉、三村軍曹殿等も来て、炊事に着手した。ようやく飯を作り終え、自分はそれを営門まで持っていって、同志の者に渡そうとした。しかしちょうど北村軍曹殿が居合わされ、歩兵の者も来ていたので、これでは同志に飯を渡すことは難しい、と思い、「ここにいる者にやってください」と言って、炊事場に戻り、伍長の寝床で一睡した。しばらくして目を覚まし、起き上がったとき、夜も白々と、明け方近いと思ったので、さっき、俵の間に隠しておいた刀を、自分は外に回り、中から羽成常助に受け取ってもらい、馬屋の*麦船の下、他人が容易には気づかない、揚げ板の下に隠し、また炊事場に戻って食事をしているとき、夜がようやく明けた。そこに井上中尉殿、西出軍曹殿が来て、「みんな来い」と呼び集め、第二小隊一分隊室に残っていた兵卒等とともに押し込められ、同二十四日十二時過ぎ、営内で縛せられた。このように申し上げたが、最初、室外に駆け出してから砲声を聞くまでの時間が一致しない。さらに、その夜、持っていた刀は暴動のあと、隠しておいた所をご捜索されたけれどもなかった。これについては、宇都宮少佐殿、深沢大尉殿等を殺害したのに相違ない、とご糾問を受けたが、一言の申し開きもない。

右の通り相違ない。

明治十一年十月三日　　長島竹四郎

〔語句解説〕

＊砲兵三大隊　近衛砲兵大隊、東京鎮台砲兵大隊、同予備砲兵大隊

＊競馬場　原文の「ターフル」は「ターフ」のまちがい

＊馬立　馬つなぎ

＊麦船　船形をした飼葉桶のこと

4 広瀬喜市

近衛砲兵大隊第一小隊

駆卒　廣瀬喜市　当十月廿五年七ケ月

明治十年十二月入隊　栃木県農　下野国安蘇郡上石塚村住　亡喜重四男　禅宗

口供

徒党暴動之件

一　自分儀八月二十日営内徘徊スル折柄同隊第二小隊砲卒大久保忠八ヨリ今度ノ企ニ同意セサルヤト申スニ付其次第ヲ承ルニ過日日給金減セラレ且満期除隊後別段ノ御手当モ無之後年ノ目途不相立難渋一ト方ナラス又昨年西南ノ役功労アル者賞典モ無之如何ニモ苛酷ナル御処置ニ付右ノ廉々諸隊中同志ノ者申合セ出願致ス旨申聞ルニヨリ自分ニ於テハ兵役ハ人民ノ義務ナルヲ以テ日給金減少ヲ口実トシテ出願スル所存無之依テ同意難致ト断リ及ヒタレ共満役ノ節御手当又戦功御賞賜無之件々ハ兼テ不平ニ存居ル処同日又々同隊駆卒高橋小三郎ヨリ強願ノ次第申聞ケコレアルヨリ同人儀ハ予テ懇意殊ニ古参ノ者ニモ有之遂ニ同意ノ旨相答ヘ候処同人ヨリ明二十一日同志ノ面々永田町山王社近傍茶店ニ密会ノ約ナレハ自分ハ是ヨリ砲兵第一大隊ヘ参リ右集会之儀同志ノ者ヘ通達スル様申聞ルヨリ端書郵便ニ

テ申遣ス可クト存シ兼テ外用ニテ砲兵第一大隊卒辻則勝ヘ差遣ハサント認メ置キタル分ヲ削リ山王社会合ノ儀砲兵第一大隊馭卒永井銀藏ヘ当テ差出スヘクト相認メタレ共万一相洩レ候テハ不相成ト心付キ差止メ髙橋小三郎ト倶ニ出営然ルニ近衛武庫主管脇ニテ同隊馭卒谷新四郎ニ出会ヒタルニ小三郎ヨリ同隊馭卒長島竹四郎小嶋萬助ハ何レヘ行シヤト申ス処近衛歩兵営ヘ行タル故予備砲兵隊ヘ行クニハ歩兵ノ談判ヲ聞キ行キタル方可然依テ竹四郎万助ハ糀町ノ方ヘ行ク趣故同町水茶屋ニ待居ルヘクト申スニ付同意致シ倶ニ一丁目角水茶屋ヘ相越シ待居ル処暫クアリテ両人来ルニ今日ハ歩兵ノ者ニ面会出来兼タル由ニ付自分共ハ予備砲兵隊ヘ行キ呉度両人申スニ付自分小三郎同道夫ヨリ小三郎ハ予備砲兵隊火工卒宮嵜忠次ヘ会合ノ儀通報ノ為メ相越スニ付同営内ニテ分レタリ自分儀ハ直ニ永井銀藏営ヘ立越シ面会ノ上同人同道宮嵜忠次営ヘ相越シ四人同席ニテ前顕通シ置キ小三郎ト倶ニ皈営ス同二十一日同隊馭卒岩本久藏馬場鉄一《ママ》ヘ此度暴発ノ次第ヨリ本日山王社ヘ会合ノ儀相伝ヘ申候且同隊馭卒長島竹四郎ヨリ近衛工兵隊喇叭卒地木樂新助ト申者同道山王社ヘ相越ス様申聞ケニヨリ直ニ右隊ヘ相越ス処該分隊ハ外出止メノ趣ニテ不得已自分而已山王社近傍茶店ニ至ルニ予備砲兵火工卒鈴木直次并姓名不存卒一人砲兵第一大隊ヨリハ永井銀藏同隊馭卒木村伊四郎自分隊ニテハ長島竹四郎并馭卒小島万助髙橋小三郎野中與吉馬場鉄一《ママ》岩本久藏同砲卒ニハ大久保忠八外姓名不存卒三四人追々集会スルニ兼テ忠八竹四郎萬助等ヨリ東京鎮台歩兵第一連隊近衛歩兵第二連隊ノ者ヘ会合ノ儀約シ置タル趣ナルニ来会セサル故如是次第ニテハ迚モ決議ニ至ラス抔ト議論紛々中万助麻布兵営ノ画図ノ由携ヘ居該隊ハ新兵多ニテ談シモ容易ニ出来兼ルニ付当隊等ヨリ襲撃スレハ同意スル者アランヤト同隊ノ者申聞図面差越タル由ナレ共自分ハ一覧不致候其際何レヨリカ十一二歳ノ少年鈴木直次ト認メタル名刺様ノモノ持参ニテ同人ヲ呼出シタリ小島萬助長島竹四郎ハ近衛第二連隊ノ者ヘ相議スヘシト立出タリ尤同隊ヘ談判ノ上答ノ模様ハ通知スヘシト約シ置ケリ夫ヨリ一同茶店ヲ立出石段ヲ下リタル時同隊馭卒小川弥藏外姓名不存卒三四人来リ合セリ然ルニ永井銀藏木村伊四郎ハ已ニ離散セリ其時東京鎮台予備砲兵隊ノ者申スニハ当隊ニ於テハ同志ノ者共決心シ居ル故何時相発スルモ差支無之又諸隊決議セサルモ砲兵第一大隊近衛砲兵隊及ヒ予備砲兵隊合セテ三大隊ナレハ兵員不足ニモ無之明廿二日ハ如何ヤト相迫レ共自分隊ニテハ未タ決議ニ至ラサル故来ル廿四日午

前第二時頃暴発ニテハ如何ヤト大久保忠八申聞ルヨリ粗相談相整ヒ尚明日午後招魂社園内ニテ集議ヲ約シ一同離散飯路糀町一丁目水茶屋ニ休息スル処山王社ニ会シタル者共又々七八名斗落合ヒ帰営致シ申候翌廿二日朝営内ニテ小川弥藏申スニ近衛歩兵隊ノ者三人相越シ今度ノ事件ニ付神田銀町旅人宿松川庄三郎方へ午後参リ居ル故相越シ呉ル、様頼有之依テ同行致ス可シト談シニ付自分ハ午後一人ニテ出営神田橋外水茶屋ニ休息中小川弥藏久保田善作ニ出会三人同道右旅人宿へ行クニ歩兵隊ノ者未タ来ラス暫アリテ近衛歩兵第二連隊兵卒何ノトモミトカ申者相越ニ付四人同席スルモ士族躰《ママ》ノ者一人居合且兼テ約シタル者ニ無之依テ発言不致処トモミヨリ今日ハ歩兵隊へ談ノ儀有之此処へ参リタルヤト申スニ付其通リト答フル末別席ニテ其事件ハ少々承リタル事有之候得共甚タ宜シカラサル儀トハ兼テ承知致サレタル三人ノ者へ申候三人ノ者本日ハ浅艸辺へ行タル故此処ニハ参ル間敷ト申ス際大久保忠八モ来リ一同該家立去ントスル際弥藏ヨリ下宿美土代町二丁目伊勢屋藤助方へ参ル様トノ事ニテ善作忠八等立出自分居残ル処へ木島治《ママ》三郎水上丈平来ルニ付直ニ弥藏下宿へ参ル様申談シ自分ハ別路ヨリ相越ス処同隊卒大嵜石松忠八善作丈平治《ママ》三郎萬助等追々集会同隊馭卒松本三四郎下津八十吉モ居合セタルニ付自分ヨリ今度諸隊申合セ暴動ト決シタルニ付其節ハ尽力致シ且分隊中へモ伝へ呉度是迄不咄ハ万一顕レタルトキハ迷惑相掛ルモ気ノ毒ト存ル故ナリト申候処承知ノ旨両人相答候暴発事件種々相談ノ上予備砲兵隊へ確タル証ヲ以テ報セサレハ不相成ト忠八申スニヨリ一同々意依テ第一小隊ニテ自分第二小隊ニテ忠八血誓ノ儀申出シ万助半紙ヲ取出スニ付自分一枚貰受ケ第一小隊ノ方ハ自分執筆自分姓名ヲ認メ夫ヨリ野中与吉馬場鉄一《ママ》岩本久藏ト記載シ自分直ニ血判シ外三人ノ分ハ自分代リニ血判シタルニ治《ママ》三郎暴挙ノ名義判然セサレハ連判致シ難シト申スヨリ終ニ熟議致サス第二小隊ニテハ万助筆ヲ取リ同人并忠八共血判ノ上是ヨリ招魂社集会席へ持参候様頼マルト雖モ自分小隊ハ熟談セサルニ依リ忠八へ返却シ万助ハ東京鎮台第一連隊兵卒佐柄木町トカへ参リ居同隊卒長島竹四郎ハ既ニ参リ居ル故其方へ行クト申シ立出続テ忠八モ立去リ自分ニハ招魂社会合所へ相越シ予備砲兵隊ノ者へ待居ル様伝へ置クヘシト相談ノ上立出途中ニテ考フルニ血判ノ儀決議セサレハ無益ト存シ咬ミ破リ路上ニ棄テタリ夫ヨリ招魂社園内ニ相越スニ予備砲兵隊卒横山昇外姓名不存卒三四人近衛歩兵第二連隊第一大隊第二中隊兵卒川島清藏外姓名不存卒一名近衛砲兵ニテ小島万助長島竹四郎小川弥藏木島治《ママ》三郎其外姓名不存卒八九人程集会弥明廿三日夜暴発ト一決シ大久保忠八ヨリ暴発ノ節同志ノ徒ハ冬略衣ヲ着シ帽之日覆ヲ除キ白タスキ右肩ヨリ左腋ニ掛ク可キ旨ヲ伝フ又横山昇自分ニ申聞ルニ之レハ密事ナレトモ予備砲兵隊中ノ士官下士ニモ此事件尽力致シ居ルト内々申聞ケ尚明廿三日午後又々招魂社ニテ会合ヲ約シ一同解散ス同二十三日午前室内ニテ忠八ニ出会スルニ当夜使用スル処ノ旗并用法又冬衣ヲ着白襷ヲ掛ル雛形半紙ニ記載シタルヲ見セ旗ノ仕立方相頼マレ雛形ハ写シ取リ返却ノ儀モ咄シ有之依テ自分ハ右ヲ西ノ内紙ヘ写シ取リ四枚所持罷在タリ同隊卒木村圓解浅見綾次郎ヘ当夜暴動ノ儀相通シ午後三人同道九段坂下俎橋東詰酒店ニテ飲酒夫ヨリ自分ハ圓解ト立出途中ニテ雛形一枚ヲ同人ニ渡シ相分レ自分ハ神保町呉服店ニテ緋金巾一尺白金巾二尺ヲ求メ俎橋ノ方ヘ参ル途中ニテ小川弥藏ニ出会シ雛形一枚ヲ渡シ旗ヲ仕立ル様伝ヘ置夫ヨリ飯田町二丁目家名失念自分下宿ヘ相越ス処圓解居合スルニ付同人ト申談シ針糸下宿ヨリ借用両人ニテ旗四本仕立二本ヲ圓解ニ渡シ自分二本ヲ携ヘ招魂社ニ至ル此処ニテ多人数集会スレハ自然人目ニ触ル、恐レアルヨリ富士見町水茶屋ニ会スル者大久保忠八木島治《ママ》三郎谷新四郎予備砲兵隊ヨリ横山昇外姓名不存卒一名近衛第二連隊第二大隊第二中隊兵卒築山寅藏同第一中隊兵卒岡田資源弥当夜本隊ニ於テ号砲二三発ヲ合図ニ各隊同志ノ徒兼テ約束シタル如ク隊列ヲ整ヘ皇居ノ周囲ニ到レハ兼テ予備隊ノ者申ス如ク指揮スル者可有之尤支フル者アレハ打払ヒ強願ニ及ハント申合セ大久保忠八ヘ自分仕立ル処ノ旗ヲ見スルニ合言葉当夜ノ分問号竜野答号竜興ト同人ヨリ伝ヘ有之ニ付旗ノ雛形ヘ書添ヘ築山寅藏岡田資源ヘ相渡サント差出シ置タリ後両人ハ退散ス続テ横山昇ヨリ大久保忠八ヲ予備砲兵隊中下士ノ下宿ニ差遣シ姓名不存下士一名ヲ伴ヒ来リ昇忠八ヨリ弥当夜暴発スルニ付尽力アリタキ旨申談スル処暴発ノ名義ハ如何ヤトノ問ヒ之レアリ自分等確タル名義ト申ハ無之ト雖モ不公平ノ御処置多キヲ以テ暴発セントスト答フ下士申スニハ確タル名義ナケレハ暫ク相待可然トノ事故約束既ニ相整ヒ只今トナリ如此議論相生ルナレハ必事成就スヘカラス此顛《ママ》末ヲ自訴スルニ如カスト断然自分発言スレハ下士之ヲ聞キ然ラハ決議ノ如ク致スヘシト申聞ケタルトキ昇申スニ右ノ通決スル上ハ我隊ノ士官又ハ下士ノ内隊伍ヲ指揮スルモノ之レアル可シ其令ニ服従スルヤトノ事故委細承知スト答ヘタリ其節下士ニ暗号旗号ノ雛形写ヲ示スニ下士ハ其用意ヲナスヘシ且隊長ニ申告シ其返答ノ次第ヲ報スルニハ自分隊ノ営門哨兵迄申遣シ差支有之間敷カ併シ兵モ多人数ノ事故万一不都合相生シテハ相成ラス依テ誰ソ一人参リ呉度ト申スヨリ自分相越スコトニ決シ下士ハ立去レリ夫ヨリ予備砲兵隊ノ下士等集会シ居ル市ケ谷坂町定斎薬店ヘ昇ト倶ニ相越ント自分手帖ヲ木島治《ママ》三郎ニ托シ木村圓解ニ頼ミ皈営セシ体ニ取計ヒ方ヲ依頼シ是ヨリ返答ヲ承リ必通報スヘシト治《ママ》三郎ニ約シ立出ントスルニ兼テ携ヘタル旗二本ハ風呂敷ニ包ミタル侭《ママ》該席ニ差置キタル故同席中ヘ皈営ノ時持参スル様申シ置キ立出直ニ該所ニ行ニ姓名不存下副官一人火工下長一人軍曹一人居合セタリ昇ハ何カ密談ヲナスノ後右下副官并軍曹ハ予備砲兵隊々長岡本少佐方ニ到リ相迫ルヘシ依テ報知ニ及フ迄ハ此所ニ待居ル様申聞ケ立出テ暫クアリテ軍曹皈リ来リ申スニハ隊長ハ不在ニテ何分相分リ難キ故自分ハ一ト先皈隊スヘシ当夜十一時迄ニハ必ス昇ヨリ報知スヘキトノ事故然ラハ此処ニテ十一時迄待ツヘシト申帰隊致サヽル処再ヒ軍曹ハ帰営ノ上隊中申合ノ儀相決シ直ニ兵卒ヲ脱営セシメ報スヘシト申立出タリ然ルニ何ノ報知モナキカ故火工下長ハ当本隊ニ行キ事ヲ決シ通スヘシト立帰リタリ其後時刻移ルモ報知ナキヲ以テ昇同道予備砲兵隊ノ営ヘ相越シ動静ヲ窺フニ常ト異ナリ裏門ニ哨兵ト見受ル者アリテ営内ノ様子更ニ不相分然ルニ早期シタル時限ニモ相迫ルカ故両人申合セ自分本隊ヘ相越スヘシト存シ已ニ九段坂上ニ来ル処最早本隊ノ方ニ当リ吶喊号砲等ノ発スルヲ聞キ近傍通行ハ迚モ叶ヒ難カラント存シ九段坂ヲ下リ俎橋ヨリ大隅《ママ》参議殿居宅ノ後方堀端ノ道ヲ通リ竹橋ニ入ル際同隊駆卒竹井保作中沢喜作ニ出会両人ノ内ヨリ誰カト問ハル、ヨリ廣瀬ト答ヘ昇同道営門ノ方ニ来ルニ同志ノ徒最早営門ヲ押出シ西ニ向テ行進スルニ会フ昇ハ直ニ追跡シ自分ハ営門ニ入リ守衛扣所前ニ伍長佐藤信主殿ノ立居ル前面ヲ疾走シ混雑ノ際ナル故第二小隊左分隊軍曹室外ニ到リ冬衣ヲ借用セシコトヲ乞フニ姓名不覚下士ヨリ此処ニハ無之ト申サレ夫ヨリ自分室ニ駈込冬衣ヲ着シ白襷ヲ掛ケナカラ駈出シタリ此時舎外馬放レ駈歩行ヲ見受ケタリ兼テ約シタル如ク皇居ニ赴ントスルニ営内下士奔走シ又営門ノ傍ニハ兵卒冬衣ヲ着シタル者二三十人モ群リ居レリ夫ヨリ武庫主管ノ前ニテ近衛連隊ノ方ヨリ小銃二三発打掛ケラレ続テ冬衣ヲ着シタル兵卒来ルヲ見受ク夫ヨリ半蔵門ヲ出糀町四丁目辺ニ到リ二十銭ニテ人力車相雇ヒ皇居ニ赴シニ曹長平岡瓢殿指令シテ皇居前ニ整列シタル処ヘ至リ列伍ニ列シ申候其後近衛歩兵一中隊程ニテ警衛平岡曹長ノ令ニ依リ円陣ヲ作リ兵器ヲ納ムヘキノ達シコレアリ自分考フルニ各隊モ応セス事茲ニ及フ上ハ策ノ施シ方モ無之依テ兵器ヲ収メ縛サレ候尤モ今度暴発ノ儀ニ付自分等重立周旋仕候ニ相違無之候事
一　自分儀祐定作ノ短刀所持罷在リタルニ付御不審ヲ蒙リタレトモ右ハ昨年西南ノ役ニテ出張六月中ト覚へ候鹿児島私学校辺ノ砲台守衛中兵卒名失念分捕品ノ由ニテ貰受ケ本年二月中ト存候雉子町家号不存研師へ頼ミ代金弐拾五銭ニテ白鞘研共出来致シ候尤同分隊ノ者モ承知罷在候間御糺相願候事
右之通相違不申上候
明治十一年十月一日　　廣瀬喜市

【現代語訳】
徒党暴動の件
一　自分は、八月二十日営内をぶらついているとき、同じ隊の第二小隊砲卒・大久保忠八から、「こんどの企てに同意しないか」と言われたので、そのいきさつを聞くと、「過日、日給金を減らされた上に、満期除隊後、別段のお手当もなく、後年のめども立たず、難渋はひとかたでない。また、昨年の西南の役で功労のあった者に賞典もない。いかにも苛酷なご処置だから、これらのことを諸隊の同志の者が申し合わせて出願するのだ」と言った。自分は、「兵役は人民の義務であるから、日給金減少を口実として出願する考えはない。だから同意しがたい」と断わったが、満期除隊のときのお手当、また戦功のご賞賜がない件は、以前から不平に思っていた。同日、またまた同じ隊の馭卒・高橋小三郎から強願のいきさつを聞かされた。同人はかねて懇意で、その上、古参の者でもあり、とうとう「同意する」と答えた。すると同人から、「明二十一日、同志の面々が永田町の山王社近くの茶店で密会する約束になっている。お前はこれから砲兵第一大隊へ行き、この集会のことを同志へ通達してくれ」と言われたので、はがき郵便で出そうと思い、以前、他の件で砲兵第一大隊兵卒・辻則勝へ出そうと書いておいた分を削り、山王社会合のことを砲兵第一大隊馭卒・永井銀蔵へあてて差し出そうと書いたが、万一洩れてはまずいと気づいて止め、高橋小三郎とともに出営した。すると、近衛武庫主管脇で同じ隊の馭卒・谷新四郎に出会った。小三郎が、「長島竹四郎、小島万助はどこへ行ったか」と聞くと、「近衛歩兵営へ行った。だから、予備砲兵隊には、歩兵との話し合いの内容を聞いてから行く方がよい。竹四郎、万助は麴町の方へ行くと言っていたから、麴町の水茶屋で待っているのがよい」と言うので同意し、いっしょに一丁目角の水茶屋へ行き待っていた。しばらくして両人が来て、「きょうは歩兵の者に面会できなかった。君等は予備砲兵隊へ行ってくれ」と言うので、自分と小三郎はいっしょに行った。小三郎は予備砲兵隊火工卒・宮崎忠次へ会合のことを知らせに行くので営内で別れた。自分は、すぐに永井銀蔵の兵営へ行って面会し、同人といっしょに宮崎忠次の兵営に行き、四人同席で会合の件を知らせ、小三郎とともに帰営した。

同二十一日、同じ隊の馭卒・岩本久蔵、馬場鉄市へ、今回の暴発のいきさつから、きょう山王社で会合があることを伝えた。さらに同じ隊の馭卒・長島竹四郎から、近衛工兵隊ラッパ卒・地木楽新助という者といっしょに山王社へ行くように言われていたので、すぐに工兵隊へ行ったが、同隊は外出禁止のようだった。やむをえず自分だけ山王社近くの茶店に行くと、予備砲兵火工卒・鈴木直次と名前を知らない兵卒一人、砲兵第一大隊からは永井銀蔵、馭卒・木村伊四郎、自分の隊では長島竹四郎、馭卒・小島万助、高橋小三郎、野中与吉、馬場鉄市、岩本久蔵、砲卒では大久保忠八ほか名前を知らない兵卒三、四人がつぎつぎ集まった。

しかし、前もって忠八、竹四郎、万助等が、会合に参加すると約束させておいたという東京鎮台歩兵第一連隊、近衛歩兵第二連隊の者は、来会していなかった。「こんなことではとても決議することはできない」などと議論紛々しているとき、万助が麻布兵営の図面を持っていて、「あの隊は新兵が多く、話も容易にできないので、当隊などが襲撃すれば同意する者もあるかもしれないと、同隊の者が言い、描いてよこしたものだ」と言ったが、自分は見なかった。そのとき、どこからか十一、二歳の少年が「鈴木直次」と書かれた名刺のようなものを持ってきて、鈴木を呼び出した。小島万助と長島竹四郎は、「近衛第二連隊の者と相談してくる。相談の結果は通知する」と約束して出ていった。それから一同、茶店を出て石段を下りたとき、同じ隊の馭卒・小川弥蔵ほか名前を知らない三、四人が来合わせた。しかし、永井銀蔵、木村伊四郎はすでにいなくなっていた。そのとき、東京鎮台予備砲兵隊の者が、「当隊では同志の者たちは決心しているので、いつ事を発しても差し支えない。また諸隊が決議しなくても、砲兵第一大隊、近衛砲兵隊および予備砲兵隊、合わせて三大隊であれば兵員不足でもないから、明二十二日はどうか」と迫ったが、「自分の隊ではまだ決議に至っていないので、来たる二十四日午前二時頃暴発ではどうか」と大久保忠八が言ったことでだいたい相談がまとまり、またあす午後、招魂社園内に集まって決議することを約束して解散した。帰路、麹町一丁目の水茶屋で休息していると、山王社で会った者ども七、八名ばかりとまたまたいっしょになり、帰営した。

翌二十二日朝、営内で小川弥蔵が、「近衛歩兵隊の者が三人来て、こんどの件についているので、神田銀《しろがね》町の旅人宿松川庄三郎方へ午後行っているので、来てくれるよう頼まれた」と言うので、「いっしょに行く」と言った。自分は午後一人で出営、神田橋外の水茶屋で休息中、小川弥蔵、久保田善作に出会い、三人いっしょにその旅人宿に行くと、歩兵隊の者はまだ来ていなかった。しばらくして近衛歩兵第二連隊兵卒・何のトモミとかいう者が来て四人同席したが、士族らしい者が一人居合わせ、それは約束していた者ではないので発言しないでいると、トモミが、「きょうは歩兵隊へ話があるというのでここへ来たのか」と言うので、「その通りだ」と答えると、別席の者が、「その件は少々聞いたことがあるが、甚だよくないことだと、かねてご承知の三人の者へ言った。三人の者は、きょうは浅草辺へ行ったのでここには来ないだろう」と言ったとき、大久保忠八も来た。一同その家を立ち去ろうとするとき、弥蔵から、「下宿にしている美土代町二丁目伊勢屋藤助方へ来てくれ」と言われた。善作、忠八などは出ていき、自分が残っていると、木島次三郎と水上丈平が来たので、「すぐ、弥蔵の下宿へ行け」と言った。自分は違う道から行くと、同じ隊の兵卒・大崎石松、忠八、善作、丈平、次三郎、万助等がつぎつぎ集まってきた。同じ隊の馭卒・松本三四郎、下津八十吉も居合わせたので、自分から、「こんど諸隊が申し合わせて暴動を起こすことを決めたので、その節は尽力してもらいたいし、分隊の者へも伝えてほしい。これまで話さなかったのは万一露見したとき、迷惑をかけるのは気の毒と思ったからだ」と言うと、「わかった」と両人が答えた。「暴発のことはよく相談して、予備砲兵隊へ確実な証しをもって知らせなければならない」と忠八が言うので、一同同意した。それで第一小隊で自分、第二小隊で忠八が血判することを申し出、万助が半紙を取り出したので自分は一枚貰い受け、第一小隊の方は自分が筆をとり、自分の姓名を書き、それから野中与吉、馬場鉄市、岩本久蔵と記し、自分はすぐに血判し、ほか三人の分は自分が代わりに血判したが、次三郎が、「暴挙の名義がはっきりしないので連判できない」と言ったので、結局まとまらなかった。第二小隊では万助が筆をとり、同人と忠八とが血判し、ここから招魂社の集会の席へ持っていくよう頼まれたが、自分の小隊はよく相談していないので忠八に返した。万助は、「東京鎮台第一連隊兵卒に会うため、佐柄木町に行く。長島竹四郎はすでに行っている」と言って出た。続いて忠八も自分に、「招魂社の会合へ行き、予備砲兵隊の者へ待っているよう伝えてくれ」と言って出ていった。途中で考えると、血判のことは、決議されないのでは無益と思い、それを噛み破り、路上に捨てた。それから招魂社に行くと、予備砲兵隊兵卒・横山昇ほか名前を知らない兵卒三、四人、近衛歩兵第二連隊第一大隊第二中隊兵卒・川島清蔵ほか名前を知らない兵卒一名、近衛砲兵では小島万助、長島竹四郎、小川弥蔵、木島次三郎、そのほか名前を知らない兵卒八、九人ほどが集まっていた。いよいよ明二十三日夜暴発と決まり、大久保忠八が、「暴発のとき、同志の者は冬衣を着、帽子の日覆いを取り、白襷《しろだすき》を右肩から左脇にかけること」と伝えた。また横山昇が自分に、「これは秘密のことだが、予備砲兵隊の士官、下士にも、今回の件に尽力している人がいる、と内々聞いている」と言った。明二十三日午後、なおまた招魂社で会合を開くことを決めて解散した。

同二十三日午前、室内で忠八に出会うと、今夜使用する旗とその使い方、冬衣を着て白襷をかけた雛形を半紙に書いたものを見せられ、旗の仕立てを頼まれた。雛形は写し取って、返してくれと言われた。それで自分はこれを西野内紙《にしのうちがみ》へ写し取り、四枚持った。同じ隊の兵卒・木村円解、浅見綾次郎へ今夜暴発することを話し、午後、三人いっしょに九段下俎橋東詰の酒店で酒を飲み、自分は円解と店を出た。途中で雛形一枚を同人に渡して別れ、自分は神保町の呉服店で緋金巾《かなきん》一尺、白金巾二尺を買い、俎橋の方に行く途中で小川弥蔵に出会ったので、雛形一枚を渡し、旗を仕立てるよう伝えた。それから飯田町二丁目の、家の名前は忘れたが、自分の下宿に行くと円解がいた。同人と相談、針と糸を下宿から借りて二人で旗を四本仕立て、二本を円解に渡し、自分は二本を持って招魂社へ行った。ここで多人数が集会すれば、自然人目に触れる恐れがあるため、富士見町の水茶屋に移動した。集まったのは、大久保忠八、木島次三郎、谷新四郎、予備砲兵隊から横山昇ほか名前を知らない兵卒一人、近衛第二連隊第二大隊第二中隊兵卒・築山寅蔵、同第一中隊兵卒・岡田資源。「いよいよ今夜、砲兵隊が打つ号砲二、三発を合図に、各隊の同志の徒、かねて約束したように隊列を整え、皇居の周辺に行けば、予備隊の者が言ったように指揮する人がいる。もし妨害する者がいれば打ち払い、強願に及ぼう」と申し合わせた。大久保忠八に自分が仕立てた旗を見せると、「今夜の合言葉は、問号『竜野』、答号『竜興』だ」と言うので、旗の雛形へ書き添え、築山寅蔵、岡田資源に渡そうと差し出した。そのあと、二人は帰っていった。続いて横山昇が大久保忠八を予備砲兵隊の下士の下宿に派遣し、名前を知らない下士一名をつれてきた。昇、忠八が、「いよいよ今夜暴発するので尽力してください」と話すと、「暴発の名義は何か」という問いがあった。自分等は、「確たる名義というのはありませんが、不公平のご処置が多いので暴発しようとしているのです」と答えた。下士が、「確たる名義がないのなら、しばらく待つべきだ」と言うので、「約束がすでにととのった今になってこのような議論が生ずるならば、きっと事は成就しません。この顚末を自首するしかありません」と自分がきっぱり発言すると、下士はこれを聞いて、「それなら決議のようにしよう」と言った。そのとき昇が、「右の通り決する上は、わが隊の士官または下士の中に、隊伍を指揮する方がいるはずだ。その命令に服従するか」と言うので、「委細承知した」と答えた。そのとき下士に暗号、旗の雛形の写しを示すと、下士は、「その用意をしよう。そして隊長に申告し、その返事の内容を知らせるため、自分が、砲兵隊の営門の哨兵まで申し遣わしても差し支えないか。しかし兵も多人数だから、万一不都合が生じてはならない。誰か一人来てくれ」と言うので自分が行くことに決め、下士は立ち去った。それから予備砲兵隊の下士等が集まっている市ヶ谷坂町定斎《じょうさい》薬店へ昇とともに行こうと、自分の手帳を木島次三郎に托し、「木村円解に頼み、帰営したように取り計らってくれ。これから返答を聞き、必ず知らせる」と約束して出かけようとしたが、持ってきた旗二本は風呂敷に包んだまま席に置いてあったので、そこにいた者に、「帰営するとき持ち帰ってくれ」と言って出た。まっすぐその場所に行くと、名前を知らない下副官一人、火工下長一人、軍曹一人がいた。昇は何か密談したあと、下副官と軍曹は、「予備砲兵隊隊長・岡本少佐方に行き、決起を迫る。知らせるまでは、ここに待っているように」と言い、出ていった。しばらくして軍曹が帰ってきて、「隊長は不在で、どうなっているのかわからないので、自分はひとまず帰隊する。今夜十一時までには必ず昇から知らせる」と言うので、「それならここで十一時まで待ちます」と言うと、軍曹は、「帰営して隊で申し合わせのことを決定し、すぐに兵卒を脱営させて知らせる」と言って出ていった。しかし、何の知らせもないので、火工下長は、「当本隊に行き、事を決めて知らせる」と帰っていった。その後、時刻が経っても知らせがないので、昇と同道して予備砲兵隊の兵営へ行き動静をうかがうと、いつもと異なり裏門に哨兵らしい者がいて、営内の様子はなおわからなかった。早くも予定した時間も迫ってきたので、二人で相談し、自分の本隊へ戻ろうと思い、九段坂上に来ると、もう本隊の方から、鬨の声や号砲が発せられたのを聞いた。このあたりはとても通行できないと思い、九段坂を下り、俎橋から大隈参議殿居宅の後方の堀端の道を通り、竹橋に入った。そのとき、同じ隊の馭卒・竹井保作、中沢喜作に会い、「誰だ」と問われたので、「広瀬」と答えた。昇といっしょに営門の方に来ると、同志の者がもう営門を押し出し、西に向かって行進するのに会った。昇はすぐに追跡し、自分は営門に入り、守衛控所前に伍長・佐藤信主殿がいる前を疾走し、混雑の際なので第二小隊左分隊軍曹室に行って、「冬衣を借用したい」と頼んだが、姓名を知らない下士から、「ここにはない」と言われ、それから自分の室に駆け込み、冬衣を着、白襷をかけながら駆け出した。このとき、舎外で馬が放たれ、駆けていくのを見た。かねて決められたように皇居に行こうとしたが、営内は下士官が走り回り、また営門の傍らには、兵卒で冬衣を着た者が二、三十人も群がっていた。それから武庫主管の前に行くと、近衛連隊の方から小銃二、三発が打ちかけられ、続いて冬衣を着た兵卒が来たのを見た。それから半蔵門を出て、麴町四丁目あたりで二十銭で人力車を雇い、皇居に行くと、曹長・平岡瓢殿が指令して皇居前に整列していた所に行き、列伍に並んだ。そのあと、近衛歩兵一中隊ほどに警護され、平岡曹長から、「円陣を作り、兵器を納めろ」と命令があった。自分は、各隊が呼応せず、事ここに至っては策の施しようもないので、兵器を納め、縛された。こんどの暴発について、自分等が重立って立ち回ったことに相違ない。

一　自分は、祐定作の短刀を持っていたことについてご不審を受けているが、右は昨年西南の役で出張のとき、六月と覚えているが、鹿児島私学校あたりの砲台守衛中に、兵卒に、名前は忘れたが、分捕品だと言って貰い受けた。本年二月中と思うが、雉子町の、家号を知らない研ぎ師へ頼んで、金二十五銭で白鞘研ぎともでき上がってきた。それは同じ分隊の者も承知しているので、確かめてもらいたい。
右の通り相違ない。
明治十一年十月一日　　　　広瀬喜市

〔語句解説〕

＊西野内紙　楮の樹皮を原料とした手漉きの和紙。茨城県山方町西野内で生産。

＊金巾　堅くよった綿糸で目を堅く細かく薄地に織った綿布。カネキン。（広辞苑）

＊定斎薬店　一対の薬箱を天秤棒でかつぎ、薬箱の引出しの鐶（かん）をならしながら売り歩く行商人（広辞苑）。

5　谷　新四郎

近衛砲兵大隊第二小隊
駅卒　（谷新四郎　当十月二十四年十ケ月
明治八年四月入隊　滋賀県平民　近江国野洲郡幸津川村住　新右エ門四男　天台宗

口供

徒党暴動之件

自分儀本年八月上旬頃カ七月下旬カ日ハ失念夕食後営内散歩中長島竹四郎小島万助ノ両人ヨリ鎮台予備砲兵隊ニ於テ既ニ大砲ヲ営門迄引出シ暴挙ニ及ハントシタル風聞有之由ヲ話スニ付現今日給并御渡品等減省相成不平ヲ鳴ラサヽル者ナキニ付左モアルベ《ママ》シ併シ東京ノ諸隊一同ニテ暴動スルナラハ随分面白カラント戯レ同様ニ相話候事

一　其後八月中旬日ハ失念小川町ナル長島竹四郎ノ休息所ヘ小島万助同道罷越タル処近衛連隊ノ兵卒大住宗太郎平林紋之助（其時両人共ニ姓名不知）参リ合セ其時長島ヨリ申スニハ此度ノ減給ニ就テハ何レノ隊ニテモ不平ヲ鳴ラス筈併シ何事ヲ企ルモ我砲兵隊ニ於テハ少人数ノ事故相談ハ纏ルベ《ママ》シト思フ連隊ニ於テハ如何ニ可有之ヤト云フ大住等ノ答ニ成程歩兵ハ多人数ノコト故相談纏リ兼ヌヘシト云ヘリ然ルニ長島等ハ歩兵カ纏マラヌデ《ママ》ハ充分ノコトモ出来兼ヌベ《ママ》シト申居候事

一　同十三日頃ト覚ヘ長島休息所ニ赴ク処近衛連隊兵卒三添卯之助（其時姓名不知）同砲隊兵卒髙橋小三郎小島万助モ会シ居レリ自分ハ談話ノ央ニ参リタレハ始メノ話ハ承ハラス只長島三添ニ向ヒ来ル水曜日迄ニ決答致シ呉ヨト申居リ候事

一　同十八日夜営内砲廠ニ於テ小島長島ヨリ大久保忠

八ト自分へ明日鎮台予備砲兵隊へ参呉レヨ尤大久保儀同砲隊ヨリ近衛砲隊へ転営シタルモノナレハ先方ニ於テ疑ヲ起スモ量リ難シ依テ自分同行シテ参リ呉レトノコト故承諾仕候事

一　同十九日鎮台予備砲兵隊へ大久保忠八ト罷越宮嵜忠治《ママ》ト申者ニ面会大久保ヨリ貴隊ハ如何ヤト申ス自分又云フニハ今度ノ暴挙ニ同志スル人数ハ何程アリヤト尋ネタレハ未タ何程トモ決定不致旨申ニ付大久保ヨリ左テハ明廿《ママ》一日山王社ノ集会迄ニ決答致シ呉ルヘクト約シ立皈リタリ然ルニ予備砲兵隊へハ大久保忠八金井惣太郎ヨリ兼テ談合相成居ル様子ニ付此他委細ノ事ハ申談セス且山王集会ノ儀モ他ノ者ヨリ宮﨑方へ通告アリタルモノト察セラレ候事

一　同廿日小島ト半藏門前名前不知水屋ニテ出会スヘキ旨相約シ自分ハ少々相後レ正午十二時三十分頃出営途中連隊ノ前ニ於テ髙橋小三郎廣瀬喜市ニ追付夫ヨリ右水屋へ罷越ス処小島長嶋ハ已ニ参リ居リ其時廣瀬髙髙ハ予備砲兵隊へ罷越様子ニテ立出無程麹《ママ》町後家湯へ小島長島同行罷越ス処姓名不知鎮台歩兵ノ者一人罷越居長島ヨリ蜜談罷在リ畢テ午後三時頃鎮台ノ者モ共々該家ヲ立出門前ニテ相別レ小嶋長嶋ト罷リ皈ル途中長島ヨリ鎮台ニハ談合不調ト相話シ夫ヨリ神保町ニテ小島長島ト相別レ自分ハ裏神保町五番地太田環方即チ自分休息所へ至リ七時頃皈営仕候事

一　同廿一日自分儀ハ使役当番ニテ山王社会議ニ出席不致同夜舎外樅ノ樹ノ下ニ於テ長島竹四郎ニ出会シ今日ノ会議ハ如何セシヤト承ル処近衛歩兵ノ者集会之ナキニ付衆議決セサル趣ヲ申聞ケ候事

一　同廿二日長島申スニハ本日近衛歩兵ヨリ三人面会ニ来リタル者有之時機宜キニ付招魂社へ集会スル筈ト承リタルモ自分ニハ不快ニテ診察ヲ受ケ居リ此会ニ与カラス同夜砲床《ママ》ニテ長島ヨリ弥明夜ニ決定シタリ付テハ連隊ニテ武庫主管ニ有之スナイトル四百挺程モ取出シテ我隊へ渡ス約束ナリ夫迄ハ我隊ノスヘンセールヲ用ユル故此弾薬モ銘々少々ツヽハ用意致シ度キモノナリトノ話ヲ承リ居ル処へ已ニ近藤祖舟羽成常助吉田定吉石田丑松等来リ其内竹四郎ハ自分ニ委細ノ事ヲ話シ呉ル様申シ何方へカ行カレタルニ付自分ヨリ衆ニ向ヒ昨年ノ戦争ニ功アル者賞典ノ御沙汰モ無之且ツ日給并御渡品減省ノ不平ニ由リ諸隊申合明晩暴動ヲ起ス事ニ決定致シ付テハ連隊ニテ武庫主管ニアルスナイトルヲ取出シ我隊へ渡ス約束ナリ猶委細ノコトハ小島カ長島ニ聞テ貰ハント申居ル処へ小島来リタル故同人ニ托シ自分ハ新家仲吉髙橋竹四郎ヲ呼ヒニ室ニ皈リ新家へ大

略ヲ相話シタレハ同人砲床《ママ》へ出行キ次ニ髙橋ニ話シ居ル内人員検査ノ号音ニ付検査ニ相立候事

一　同二十三日午後四時五時ノ間又々招魂社へ集会スル約束ナル由ニ付自分モ罷越シタル処連隊ヨリ二人鎮台予備砲兵隊ヨリ一人当隊ニテハ大久保忠八廣瀬喜市等参リ居リ何分多人数ニテハ外見ヲ憚ル由ニ付自分ハ其場ヲ引取リ下宿ニ至リ休息ノ上招魂社近傍水茶屋ニ立寄タル処長島竹四郎小島万助ニ出会シ今日ノ会議ハ如何ヤト問フ処首尾ヨシト答ヘタルニ付別レテ皈営ノ上猶委細ノ事ヲ聞カント小島萬助ニ面会スル処既ニ各隊孰レモ事決タルニ付我隊ニテモ事ヲ発セサレハ他隊ヨリ襲撃セラル、筈ニ付今夜十二時ヲ以テ弥暴動可致積リナリトノ事故其心得ニテ入寝致シタル処大砲ニ釘ヲ打音相聞ユルニ付密謀露顕ニ及ヒタル哉ト心痛罷在ル処十一時半頃舎外俄ニ騒動発シタル故暴動始マリタリト存シ起テ窓ヨリ覗キ見レハ皆申合ノ服装ニテ出居ル故身支度致シ駈出ントスル処階下ニ抜剣ニテ支へ居ル者有之ニ付立皈リ暫クシテ又出行タルニ支ル者モ無之ニ付直ニ梯子ヲ下ル際営門ニテ呼集ノ喇叭ヲ奏シタリ先ツ砲床《ママ》へ出テ砲ヲ打タントスルモ火門ニ釘打アルヲ以テ数十人ト共ニ営門ヲ出行キ連隊ノ表門前ニ至リ大声ヲ揚ケテ相促シタル処営門ヨリ射撃セラレ散乱シテ騎兵落シノ石垣ノ本ニ隠レ居タル処銃声漸ク静マリタルニ付出テ我営ノ裏門ヨリ入リタル処砲声一発シ間モナク秣庫ニ火ノ燃揚リタルニ依リ火薬庫ノ近傍ナルヲ恐レ再ヒ裏門ヲ出テタレハ連隊通用門ニ夏衣ノ兵数人屯シ居ルニ付砲隊営柵ノ根ニ潜ミ居タル処再砲声一発シタルニ依リ柵ノ外ヨリ営内ヲ覗キ見レハ厩ニ水ヲ注キ居ル者有之柵外ヨリ誰ソト声掛ケタレハ小川軍曹殿ニテ厩ヲ防カサレハ馬カ焼ケ死ヌト申ニ付直ニ柵ヲ越へ其場ニ行タル処伊藤伍長殿加藤伍長殿長屋伍長殿石橋源次郎蓮池源吾伊藤與七中田佐吉其外二三人居合セ共ニ水ヲ掛ケ居ル内小島万助モ来リ追々火勢モ衰へ先ツ厩モ気遣ヒナシト小川軍曹殿ノ申サル、ニ依リ厩ニ入リテ休ミ居ル処西村惣助営倉ヲ破リ出タル由ニテ来リ空腹ニ及ヒタル趣申スニ付自分炊事場ニ至リ飯ヲ持来リ共々相食スル内伍長片山政則殿参リ炊事ニ取掛レト申付ラレ炊事場へ罷越ス処服ヲ着替ル様申サルニヨリ夏衣ヲ着替タリ夜ノ明ルニ及ヒ人名取調有之軍刀ヲ納ル様加藤伍長殿ヨリ申達シラレ兵器相納メ廿四日午十二時前迄同所ニ罷在皈室致タル処連隊ヨリ衛兵参リ護衛相成候事

一　前顕追々ニ談話等承ル処減給ノ儀尤ノコトト存シタルニ付固ヨリ暴動ノ儀同意仕候事

右之通相違不申上候

明治十一年十月二日　谷新四郎

【現代語訳】

徒党暴動の件

自分は、本年八月上旬頃か七月下旬か日は忘れたが、夕食後営内を散歩中、長島竹四郎、小島万助の二人から、「鎮台予備砲兵隊ではすでに、大砲を営門まで引き出し、暴挙に及ぼうとしたという噂がある」と聞いたので、「最近、日給とお渡し品等が減らされ、不平を言わない者はいないので、そういうこともあるだろう。しかし、東京の諸隊がいっせいに暴動すれば、ずいぶん面白いことになるな」と冗談のように話した。

一　その後、八月中旬、日は忘れた、小川町の長島竹四郎の休息所へ小島万助といっしょに行くと、近衛連隊の兵卒・大住宗太郎、平林紋之助（そのとき、両人ともに姓名を知らなかった）が来ていた。そのとき長島が、「今度の減給についてはどの隊でも不平を言うはずだ。しかし何事を企てても、わが砲兵隊は少人数だから相談はまとまると思う。連隊ではどうだろうか」と言った。大住等は、「確かに歩兵は多人数なので、相談をまとめるのは難しいだろう」と言った。長島等は、「歩兵がまとまらないのでは十分のこともできないだろう」と言っていた。

一　同十三日頃と思うが、長島の休息所に行くと、近衛連隊兵卒・三添卯之助（そのとき、名前を知らなかった）、同じ砲兵隊の兵卒・高橋小三郎、小島万助もいた。自分は話の途中に入ったので、初めの方の話は聞いていない。ただ長島が三添に、「来る水曜日までにははっきりとした返答をしてほしい」と言っていた。

一　十八日夜、営内砲廠で小島、長島から大久保忠八と自分へ、「あした鎮台予備砲兵隊へ行ってくれないか。大久保は同砲隊から近衛砲隊へ転営してきた者なので、先方で疑いを起こすかもしれない。谷もいっしょに行ってくれ」と言うので承諾した。

一　同十九日、鎮台予備砲兵隊へ大久保忠八と行き、宮崎忠次という者と面会した。大久保が、「こんどの件について、貴隊はどうか」と言い、自分も、「こんどの暴挙に同意する人数はどのくらいいるか」と尋ねると、「まだどれくらいとも決まっていない」と言うので、大久保が、「それでは二十一日の山王社の集会までにははっきりとした返事をしてくれ」と約束して帰った。予備砲兵隊へは大久保忠八、金井惣太郎から、かねて話があったようなので、ほかにくわしいことは話さなかった。山王社の集会の件も、ほかの者から宮崎に連絡があったものと察しられた。

一　同二十日、小島と半蔵門前の名前を知らない水屋*で会う約束をした。自分は少し遅れ、昼十二時三十分頃出営、途中、連隊の前で高橋小三郎、広瀬喜市に追いつき、その水屋へ行くと、小島、長島はすでに来ていた。広瀬、高橋は予備砲兵隊へ行くらしく、出ていった。そのすぐあと、麹町の後家湯へ小島、長島といっしょに行くと、名前を知らない鎮台歩兵の者が一人来ていて、長島と密談した。終わって午後三時頃、鎮台の者もいっしょにその家を出て、門前で別れた。小島、長島と帰る途中、長島が、「鎮台との話し合いはうまくいかなかった」と言った。それから神保町で小島、長島と別れ、自分は裏神保町五番地、太田環方、即ち自分の休息所へ行き、七時頃帰営した。

一　同二十一日、自分は使役当番なので山王社の会議に出席しなかった。同夜、兵舎の外の樅の木の下で長島竹四郎に出会ったので、「今日の会議はどうだったか」と聞くと、「近衛歩兵の者が集会に来なかったので、何も決めなかった」と言った。

一　同二十二日、長島から、「きょう近衛歩兵から三人面会に来た。時機がよいので招魂社の集会に来るはずだ」と聞いたが、自分は気分が悪く診察を受けていて、この会に行けなかった。同夜砲廠で長島から、「いよいよ明夜に決定した。ついては連隊で、武庫主管にあるスナイドル銃四百挺ほどを取り出してわが隊へ渡す約束だ。それまではわが隊のスペンセル銃を使うので、その弾薬も各人に少しずつは用意したいものだ」という話を聞いているところへ、近藤祖舟、羽成常助、吉田定吉、石田丑松等が来た。そのうち、竹四郎は自分に、「くわしいことを話してやってくれ」と言ってどこかへ行ったので、自分から皆に、「昨年の戦争に功があった者に賞典のご沙汰もなく、その上、日給とお渡し品も減らされた不平から、諸隊で申し合わせ、明晩暴動を起こすことに決定した。ついては連隊で武庫主管にあるスナイドル銃を取り出し、わが隊へ渡す約束だ。なおくわしいことは小島か長島に聞いてもらいたい」と言っているところへ小島が来たので同人に托し、自分は新家仲吉、高橋竹四郎を呼びに部屋に帰った。新家へおおよそのことを話すと、同人は砲廠へ出ていった。つぎに高橋に話していると、人員検査の合図の号音がしたので検査に行った。

一　同二十三日午後四時から五時の間、またまた招魂社で集会をする約束なので自分も行くと、連隊から二人、鎮台予備砲兵隊から一人、当隊では大久保忠八、広瀬喜市等が来ていた。何分多人数では人目につくというので、自分はその場を出て、下宿に行き休息した。そのあと、招魂社近くの水茶屋に立ち寄ると、長島竹四郎、小島万助に出会った。「きょうの会議はどうだったか」と尋ねると、「首尾よし」と答えたので、そこで別れた。帰営してから、さらにくわしいことを聞こうと小島万助に会うと、「すでに各隊いずれも事を決めたので、わが隊も事を起こさなければ他隊から襲撃される。今夜十二時をもっていよいよ暴動を起こすつもりだ」と言うのでそのつもりで寝た。ところが、大砲に釘を打つ音が聞こえたので密謀が露見したのかと心配していると、十一時半頃、舎外で急に騒ぎが起こった。暴動が始まったのだと思い、起きて窓からのぞき見ると、皆申し合わせた服装で出ていたので、身支度して駆け出ようとすると、階下に抜剣して通させないようにしている者がいた。部屋に戻り、しばらくしてまた出ていくと、誰もいなかったのですぐに階段を降りると、営門で呼集のラッパが鳴るのが聞こえた。まず砲廠に行って大砲を打とうとしたが、火門に釘を打ってあるので、数十人とともに営門を出て、連隊の表門前に行き、大声をあげて歩兵の決起を促すと、営門から射撃された。散乱して、自分は騎兵落しの石垣の元に隠れていた。銃声がようやく静まったので出て、わが営の裏門から入ったとき、砲声が一発起こり、まもなく馬草庫から火が燃え上がった。火薬庫の近くなのを恐れて、再び裏門を出ると、連隊通用門に夏衣の兵が数人たむろしているので、砲隊営柵の下に潜んでいた。再び砲声が一発した。柵の外から営内をのぞき見ると、馬屋に水をかけている者がいた。柵の外から、「誰だ」と声をかけると小川軍曹殿で、「馬屋の火を消さないと馬が焼け死ぬ」と言うので、すぐ柵を越えてそこに行った。伊藤伍長殿、加藤伍長殿、長屋伍長殿、石橋源次郎、蓮池源吾、伊藤与七、中田佐吉ほか二、三人が居合わせた。いっしょに水をかけているうち小島万助も来て、しだいに火勢も衰えた。「まず馬屋も心配なくなった」と小川軍曹殿が言われるので馬屋に入り休んでいると、西村惣介が営倉*を破って出てきた。空腹だと言うので、自分は炊事場に行き、飯を持ってきていっしょに食べた。伍長・片山政則殿が来て、「炊事に取りかかれ」と言うので炊事場へ行くと、服を着替えるように言われ、夏衣に着替えた。夜が明けると人名取調べがあり、兵器を納め、軍刀を納めるよう加藤伍長殿から言われた。二十四日昼十二時まで同所にいて帰室すると、連隊から衛兵が来て護衛された。

一　前に述べたことは、いろいろ話などを聞き、減給のことはもっともなことと思ったので、当然のこととして暴動に同意した。

右の通り相違ない。

明治十一年十月二日　　谷新四郎

〔語句解説〕

＊水屋　氷水その他の水物を売る店

＊営倉　兵営内にあって犯則者を拘束した施設（広辞苑）

6　金井惣太郎

近衛砲兵大隊第二小隊

駅卒　金井惣太郎　当十月二十二年二ケ月

明治十年十二月入隊　栃木県平民　下野国都賀郡高橋村　亡佐吉四男　真言宗

口供

徒党暴動之件

一　自分儀近頃隊中不平ヲ抱ク者有之寄々談話スルヲ承リ居ル処八月初旬ト存候同隊砲卒鈴木丑太郎同道遊歩先予備砲兵隊営門前茶店ニテ予備砲兵隊駅卒落合政蔵ニ出会シ互ニ面白キ話ハ無キヤ抔問答ノ末自分隊中不平ヲ申シ居ル者之アリ且各隊ニモ其咄有之趣ト申タルニ同人ヨリ夫ハ不平モ有ヘシ近衛ハ年限モ長キ故事ヲ挙ルトキハ先ニ憤発シテ貫ハサルヲ得スト申ニ付自分ヨリ夫ハ左様ナレト事ヲ挙ルトキハ同様憤発致シ呉レ度旨申タリ此際予備砲兵隊卒宮嵜忠次相越シ夫ヨリ自分丑太郎忠次倶々散歩ノ末飲酒皈営致シ候其後一両日ヲ経テ遊歩ノ砌招魂社辺ト覚ヘ候予備砲兵隊兵卒名前失念一名ニ出会右政蔵ヘ話シ置タル儀ニ付同隊ノ様子ヲ承ラン為メ其者ヘハ何等ノ話シモ致サス只過日落合ヘ話シ置タル事ハ如何ヤト旧兵ノ向ヘ伝ヘ呉度旨依頼セリ其後八月十七日ト存候同隊卒長嶋竹四郎ヨリ既ニ於テ今度減給等ノ事ニ付近衛連隊ニテ不平有之暴発ノ企アリテ既ニ中隊毎ニ同意ノ者二三十人宛有之由依テ各隊申合セモ既ニ相整ヒタル趣ニ付自分ハ同隊卒大久保忠八同道予備砲兵隊ニ到リ相談致シ呉度旨申聞ケニ付忠八同道該隊営ニ到リ忠八ト協議ノ上該隊ノ旧兵ナル高見沢卯助宮嵜忠次ノ両人ヲ呼出シ竹四郎ヨリ談ノ趣委細申述何卒同意シ呉ル様申シタル処両人答ルニ先日落合ヨリモ承リタリ自分等ノ隊ニ於テモ同様不平

ノ者モ有之トモ司令スル者ハ如何ト申ス故此事ハ竹四郎等主トシテ尽力シ居ルニ付自分ニ於テハ其辺ノ事ハ承知致サスト申候処両人ヨリ兵而已ニテハ迚モ行届間敷司令スル人ノ名ヲ聞ザ《ママ》レハ協議シ難シトノコトニ付本日ハ右事件ニ付相談致度ニ付神田佐柄木町梅吉ト申ス団子屋迄参リ呉度旨申ス処両人ヨリ自分共隊ニテハ午後五時ヨリ散歩ナレハ本日ハ参リ難シト申ス故左スレハ明日ハ総《ママ》太郎下宿一橋通町七番地小柳キン方ヘ相越呉度且来ル水曜日永田町山王社ニ於テ各隊会議ニ付出席有之様相約シ忠八同道皈営致シ候同十八日午後散歩ノ末前書小柳キン方ヘ参ル処忠八并高見沢卯助宮崎忠次小林仙太郎外名前不存卒一人先ニ参リ居忠八ト彼是談シ居候様子ニ相見ヘ候卯助ヨリ自分ヘ向ヒ昨日モ申シタル通リ司令スル人ハ如何ト申ニ付自分ハ重立取扱ヒタルニ非ス依テ右ノ儀承知致サス候此事ハ各隊相談相調居ル故予備砲兵隊ニテモ同意致シ呉度様申候処卯助ヨリ予備砲兵隊ニテモ上官同意ノ者アレトモ其名ハ申シ難ク来ル水曜日ニハ誰ソ山王社ヘ参ル様可致ト申シ一同離散皈営致候同十八九日頃ト覚候同隊馭卒小嶌万助砲廠ノ辺ニテ出会ヒタルトキ日本刀ノ宜キモノ有之候ヘハ周旋致シ呉度ト申スニ付承知致シ翌日ト覚候前書キン方ヘ相越シタル節同人ヘ刀ハ無之哉ト相尋ル処所持ノ分ハ最早売払一本有之ト申ニ付自分弥暴発ト相決スル時ハ入用故求メタクト存シ見セ呉候様相頼ミ一見価ヲ承ルニ入用ナレハ進ズ《ママ》ヘクト申ニ付入用ノ時ハ貰ヒ度ト申シ置キ候尚自分ヨリ外ニ刀ハ無之哉ト尋ルニ余ハ糀町平川町南部屋ト申ヘ売払候間同家ヘ尋ネタレハ可有之ト申ニ付宅地番号写シ取リ追テ万助ヘ其旨相咄ス積リノ処終ニ相伝ヘ不申候同二十日竹四郎ヨリ忠八自分ノ両人ニテ再ヒ予備砲兵隊ヘ参リ同志ノ者人名取調山王社会議ニ持参致ス様通シ呉度旨相頼マレ其後忠八ニ向ヒ自分ハ本日予備砲兵隊ヘハ参ルヲ欲セサル趣申タルニ同人申スニハ左スレハ同隊卒谷新四郎ヲ伴フヘシ然ルニ竹四郎万助ノ両人ハ本日麻布連隊営ヘ参ルトノコトナルカ其実如何ヤト疑フ故貴様ハ両人ノ跡ヨリ参リ密ニ挙動ヲ窺ヒ可申トノコト故承知致候処其後竹四郎万助ニ出会両人ヨリ今日ハ予備砲兵隊ニ行クヤト申ス故本日ハ参ラサル旨答ヘタル処自分等ニ従ヒ来ルヘキ旨申ニ付忠八ヨリノ咄シモ有之直ニ承諾スルニ付テハ予備砲兵隊ヘ参ルモノト麻布連隊ヘ行クモノト双方ノ返事ハ皈途神田佐柄木町梅吉ト申ス団子屋ニ落合報知スヘシト相約シ夫ヨリ三人倶ニ午後一時頃出営麻布連隊営ニ到リ名前不存兵卒一人ニ面会竹四郎ヨリ今度諸隊不平ノ議《ママ》ニ付申合セ暴挙ノ企アリ貴

隊ニテハ如何ト問タルニ当連隊ニ於テハ未タ右様ノ話無之尚一同ヘ話合ヒ明日ニモ返答致スヘシトノ答ニ付明日山王社ニ於テ各隊会合候間出席有之度段談シ置キ立去リ皈途愛宕下ニテ両人ト相分レ夫ヨリ自分ハ同所ノ室内射的場ニ遊ヒ直チニ皈営前書梅吉ヘハ終ニ参ラス候処同夜竹四郎ヨリ一寸砲廠迄参ル様申スニ付相越タルニ万助忠八ノ両人モ居合セ三人ヨリ先刻梅吉ヘハ何故来ラサルヤト問レ候ニ付用向有之不参趣申タル処其様ノ事ニテハ向後肝要ノ事ハ話シ難シ抔ト詰ルユヘ自分ヨリ今度ノ事件麻布連隊ヘハ已ニ相談致シ有ル様申聞ケタレト今日談ノ模様ニテハ全ク其儀無之右様浮キタルコトナレハ元ヨリ話シヲ聞ニモ及ハスト存シ参ラザ《ママ》レトモ其違約シタル儀ハ甚タ失敬致シタリト謝シ申候同二十一日既当番ニ付外出致サス候処夕食後室ノ出口ニテ忠八ニ出会シ仝人ヨリ今日会議ニテ来ル二十三日夜暴発ノ事ニ粗相決シタルコトヲ承リ申候同二十二日午後二時半頃宮嵜忠次ヘ同道散歩セント誘引スヘキト存シ同人営ヘ相越ス処同人ヨリ昨日山王社会合ヘ近衛歩兵隊ノ者出席無之約束ト違ヒ不都合ニハ無之ヤト申ス故自分ハ元ヨリ其辺ノ儀扱ハサルニ付深キコトハ不知ト相答同道散歩セント相進メタルニ忠次外出致シ難シト申ス故立去自分所々徘徊ノ末皈営致シタリタ食後室外ニテ同隊卒松田徳太郎ニ行逢ヒ自分ヨリ明夜暴動ト決シタルト申シ候処徳太郎左様カト申シ分レ候同二十三日正午後同隊卒門井藤七ニ出会同人モ此度ノ事件元ヨリ承知ノ儀故自分是ヨリ遊歩スル含ニ付今夜暴動ノ時着用ノ冬衣ヲ兼テ同様頼置タル下宿一橋通七番地小柳キン方迄持越シ度依テ自分ハ直ニ出営スルニ付西ノ柵迄右品ヲ持チ呉ル様相頼ミ出営西柵外ニ待居ルニ差出シ呉ザ《ママ》ル故一旦皈営藤七ニ面会相尋ルニ工兵方面ノ人近辺ニ罷在何分差出シ兼ルト申シ且同人儀罰役中ナレトモ今日脱営兼テ質ニ置タル時計ヲ受戻シ度存スルモ金円ニ差支候間用立呉度ト申ニ付承知致シ相分レ直ニ出営尤自分服ハ藤七脱営ノ節下宿迄持参ノ事ニ約束致シ候自分ハ右下宿ヘ相越シタル処営内残飯買受人人夫藤七ニ頼レタル旨ニテ同人并自分冬衣等持参ニ付受取申候頓テ藤七相越脱営シ参リタル趣申聞兼テ質ニ置タル時計受出シ度依テ金円借用致シ度旨申ニ付即二円貸渡同人ハ直ニ立出申候夫ヨリ自分ハ脚絆足袋相求メ同家ヘ預ケ置招魂社ヘ相越ス処竹四郎外同隊卒二三人ニ出会竹四郎申ニハ各隊ノ者参リ居ル故富士見町水茶屋ヘ参ル様申スニ付直ニ立越ス処忠八并同隊駅卒廣瀬喜一《ママ》予備砲兵隊卒横山昇居合セ其内予備砲兵隊付平山火工下長殿参ラレ同人ヨリ金井元気ヲ出サンカ

ナド《ママ》申サレ暫アッテ席ヲ立タレ後ニテ忠八ヨリ今夜弥暴発スルトノコトヲ承リ且其節ノ旗并合印ノ為ノ冬服ヲ着シタル図面合言葉書共喜一《ママ》所持スルヲ見受申候同家ヲ立出テ皈途同隊卒羽成常助鈴木丑太郎ニ出会略右ノ次第ヲ語リ所々徘徊皈営致シ申候七時過炊事場ノ前ニ於テ忠八ニ面会同人ヨリモ当夜十二時弥暴発其節ハ冬服ヲ著スル等ノコトヲ承リ申候其後同隊卒和田大五郎ニ面会当夜暴発ノ事ヲ告ケ置夫ヨリ脱営セント営内厩ヘ到リ同所番兵同隊卒佐藤種五郎ニ今夜暴挙用意ノ為脱営致スニ付自分室ヨリ外套ヲ持来リ呉度相頼ミ同人直ニ持来リ呉ルニ付之ヲ著シ軍刀ヲ帯セス直ニ火薬庫ノ裏ヨリ脱営シ右下宿ニ相越ス処程ナク藤七モ脱営参リ合セ是ヨリ時計ヲ売却シ今夜用ル刀ヲ求ル含ト申スニ付自分ヨリ此方ハ刀ハ用意致シ置タリト申候夫ヨリ自分ハキンニ頼ミ同人方ニ預ケ有之同隊卒山田茂七ノ単衣ヲ出シ貰ヒ之ヲ著シ藤七ヘ官給夏衣ノ上ヘ自分外套ヲ貸シ著用両人同道神保町四ツ辻迄参ル折柄同隊付姓名不存下士ニ見咎メラレ藤七取押ヘラル、ユヘ自分ハ之ヲ避ケント直ニ九段ノ方ニ相越シ夫ヨリ雉子橋ノ方ヘ廻リ途中密柑酒二本ヲ買ヒ之ヲ携ヘ筋違辺徘徊皈途神保町ニテ入浴同所二階ノ婦人ヲ伴ヒ招魂社ノ傍ラ屋号不存待合茶屋ヘ同道同家ニテ暫ク休息シ凡十時過ル頃同屋ヲ立出右婦人ト別レ自分ハ人力車ニ乗リ草鞋ヲ求メ再ヒ右下宿ニ到リキンニ向ヒ今夜十二時各隊申合セ大砲小銃ヲ発シ一同巡査ノ方ヘ切込ム約束ナレハ此処ハ大隈参議殿ノ居宅ニモ近ケレハ危キ故上野ノ方カ又ハ両国向フヘ逃タル方可然ト申シタル処同人モ大ニ警《ママ》キ右様ノコトハ差止メラル、コトナレハ差止メノ方然ルヘシト申スニ付右ハ最早相談相調ヒ候儀故今更差止ル訳ニハ参リ兼ネ候ト申シ密柑酒一本ヲ取出シ今夜限リノコトナレハ一杯呑ミ呉度ト申シ娘両人モ其席ニ招キ一杯差遣シ申候夫ヨリ兼テキンニ約束シタル刀ヲ貰受ケ買置タル脚絆足袋及草鞋ヲ一纏トナシ所持ノ絹布ヲ切リ其半ニテ右ヲ取束ネ其半ニテキンヨリ貰受タル刀ノ緒トシ兼テ同家ニ差置タル書籍椅子ターフル硯并蓋物及右密柑酒壱本ハ悉皆兼テ世話相成ルニ付謝儀ノ代リトシテキンヘ遣スヘキ旨申聞ケ暇乞ヲナシ同家立出刀等相携ヘ人力車ニ乗リ近衛歩兵営ト同砲兵営ノ堺迄相越シ全所ニテ車ヲ下リ砲兵営内器械庫ノ裏ヨリ柵ヲ乗リ越ヘ支度ヲ為サント脚半ヲ取出シ著セントスル際早第一小隊室ヨリ喊ヲ作リ器物等ヲ破毀スル音相聞ルヨリ急キ所持ノ冬衣ヲ著シ脚半ハ腰ニ挿ミ大声ヲ発シナカラ土手ヲ駈下リ直チニ抜刀先ツ近衛連隊ノ兵ヲ誘ヒ出サントスルトキ忠八等ニ出会倶々営門ニ奔リ行クニ同所ニ二三十人集合セ《ママ》タルヲ自分等指揮シテ門扉ヲ開カシメ自分先頭ニテ連隊営ノ東通用門ヲ距ル凡十四五間ノ処ニ駈付ク此際忠八ヲ見失ヒ自分ハ直チニ大声ニテ連隊ノ者早ク出ヨ々々ト呼ハリタルニ柵内ヨリ賊カ来タ来タト申故自分ヨリ竹橋ノ砲兵ト答ル処哨兵直チニ小銃ヲ発射ス然ルニ近距離ニシテ銃丸甚タ高キ故是ハ元ヨリ同意ノコトナルニ付故ラニ斯クスルナラント存スル内低ク打テト申声ノ下ヨリ銃丸忽チ低ク飛来ルニ付不審ニ存シ少シ側ラニ避ントスル折柄一ノ弾丸右腹部ヲカスリ疵ハ至テ軽ケレ共歩兵モ遂ニ応セサル様子ナル故迚モ事ナラサルト存シ刀冬衣靴等悉皆投棄シ本病院ニ駈付賊ノ為ニ負傷シタリト偽リ候処直チニ治療追々快愉《ママ》ニ赴キ候九月三日右キン方へ刀等貰受ケタル儀等他言致サヽル様書面相認メ同人方へ郵便ニテ差出申候其後同七日当裁判所へ護送相成候事

右之通相違不申上候

明治十一年十月一日　　金井惣太郎

【現代語訳】

徒党暴動の件

一　自分は、近頃、隊の中で不平を抱く者があり、寄り集まって話をしているのを知っていた。八月初旬、同じ隊の砲卒・鈴木丑太郎といっしょに散歩で行った先の、予備砲兵隊営門前の茶店で、予備砲兵隊馭卒・落合政蔵に出会った。互いに面白い話はないかなど問答したあとで、「自分の隊の中に不平を言っている者がいる。各隊にもその話があるようだ」と言うと、落合が、「それは不平もあるだろう。近衛*は徴兵年限も長いから不平も多い。事を起こすときは、先に立って憤発してもらわざるをえない」と言った。自分は、「それはそうだが、そのときは同じように憤発してくれ」と言った。このとき、予備砲兵隊兵卒・宮崎忠次が来たので、自分、丑太郎、忠次はつれ立って散歩し、飲酒して帰営した。

その一両日後、散歩のとき、招魂社あたりで予備砲兵隊兵卒、名前は忘れたが一名に出会い、政蔵へ話しておいたことについて同隊の様子を聞くため、その者には何の話もせず、ただ、「過日、落合に話したことはどうなっているかと彼に伝えてほしい」と依頼した。

一　その後八月十七日と思うが、同じ隊の兵卒・長島竹四郎から馬屋で、「こんど、減給等について近衛連隊で不平があり、暴発の企てがあって、すでに中隊ごとに同意の者が二、三十人ずつあるようだ。それで各隊の申し合わせもできたようなので、大久保忠八と同道して、予備砲兵隊に行き、相談してきてくれないか」と言われた。そこで忠八同道、その隊営に行き、忠八と協議して、その隊の古参兵である高見沢卯助、宮崎忠次の二人を呼び出し、竹四郎からの話の趣旨をくわしく話し、「どうか同意してくれ」と言った。二人は、「先日、落合からも聞いた。自分等の隊でも同様、不平の者がいるが、司令する者はどうなっているのか」と言うので、「この件は竹四郎たちが中心になって尽力しているので、自分はそのへんのことは知らない」と言うと、二人は、「兵のみではとてもうまくいかない。司令する人の名を聞かなければ協議できない」と言うので、「きょう、この件について相談したいので、神田佐柄木町の梅由という団子屋まで来てくれないか」と言うと、二人は、「自分どもの隊では午後五時から外出時間なので、きょうは行けない」と言った。「それならばあす、自分の下宿、一橋通り七番地小柳キン方へ来てほしい。また、来たる水曜日、永田町山王社で各隊会議があるので、出席してくれ」と言い、約束してもらって、忠八と帰営した。

同十八日午後、散歩の後、前に書いた小柳キン方へ行った。忠八、高見沢卯助、宮崎忠次、小林仙太郎のほか、名前を知らない兵卒一人が先に来ていて、忠八とかれこれ話しているようだった。卯助が自分に、「きのうも言ったとおり司令する人はどうなっているのか」と言うので、「自分は中心になってやっているのではないので、その件は知らない。この企ては各隊の相談もまとまってきたので、予備砲兵隊でも同意してくれないか」と言うと、卯助から、「予備砲兵隊でも上官で同意している者もいるが、その名は言えない。来たる水曜日には、誰か山王社へ行くことにする」と言い、一同解散し、帰営した。

同十八、九日頃と覚えているが、同じ隊の馭卒・小島万助に砲廠あたりで出会ったとき、「日本刀のよいのがあれば譲ってくれないか」と言うので承知し、翌日だったかキン方へ行ったとき、キンに、「刀はないですか」と尋ねると、「持っていた物はもう売ってしまいましたが、一本だけあります」と言うので、自分もいよいよ暴発と決まったときは入用なので買いたいと思い、見せてくれるよう頼み、一見した。値段を聞くと、「お入用なら差し上げます」と言うので、「入用のときは貰いたい」と言っておいた。さらに、「ほかに刀はないですか」と尋ねると、「ほかは麹町平川町の南部屋という店に売ったので、そこに聞いたらあるかもしれません」

と言うので宅地番号を写し取り、あとで万助へ話すつもりだったが、ついに伝えられなかった。

同二十日、竹四郎から、「忠八と二人で、もう一度予備砲兵隊へ行き、同志の者の名を調べ、山王社の会議に持参するよう言っておいてくれ」と頼まれた。そのあと忠八に、「自分はきょう、予備砲兵隊へは行きたくない」と言った。忠八は、「それなら同じ隊の兵卒・谷新四郎をつれていくことにする。竹四郎、万助の両人は本日、麻布連隊営へ行くと言っていたが、本当かどうかわからない。貴様は二人のあとを追って、ひそかに挙動を探れ」と言うのでそうすることにした。その後、竹四郎、万助に出会った。二人が、「きょうは予備砲兵隊に行くのか」と言うので、「本日は行かない」と答えると、「自分たちについてこい」と言った。忠八からの話もあるので、すぐに応じた。予備砲兵隊へ行く者と麻布連隊へ行く者とが、「双方の返事は、帰途、神田佐柄木町の梅由という団子屋で落ち合い、報告する」と約束した。それから三人いっしょに午後一時頃出営、麻布連隊に行き、名前を知らない兵卒一人に面会した。竹四郎から、「こんど、諸隊で不平があるので申し合わせて暴挙する企てがある。貴隊ではどうか」と尋ねると、「当連隊ではまだそのような話はない。一同で話し合い、あすにも返答する」との答えだったので、「あす山王社で各隊が会合するので出席してほしい」と話し、立ち去った。帰途、愛宕下で二人と別れ、自分はその室内射的場で遊び、そのまま帰営し、梅由へはついに行かなかった。ところが同夜、竹四郎から、「ちょっと砲廠まで来てくれ」と言われて行くと万助、忠八もいて、三人から、「先刻、梅由へはなぜ来なかったのか」と聞かれた。「用事があったので行かなかった」と言うと、「そんなことではこれからあと、重要なことは話せない」と詰問された。自分は、「こんどの事は麻布連隊へはすでに相談してあるように聞いたが、きょうの話の様子ではまったくそのようなことはなく、こんないいかげんなことなら初めから話を聞く必要はないと思い行かなかった。だが約束を破ったことはたいへん失敬した」と謝った。

同二十一日、馬屋当番なので外出しなかったが、夕食後、部屋の出口で忠八に出会い、同人から、「きょうの会議で、来たる二十三日夜暴発、とほぼ決定した」と聞いた。

同二十二日午後二時半頃、宮崎忠次を誘っていっしょに散歩しようと思い、同人兵営に行くと、同人から、「きのうの山王社の会合に、近衛歩兵隊の者の出席がなかった。約束と違っておかしいではないか」と言われた。「自分は初めからそのへんのことに関わっていないので、深いことは知らない」と答え、いっしょに散歩しようと誘ったが、忠次は、「外出できない」と言うので立ち去った。自分はあちこち歩き回って帰営した。夕食後、室外で松田徳太郎に行き合い、「明夜、暴動と決まった」と言うと、徳太郎は「そうか」と言い別れた。

同二十三日正午過ぎ、門井藤七に出会った。同人もこのたびの事はよく知っているから、「自分はこれから散歩するつもりなので、今夜、暴動のとき着る冬衣を、前からの下宿、一橋通り七番地小柳キン方まで持っていきたい。すぐに出営するから西の柵まで服を持ってきてくれないか」と頼み、出営した。西柵外で待っていたが持ってきてくれなかったのでいったん帰営し、藤七に会って尋ねると、「工兵隊方面は人が近辺にいて差し出すのはむりだ」と言う。その上、「自分は罰役中だがきょう脱営し、前から質に置いてある時計を請け戻したいと思うが、金がない。用立ててくれ」と言うので承知して別れ、すぐに出営した。自分の服は、藤七が脱営のとき下宿まで持ってきてくれると約束した。下宿へ行くと、営内残飯買受人の人夫が、藤七に頼まれたと、藤七と自分の冬衣を持ってきたので受け取った。やがて藤七が来て、「脱営してきた。質に置いた時計を請け出したいので、金を借してくれ」と言うのですぐ二円貸し渡した。藤七はすぐに出ていった。それから自分は脚絆、足袋を買い、下宿に預けて招魂社へ行った。長島竹四郎ほか同じ隊の兵卒二、三人に出会った。竹四郎が、「各隊の者が来ているので、富士見町の水茶屋に行ってくれ」と言うので、すぐに行った。忠八ならびに同じ隊の駆卒・広瀬喜市、予備砲兵隊の兵卒・横山昇が居合わせ、そのうち予備砲兵隊付・平山火工下長殿が来られ、「金井、元気を出さんか」と言い、しばらくして席を立たれた。あとで忠八から、今夜いよいよ暴発することを聞いた。またそのときの旗、合印のための冬衣を着た図面、合言葉を書いたものを喜市が持っているのを見た。水茶屋を出て帰途、同じ隊の兵卒・羽成常助、鈴木丑太郎に出会い、きょうの会のおおよその内容を話し、あちこち歩き回って帰営した。七時過ぎ、炊事場の前で忠八に会った。同人からも、「今夜十二時いよいよ暴発する。そのときは冬衣を着る」などと聞いた。その後和田大五郎に会い、「今夜暴発」と告げた。それから脱営しようと営内の馬屋に行き、番兵の佐藤種五郎に、「今夜暴発する用意のため脱営するので、自分の部屋から外套を持ってきてもらいたい」と頼んだ。同人がすぐに持ってきてくれたのでこれを着、軍刀は帯びず、すぐ火薬庫の裏から脱営し、下宿に行った。ほどなく藤七も脱営してきて、「これから時計を売って、今夜使う刀を買うつもりだ」と言うので、自分は、「こちらは刀は用意しておいた」と言った。それから自分はキンに頼み、預けておいた同じ隊の兵卒・山田茂七の単衣《ひとえ》を出してもらい、これを着、藤七へ官給夏衣と自分の外套を貸し、藤七が着た。二人でいっしょに神保町の四つ辻まで行くと、同じ隊付の名前を知らない下士に見咎められ、藤七が取り押さえられたので、自分はこれを避けようと、すぐ九段の方に行った。それから雉子橋の方へ回り、途中蜜柑酒二本を買い、これを持って筋違あたりを歩き回った。帰途、神保町で入浴、そこの二階の女をつれ、招魂社そばの、屋号を知らない待合茶屋へ行った。そこでしばらく休息し、十時過ぎ頃同茶屋を出て女と別れた。自分は人力車に乗り、草鞋を買い、再び下宿に行った。キンに向かい、「今夜十二時、各隊申し合わせ、大砲、小銃を発し、一同巡査の方へ切り込むことになりました。ここは大隈参議殿の居宅にも近いので危ない。上野方面か両国の向こうへ逃げた方がよい」と言うと、キンもたいへん驚いて、「そのようなことは、差し止められることならば止めた方がいいです」と言ったので、「これはもう相談がまとまったことなので、今さら差し止めることはできません」と言い、蜜柑酒一本を取り出し、「今夜限りのことだから、一杯呑んでもらいたい」と言った。娘二人もその席に招き、一杯呑ませた。それから前にキンに約束した刀を貰い受け、買っておいた脚絆、足袋、草鞋を一まとめにし、持っていた絹布を切り、その半分でそれらを束ね、あとの半分でキンから貰った刀の緒とし、以前から同家に置いてあった書籍、椅子、テーブル、硯ならびに蓋物、蜜柑酒一本はすべて、世話になった謝礼の代わりとしてキンへ贈ると言い、暇乞いして同家を出た。刀等を持って人力車に乗り、近衛歩兵営と同砲兵営の境まで行き、そこで車を下りた。砲兵営内器械庫の裏から柵を乗り越え、支度をしようと脚絆を取り出し、つけようとしたとき、早くも第一小隊室から喊声が上がり、器物等を破毀する音が聞こえたので、急ぎ持っていた冬衣を着、脚絆は腰に挟み、大声を発しながら土手を駆け下り、すぐに抜刀、まず近衛連隊の兵を誘い出そうとしたとき、忠八等に出会った。いっしょに営門に走っていくと、そこに二、三十人集合していたので、自分たちが指揮して門扉を開かせ、自分が先頭に立って連隊営の東通用門からおよそ十四、五間の所に駆けつけた。この際、忠八を見失い、自分は直ちに大声で、「連隊の者早く出よ。早く出よ」と叫ぶと、柵内から、「賊が来た。賊が来た」と言うので、自分は、「竹橋の砲兵だ」と答えると、哨兵はすぐ小銃を発射した。しかし、近距離で銃丸がはなはだ高いので、これはもとより同意のことなので、わざとこのようにしているのだろうと思っているうち、「低く打て」という声がかかると、銃丸がたちまち低く飛んでくるようになったので不審に思い、少し横に避けようとしたとき、弾丸が右腹部をかすった。傷はいたって軽かったが、歩兵もついに呼応しないようだ、これではとても事は成功しないと思い、刀、冬衣、靴等をことごとく皆投棄し、本病院に駆けつけ、「賊のため負傷した」と偽ると、すぐに治療してくれ、徐々に快癒に向かった。

九月三日、右キン方へ、刀等を貰い受けたことは他言しないよう書面を認め、郵送した。その後、同七日、当裁判所へ護送になった。

右の通り相違ない。

明治十一年十月一日　　　　　　金井惣太郎

〔語句解説〕

＊近衛は徴兵年限も長い。鎮台兵が3年間なのに対し、近衛兵は近衛兵に選抜されてから5年間だった。

7　小川弥蔵

近衛砲兵大隊第一小隊
駆卒　小川彌蔵　当十月二十五年□ケ月
明治九年六月入営　滋賀県平民　近江国伊賀郡長野村　市右エ門弟　真言宗

口　供

徒党暴動之件

一　自分儀明治十一年八月十三日神田錦町二丁目村上庄司宅ニ於テ同大隊第二小隊駆卒長嶋竹四郎小嶋万助近衛歩兵二名同工兵一名（何レモ姓名存セス）ト会シタルモ密談ノ席ニ加ラス同隊駆卒高橋小三郎同駆卒谷新四郎ノ来ルニ会ヒ別席ニ於テ一盃相傾ケ罷在リ当時談合ノ趣旨タルヤ明治十年西南ノ役ニ従事シ事漸ク平定ニ及ヒ凱旋スルモ兵卒ニハ何等ノ御賞賜モ無之加ルニ減給或ハ御給与品迄モ減省相成ニ付テハ暴発強請企ノ儀ヲ帰営ノ上小嶋長嶋等ヨリ承リ其後同廿日営内ニ於テ各隊申合暴発ノ儀久保田善作ニ告ケ且明日赤阪《ママ》山王ニ

可集会旨申聞候事

一　八月廿一日午後松本久三郎水上丈平ト同ク外出兼テ約スル所ノ山王社ニ到リ大久保忠八野中与吉高橋小三郎木島治《ママ》三郎等及姓名存セサル鎮台砲兵并予備砲兵都合四名ニ会シタルモ小島万助長嶋竹四郎モアラスシテ其場ノ模様何カ纏ラサル景況ニ付相尋タル処高橋小三郎ヨリ近衛歩兵于今来会セス小島万助ハ過刻鎮台砲兵ト共ニ立仮リタル旨申聞ケタリ由テ野中与吉ト共ニ同所ヲ去テ糀町一丁目屋号存セサル水茶屋ニテ廣瀬喜市馬場鉄一《ママ》水上丈平等ト会シ既ニ廿三日夜事ヲ挙クルニ決シタル上ハ各自ノ働ヲ以テ歩兵隊ヘ通報シ兼テノ約束ヲ遂ケシメント久三郎治《ママ》三郎丈平等ト申合セテ解散ス自分ハ水上丈平等ト同ク仮途ニ就キ飯田町屋号存セサル水茶屋ニテ歩兵二三名ヲ認メ両人ニテ之ヲ注目スルニ水上丈平見知リアルモノニ付隊号姓名ヲ相尋ネタル末不平ノ事ヲ噂サ咄シノ様ニ相語リタル処同人元ヨリ粗ボ《ママ》承知ノ様子ニ付委細ノ事ハ追テ相話スヘキニ付本隊マテ相尋ネクレヘク旨約シ置キ名札ヲ取替ハセ別レテ午後七時頃仮営休候事

一　翌廿二日午前八時頃右築山寅蔵来営ニテ同人ニ面会致シ委細ノ儀相談致度就テハ何レヘカ参ルヘキ場所ハ無之哉ト相尋タルニ神田白《ママ》銀町二丁目十二番地松川庄三郎方三重県士族高木昇ト認タル書付ヲ与ヘ呉レ右ヘ尋ネ参ル様申スニ付午后第一時頃久保田善作水上丈平ト共ニ外出途中ニテ水上丈平ニハ別レ廣瀬喜市ニ逢ヒ同道右宿所相訪ヒ高木昇ニ面会申入タル処同人ハ全ク平人ニテ思掛ナキ様子ニ相見ヘタル場合ニ同人ノ弟ナルヨシ歩兵一名外ヨリ入来リ右ノ模様ヲ見築山寅蔵ヘ御用事ノ方ナレハ此方ヘ御通リアルヘシ拙者ハ新宅知《ママ》観ナリ右話シハ委細承リ度ト申シ廣瀬喜市ヲ伴ヒ別室ニ入タリ由テ自分ハ廣瀬等ニ此場ヲ打任セテ神田美土代町二丁目伊勢屋藤助方ニ到リ休息致ス内小島万助廣瀬喜市水上丈平木島治《ママ》三郎大久保忠八外ニ其坐ニ松本三四郎下津八十吉大﨑石松等モ参リタレトモ期シテ会シタルニ非ス其席ニテ小嶋万助ヨリ歩兵約ニ背キ今日猶築山寅蔵ニモ面会調ハサル程ノ次第ナレハ兵員寡少ニ付倒《ママ》底行レスト申タル処廣瀬喜市声ヲ励マシテ曰是迄申合タル上ハ歩兵ノ違約ニ托シテ因循スルハ卑怯ナリト大久保忠八曰仮令近衛歩兵応セサルモ麻布連隊ヨリ二名ハ長嶋竹四郎ノ休息所ニ今日会スル筈ナリト茲ニ於テ連判状ノ如キモノヲ作リ大久保忠八小島万助廣瀬喜市等血判シ馬場鉄市野中与吉岩本久蔵ノ代判ハ廣瀬喜市之ヲ為シ長島竹四郎ノ代判ハ小島万助之ヲ為シ自分ニ高橋小三郎ノ代判ヲセヨト申サレタルトキ右

ノ始末故倒《ママ》底事ノ貫キカタキヲ察シ且廣瀬喜市始メ自分等ニハ逐一申聞ケサル様ノ儀モ之アルコト故自分及ヒ木島治《ママ》三郎モ血判セス況ヤ人ノ代印ハ致シカタシト断リタリ于時大久保忠八ハ今ヨリ麻布営ニ到リ該隊ノ人ヲ伴ヒ招魂社ニ会スヘシト云テ出タリ夫ヨリ一同招魂社ニ赴ク途中組板《ママ》橋脇ニテ築山寅蔵ゴリ声掛ラレ是ヨリモ仝人ニ逢ント思フ折柄幸ノ事故直ニ招魂社ノ会席ニ誘引ヒタリ于時予備砲兵ニ《ママ》姓名不存兵四名ト会シタルモ自分ハ食事当番ニ付松本久三郎ト共ニ先ツテ皈営シ服装等ノコトハ承リタレトモ其他ノ機密ハ其場ニ於テ談合致サス廣瀬喜市等皈営ノ後承リ猶又明日同社ニ会合ノ儀ヲ承リ其趣松本久三郎ニモ通シ候事

一　翌廿三日午后三時外出前書伊勢屋藤助方ニ到ル途中神保町ニテ廣瀬喜市ニ逢ヒ同人ヨリ小旗ノ雛形ヲ貰ヒ夫ヨリ藤助方ニテ一酌シ前書雛形ハ紛失同五時過招魂社ヲ志シ立出ル途中組板《ママ》橋ニテ木島治《ママ》三郎ニ逢ヒ同道シテ赴ントスル時谷新四郎来リ会議相斉《ママ》ミ既ニ各解散シタル旨申聞タルニ由リ傍ナル屋号存セサル水茶屋ニテ承ラントスル時松宮辨次郎来リ又適マ伍長代務佐々木百蔵来リ合セ不得止自分ハ佐々木ト相話シ居ルニ右新四郎等三人何トモ断リナク立皈リ如何ニモ不都合ナル仕方ニ付憤恕《ママ》ニ堪サル際同大隊卒中野信《ママ》吉来会シ共ニ一盃相傾ケテ皈営シ猶気掛リニ付其話ヲ聞ント存シ小便ニ罷越途中是永寅一ニ遭ヒシニ彼レ倉卒ニ弥今晩十二時ニ始メル云々申聞ルヲ半途ニシテ其儀ハ拙者ハ除ケ者ノコト故一向知ラスト蹋《ママ》ネ付タル処彼レ頗ル憤懣ノ色ヲ顕シタル際人員検査ノ号音ヲ聞キ振リ別レテ検査ニ立チ其徒《ママ》モ何分不快ニ存シ悶々堪ヘス遊蕩ノ念ヲ起シ既ニ到リ堤熊吉ト計リシニ傍ラヨリ久保田善作云フ今夜ハ他出ハ相成ルマシト申セシニ堤ハ十二時迄ハ宜シカラン併シ後レヌ様ニ皈テ来ルヘシト申シ別レテ脱柵ノ際田島森助ノ刀ヲ持チ皈ルニ逢ヒタリ竟ニ飯田町一丁目一番地桑島某方ニテ一盃相傾ケ夫ヨリ美土代町自分休息所ニ到ント存シ人力車ニテ錦町ノ角ニ差掛ル際鬨ノ声ヲ揚ケ銃声シタル故早速車ヲ返シ竹橋ニ差掛ル時砲声ヲ聞キ車ヲ下リテ営門ニ入ントスル時又一発相響キ営門ニテ辻亀吉ニ逢ヒ同人自分ヲ見テ小川カ早ク冬服ヲ着テ来ヒト云フニ付馳セ入ル途中ニ人ノ倒レ居ルヲ認メタリ室ニ入リ軍刀ヲ携ヘ営門ノ方ニ到ル途中第二小隊入口近傍ニ深澤大尉殿刀傷ヲ被リ地上ニ僵レ居ラル、傍ニ立寄リ携ル軍刀ヲ以テ頭部ニケ所斬付ケタルモ其前既ニ絶命セラレタルヤハ確ト相分リ不申夫ヨリ営門ニ至リテ田島森助ノ抜刀ヲ提ケ居ルヲ認メ洋刀ハ到底用ヲ為サ、ルニ付小銃ヲ持チ来ルヘクト存シ再ヒ室ニ立戻ル際入口ニ洋刀ヲ捨置キ銃ヲ携ヘ来リ再ヒ営門ノ処ニ至レハ門外ヘ士官体ノ者来ルニ付同人ニ銃口ヲ差向ケ何ノ為メニ参リタルヤト申威シ相迫リタル処傍ヨリ押止ムル者アリ遂ニ同人ハ元ノ方ヘ立帰ラレ而テ弾薬捜索ノ為メ羽成常助其他一両人ト共ニ大隊週番室ニ至リ会計室戸棚ノ内ニ二三人潜ミ居ルヲ認メ二名ハ取遁シ三村軍曹殿ヲ捕ヘ羽成常助ト共ニ迫テ共ニ此事ニ従ハサレハ打殺スヘシト銃口ヲ差付タレトモ空砲ナリ然レトモ渠レ威ニ恐レテ其主旨ヲ聞カハ共ニスヘシト云夫ヨリ第二小隊ノ軍曹室ニ入シニ小川軍曹殿駒井伍長殿等居合サル、ニ付又威逼シテ駒井伍長殿ニ銃ヲ差向ケタル際小川軍曹殿ハ窓ヨリ飛出シ迯ケ行カレタリ自分御同人ヲ撲チタルナラント御鞠問ヲ蒙ルト雖モ右ハ決テ覚無之該室ヲ出スレハ西出軍曹殿ニ遭ヒ是亦仝様銃ヲ以テ威シ付ケ其近傍ニ小川軍曹殿足ヲ怪我シ歩行シ得スト申居ラル、処ヘ立寄リ常助等伊藤与七ヲシテ之ヲ扶ケテ病室ニ送ラシメタリ従是前大砲ハ既ニ曳出タルコト故之ニ与シテ皇居ニ赴カント存シ病室脇ノ柵ヲ超ヘ出テ連隊ノ方ニ向ヒシニ銃丸烈ク飛来ルニ付腰ヲ拘メテ道路ニ出テ如何カシテ脱シテ前進セント隙ヲ窺フニ当リ歩兵近寄テ見咎ラレ打殺セ《ママ》々トロ々ニ詈リ銃槍ヲ構ヘ迫マラレタルニ付銃ヲ抛ケ捨テ身ヲ翻シテ避ントシ誤テ営門前ノ濠中ニ墜チ股部ヲ打撲シ翌朝ニ相成リ漸ク這上リタル節哨兵ヲ呼ヒ子細ヲ告連隊営ノ病室ヘ送ラレタル末陸軍本病院ニ護送相成候事

右之通相違不申上候

明治十一年一月《ママ》二日　　小川彌蔵

【現代語訳】

徒党暴動の件

一　自分は、明治十一年八月十三日、神田錦町二丁目村上庄司宅で、同じ大隊第二小隊の駆卒・長島竹四郎、小島万助、近衛歩兵二名、同工兵一名（いずれも名前は知らない）、と会ったが、密談の席には加わらず、同じ隊の駆卒・高橋小三郎、同駆卒・谷新四郎が来たので、別席で一杯傾けていた。そのときの話し合いの趣旨は、「明治十年、西南の役に従事し、敵をようやく平定して凱旋したのに、兵卒には何等のご賞賜もないばかりか、かえって減給され、あるいはご給与品までも減省されることになったので、暴発し、強請を企てようとしているのだ」と、帰営した小島、長島から聞いた。

その後同二十日、営内で、「各隊が申し合わせ、暴発

する」と久保田善作に告げ、さらに、「あす、赤坂山王社で集会がある」と言った。

一　八月二十一日午後、松本久三郎、水上丈平といっしょに外出、かねて約束していた山王社に行った。大久保忠八、野中与吉、高橋小三郎、木島次三郎、名前を知らない鎮台砲兵、予備砲兵合計四名に会ったが、小島万助、長島竹四郎もおらず、その場が何かまとまらない様子なので尋ねると、高橋小三郎から、「近衛歩兵は今になっても来会せず、小島万助はさっき鎮台砲兵とともに立ち去った」と聞いた。それで野中与吉とそこを離れ、麴町一丁目の、屋号を知らない水茶屋で広瀬喜市、馬場鉄市、水上丈平等と会い、「すでに二十三日夜、事を挙げることに決まったからには、各自の働きで歩兵隊へ通報し、前からの約束を遂げさせよう」と久三郎、次三郎、丈平等と申し合わせ、解散した。自分は水上丈平等といっしょに帰途につき、飯田町の屋号を知らない水茶屋で歩兵二、三名を見かけた。二人でよく見ると、水上丈平が知っている者だった。隊号、姓名を尋ねたあと、不平があることを噂話のように話すと、同人もおおよそのことは知っているようなので、「くわしいことは追って話す。砲兵隊まで尋ねてきてくれ」と約束し、名刺を取りかわして別れ、午後七時頃帰営し、休んだ。

一　翌二十二日午前八時頃、右の築山寅蔵が来営したので面会し、「くわしいことを相談したい。どこか相談する場所はないか」と尋ねると、「神田銀町二丁目十二番地松川庄三郎方、三重県士族高木昇」と書いた書付をくれ、そこへ訪ねてくるように言うので、午後一時頃、久保田善作、水上丈平とともに外出した。途中で水上丈平に別れ、広瀬喜市に会い、いっしょにその書付の宿所を訪ね、高木昇に面会を申し入れると、その人はまるで関係ない人で、思いがけない様子だった。ちょうどそのとき、その人の弟という歩兵が外から入ってきて、それを見、「築山寅蔵へご用事の方ならば、こちらへお通りください。私は新宅智観です。その話はくわしく聞きたい」と言い、広瀬喜市を別室に入れた。自分は広瀬にこの場をまかせて、神田美土代町二丁目伊勢屋藤助方に行き休息した。そのうち小島万助、広瀬喜市、水上丈平、木島次三郎、大久保忠八、ほかに松本三四郎、下津八十吉、大崎石松等も来たが、それは皆で決めて集まったわけではない。その席で、小島万助が、「歩兵が約束に背き、きょうまだ築山寅蔵にも面会できないぐらいだ。兵員が少ないので、とうてい事は実行できない」と言うと、広瀬喜市が声を励まして、「これまで申し合わせた以上は、歩兵の違約にかこつけてぐずぐずするのは卑怯だ」と言った。大久保忠八は、「たとえ近衛歩兵が応じなくとも、麻布連隊から二名がきょう、長島竹四郎の休息所に来るはずだ」と言った。ここで連判状のようなものを作り、大久保忠八、小島万助、広瀬喜市等は血判し、馬場鉄市、野中与吉、岩本久蔵の代判は広瀬喜市がし、長島竹四郎の代判は小島万助がした。自分に高橋小三郎の代判をしろと言われたが、右のようなことではとうてい事は貫きがたいと思い、その上、広瀬喜市等は、自分たちには逐一話してくれないようなこともあったので、自分および木島次三郎は血判せず、ましてや人の代印はできないと断わった。このとき大久保忠八は、「今から麻布連隊へ行き、その隊の者をつれて招魂社に行く」と言って出ていった。それから一同招魂社に向かった。途中、俎《まないた》橋の脇で簗山寅蔵から声をかけられた。これから彼に会おうと思っていたので幸いと、すぐに招魂社の会合に誘った。会合には、予備砲兵で名前を知らない兵四名も来ていたが、自分は食事当番なので松本久三郎とともに先に帰営し、服装等のことは聞いたが、その他の機密はその場で話し合わなかったので、広瀬喜市等が帰営したあと聞いた。なおまたあす、同社で会合があることを聞き、その旨を松本久三郎にも知らせた。

一　翌二十三日午後三時外出、前に書いた伊勢屋藤助方に行く途中、神保町で広瀬喜市に会い、彼から小旗の雛形をもらい、藤助方で一酌し、雛形は紛失してしまった。同五時過ぎ、招魂社に行こうと、そこを出た。途中、俎橋で木島次三郎に会い、いっしょに行こうとしたとき谷新四郎が来て、「会議は終わり、もう解散した」と言われたので、傍らにある屋号を知らない水茶屋で会議の内容を聞こうとしたとき松宮弁次郎が来、またたまたま伍長代務・佐々木百蔵が来合わせたので、やむをえず自分は佐々木の相手をしていたが、右新四郎等三人は何の断わりなく帰ってしまった。何ともふとどきな、と憤怒に堪えないでいるとき、同じ大隊の兵卒・中野新吉が来たので、いっしょに一杯傾けて帰営した。なお気がかりなので、会議の話を聞こうと思い、小便に行く途中、是永寅一に会うと、彼があわただしく、「いよいよ今晩十二時に始める」云々と言いかけたが、「その件は自分はのけ者にされていて、何も知らない」とはねつけると、彼はひどく憤懣な顔色を露わにした。そのとき人員検査の合図の号音を聞いたので振り切って検査に行った。その後も何とも不愉快で、悶々として堪え切れず、遊蕩の念を起こし、馬屋に行き、堤熊吉と相談したが、傍らから久保田善作が、「今夜は外出してはだめだ」と言ったが、堤は、「十二時までではいいんじゃないか。だが、遅れないように帰ってこい」と言った。別れて、柵を乗り越えるとき、田島森助が刀を持ち帰るのに会った。結局、飯田町一丁目一番地桑島某方で一杯傾け、それから美土代町の自分の休息所に行こうと思い、人力車で錦町の角に差しかかった際、鬨の声が上がり、銃声がしたのですぐ車を返し、竹橋に差しかかったとき、砲声を聞いた。車を下りて営門に入ろうとすると、また一発響いた。営門で辻亀吉に会うと、彼は自分を見て、「小川か。早く冬服を着てこい」と言うので、走って兵舎に入る途中、人が倒れているのを見た。部屋に入り軍刀を携え、営門の方に行く途中、第二小隊入口付近に深沢大尉殿が刀傷を受け、地上に倒れているのを見た。傍らに寄り、持っていた軍刀で頭部二か所を斬りつけたが、その前すでに絶命されていたかは、はっきりわからない。それから営門に行き、田島森助が抜刀しているのを見て、洋刀はとうてい用をなさない、小銃を持ってこようと思い、再び部屋に戻り、入口に洋刀を放り出し、銃を持って、また営門に来ると、門の外に士官風の者が来たので同人に銃口を向け、「何のために来たのか」と威嚇し、迫ると、傍らから押しとどめる者がいた。結局その人は元の方へ帰っていかれた。それから弾薬捜索のため羽成常助そのほか一、二人とともに大隊週番室に行くと、会計室の戸棚の中に二、三人が潜んでいるのを目にした。二名は取り逃がし、三村軍曹殿を捕らえ、羽成常助といっしょに迫って、「ともにこの事に従わなければ打ち殺す」と銃口を差しつけたが空砲だった。しかし、彼は、威しに恐れて、「その主旨を聞いたらともに行動しよう」と言った。それから第二小隊の軍曹室に入ると、小川軍曹殿、駒井伍長殿等が居合せたのでまた威して、駒井伍長殿に銃を向けると、小川軍曹殿は窓から飛び出し、逃げていかれた。自分が小川軍曹殿を殴ったのではないかとご鞠問を受けたが、まったく覚えがない。その部屋を出ると西出軍曹殿に会い、これまた銃で威しつけた。その近くに小川軍曹殿が足を怪我し、歩けないと言っているので、常助等が、伊藤与七にこれを介助させ、病室に送らせた。これより前、大砲はすでに引き出されていたので、これに加わって皇居に行こうと思い、病室脇の柵を越えて出て連隊の方に向かったが、銃弾が激しく飛んでくるので腰をかがめて道路に出た。なんとか逃れて前進しようと隙をうかがったが、歩兵が近寄り見とがめられた。「撃ち殺せ。撃ち殺せ」と口々にののしり、*銃槍を構え迫られたので、銃を投げ捨て、身を翻して避けようとして、誤って営門の濠の中に落ち、股部を打撲した。翌朝になりようやく這い上がってから、哨兵を呼び、子細を告げ、連隊営の病室に送られたあと、陸軍本病院に護送になった。

右の通り相違ない。

明治十一年一*月二日　小川弥蔵

〔語句解説〕

*銃槍　先に剣をつけた銃、銃剣（広辞苑）

*一　十の書き（写し）まちがい

8　高橋小三郎

近衛砲兵大隊第一小隊

駅卒　高橋小三郎　当十月二十四年

明治八年四月入営　埼玉県平民　武蔵国秩父郡上小鹿野村　貞次弟　神祭

口供

徒党暴動ノ件

自分儀明治十一年八月上旬（日ハ失念）皇居番兵糧食運送ノ節長島竹四郎ヨリ面白キ話ヲ聞キタルヤト申スニ付夫レハ何等ノ子細ナルヤト相尋タレ共委シキ事ハ相語ラス只諸隊トモ種々物議有之ト耳承リ尚詳細ノ事ハ追テ相話スト申ニ任セ敢テ従是モ深ク相尋ネス其後日覚ヘス夕食ヲ仕舞納涼ノ為メ砲廠辺徘徊致シ居ル処長島竹四郎小島萬助モ居合セ竹四郎申聞ルニハ近頃総テ御給与物厳重ニ相成リ此分ニテハ甚タ難渋ニ付同志ノ者相語ラヒ□願ノ儀相企テ度云々近衛歩兵ノ者ヨリ相談モ有之該隊ニハ一中隊二十名位ハ同意ノ者モ有之由承リ夫レハ兵卒等ニ於テ何等ノ事ヲ願立ルモ到底事ハ行ハレ間敷ト相答ル処小島萬助傍ヨリ曰ク如斯事故第一小隊ノ者ニハ謀ラサル方可然実ニ該隊ニ於テハ何モ構ハサル者多ト少ク自分等ヲ軽侮スルノ様子ナレトモ其日ハ敢テ深ク相談モ不致其儘相分レ帰室入寝仕一両日ヲ経テ営中洗濯所ニ於テ大久保忠八申聞ルニ過日来長島竹四郎ヨリ相話シタル一条ハ愈同意スルヤ否ト被相迫兎ニ角竹四郎萬助モ砲廠ニ居合ニ付右ヘ参リ委細承リ呉レト申ニ任セ同所ヘ行キタレハ萬助自分ニ向ヒ申聞ルニハ此度ノ請願ニ同意スルヤ若シ不同意トアレハ其侭《ママ》捨置難ク抔ト申聞ケ其願ノ筋ト申ハ何事ナルカ

明細ニ承リ度ト申セハ大概銘々ノ身上ヲ顧ミ考フレハ合点参ル可クト畢竟減給或ハ御給与ノ靴下等御省略相成シ事ナラント申セハ其他廉々有之ト雖モ決心ノ上ニ非レハ容易ク話シモ致シ難ク尤右願ノ儀ニ就テハ必シモ兵卒ノミナラス上官ノ者ニ於テ指揮セラル、者モ有之由承リ茲ニ於テ始テ同意可致ト相答ヘ候事

一　同月十三日午后一時頃ヨリ散歩旁一人ニテ外出当時名前存セス神田錦町二丁目村上庄司宅前ヲ通過スル時竹四郎萬助同家ニ居合セ相招クニ付立寄レハ小川弥藏谷新四郎モ会シ飲酒中ニ付其席ニ加リ一盃ヲ傾ケ四方山ノ話ヲ致シ居ル中近衛工兵当時名前不存地木欒新助ナル者一人来会シ小島萬助ト別席ニ於テ何カ密談致シタル様子ニ候得共自分ハ其議ニハ少シモ参セス少焉シテ弥藏新四郎等ト共ニ該家ヲ去リ途中ニ銘々相分レ夕刻帰営仕入浴罷在候処竹四郎呼ニ来リ同道シテ砲廠ニ至レハ萬助新四郎名前不存新兵ノ者一人居合セ萬助等ヨリ愈来ル廿一日午后赤坂山王社ヘ集会ノ上万事商議ニ及フヘク手筈ニ付自分隊ニ於テモ心易キ者ヘ通知可致ト申聞ルニ依リ其後十九日夜第一小隊厠ノ傍ニテ前書長島竹四郎及ヒ小島萬助等ヨリ聞及処ノ趣意ヲ廣瀬喜市ヘ相伝ヘ候事

一　同月廿日午后一時頃ヨリ廣瀬喜市同伴シテ外出致シ近衛歩兵連隊営ノ前ニテ谷新四郎ニ出会シ同人申聞ルニハ予テノ企テ相談ノ為メ只今長島竹四郎小島萬助両人連隊営門ニ到リシ旨承リ倶々相待居ルト雖モ来ラス依テ新四郎喜市同道徐歩シテ麹《ママ》町一丁目名前不存水茶屋ニ到リ暫ク休息致居ル中竹四郎萬助ノ両人来リ歩兵ノ者様子如何ト相尋ネタルニ面会調ハサル趣ニテ東京鎮台予備砲兵ニハ嘗テ通謀シ有之ニ付愈ヨ明廿一日赤坂山王社ヘ集会ノ儀通シ置クヘク様申スニ依リ喜市両人ニテ該隊ヘ赴キタル処喜市ハ鎮台砲兵ノ永井銀藏ニ面会申入レ相待居ル内自分ハ予備砲兵ノ宮崎忠次ト申ス者ヘ面会申入レ置ク様申スニ付罷越シ面会致シ居ル処喜市銀藏同道ニテ来リ四人一坐ニテ相話シ予テ暴動企ノ儀ニ付テハ明二十一日赤坂山王社ヘ各隊集合議定致スヘク旨相約シ別レテ帰途飯田町ニ於テ喜市ト相別レ午后七時頃帰営仕候事

一　同月二十一日午前営内ニ於テ水上丈平ニ向ヒ此度ノ儀ヲ承知シタルヤト相尋ルニ不知赴《ママ》ニ付近頃減給其他官給品迄減省セラレ甚タ厳重之御取扱ニ付各隊申合セ暴発請願ノ議企アリ夫レニハ立派ナル人アツテ指揮セラル、ト申聞ケ相分レ午后一時頃ヨリ一人ニテ出営所々徘徊之末赤坂山王社ヘ密会ニ行キタル時小島萬助廣瀬喜市長島竹四郎馬場鉄市野中与吉新熊安三郎藤橋

吉三郎及ヒ東京鎮台砲兵第一大隊馭卒永井銀蔵同予備砲兵姓名存セサル兵卒等会合セシモ近衛歩兵ハ来会セサルニ付議論一決セス解散スルニ至リ予備砲兵前書姓名不存者曰ク当日ノ集会ニテ事結局ニ至ル可キ心得ニテ出席シタルモ終ニ近衛歩兵ノ出席モナシ議論曖昧ニ渉リテハ帰営ノ上同意ノ者ニ面目ナシト甚タ遺憾ノ言ヲ聞キ確答モ不致帰途ニ就キタル処大久保忠八ヨリ其場ヲ取繕ヒ愈明二十二日招魂社ヘ再会ヲ約シタル趣後チニ同人ヨリ承リ帰営ノ後チト思ヒ室内ニ於テ櫻井鶴次ヘ此度各隊申合セ請願ノ企アルヲ聞キタルヤト相尋ネタル処薄々聞及ヒタル由ニ付別段相談ノ心得ニハ無之候得共近頃御給与品モ厳重ニ相成リ夫カ為メ不平ノ者多ク近日事ヲ挙ル云々ヲ相咄シ候事

一　翌二十二日九段坂上招魂社内集会ノ節ハ既当番ニテ参会ハ不仕候得共大久保忠八帰営後自分ニ向曰ク委細ハ明日集会ニテ万事決定スル手筈ニ付会合ノ儀ヲ促サレ午后十一時頃水上丈平ト申合セ脱営内藤新宿貸坐敷日向屋方ヘ罷越シ遊蕩翌二十三日午前四時頃帰営仕候事

一　同二十三日招魂社ノ集会ニ罷越シタル節ハ松本久三郎久保田善作野中与吉長島竹四郎等居合セ同人申聞ルニハ多人数集会ハ自然嫌疑ヲ来タス恐レアルニ付此処彼処ニ散在ス可シ議成ル上ハ通知スル旨承リ密席ニハ列ナラス総テ同人等ニ打任セ置キ当時其席ニ居残リタル者ハ竹四郎喜市忠八次三郎ノ様ニ存シタリ而シテ帰ラント社内ヲ立出ル際櫻井鶴次伊藤丈三郎ニ行逢帰営入寝前厠ノ傍ニ大久保忠八ト会シ服装及ヒ旗号其他ノ申合セヲ承知シ仝夜十二時ヲ期シ暴発ノ手筈故兼テ心支度ヲ調ヒ《ママ》寝ニ就キ時刻相待居ル処凡ソ十一時過キ第一小隊中央分隊ヨリ関声ヲ作リ舎外ニ押出シ窓硝子等ヲ破壊シ容易ナラサル物音ニ支度ヲ調ヒ《ママ》匆卒窓ヨリ飛出シタル節誤テ脚部ヲ内損シタルニ付一時馬立ノ脇ニ於テ暫ク休ミ居タル処皆営門ノ方ヘ押行クニ付自分モ倶々馳セ到レハ営門ハ未タ開カサレトモ既ニ多人数門脇ニ雑沓シ間モナク扉ヲ押明クルヤ衆ト共ニ近衛歩兵営門ノ方ニ進ミ予テ歩兵ノ同意スル者ヲ促セリ此際該兵営ヨリ関声ヲ揚ケ裏門ヲ破リ多人数柵外ニ出テ来リ此時連隊番兵所ヨリ小銃ヲ射発セラレ狼狽四方ニ散乱進ム能ハス本隊営内ニテハ大砲ヲ放チタルニ付本隊ノ営柵ヲ越ヘ立戻ル時次ノ大砲ヲ引出スニ会ヒ自分モ之ヲ挽テ亦々進ミ行キ武庫主管ノ辺ニ到ルヤ又々連隊ヨリ頻リニ射撃セラレ皆々砲車ヲ其場ニ捨テ置キ散乱致スニ付自分モ再ヒ営内ニ迯ケ帰リ居タル処追々歩兵ノ者営内ニ入来ルニ付之ヲ避ケント存シ遂ニ夫ヨリ一

時病室医官ノ便所ニ隠レ居リ窃カニ病室ニ忍ヒ入リ打撲所ノ痛ミ不堪看病卒塩原某ニ治療ヲ請ヒタリ其侭《ママ》翌朝迄潜伏罷在宇都宮少佐殿及ヒ深澤大尉殿横死セラレタル儀ハ後ニ承リ候事

右之通相違不申上候

明治十一年十月二日　髙橋小三郎

【現代語訳】

徒党暴動の件

自分は、明治十一年八月上旬（日は忘れた）、皇居番兵で食糧運送のとき、長島竹四郎が、「面白い話を聞いた」と言うので、「それはどんな話か」と聞いたが、くわしいことは言わず、ただ、「各隊ともいろいろ物議があるらしい。くわしいことは追って話す」と言うので、あえて深くは尋ねなかった。

その後、日は覚えていないが、夕食を終わり、納涼のため砲廠あたりを歩き回っていると、長島竹四郎、小島万助も居合わせ、竹四郎が、「近頃、ご給与物すべての支給が厳しくなり、この分ではたいへん困るので、同志の者で話し合い、*強願を企てたいと思っている云々、と近衛歩兵の者から相談もあった。あの隊には一中隊に二十名ぐらいは同意した者がいるようだ」と言った。自分は、「兵卒たちが何か事を願い立てても、とうてい聞き届けられないだろう」と答えると、小島万助が傍らから、「こんなことだから、第一小隊の者には相談しない方がいいんだ。本当にこの小隊は、何もしようとしない者が多い」と、少し、自分等を軽蔑する態度だったが、その日はあえて深く話もせず、そのまま別れ、帰室し寝た。

一両日して、営内の洗濯所で大久保忠八から、「先日来、長島竹四郎が話した件に同意するかしないか」と迫られた。「とにかく竹四郎も万助も砲廠にいるのでそこへ行き、くわしいことを聞いてくれ」と言うのでそこに行くと、万助が自分に、「こんどの請願に同意するか。もし不同意とあればそのまま捨ておきがたい」などと言った。「その願いの筋というのは何ごとなのか。くわしく聞きたい」と言うと、「それぞれの身の上を顧みて考えれば、合点が行くはずだ」と言う。「つまりは、減給あるいはご給与の靴下等がご省略になったことだろう」と言うと、「その他いろいろあるが、決意していないのではたやすく話ができない。もっともこの願いの件については、必ずしも兵卒だけでなく、上官で指揮される方もおられる」と言った。ここで初めて、「同意しよう」と答えた。

一　同月十三日、午後一時頃から散歩かたがた一人で外出した。当時名前を知らなかった、神田錦町二丁目村上庄司宅前を通過するとき、竹四郎、万助がそこに居合わせ、手招きしたので立ち寄った。小川弥蔵、谷新四郎もいて酒を飲んでいたので、その席に加わり、一杯傾け、よもやまの話をしていた。そこに近衛工兵、当時名前を知らなかった地木楽新助という者が来て、小島万助と別席で何か密談しているようだったが、自分はその話には少しも加わらず、しばらくして弥蔵、新四郎等とともにその家を出て、途中で二人と別れた。夕刻帰営し、入浴していると、竹四郎が呼びにきた。いっしょに砲廠に行くと、万助、新四郎、名前を知らない新兵の者が一人いた。万助等から、「いよいよ来る二十一日午後、赤坂山王社に集会の上、万事協議する手はずになったので、第一小隊の親しい者へ知らせてくれ」と言われたので、十九日夜、第一小隊の便所の傍らで、長島竹四郎、小島万助から聞いた話を広瀬喜市に伝えた。

一　同月二十日、午後一時頃から広瀬喜市と同伴して外出し、近衛歩兵連隊営の前で谷新四郎に出会った。谷から、「かねての企てについて相談するため、いま長島竹四郎、小島万助両人が連隊営門に入った」と聞き、三人で待っていたが出てこなかった。それで新四郎、喜市と同道、ゆっくり歩いて麹町一丁目の名前を知らない水茶屋に行き、しばらく休息していると、竹四郎、万助が来た。「歩兵の者の様子はどうか」と尋ねると、「面会できなかった。東京鎮台予備砲兵には前から話を通してあるので、明二十一日赤坂山王社に集会することを知らせてくれ」と言われたので、喜市といっしょに同隊へ行った。喜市は、「鎮台砲兵の永井銀蔵に面会を申し入れ、待っている。お前は、予備砲兵の宮崎忠次という者に面会を申し入れておけ」と言うので、行って面会していると、喜市、銀蔵がいっしょに来た。四人で話し、暴動を企てる件については明二十一日、赤坂山王社へ各隊が集合して決定する、と確認し合って別れた。帰途、飯田町で喜市と別れ、午後七時頃帰営した。

一　同月二十一日午前、営内で水上丈平に向かい、「こんどのことを知っているか」と聞くと、知らないようなので、「近頃、減給のほか官給品まで減省され、たいへん厳重なお取り扱いなので、各隊が申し合わせ、暴発請願の企てがある。それには立派な人がいて指揮すると聞いている」と言って別れ、午後一時頃一人で出営した。あちこち歩き回ったあと、赤坂山王社の秘密の集会に行った。小島万助、広瀬喜市、長島竹四郎、馬場鉄市、野中与吉、新熊安三郎、藤橋吉三郎、東京鎮台砲兵第一大隊駅卒・永井銀蔵、同予備砲兵隊の名前を知らない兵卒等が会合していたが、近衛歩兵が来ないため、結論を出せずに解散になった。予備砲兵隊の名前を知らない者が、「きょうの集会で結論を出すという心づもりで出席したのに、ついに近衛歩兵の出席もなく、議論が曖昧では帰営してから同意している者に面目がない」と言った。たいへん残念なことばを聞き、はっきり答えないで帰途についたが、あとで忠八から、忠八がその場を取り繕い、「また明二十二日招魂社で再会しよう」と約束したことを聞いた。帰営後、桜井鶴次に、「こんど各隊が申し合わせて請願する企てがあることを聞いているか」と尋ねると、「うすうす聞いている」ということなので、とくに相談するつもりではなかったが、「近頃ご給与品の支給も厳重になり、そのため不平を抱く者も多く、近日事をあげる云々」と話した。

一　翌二十二日、九段坂上招魂社内の集会には、馬屋当番のため参加しなかった。大久保忠八が帰営後、「くわしいことはあすの集会ですべて決定する手はずだ。必ず来てくれ」と言った。午後十一時頃、水上丈平と申し合わせて脱営し、内藤新宿の貸座敷日向屋方で遊蕩、翌二十三日午前四時頃帰営した。*

一　同二十三日、招魂社の集会に行くと、松本久三郎、久保田善作、野中与吉、長島竹四郎等が居合わせ、長島が、「多人数の集会は、疑われる恐れがある。ここかしこに分散しよう。話が決まったときは通知する」と言ったので、自分は密席には連ならず、すべて長島たちにまかせた。そのとき席に残ったのは、竹四郎、喜市、忠八、次三郎だったと思う。そして帰ろうと社内を出たとき、桜井鶴次、伊藤丈三郎に行き会い帰営した。寝る前、便所の傍らで大久保忠八と会い、服装および旗じるし、その他の申し合わせを聞いた。同夜十二時を期して暴発する手はずなので、心の用意をし、横になって、時刻を待っていた。およそ十一時過ぎ、第一小隊中央分隊から鬨の声が上がり、舎外に押し出て、窓ガラス等を破壊する大きな物音がしたので支度をととのえ、あわてて窓から飛び出した。そのとき誤って足を打ってしまったため、馬立の脇でしばらく休んでいると、皆、営門の方へ押していくので自分もいっしょに駆けていった。営門はまだ開いていなかったが、すでに多人数が門脇に雑踏し、まもなく扉を押しあけるなり、多くの者とともに近衛歩兵営門の方に進み、強願に同意している歩兵の者に呼びかけると、兵営から鬨の声を上げ、裏門を破って多人数が柵外に出てきた。このとき、連隊番兵所から小銃を発射されて狼狽し、四方に散乱させられ、進むことができなかった。本隊営内では大砲を放ったので、本隊の営柵を乗り越え戻ると、つぎの大砲を引き出すのに会い、自分もこれを引いてまた進んでいき、武庫主管のあたりに行くと、またまた連隊から激しく射撃され、皆、大砲を載せた車をその場に捨てて散乱した。自分は再び営内に逃げ帰っていたが、だんだん歩兵の者等が営内に入ってくるのでこれを避けようと思い、ついにそれから一時病室の医官の便所に隠れ、ひそかに病室に忍び入ったが、打撲したところの痛みに堪えず、看病卒・塩原某に治療を頼んだ。そのまま翌朝まで潜伏していて、宇都宮少佐殿および深沢大尉殿が横死されたことはあとで聞いた。

右の通り相違ない。

明治十一年十月二日　　高橋小三郎

〔語句解説〕

＊原史料では「願」の上に一字抹消の跡がみられる。

＊貸座敷　女郎屋、遊女屋（広辞苑）

9　野中与吉

近衛砲兵大隊第一小隊

駅卒　野中與吉　当十月廿二年十ケ月

明治十年十二月入隊　埼玉県平民　武蔵国埼玉郡御高屋村　金五郎二男　真宗

口供

徒党暴動之件

自分儀七月中旬頃ト存候日失念夕景第二小隊砲卒大久保忠八ニ便所ノ傍ニテ出会同人ヨリ今般諸省等御入用金減少スルヨリ兵卒等日給金モ減セラレタルニ昨年軍功有之将校方ニハ莫大ノ賜金有之其以下ノ者ニハ御賞モ無之将校方莫大之賜金モ有之位ノ儀ナレハ聊ノ日給減少ニハ及フ間敷如何ニモ不公平ノ御政事ニ付諸隊申合セ同志ノ者ハ時日ヲ約シ其筋ヘ強願スル約束アリ未タ当隊ニテハ申合セ無之候ヘトモ弥相談之節ハ同意スルヤトノコト故何レヨリ談シ有之ヤト承ルニ近衛歩兵隊ヨリ咄シ有之ト申ニ付各隊申合トノ義《ママ》ナレハ同意致スニ付可然相頼ムト申候処必ス他言致ス間敷ト申候間承知致シ候其後七月下旬日失念用向有之東京鎮台砲兵第一大隊第二小隊駅卒永井銀蔵ヘ面会ノ時談話ノ末昨年西南ノ役有功ノモノ賞モ無之又日給減少等ノ儀ニ付

今度申合強願ノ儀近衛歩兵隊ヨリ話シ有之隊中ニテモ段々談シ有之貴様ノ隊ニテハ如何ヤト申ス処右ハ更ニ承リタルコト無之候ヘトモ夫ハ出願致シ度者ト申ニ付未タ自分モ篤ト不相心得候間弥相決シタル上ハ相談スヘシト申シ立分レ申候八月中旬日失念別段懇意ノ同隊砲卒田島森助ヘ前書忠八ヨリ承リタル件其内強願ノ手順ニモ可相成其節相心得居ラサレハ不都合故密々相咄シ申候其後八月十七八日頃ト覚ヘ候同隊駆卒櫻井鶴次ヘ今度各隊申合セ強願ノ談有之承知ヤト問フニ同人更ニ承ラス右様ノ儀ハ迚モ成就スマシキト申候同二十日夜忠八ヨリ明日午後永田町山王社ヘ集会ニ付出席之儀伝有之候同二十一日午後同隊駆卒馬場鉄一《ママ》岩本久藏同道出営途中忠八ニ面会四人ニテ山王社近傍水茶屋ヘ相越ス処同隊駆卒長嶋竹四郎小島万助居合セ廣瀬喜市新熊安三郎予備砲兵隊ニテハ鈴木直次外一人砲兵第一大隊ニテ永井銀藏木村伊四郎其他名前不存者追々集会自分ヨリ忠八ヘ今日ハ各隊集会ノ趣ナルニ不参ノ隊アルハ如何ト申ス処同人申スニ右ノ儀ハ長島竹四郎小島万助ヘ問合可申ト答有之忠八ヨリ両人ヘ問合セタル処何故不参ナルヤ不相分何レ両人ヨリ尚相談致スヘシト申シ候夫ヨリ一同解散追テ再会セント申ス際何レヨリカ小児使ニテ鈴木直次ヲ呼ニ来ルモノ有之タリ同人外ヘ立出皈リ来ルトキ同席ノ者ヨリ此事件ノ相談ニ来ル者ナレハ此席ヘ呼フカ宜シカラント申タルニ直次申スニ此席ヘハ呼兼ルト申候夫ヨリ水茶屋ヲ一同立出石段ヲ下ルトキ此事件延日スルトキハ必ス発覚スヘシト申ス者モ有之又容易ニ顕ハル、事ハ有之間敷依テ火急ニ為サル方可然ト申者モ有之又明夜ニ決スヘシ又明後夜暴挙抔トロ々ニ申候処予備砲兵隊ノ者ヨリ是迄段々尽力致シ最早上官ノ者ヘモ咄シ置キタルコト故今日ノ会議ニテ決セサレハ皈営ノ上申伝モ出来兼候間是非決シ呉ル、様申聞タリ此際同隊駆卒小川弥藏相越シ種々談話スル処多人数同所ニ居ルトキハ人目ニ触レ可申依テ立分レント申弥藏自分ト同道外々ノ者ト相分レ別路ヨリ糀町一丁目水茶屋ヘ立寄ル処山王ニ会シタル同隊ノ者来リ合セ忠八ヘ日限等決定候ヤト聞合スルニ来ル廿三日夜一時暴発之事ニ粗決シ且明日招魂社辺ニ会合スル趣ニ付承知ノ上相分レタリ同二十二日午前第十一時過同隊駆卒堤熊吉ニ出会今度近衛歩兵隊并東京鎮台予備砲兵隊及当隊申合暴動ノ義《ママ》ヲ伝ヘ申候自分儀室内食事当番ノ処午后招魂社内会合ニ付出席致シ度存シ要用ニ付当番頼合ノ儀如何哉ト同隊伍長駒井銕三郎殿ヘ承リ合スルニ頼合ハ不相成ト申サレ無拠其侭《ママ》ニ仕候同夜七時半頃田島森助洗濯場傍ニテ出会明夜暴動ノ節ハ冬衣ヲ着シ出ルコトヲ伝ヘ申候同二十三日朝忠八ヨリ午後招魂社会合ノ約ニ付出会候様伝有之ニ付午後散歩ノ末四時頃招魂社内ニ至ルニ腰掛ニ松本久三郎外人名不相覚四五人モ居合セタリ其内竹四郎并予備砲兵隊横山昇外一人相越シタリ竹四郎等多人数此辺ニ集会候テハ人目ニ触ル、恐レアルヨリ近傍水茶屋ニ至リ密議スルトノコトニテ立去ルニ付自分ハ逐テ承ラント存シ其辺散歩シ飯営時間ニモ相成ルニ付松本久三郎同道飯営致シ申候其日会議ニテ決シタル件可承ト忠八相尋ネ夜ニ入炊事場前大木ノ下ニテ面会スルニ今夜十二時各冬衣ヲ着シ白布ヲ左肩ヨリ右脇ヘ掛ケ合言葉ハ問号竜野答号竜興ニテ火薬ハ営内火薬庫ヨリ取出シ銃器ハ武庫主管ヨリ出ス手筈ト申スニ付相図ハ有之ヤト申ス処号砲ヲ打積リト申ニ付就テハ打手トシテ二三名早ク出ル様ニ致シ呉度ト申候間承知致シタレハ同人ヨリ旗印モ有之趣ナレトモ如此集合致シ居レハ士官ニ見咎メラレ申ヘク依テ右時限ニハ其心得ニテ速ニ出営スヘシ委細其節ト申候間承知ノ上相分レ申候此時田島森助ヘ合言葉ヲ咄シ置飯室致合言葉写三枚認メ相携ヘ夫ヨリ号砲打手馬場銕一《ママ》自分并布施千吉可然ト存シ銕一《ママ》既当番ニ付既ニ相越シ早出ノ儀銕一《ママ》ヘ申ス処火薬ハ如何致スヘキヤト申ニ付右ハ営内火薬庫ヨリ取出シ銃器ハ武庫主管ヨリ出ス手配ナリト相答候処同人承知致シ飯室ノ途中同隊駆卒安部寅吉《ママ》等三人計何カ密談致シ居ルニ付寅吉《ママ》ニ問ヒ今夜ノ事ヲ承知カト問フニ承知ノ旨答ルニ付合言葉ハ如何ト聞キタルニ未タ知ラスト申スヨリ一枚相渡シ其後名前不相覚者一人自分ヲ呼掛ケ合言葉ヲ聞度旨申ニ付二枚共相渡シ飯舎致シ同隊駆卒岩本久藏ヘモ今夜十二時号砲二発ニテ暴発之事ヲ相告ケ申候且千吉ヘ号砲打手トシテ早出ノ儀終ニ通セス其後入寝スルニ同蚊帳内同隊卒松本三四郎ハ如何ノ訳ヤ不存候ヘトモ居合セ不申其後舎外ヲ奔走スル者アリ又砲廠ニテ釘ヲ打ツ如キ音ヲ聞クヨリ便所ヘ行キ様子ヲ窺フニ砲廠ニ提灯一ツ相見ヘ五六人ヲ見受ケタリ依テ此コト露顕シタル故士官方砲廠辺ヲ見廻ルヤト疑ヒ飯室考ヘ居ルニ凡十一時三十分頃ト存候何レニテカ二三人計大声ヲ上ルヨリ諸方ニテ多人数発声スルニ付自分ハ兼テ期シタルコトナレハ直ニ軍刀ヲ帯シ冬衣ヲ着シ白布ヲ肩ニ掛ケ二階ヲ駈出タルニ自分ノ背中ヲ手ニテ突クモノアル故振向ケハ松丸軍曹殿ニ有之タリ夫ヨリ炊事場前ヲ通リ抜ケ砲廠ニ出ルニ多人数硝子窓并ニ器物等ヲ破壊スルヲ見受タリ然ルニ号砲ヲ発セントスルモ既ニ当夜ノ事件発露シ士官衆釘ヲ火門ニ打タレタルヨウ存スルヨリ迚モ発放《ママ》六ケ敷ト存シ依テ直ニ近衛歩兵営ニ至リ同兵ヲ誘引セントスルヨリ歩兵営ニ行カント声々ニ申シ多人数営門ヲ押開クニ付自分跡ヨリ従ヒ行ク此時同隊砲卒浅見綾次郎ヲ見掛ケタリ夫ヨリ自分ハ間道ヲ通リ疾走大声ヲ発シ真先ニ歩兵営門ヨリ十四五間ト存ル地位ヘ相越シタルニ気ヲ付ヨ々ト大声ニ申者モ有之タリ然ルニ歩兵営ニテハ柵ノ内ヨリ小銃ヲ発シ銃丸身辺ニ飛来ルニ付自分考ルニ兼テ約シタル趣ナルニ如斯狙撃致サル、上ハ歩兵隊ノ者ニ欺レタルナラント一時草中ノ低地ニ潜伏且夫ヨリ箱馬場ノ方ニ遁レ営ノ方ニ皈ルトキ営内ニテ一声ノ砲ヲ聞ク直ニ営内ニ駈入リ砲廠ノ方ヘ行ントスルトキ大隊週番所南ノ方并第二小隊《ママ》室南ニ二人ノ死屍ヲ見受ケ其際営内砲廠ニテ再ヒ発放スルヲ聞ク続テ秣庫ヨリ出火セリ其時誰ナルカ弾薬ハ大隊週番所内下士官室ニ有之ニ付出セト大声ニ云者アルニ付自分外四五人駈入リ戸棚ヲ押開キ自分弾薬箱ヲ取出シ井戸ノ方ヘ持来ル其時炊事掛伍長仁木根在殿来リ其箱ハ何カト申サル、ニ付小銃ノ弾薬ト云自分地上ヘ打付ケ箱ヲ破毀セントスルニ容易ニ破レス石ニテ打チ居ル時小銃ヲ持チタル者台尻ニテ烈ケ敷突キ終ニ破毀シ仁木伍長殿ヲ始メ弾薬ヲ取出スヲ慥ニ見受ケ自分ハ夫ヨリ営門ノ方ヘ行キ弾薬ハ井戸ノ傍ニ有之ト大声ニ呼ヒタリ然ルニ大砲一門ヲ引出ス者アリ自分ハ弾薬無之ト存ルヨリ大声ニテ弾丸無之ヲ引出スモ詮ナシト申ス際小川弥藏ニ営門内ニテ出会シ同人弾薬ハ大隊週番所ニ有之ト申スヨリ同人并自分外人名不覚一人共ニ入室下士室右ノ方戸棚ヲ自分押離シタルニ内ニ三村軍曹殿外一人ノ軍曹潜伏シ居レリ弥藏小銃ヲ三村軍曹殿ニ向ケ何故此処ニ隠レ居ル抔ト申シテ三人ニテ脅迫致シタリ此時三村軍曹殿当夜ノ儀ハ何事ナルカ更ニ不相分依テ此処ニ罷在ルト申ス其時弥藏ハ弾薬ヲ出スニ於テハ助クヘシト申ニ付自分ヨリ弾薬何レニ隠シタルヤト問フニ三村軍曹殿左ノ戸棚ノ中ニ有之ト申ニ付弥藏直ニ行クニ無之ヨリ三村軍曹偽リタルト申シナカラ既ニ小銃ヲ以テ射殺セントスルヨリ当夜ノ暴挙元ヨリ下士等ニ対シ事ヲ挙クルニ非ス殊ニ三村軍曹殿ニハ以前自分ノ砲車長ニテ懇意ニモ致シタルコト故弥藏暴業ヲ止ント存シ右ノ弾薬ハ自分既ニ持出シタリト偽リタルニ然ラハ三村ハ自分ニ渡スト申ス故自分其処ヲ立去ルニ三村殿モ跡ヨリ立出ラレタリ尤今一人ノ軍曹ハ先ニ迯出セリ夫ヨリ自分ハ営門辺ヲ徘徊スル時上長官ト見受ル人門前ニ来ルトキ弥藏又駈来リ小銃ヲ向ケ誰カト問フ監督ト答タリ彼比問答刧迫スル内将ニ射撃セントスル様子ニ付故ナク射殺スル甚以不都合ト存シ之ヲ止ントスルトキ同隊駆卒木島次三郎モ駈来リ両人ニテ之レヲ止メ次三郎ヨリ此辺ニ参リテハ危シト申シ三人倶々早々立去ルヘシト云ヒタリ自分ハ外ノ者ニ分レ既前番兵ノ地位ニ腰掛ケアルヲ見出シ暫ク休息シ考ルニ兼テ約シタル歩兵隊ハ一人モ応セス欺レタルニ相違無之且隊伍紛乱迚モ事成就致ス間敷ト存シ居ル際同隊付中村少尉殿外一人ノ士官入営追テ整列スヘキノ達シアルヨリ兵器ヲ納メ営内ニ罷在候処翌廿四日当裁判所へ護送相成候事

右之通相違不申上候

明治十一年十月二日

野中與吉

【現代語訳】

徒党暴動の件

自分は、七月中旬頃と思うが、日は忘れた、夕方、第二小隊の砲卒・大久保忠八に便所の傍らで出会い、同人から、「最近、各省のご入用金が減少したことから、兵卒等の日給金も減らされたのに、昨年軍功のあった将校方には莫大な下賜金があり、それ以下の者にはご恩賞もない。将校方に莫大な下賜金があるぐらいなら、わずかな日給を減らすこともないだろう。いかにも不公平なご政事なので、諸隊が申し合わせ、同志の者は時日を決めてその筋へ強願する約束がある。まだ当隊では申し合わせはないが、いよいよ相談するときは同意するか」と言われたので、「どこから話があったのか」と聞くと、「近衛歩兵隊から話があった」と言うので、「各隊が申し合わせたことなら同意する。よろしく頼む」と言うと、「決して他言するな」と言うので承知した。

その後、七月下旬、日は忘れたが、用事があって東京鎮台砲兵第一大隊第二小隊馭卒・永井銀蔵に会ったとき、終わりに、「昨年西南の役で功あった者に恩賞もなく、また日給金も減らされたなどのことについて、こんど申し合わせて強願しよう、と近衛歩兵隊から話があった。わが隊内でもいろいろ話がある。貴様の隊ではどうか」と言うと、「そのようなことはいっこうに聞いたことはないが、それは願い出たいものだ」と言うので、「まだ自分もよくは聞いていないが、いよいよ決まったときは相談する」と言って別れた。

一　八月中旬、日は忘れた、格別懇意にしている同じ隊の兵卒・田島森助へ、前に書いた忠八から聞いた件は、そのうち強願という手順になるだろうし、そのとき、田島が聞いていないと不都合だから、密かに話した。

その後、八月十八日頃と思うが、同じ隊の馭卒・桜井鶴次に、「こんど各隊申し合わせ、強願するのを知っているか」と尋ねると、「少しも聞いていない。そんなことはとても成功しないのではないか」と言った。

同二十日夜、忠八から、「あす午後、永田町の山王社で集会をするので出席しろ」と伝えてきた。

同二十一日午後、同じ隊の馭卒・馬場鉄市、岩本久蔵と同道して、出営、途中で忠八に出会い、四人で山王社近くの水茶屋へ行くと、同じ隊の馭卒・長島竹四郎、小島万助が居合わせ、広瀬喜市、新熊安三郎、予備砲兵隊では鈴木直次ほか一人、砲兵第一大隊では永井銀蔵、木村伊四郎、そのほか名前を知らない者が、追い追い集まってきた。自分は忠八に、「きょうは各隊が集まるというが、参加していない隊があるのはどういうことか」と言うと、忠八は、「そのことは長島竹四郎、小島万助に聞いてみる」と答えた。忠八が両人に聞いたが、なぜ不参加なのかわからなかった。忠八は、「いずれ両人からまた相談があるだろう」と言った。

それから一同解散し、追って再会しようとしたとき、どこからか子どもが使いで、鈴木直次を呼びにきた。直次が外へ出て、戻ってきたとき、同席の者から、「向こうに人がいたが、この事件の相談に来た者なら、この席に呼ぶのがよいのではないか」と言ったが、直次は、「この席へは呼べない」と言った。それから一同が水茶屋を出て石段を下るとき、「この事件は日延べすれば必ず発覚する」と言う者、また、「容易に露顕することはないだろう。だから急いでしない方がよい」と言う者、また「明夜に決行すべし」、「明後日の夜、暴発だ」などと口々に言うと、予備砲兵隊の者が、「これまでいろいろ尽力して、もはや上官の者へも話してあることなので、きょうの会議で決めなければ、帰営して申し伝えもできない。ぜひ決めてくれ」と言った。このとき、同じ隊の馭卒・小川弥蔵が来ていろいろ話していたが、「多人数が同じ所にいるのは人目に触れる。別れよう」と言い、弥蔵は自分といっしょにほかの者と別れ、別の道から麴町一丁目の水茶屋へ立ち寄ると、山王社で会議をしていた同じ隊の者が来合わせた。忠八に、「日限等決定したか」と聞くと、「来る二十三日夜一時暴発のことにほぼ決まり、さらにあす、招魂社あたりで会合する」と言うので、承知して別れた。

同二十二日、午前十一時過ぎ、同じ隊の馭卒・堤熊吉に会ったので、「こんど近衛歩兵隊ならびに東京鎮台予備砲兵隊、および当砲兵隊が申し合わせ暴動する」と伝えた。自分は室内食事当番だったが、午後、招魂社の会合に出席したいと思って、「大切な用事があるので当番を頼めませんか」と同じ隊の伍長・駒井鋲三郎殿に頼んだが、「そうはできない」と言われ、やむなくそのまま当番をした。同夜七時半頃、田島森助に洗濯場の傍らで会い、「明夜暴動のときは冬衣を着て出ろ」と伝えた。

同二十三日朝、忠八から、午後、招魂社で会合の約束だから出るよう連絡があった。午後、散歩ののち四時頃招魂社内に行くと、腰掛けに松本久三郎ほか名前は覚えていない四、五人も居合わせた。そのうち、竹四郎と予備砲兵隊・横山昇ほか一名が来た。竹四郎等は、「多人数がこのあたりに集会していては人目に触れる恐れがあるから、近くの水茶屋に行き密議する」と言って立ち去った。自分はあとで聞こうと思い、そのへんを散歩して、帰営時間にもなるので、松本久三郎といっしょに帰営した。その日の会合で決まったことを忠八に尋ねようと、夜に入り炊事場の大木の下で会うと、「今夜十二時各々冬衣を着、白布を左肩から右脇へかけ、合言葉は問号『竜野』、答号『竜興』、火薬は営内火薬庫から取り出し、銃器は武庫主管から出す手はずだ」と言った。「合図はあるか」と言うと、「号砲を打つつもりだ」と言い、「ついては打ち手として二、三名、早めに出るようにしてくれ」と言うので承知した。同人が、「旗印もあるようだが、このように集合していては士官に見とがめられる。だから右の時限にはその心得で速やかに出営しろ。委細はそのとき」と言うので、承知して別れた。このとき、田島森助へ合言葉を話して帰室し、合言葉三枚を書き写して持ち、号砲の打ち手は馬屋当番なので馬屋に行き、早めに出ることを鉄市は馬場鉄市、自分、布施千吉がいいと思い、鉄市に言うと、「火薬はどうする」と言うので、「それは営内火薬庫から取り出し、銃器は武庫主管から出す手配だ」と答えると、彼は承知した。帰室の途中、同じ隊の馭卒・安部虎吉など三人ばかりが密談しているので、虎吉に、「今夜のことを承知か」と尋ねると、「承知している」と答えたので、「合言葉は知っているか」と聞くと、「まだ知らない」と言うので、一枚渡し、そのあと、名前を覚えていない一人が自分に呼びかけ、合言葉を聞くので、二枚とも渡し帰室した。同じ隊の馭卒・岩本久蔵へも、「今夜十二時、号砲二発で暴発する」と告げたが、千吉へ、号砲の打ち手として早めに出ることは、ついに知らせることができなかった。その後寝たが、同じ蚊帳の中に同じ隊の兵卒・松本久三郎がどういうわけかいなかった。その後舎外を走り回る者があり、また砲廠で釘を打つような音を聞いたので、便所へ行き様子をうかがうと、砲廠に提灯が一つ見え、五、六人を見かけた。暴発の件が露顕し、士官が砲廠あたりを見回っているのかと思い、帰室し考えていると、およそ十一時三十分頃と思うが、どこかで二、三人ばかりが大声を上げると、いろいろの所で大勢の声がするので、自分は前から期していたことだから、すぐに軍刀を帯し、冬衣を着、白布を肩にかけ、二階を駆け下りた。すると、自分の背中を手で突く者があるので振り向くと、松丸軍曹殿だった。それから炊事場前を通り抜け、砲廠に出ると、多くの者がガラス窓や器物を破壊しているのを見た。号砲を発しようとしたが、すでに今夜のことは露見し、士官たちが火門に釘を打たれたようで、とても発砲は難しいと思った。そこで、すぐに近衛歩兵営に行き、歩兵を誘おうと、「歩兵営に行こう」と声々に言い、多人数で営門を押しあけたので、自分はあとからついていった。このとき、同じ隊の砲卒・浅見綾次郎を見かけた。それから自分は間道を通り疾走、大声を発し、まっ先に歩兵営門より十四、五間と思われる場所へ行くと、「気をつけろ。気をつけろ」と大声で言う者があった。そうすると、歩兵営の柵の内から銃が発射され、銃丸が身辺に飛んできたので、自分は、約束したことなのにこのように狙撃されるのは、歩兵隊の者に欺かれたのだと思い、一時、草中の低地に潜伏した。それから箱馬場*の方に逃れ、兵営の方に帰るとき、営内からの砲声一発を聞いた。すぐに営内に駆け入り、砲廠の方へ行くと、大隊週番所南の方と第二小隊室南に二人の死体を見受けた。そのとき、営内の砲廠で再び発砲するのを聞いた。続いて飼葉庫から出火した。そのとき誰か、「弾薬は大隊週番所内の士官室にあるので出せ」と大声で言う者があったので、自分ほか四、五人が駆け入り、戸棚を押し開いた。自分は弾薬箱を取り出し、井戸の方へ持ってきた。そのとき炊事掛伍長・仁木根在殿が来て、「その箱は何か」と言われるので、「小銃の弾薬です」と言い、自分は地面にたたきつけ箱を壊そうとしたが容易に破れず、石で打っているとき、小銃を持っている者が台尻で激しく突き、ついにこわした。仁木伍長殿を始め弾薬を取り出すのを確かめて、自分は営門の方へ行き、「弾薬は井戸のそばにある」と大声で言った。そのとき、大砲を門から引き出す者があった。自分は、弾薬はないと思ったので大声で、「弾薬がないのを引き出してもしかたがない」と言ったとき、小川弥蔵に出会った。小川は、「弾薬は大隊週番所にある」と言うので、同人と自分、ほか名前を知らない一人とともに入室し、下士官室右の方の戸棚を自分が押し開くと、中に三村軍曹殿ほか一人の軍曹が潜伏していた。弥蔵は小銃を三村軍曹殿に向け、「なぜここに隠れているのか」と言って三人で脅迫した。このとき、三村軍曹は、「今夜のことは何ごとか、少しもわからなかったので、ここにいる」と言った。弥蔵は、「弾薬を出せば助けよう」と言い、自分が、「弾薬をどこに隠したのか」と尋ねると、三村軍曹殿は、「左の戸棚の中にある」と言うので弥蔵がすぐに行ったが、弾薬はなかったので、「三村軍曹殿はだました」と言いながら、すぐ小銃で射殺しようとした。自分は、今夜の暴発は元より下士官に対し事を挙げたのではない、ことに三村軍曹殿には以前、自分の砲車長で懇意にしていたから、弥蔵の暴発を止めようと思い、「その弾薬は自分がすでに持ち出した」と嘘を言うと、「それなら三村は野中に渡す」と言ったので、自分はそこを出ると、三村殿もあとから出られた。もう一人の軍曹は先に逃げ出した。それから自分が営門付近を歩き回っていると、上長官と見受ける人が門前に来た。弥蔵がまた駆けてきて、小銃を向け、「誰か」と問うた。「監督」と答え、かれこれ問答が激しくなり、まさに射撃しようとする様子なので、理由なく射殺するのははなはだよくないと思い、これを止めようとすると、同じ隊の馭卒・木島次三郎も駆けてきて両人でこれを止め、次三郎が、「このへんにいては危ない。三人いっしょに早く立ち去ろう」と言った。自分はほかの者に別れ、馬屋当番の場所に腰掛けがあるのを見つけ、しばらく休息し、考えると、約束してあった歩兵隊は一人も応ぜず、欺かれたのに違いない、その上、隊伍は混乱し、とても事は成就しないだろうと思った。そのとき、砲兵隊付・中村少尉殿ほか一人の士官が入営し、それに続いて、整列しろと命令があったので、兵器を収めて営内にいると、翌二十四日、当裁判所へ護送となった。

右の通り相違ない。

明治十一年十月二日　　　野中与吉

〔語句解説〕

＊箱馬場　近衛歩兵連隊兵営南の練兵場にあった、四角形の馬場

10　松本久三郎

近衛砲兵大隊第一小隊

駁卒　松本久三郎　当十月廿四年十一ケ月
明治八年四月入隊　堺県農　大和国吉野郡小名村住
安五郎二男　浄土宗

口供

徒党暴動之件
自分儀過ル八月十八九日頃厩ニ於テ小川弥藏申スニ自分共ハ昨年ノ戦争ニ行カサレトモ貴様抔ハ昼夜風雨ヲ冒シ勉励尽力シタルニ今日迄何等ノ御賞詞モナシ貴様ノミナラス他ノ者トテモ同様ノ事ニテ士官ハ夫々賞典アレトモ下士兵卒ニ至テハ何等ノ詮議ナキノミナラス日給金モ減セラレ剰ヘ靴下ノ給与モ減省セラレ不平ニ堪エサルヨリ各隊申合セ事ヲ起ス筈其節ノ手配リハ近衛歩兵ト当隊トハ皇居ヲ囲ミ鎮台砲兵ハ砲兵本廠ヨリ弾薬ヲ奪ヒ取リ見附々々ニハ大砲二門ツヽ備フル筈既ニ戦線ノ図面モ製シ期日ハ来ル廿九日ニ定マリタリ尚廿一日ハ委細ノ事ヲ取極ムル為メ各隊同志ノ者赤坂山王社ニ会スル筈ナレハ自分ニモ参ル可シト申候廿一日例刻外出外ニ用事有之所々立廻リ途中飲酒致シ夫ヨリ五時過キ山王社ニ参レハ会議既ニ畢リタル様子ニテ一同退散致スニ付立出帰途大久保忠八ニ逢ヒ会議ノ次第ヲ尋ヌレハ連隊ノ者来会セサル故十分話シ整ヒ兼ネタレトモ当隊及東京鎮台予備砲兵ト共ニ弥明後廿三日事ヲ挙ル筈尚諸事手配等ハ明日招魂社ニ集会可取極ト申聞ラレ皈営致候廿二日午後髙橋小三郎ヲ伴ヒ出営富士見町ニ参レハ伊藤丈三郎等ヘ《ママ》出会ヒ水茶屋ニ立寄リ休息致居ル折柄是永虎一《ママ》モ亦来リ是ヨリ丈三郎等同行招魂社ニ到リ姑クシテ丈三郎小三郎ハ立皈リ自分ハ鶴次虎一《ママ》ト残リ居ル処鎮台予備砲兵并ニ連隊ノ者及ヒ当隊ノ者ト都合二十人計集マリタレトモ別ニ取極メタルコト承ラス且弥藏ト自分ハ食事番ニ当リ居ル故先キニ立帰リ候此夜弥藏ヨリ弥明二十三日ニ決シタリ且明日ハ又招魂社ニ会スル筈ナレハ自分ニモ参集ス可シト被申聞候廿三日午前厩ニ於テ自分廣瀬喜市ニ向ヒ此間ヨリ色々相談アレトモ何ニヲ願フニモ何ヲ申立ルニモ兵卒ノミニテハ出来兼ヌ可クト申セハ喜市ソレハ大丈夫ナリ鎮台予備砲隊抔ハ隊長モ指揮ヲ為ス筈ナリト申聞ラレ候此日午後出営招魂社ヘ参レハ野中與吉等数名招魂社ノ後ニ集マリ話シ居リ其内竹四郎来リ近衛歩兵来ラスヤト申スニ付知ラスト答フレハ直ニ立去レリ続テ一同解散此日夕刻営内洗濯場ニ於テ竹四郎ヨリ今日近衛歩兵ニ相談致シタルニ歩兵モ同意ニテ武庫主管ヨリ小銃ヲ取リ出シ相渡ス筈ナレハ左様可心得ト被申聞進藤徳太郎等ニ今夜非常ノ事アルモ計リ難キ間気ヲ付ケ居ル可キ旨相告ケ又厩ニ参レハ與吉ヨリ暗号ヲ記シタル

書付二三枚被相渡其後例刻入寝致居ル処誰レナルカ脚ヲ引キ起スニ付急キ夏服ヲ着シ冬服ヲ引掛ケ軍刀ヲ帯ヒ窓ヨリ出テ厩ニ赴ク途中鞘ヲ取落シ其侭《ママ》厩ニ入リ夏服ヲ脱キ捨テ再タヒ室ニ入リ遺シ置キタル金円ヲ取リ腰ニ着クル時大勢喊ノ声ヲ揚ケルニ付直チニ舎ヲ出テ砲廠ニ到レハ多人数集マリ砲ノ火門ニハ皆釘打チアリトロ々ニ呼ヒ居ル故探リ見レハ果シテ皆打込ミアリ左レハ隣営ノ歩兵ニ行キ約束ノ通銃器ヲ受取ラント営門ニ到レハ大勢門ヲ破ラント群集致シ居リ間モナク門開ケタルニヨリ門ヲ出テ隣営ノ方ニ赴キタルニ弾丸飛ヒ来リ迚テモ行ク可キ様モ無之竹橋迄引返シ堀平八ト共ニ潜ミ居ル処小銃ノ声少シク止ミタルニ由リ営門ニ到レハ大砲ノ声聞ヘ続テ火ノ手揚リタルニ付馬ヲ解キ放タント厩ニ行ケハ馬ハ既ニ引出シアル故復営門ニ参リタルニ山砲一門々外ニ引出シアリ此時始メテ歩兵ヨリ小銃ヲ渡ストハ全ク偽リニテ自分等欺カレタリト存シ後悔致シ居ル折柄鎮台ノ者一人提灯ヲ携ヘ来リ高声ニテ何レノ隊モ揃ヘリ連隊ハ既ニ行キタリ何ソ砲隊ノミ来ラサルヤト呼立ルヨリ大勢吶喊砲ヲ挽キ進ミタリ自分モ其砲ニ附キ武庫主管ノ辺ニ到リタルニ何分脚気症ニテ歩行十分ナラサル故余程大砲ニ後レ漸ク麹《ママ》町九丁目辺ニテ追ヒ附キ夫ヨリ四ツ谷門ノ処ニテ平岡曹長殿ニ出会ヒ其指揮ニ従ヒ皇居ニ赴キ御門前ニ於テ兵器被取上捕縛相成候事

右之通相違不申上候

明治十一年十月　　松本久三郎

【現代語訳】

徒党暴動の件

自分は、過ぐる八月十八、九日頃、馬屋で小川弥蔵が、「自分たちは昨年の戦争に行かなかったが、貴様などは昼夜、風雨をおかし、勉励、尽力したのに、きょうに至るまで何等のご賞詞もない。貴様だけでなく他の者に対しても同じで、士官はそれぞれ賞典を与えられたが、下士、兵卒に至っては何等のご詮議もないばかりか日給金も減らされ、その上靴下の支給も減省され、不平に堪えない。だから各隊が相談して事を起こすはずだ。その際の手配は、近衛歩兵と当隊とは皇居を囲み、鎮台砲兵は砲兵本廠から弾薬を奪い取り、見付ごとに大砲二門ずつを配置するはずだ。すでに戦線の図面も作り、期日は来る二十九日と決定した。なお、二十一日は細かなことを取り決めるため、各隊の同志の者が赤坂山王社で会うはずなので、お前も来てくれ」と言われた。

同二十一日、定刻に外出、ほかに用事があり、あちこち立ち寄って途中酒を飲み、それから五時過ぎ、山王社に行くと、会議はすでに終わった様子で一同退散してしまっていたので、そこを出た。帰り道、大久保忠八に会い、会議のなりゆきを尋ねた。「歩兵連隊の者が来なかったので、十分話がまとまらなかった。しかし、当隊と東京鎮台予備砲兵とは、いっしょにいよいよ明後二十三日、事を挙げるはずであり、いろいろな手配等はあす招魂社に集まって取り決めることになった」と聞いて帰営した。

二十二日午後、高橋小三郎をともない出営、富士見町に行くと伊藤丈三郎等に出会った。水茶屋に立ち寄り休息しているところに是永虎市も来て、それから丈三郎等といっしょに招魂社に行き、ほどなくして丈三郎、小三郎は帰り、自分は桜井鶴次、虎市と残っていると、鎮台予備砲兵と連隊の者および当隊の者と都合二十人くらい集まったが、特に取り決めたことは聞かなかったし、弥蔵と自分は食事当番だったので先に帰った。

この夜、弥蔵から、「いよいよ明二十三日に決まった。なおまたあす、招魂社で会合することになっているから、お前も出席してくれ」と言われた。

二十三日午前、馬屋で自分は広瀬喜市に向かって、「この間からいろいろ相談があったが、何をお願いするにも、何を申し立てるにも、兵卒だけではうまくいかないのではないか」と言うと、喜市は、「大丈夫だ。鎮台予備砲兵隊などは、隊長も指揮をとると聞いている」と言った。この日、午後出営、招魂社へ行くと、野中与吉等数名が招魂社の裏に集まって話をしていた。そのうち竹四郎が来て、「近衛歩兵は来なかったか」と聞いたので、「知らない」と答えると、すぐに行ってしまった。続いて一同も解散した。この日夕刻、営内洗濯場で竹四郎から、「きょう、近衛歩兵に相談したところ、歩兵も同意して、武器庫から小銃を取り出して渡すことになったから、そう心得ていてくれ」と聞かされた。進藤徳太郎等に、「今夜、非常のことが起こるかもしれないので気をつけていろ」と告げて、また馬屋に行くと、与吉から暗号を書いた書付を二、三枚渡された。そのあと、定刻に眠りにつくと、誰かが足を引っぱったので急いで夏服を着、その上に冬服を引っかけ、軍刀を帯び、窓から出て馬屋に行った。途中、鞘を落としたが、そのまま馬屋に入り、夏服を脱ぎ捨て、再び部屋に戻って残して置いた金銭を取って腰につけていたとき、大勢が鬨の声を上げたので、すぐ兵舎を出て砲廠に行くと、多人数が集まっていて、「大砲の点火口に皆釘が打ってある」と口々に叫んでいるので調べてみると、確かに点火口に釘が打ち込まれていた。それならば隣営の歩兵に行き、約束通り銃器を受け取ろうと営門まで行くと、門を破ろうとして大勢が集まっていた。すぐに門があいて、門を出て隣営の方に行くと、弾丸が飛んできて、とても進んでいくことができない。そこで竹橋まで引き返し、堀平八といっしょに隠れていると、小銃の音がしばらく止んだので営門に行った。そのとき、大砲の音が聞こえ、続いて火の手が上がった。馬を逃げさせようと馬屋に行くと、馬はすでに引き出してあったので、また営門の方へ行くと、山砲一門が外に引き出してあった。このとき初めて、歩兵から小銃を渡すということはまったく嘘で、自分たちはだまされた、とわかり後悔していると、鎮台の者が一人提灯を持ってきて、大声で、「どの隊も揃っている。連隊はすでに行った。なぜ砲隊だけ来ないのか」と言ったので、大勢の兵が叫び声を上げながら砲を引き、進んでいった。自分もその砲について武器庫あたりに着いたが、何分、脚気症で歩行も万全ではないため、大砲の進行に遅れて、ようやく麴町九丁目あたりで追いついた。それから四ツ谷門の所で平岡曹長殿に出会い、その指揮に従って皇居に行き、ご門前で兵器を取り上げられ、捕縛された。

右の通り相違ない。

明治十一年十月　　　　松本久三郎

11　木島次三郎（編集注　口供書二通あり）

近衛砲兵大隊第一小隊
駆卒　木嶋次三郎　当九月廿四年十ケ月

明治九年七月入隊　兵庫県農　攝津国河辺郡東難波村住　亡利右エ門三男　真宗

口供

徒党暴動之件

一　自分儀兼テ隊中ニテ昨年戦功ノ者賞典無之且日給官給品共減少等之儀ニ付一同不平之談話寄々承居候処八月廿一日午前既当番中同隊駆卒水上丈平相越シ自分ヲ他ニ招キ今般東京鎮台始メ各鎮台申合セ一同暴動ノ企有之趣申聞ルニ付其仔細ヲ承リ度存スルヨリ此企ハ誰ヨリ承リシヤト尋ルニ此儀ハ過日来隊中ニテ密談有之トノ答ユヘ右之企ハ兵卒ノミノコトカ将タ士官始メカト問フタル処当隊ニ於テハ士官下士ヘハ未タ其談シ

無之モ予備砲隊ニ於テハ下士ハ無論士官隊長迄モ承知之由尚委細ハ其隊ヘ聞ケハ分ルヘキ趣答ヘタリ此際同隊卒松本久三郎モ参リ合セ自分丈平ニ向ヒ右事件承知ノ上ハ何レ今度暴動ノ根源ヲ知ルナラント尋ネタル処昨年ノ戦功賞賜無之且減給ノ件ニテ又夫々他ノ廉モ有ルヘケレト自分共ニ於テハ先其辺ナリト申スニ付尚委細承度旨申タル処左スレハ本日ハ午後永田町山王社ニ於テ予備砲兵ノ者始メ各隊集会ノ約束ナレハ貴様モ同処ヘ参リ委細承知スヘク自分モ参ル含ミナレハ何レ伴フヘシト相約シ夫ヨリ三人相別レ午後丈平ト出営同道雉子橋ニ到リ同隊卒小川彌藏松本久三郎ニ出会夫ヨリ自分ハ他用アルニ付三人ト相別レ予テ同隊卒石川貞藏外四人ト休息所トシテ借リ受ケタル今川小路壱丁目古屋重清方ニ罷越ス処ヤカテ右貞藏及同隊卒大﨑石松ノ両人参リ合セ其内自分ハ用事モ相済ミタルヨリ会合処ヘ参ラント存シ両人ニ向ヒ是ヨリ山王迄参ルニ付遊居呉度旨申置キ其儘立去リ山王ノ社内ニ到ル処同処ニハ誰レモ見受ケス依テ暫ク側ラノ水茶屋ニ憩ヒ居ル内彌藏丈平久三郎同処ノ石段ヲ上リ来ルニ出会シ同人等ヨリ皆々石段ノ下ニ在リシカ早ヤ多分解散シタル趣承リ尚四人一同石段ヲ下リ見ルニ鳥居ノ辺ニ於テ同隊卒髙橋小三郎廣瀬喜一《ママ》野中與吉大久保忠八及名前不存予備砲兵隊并砲兵第一大大《ママ》隊ノ者共四五人ニ出会是等ニ向ヒ何故皆々解散シタルヤト尋ルニ歩兵隊ノ者集会セサル故一同離散致スト申スニ付事件ハ決議シタルヤト問フニ予備砲兵隊ニテハ已ニ決シタル趣ト迫レ共当隊ノ都合モ之レアリ依テ来ル廿三日夜ト粗取極ムルト喜一《ママ》等答ルニ付自分ハ先刻営内ニ於テ略丈平ヨリ聞及タレトモ尚事情不分明故篤ト承リ度畢竟此処ニ来リシ旨申シタル処丈平申スニハ明日ハ神田銀町旅人宿近衛歩兵連隊ノ者ノ下宿ニ於テ会ズル約定ナレハ尚同処ニテ聞キ呉レ度ト申シ夫ヨリ一同々処ヲ立去リ帰営致シ候翌廿二日午后丈平同道神田銀町二丁目旅人宿ヘ参リタル処喜一《ママ》ハ已ニ参リ居リ同人ヨリ本日ハ約束ノ者参ラス故ニ自分等此処ヲ立出テ呉度此様ノ処ニ大勢相会スレハ自然人目ニモ触レ易ク依テ是ヨリ彌藏下宿美土代町家号不存酒店迄参リ呉度喜一《ママ》モ後ヨリ参ル趣申聞クルニ付丈平同道右酒屋ヘ参ル処早ヤ喜一《ママ》ハ別路ヨリ参リ居リ其外彌藏忠八石松及同隊卒久保田善作小嶋万助等追々来会シ其旨趣ハ篤ト承知セサルモ血判ノ儀喜一《ママ》万助等重モニ談居第一小隊ノ者ヘハ喜一《ママ》ヨリ第二小隊ヘハ万助ヨリ一同血判致呉度旨申スニ付自分ハ今度暴挙ノ名義判然不承迄ハ血判致サヽル旨相断リタル処喜一《ママ》万助忠八ハ血判シタルヲ見受ケ其他ハ心得不申候尚本

日午后招魂社ニ於テ会議スルトノコトニ付自分ハ忠八ト倶ニ立出同人ハ乗車ニテ先ヘ行自分ハ一人ニテ後ヨリ同処ノ園内ヘ罷越タル処近衛歩兵ニテハ名前不存モノ二人斗予備砲兵隊卒横山昇外十一二人自分隊ニテハ永《ママ》嶋竹四郎羽成常助伊藤丈三郎櫻井鶴次松本久三郎小川彌藏等追々参リタルニ忠八万助竹四郎彌藏及横山昇等申合セ此様ノ処ニ大勢会スルハ人目ニ触レ宜シカラス依テ其他ノ者ヲ避ケ密ニ相談致シタル由明夜十二時屹度事ヲ挙クル事ニ決議ナリシ趣右之者共之内ヨリ承リ申候尤モ兵ノ配リ方其他ハ予備砲兵隊ヨリ伝有之趣尚又明日ハ当所ニ会議スル約之由然ルニ自分ニ於テハ名義無之事ヲ挙クルハ不同意ナレハ暴挙致スト決スル上ハ何カ確タル書付ニテモ有ルヤト問フニ兵卒ハ唯令ニサヘ従ヘハ宜シク指揮スル人ハ予備砲兵隊ニアルト申聞ケ候ニ付其儘ニテ一同相別レ申候翌廿三日午食終リ出営組橋ニ於テ同隊卒谷新四郎ニ出会何レヘ参リシヤト尋ルニ招魂社ヘ参リタリト申ス故今度ノ事件ハ如何ャト申スニ右ハ已ニ決シ候間一同解散シタリ併シ同隊ノ者少々ハ残リ居ルトノコト故招魂社ノ近傍水茶屋ニ到ル処折柄予備砲兵隊ニハ横山昇外一人自分隊ニテハ喜一《ママ》竹四郎忠八近衛歩兵ニテハ岡田資源外名前不存モノ一人続イテ予備砲兵隊名前不存下士壱人集リ合セ彼是相談アリシ様子ナレトモ自分ハ跡ヨリ参リタルコト故何分判然不相心得候自分喜一《ママ》ニ向ヒ尚又今度ノ主意ヲ承ラント申シタルニ幸予備砲兵隊ノ下士モ参ラレタルニ付之ヨリ承ルヘキ旨申スニ付直ニ右下士ニ向ヒ其趣相尋ネタル処何分不公平之儀モ有之ヨリ如斯コトニモ到ルナリ尚隊長岡本少佐及内山少尉等ヘモ承リ委細申聞ヘキ旨申サレ且一同ニ向ヒ事ヲ挙クルニ於テハ他隊ノ士官下士タリ共其指揮ヲ受ケ呉ル、様申サルニ付自分共承知致候其際喜一《ママ》ヨリ事ヲ挙クル時ハ冬服ヲ着シ帽ノ日覆ヲ取去リ合言葉 問号竜ノ答号竜興 及旗号等ノ雛形モ示サレ候然ルニ右下士ヨリ一応隊長ヘ承ラサレハ相決セサル儀有之ト申サル、処已ニ今夜事ヲ挙クルトノコトナレハ右隊長ト協議ノ次第ハ如何シテ報セラル、ヤト問フタルニ近衛砲兵隊ニハ哨兵始メ総テ承知ノコトナルヘケレハ此方ヨリ使ヲ遣シ哨兵ヨリ通知スヘキカ併シ哨兵ヘ通知スルモ万一漏ル、等ノ憂アリ可成ハ一人参リ呉度旨ニ付喜一《ママ》同行ノコトニ決シ同人手帖ヲ自分ニ渡シ委細ハ同隊卒木村圓解ニ頼ミ帰営致シタル体ニ取為シ呉度旨依頼ヲ受ケ承知之上帰営右圓解ヲ尋ルニ不在ニ付手帖ヲ伍長代理稲垣百藏ヘ差出シ喜一《ママ》ハ帰営ノ上厩ノ方ヘ参リ居ル趣キ申置キ其後賄所ノ横ニテ同隊卒柴田德太郎外姓名不覚二三人居合セ德太郎へ当夜暴動候間気ヲ付ケ居ル様申聞ル折柄同隊卒久保田善作来リ今日集会処へ参リタルヤト尋ルユへ参リタル旨答フル処時限ハ如何トノコト故弥当夜十二時暴発ノ旨ヲ伝へ申候其節営内処々ニテ三四人ツ、密会スル者アルヲ見受ケ夫ヨリ圓解ニ出会右喜一《ママ》依頼ノ趣且人員検査ノ節ハ可然取計呉レル様申聞是ヨリ自分舎ニ帰リ無程検査等モ相済ミ喜一《ママ》ハ帰ラサルヤト屡《ママ》々立出テ既ノ近辺マテ相越シ既番同隊卒田中乙吉へ尋ネタレトモ帰リ来ラズ《ママ》併シ自分考フルニ未タ予備砲兵隊ヨリ報知無之モ事今夜ニ及ヒ如何トモ致シ難シ依テ衆ト共ニ暴動セント存シ其時限ニハ速ニ出ツヘキ心得ニテ入寝其後同隊喇叭卒平野廣吉同隊卒石川貞藏其外名前失念数名へ追々ニ今夜暴動之次第聞及ヒタルヤト問フニ絶へテ承知致サスト申スユへ周章テサル様申聞ケ申候其后竹四郎ヨリ当隊ノミニテ号砲ヲ発スルトキハ不都合ニ付予備砲兵隊ノ方ニテモ発砲致サセタル方可然ト依テ両人倶々同営へ行キ可申ト談シアルヨリ同意致シ同隊駆卒服部式丸へ右之儀相咄シ申候其后凡十一時四十分頃トモ思フトキ一同起床暴動ノ支度ヲ為シ居タル処へ池田少尉殿参ラレ今夜何事カハ知ラサレトモ一同御所へ詰ルト申スコトヲ承ル昨年西郷隆盛スラ一万五千ノ兵ヲ以テ事ヲ挙ケタルモ終ニ失敗スルニ至ル如何様ナル願カハ知ラサルモ先其願意ヲ聞カン左スレハ自分一命ヲ掛ケ尽力致サント説諭セラル、際自分ハ蚊帳ノ内ニテ不取敢夏衣ヲ着シ立出タルニ自分ニ向ヒ先今夜ノ事ガ《ママ》ラヲ聞カント申サル、故自分ニ於テハ相心得不申委細ハ岡本少佐承知ノ趣ナリト相答へタル処如何ナル願ナルヤ知ラザ《ママ》レド《ママ》岡本少佐之指揮ニ従ヒ一同行クトノコトハ実ニ心得違ナリト懇々説諭セラル、モ一同敢テ聞入レス終ニ池田少尉殿ヲ押倒シ一同室外ニ突キ出テ喊ヲ作リ硝子窓ヲ破毀シ其混雑一方ナラス自分ハ不得已同処へ残リ居タルニ池田少尉殿尚自分ニ向ヒ其方ハ旧兵ニモ有之決シテ如是コトニ組スヘカラス必ス室内ニ残リ居ルヘキ旨申サレ且鎮定方尽力致ス様切リニ申サレタルニ舎外之躁動益甚シク且人ヲ追駆ケル等ノ物音相聞ユルニ付貴殿ハ此処ニ残ラレ可然旨申タルニ宜敷頼ムトノコトニ付夫ヨリ自分ハ軍刀ヲ帯ヒ階ヲ下リ直ニ舎外ニ出テタル際営門ノ方ニテ呼集号音ヲ聞キタルヨリ大声ヲ発シ多人数ト共ニ営門近処迄走リ行キタルニ営門辺ニハ凡三四十人モ集リ居リ砲ノ方へ行ケ々々ト大声ニテ呼ハル者アリ続テ一同其方へ駆ケ行クニ付自分モ倶ニ行ク処大隊週番室ノ南井戸ノ側ニ士官ト見受ル人倒レ居ルヲ見受申候夫ヨリ二番小隊室南出口ノ前マテ来ルトキ深澤大尉殿自分ニ向ヒ申サル、ニハ何事ナルヤ事ガ《ママ》ラサヘ分レハ自分指揮ヲ為シ何方ヘモ参ルヘシトノ事故自分ヨリ只今池田少尉殿ヨリモ其趣申聞ラレタルモ自分ニ於テハ委敷儀ハ存シ不申委細ハ岡本少佐殿承知ノ由ナレハ同官ヘ掛合被下度ト申候此際誰トモ知ラス後ロヨリ来リ銃ニテ自分ヲ殴打スル者コレアリ依テ直ニ舎内ニ駈ケ込マントスル折柄海沼伍長殿竹井伍長代理ニ誰カト問ハレ自分名ヲ答ヘ且白服ニテ殴打セラレタルト申候処海沼殿ヨリモ一行クナト申サレヤカテ両人立去ラル、ニ付自分ハ冬服ヲ着シ再ヒ舎ヲ立出テ二階ノ梯ヲ下ル際営内ニテ一発ノ砲声アリ夫ヨリ舎外ニ出テ第二小隊室内ヲ東ヨリ西ヘ通リ抜ケントスルニ諸器物散乱シテ通リ難ク依テ炊事場ノ方ヘ廻リ砲廠ノ方ヘ行カントスルトキ再ヒ一発ノ砲声ヲ聞申候続イテ飼葉小屋ヨリ火ノ手上ルヲ見受申候其際誰ナルカ存セサレトモ砲ヲ出セ々々ト申内山砲ヲ引出シ暫アツテ尚又一門ヲ引出スニ付自分モ声ヲ上ケ従ヒ行ク此時髙橋小三郎砲ヲ押シ行ヲ認メ又此一群中弓張提灯一個ヲ見受ケ申候夫ヨリ一同箱馬場西ノ方迄参ル処連隊営ノ方ヨリ小銃打カケラレ一同散乱自分ハ再ヒ営門迄立帰リ暫ク同処ニテ考フルニ歩兵連隊并鎮台砲兵隊等モ応スル約ナルニ皆応セス欺レタルニ相違無之迚モ事成就ノ見込無之ト存シ同処番兵小屋ノ後ニ潜ミ居ル時吉田伍長殿日本刀ヲ帯ヒ片手ニ煙草入ヲ持チ煙草ヲ呑ミナカラ竹橋ヲ堅固ニ守ラサルヲ得スト申シ同橋ノ方ヘ参ラレ申候尤竹橋ニハ同隊兵卒モ余程出張居リ小銃ヲ発射スル音前後十発斗リ聞キ申候其際竹橋ヘ散弾ヲ込メ山砲ヲ備ヘヨト申ナカラ営門ヘ駆入ルモノアリ右ハ仁木伍長殿声ト存候其後竹橋ヘ出タル兵モ何レヘカ行キ減少シ営内モ漸ク静マリ居タルニ上長官ト見認ムル人徒歩ニテ馬上提灯ヲ持チ営門辺ニ来レリ此時小川彌藏営内ヨリ駆来リ銃ニ弾ヲ塡《ママ》シタル如ク見受ケ銃口ヲ差付ケ何ノ用事ニテ来ルヤト申スニ右ノ仁出火ニ付参リタルト申サレタル処火ノ手ノ上ルハ此方ノ心ニ在リ此辺ニ参ルニ及ハス打ツト申ス時右ノ仁申サル、ニハ自分打タル、ノ理ハ無之何事ナルヤ先其仔細ヲ承リ度ト申サル、トキ自分駆出シ誰ト問フ処監督ト答ヱラレ候間是辺ニ参リテハ危キ故早々立去ラル様自分申スニ彌藏尚又右仁ニ向ヒ剣ヲ渡スヘシ渡サ、レハ打ツト切迫中野中與吉何レヨリカ相越自分ト両人ニテ弥藏ノ暴業ヲ止ルニ右ノ仁ヨリ竹橋迄送リ呉レル様申聞ケラルニ付自分等ヨリ是迄参リタル方ヘ帰ラレ可然ト申候処直ニ西ノ方ヘ相越サレタリ尤弥藏ハ頗ル大酔ニ見受申候自分ハ営門ヲ入リ第二小隊室ノ方ニ兵卒少々集リ居ルヲ見其方ヘ参ル際井戸ノ側ラ死屍ノ辺ニ帽子落シアルヲ見始テ隊長ノ切害セラレタルコトヲ承知致候尤其節少シハ呼吸有之様存シ候夫ヨリ第二小隊室ノ入口迄参リ候処小川軍曹殿足ニ負傷候由ニテ同所ニ臥シ居ラレ羽成常助長嶋竹四郎モ傍ニ居タリ其后自分ハ又々営門ノ方ニ参リタル処近衛連隊ノ兵凡四五十人士官指揮シテ営門ノ前方ニ来ル時自分同隊ノ者十人計営内ニ迯ケ込ムヲ見受ケ但此四五十人ハ竹橋ノ方ヘ操出シタリ其後竹橋辺ニテ小銃発射ノ音励《ママ》敷ユヘ自分ハ営門ノ銃掛ケニアル小銃ヲ取リ弾薬ハ無キヤト大声ニ申ス処同隊卒小阪徳蔵居合セ同人ヨリ実包ニ十発貰受申候其際近衛歩兵一中隊余ト存ス自分隊副官井上中尉殿モ相越サレ追テ荒見軍曹殿等ノ指揮ニテ三十余人営内病院ノ前ニ整列シ夫レヨリ兵器ヲ納メ被縛候自分儀最初不同意ナレトモ其後遂ニ同意致シ暴動ニ及ヒタルニ相違無之事

右之通相違不申上候

明治十一年十月一日　　木嶋次三郎

【現代語訳】

徒党暴動の件

一　自分は、前々から隊の中で昨年の戦争で戦功があった者に賞典がなく、その上、日給・官給品とも減少された等のことについて、皆が不平を言っているのをたびたび聞いていたが、八月二十一日午前、馬屋当番中、同じ隊の駅卒・水上丈平がやってきて、自分を他の場所につれていき、「こんど東京鎮台はじめ各鎮台が申し合わせて暴動の企てがある」と聞かされたので、そのくわしいことを聞きたいと思って、「それを誰から聞いたのか」と尋ねると、「このことは、過日来、隊の中で密かに話されている」との答えだった。そこで、「この企ては兵卒だけのことか、士官なども含めてか」と質問すると、「当隊では士官、下士にはまだその話はないが、予備砲隊では下士は無論、士官、隊長までも承知しているようだ。なお細かなことはその隊へ聞けばわかるだろう」と答えた。このとき、同じ隊の兵卒・松本久三郎も来合わせ、自分と丈平に向かって、「この件を知っているなら、もうこんどの暴動の根源を知っているのだろう」と尋ねるので、「昨年の戦功の賞賜がなく、その上、減給された件で、またそれぞれほかのこともあるが、自分どもはまずそのあたりだ」と言うと、「もっとくわしいことを聞きたい」と言うので、「それなら、きょう午後、永田町山王社で予備砲兵の者はじめ各隊が集まる約束をしているので、貴様もそこに行って細かいことを知るようにしろ。自分も行くつもりだからいっしょに行こう」と約束し、三人は別れた。午後、丈平と出営、同道して雉子橋に行くと、同じ隊の兵卒・小川弥蔵、松本久三郎に出会い、それから自分はほかに用事があるので三人と別れて、同じ隊の兵卒・石川貞蔵ほか四人と休息所として借り受けている今川小路一丁目古屋重清方に行った。やがて貞蔵と同じ隊の兵卒・大崎石松が来た。そのうち自分は用事もすんだので会合の場所へ行こうと思い、二人に、「これから山王まで行くので、遊んでいてくれ」と言い置き、そのまま出て、山王の社内に行ったが、そこには誰もいなかった。しばらくそばの水茶屋で休んでいると、弥蔵、丈平、久三郎が石段を上ってきた。同人たちから、「みんなが石段の下にいたが、もう多分解散しただろう」と聞いた。四人で石段を下りてみると、鳥居のあたりで同じ隊の兵卒・高橋小三郎、広瀬喜市、野中与吉、大久保忠八、それに名前を知らない予備砲兵隊と東京鎮台砲兵第一大隊の兵士四、五人に出会った。彼等に向かい、「どうしてみんな解散したのか」と聞くと、「歩兵隊の者が来なかったので解散したのだ」と言うので、「暴発の件は決議したのか」と聞くと、「予備砲兵隊ではすでに決まったから、と迫られたが、当隊の都合もあるので、来る二十三日夜とほぼ取り決めた」

と喜市等が答えた。自分は、「さっき兵営内であらまし丈平から聞いたが、十分事情がわからないので、じっくり聞きたいと、ここまで来たのだ」と言うと、丈平が、「あすは神田銀町の旅人宿の近衛歩兵連隊の者の下宿で会う約束になっているので、そこで聞いてくれ」と言うので、それから一同同所を出て、帰営した。

翌二十二日午後、丈平同道、神田銀町二丁目の旅人宿へ行くと、喜市はすでに来ていて、「きょうは約束した者が来ないので、ここから出ていってほしい。このような所に大勢集まっていては人目につきやすいから、これから弥蔵の下宿、神田美土代町の、屋号は知らないが酒店まで行ってくれ」と言った。喜市もあとから来ると聞いたので、丈平といっしょに右酒屋へ行くと、早くも喜市は別の道を通って来ていた。そのほか、弥蔵、忠八、石松、さらに同じ隊の兵卒・久保田善作、小島万助等が追い追い来て、その趣旨はよくわからなかったが、血判のことを喜市、万助等が主に話していて、第一小隊の者へは喜市から、第二小隊へは万助が、「みんな血判してもらいたい」と言った。自分は、「こんどの暴挙の名義をはっきり聞くまでは血判はしない」と断わった。喜市、万助、忠八が血判したのを見たが、そのほかがしたかはわからない。なおきょう午後、招魂社で会議をするということなので、自分は忠八とともに出た。忠八は人力車で先に行き、自分は一人であとから同所の園内に行くと、近衛歩兵は名前を知らない二人ばかり、予備砲兵隊の兵卒・横山昇ほか十一、二人、自分の隊では長島竹四郎、羽成常助、伊藤丈三郎、桜井鶴次、松本久三郎、小川弥蔵等が追い追い集まってきた。「忠八、万助、竹四郎、弥蔵、横山昇等が申し合わせ、このような所に大勢集まるのは人目につき、よくないので、その他の者を避けて密かに相談し、明夜十二時、きっと事を挙げることに決議した」と、右の者どもから聞いた。もっとも、兵の配置、その他は予備砲兵隊から伝えるとのこと、なおあすまた、当所で会議することになったとのことだった。しかし自分は、「名義がなく事を挙げるのには同意しない。暴挙すると決めたからには、何か確かな書付でもあるのか」と問うたが、「兵卒はただ命令にさえ従えばよいのだ。指揮する人は予備砲兵隊にいる」と言われ、そのまま一同は別れた。

翌二十三日、昼食後出営、俎橋で同じ隊の兵卒・谷新四郎に出会った。「どこへ行ってきたのか」と尋ねると、「招魂社へ行った」と言ったので、「こんどの事件はどうなのか」と言うと、「それはもう決まったので解散した。ただし同じ隊の者は少し残っている」と言うので、招魂社近くの水茶屋に行くと、ちょうど予備砲兵隊では横山昇ほか一人、自分の隊では喜市、竹四郎、忠八、近衛歩兵では岡田資源と名前を知らない一人、続いて予備砲兵隊の名前を知らない下士一人が集まってあれこれ相談していたようだったが、自分はあとから行ったので、はっきりとわからなかった。自分は喜市に向かい、なおまた、「こんどの主意を聞きたい」と言ったが、「幸い予備砲兵隊の下士も来られているので、その人から聞いてくれ」と言うので、じかにその下士にそのことを尋ねると、「何と言っても不公平があるので、このようなことになるのだ。なお隊長・岡本少佐および内山少尉殿などにもお聞きし、くわしく話す」と言った。また一同に向かって、「事を挙げるには他隊の士官、下士であってもその指揮を受けてくれ」と言ったので、自分たちは承知した。そのとき、喜市から、事を挙げるときは冬服を着て帽子の日覆いを取ること、合言葉（問号「竜野」、答号「竜興」）、旗じるしなどの見本も示された。それなのに右下士が、「一応隊長にお聞きしなければ決められない」と言うので、「すでに今夜事を挙げることなので、隊長と協議した結果はどのように知らせてくれるのですか」と問うと、「近衛砲兵隊では哨兵はじめすべて承知であるので、こちらから使いを出し、哨兵から知らせるべきか。しかし、哨兵へ通知しても万一洩れるなどの心配があり、なるべくなら一人来てくれ」と言うので、喜市が同行すると決めた。喜市は手帖を自分に渡し、「細かいことは同じ隊の兵卒・木村円解に頼んで、帰営したように取りなしてくれ」と頼んだので、承知して帰営、右円解を尋ねたが不在だったので、手帖を伍長代理・稲垣百蔵へ差し出して、「喜市は帰営して馬屋の方へ行ったようです」と言った。そのあと、炊事場の横で同じ隊の兵卒・柴田徳太郎ほか名前は覚えていない二、三人が居合わせたので、徳太郎へ、「今夜暴動があるから気をつけていろ」と言っていると、同じ隊の兵卒・久保田善作が来て、「きょう集会の場所に行ったか」と聞いたので、「行った」と答えると、「時間は何時か」と言うので、「いよいよ今夜十二時暴発だ」と伝えた。その折、営内のあちこちで三、四人ずつ密会している者を見受けた。それから円解に出会い、喜市の依頼のこと、また人員検査のときはうまく取り計らってくれるよう話し、自分は兵舎に帰り、ほどなく検査等もすんだ。喜市は帰ってこないかと、たびたび兵舎を出て馬屋の近くまで行って、馬屋当番の同じ隊の兵卒・田中乙吉に聞いたが、帰っていなかった。しかし自分が考えるには、まだ予備砲兵隊から通知がないのに、事は今夜に迫っていて、どうにもしがたい、よってみんなとともに暴動に立ち上がろうと思い、その時刻には速やかに出ようと心得て寝た。そのあと、同じ隊のラッパ卒・平野広吉、兵卒・石川貞蔵、そのほか名前を忘れたが数人へ順々に、「今夜暴動を起こすことを聞いているか」と聞くと、「まったく知らない」と言うので、あわてないように言って聞かせた。そのあと、竹四郎から、「当隊だけで号砲を発するのは不都合だから、予備砲兵隊の方でも発砲させた方がよい。二人で同営へ行ってそう言おう」と話があったので同意して、同じ隊の駅卒・服部式丸へこのことを話した。その後およそ十一時四十分頃と思うが、一同起床、暴動の支度をしているところへ池田少尉殿が来られて、「今夜何ごとかは知らないが、一同御所へ詰めるということを聞いた。昨年西郷隆盛すら一万五千の兵をもって事を起こしたが、ついに失敗してしまった。どんな願いかは知らないが、まずその願いの内容を聞きたい。そうすれば自分は一命をかけ尽力しよう」と説得された。そのとき自分は蚊帳の中で、とりあえず夏服を着て出ると、池田少尉殿が自分に向かい、「今夜のことがらを聞きたい」と言われたので、「自分は何も知りません。細かいことは岡本少佐殿が知っているようです」と答えると、「どんな願いか知らないが、岡本少佐の指揮に従って一同が行くということは非常に心得違いだ」と懇々と説諭されたが、一同はまったく聞き入れず、ついに池田少尉殿を押し倒し、室外に突き出て、喊声を上げ、ガラス窓を破毀し、その混雑はただごとではなかった。自分はやむなくそこに残っていたが、池田少尉殿はなお自分に向かい、「お前は古参兵でもあり、決してこのようなことに同調してはならない。必ず部屋に残っていろ」と言い、さらに、「この騒ぎを収めるよう尽力しろ」としきりに言ったが、舎外の騒ぎはますます激しく、また人を追いかけるような物音が聞こえるので、「貴殿はここに残られるべきです」と言うと、「よろしく頼む」とのことなので、自分は軍刀を帯び、階段を下りてすぐに舎外に出ると、営門の方で、集合ラッパの音を聞いたので、大声を上げ、多人数といっしょに営門の近くまで走っていった。営門あたりにはおよそ三、四十人も集まっていて、「大砲の方へ行け。大砲の方へ行け」と大声で叫ぶ者がいた。続いて一同がその方へ駆けていったので、自分もいっしょに行くと、大隊週番室の南、井戸のそばに士官と見受ける人が倒れているのを見受けた。それから、第二小隊室南出口の前まで来たとき、深沢大尉殿が、自分に向かって、「何ごとか。事柄さえわかれば自分が指揮をして、どこへでも行く」と言うので、自分は、「ただいま池田少尉殿からもその理由を聞かれましたが、自分はくわしいことは知りません。委細は岡本少佐殿が承知しているというので、岡本少佐殿に掛け合ってください」と言った。このとき、誰ともわからない者が後ろから来て、銃で自分を殴った。それですぐに舎内に駆け込もうとすると、海沼伍長殿、竹井伍長代理に、「誰か」と問われ、自分は名前を答え、「白服なので殴られました」と言うと、海沼殿から、「もう行くな」と言われた。やがて両人は立ち去られたので、自分は冬服を着て再び兵舎を出ようと二階の階段を下りるとき、営内で一発の砲声があった。それから舎外に出て第二小隊室を東から西へ通り抜けようとしたが、いろいろな器具が散乱していて通れないので炊事場の方へ回り、砲廠の方へ行こうとしたとき、再び一発の砲声を聞いた。続いて飼葉小屋から火の手が上がるのを見た。そのとき、誰か知らないが、「砲を出せ。砲を出せ」と言い、山砲を引き出した。しばらくして、また一門を引き出したので自分も声を上げついていった。このとき、高橋小三郎が砲を押していくのを見た。またこの一群の中に弓張提灯一個を見た。それから一同箱馬場の西の方まで行くと、連隊営の方から小銃を打ちかけられ、みんなばらばらになった。自分は再び営門まで戻ってしばらくそこで考えると、歩兵連隊ならびに鎮台砲兵隊等も呼応する約束だったのに、皆応ぜず、だまされたのに違いない、とても事は成功する見込みがないと思って、同所番兵小屋の後ろに隠れていた。そのとき、吉田伍長殿が日本刀を差し、片手に煙草入れを持って、たばこを吸いながら、「竹橋を堅固に守らざるをえない」と言って、橋の方へ行かれた。もっとも竹橋には同じ隊の兵卒もかなり出向いていて、小銃を発射する音を前後十発ばかり聞いた。そのとき、「竹橋へ散弾を込め山砲を備えろ」と言いながら営門を駆け入る者がいた。それは仁木伍長殿の声と思った。その後竹橋へ出た兵も、どこかへ行ってしまって少なくなり、営内も静かになった。そこへ上長官と思われる人が、徒歩で馬上提灯を持って営門に来た。このとき、小川弥蔵が営門から駆けてきて、弾を込めたように見受け、銃口を差しつけ、「何の用事で来たのか」と言った。その方は、「出火なので来た」と言われたが、弥蔵は、「火の手の上がったのはこちらの心だ。このあたりには来なくてよい。撃つ」と言った。右の方は、「自分が撃たれる理由はない。何ごとかまずそのくわしいことを聞きたい」と言われたとき、自分は駆け出し、「どなたですか」と尋ねると、「監督だ」と答えられた。それで自分は、「このあたりにいては危ないので、早く立ち退いてください」と言ったが、弥蔵は、また右の方に、「剣を渡せ。渡さなければ撃つ」と迫ると、野中与吉がどこからか来て、自分と二人で弥蔵の乱暴な行動を止めた。その方から、「竹橋まで送ってくれ」と頼まれたので、自分等は、「参られた方へ帰った方がいいです」と言うと、すぐに西の方へ行ってしまった。そのとき弥蔵は大酔しているように見受けられた。自分は営門を入り、第二小隊室の方に兵卒が少し集まっているのを見て、その方へ行くと、井戸の傍らの死体のあたりに、帽子が落ちているのを見て、初めて隊長が切り殺されたことを知った。もっともそのときはまだ呼吸があったようだった。それから第二小隊室の入口まで行くと、小川軍曹殿が足を負傷されたようで、横になっていた。羽成常助、長島竹四郎も傍らに居た。その後自分がまた営門の方に行くと、近衛連隊の兵約四、五十人、士官が指揮して営門の前方にやってきたとき、自分と同じ隊の者十人ばかりが営内に逃げ込むのを見た。ただしこの四、五十人は竹橋の方へ繰り出していった。その後竹橋あたりで小銃発射音が激しいので、自分は営内の銃掛けにある小銃をとり、「弾丸はないか」と大声で言うと、同じ隊の兵卒・小坂徳蔵がいて、彼から実弾二十発をもらった。そのとき、近衛歩兵一中隊あまりと、自分の隊の副官・井上中尉殿も来て、つぎに荒見軍曹殿等の指揮で三十人ばかりが営内の病院の前に整列した。それから兵器を収め縛された。自分は最初同意しなかったが、その後ついに同意して暴動に加わったことに相違ない。

右の通り相違ない。

明治十一年十月一日　木島次三郎

近衛砲兵大隊第一小隊　馭卒　木嶋次三郎

口供

自分儀本年八月二十三日夜暴動之際営門之方ヨリ大隊事務所ノ前ニ至レハ二階ニテ何カ物ヲ打破ル音聞エルニ付何事ナラント立入レハ辻亀吉外壱人居合セ金櫃ハ既ニ破壊シ各金円ヲ取出シ居ヲ見フト盗心ヲ発シ自分モ紙幣種類ハ改メ見不申三把盗ミ取リ直ニ其場ヲ立出第一小隊ノ厩ニ入リ手拭ニ包ミ飼舩ノ下板ノ離レ居ル所ヨリ差入レ匿置キ候ニ相違無之右ハ先般御糺問ノ際可申上ノ処一時相隠シタルヨリ再応ノ御審糺ニ付白状候事

右之通相違不申上候

明治十一年十月十日　木嶋次三郎

【現代語訳】

自分は本年八月二十三日夜、暴動の際、営門の方から大隊事務所の前に来ると、二階で何か物を打ち破る音が聞こえたので何ごとかと入ってみると、辻亀吉ほか一人が居合わせ、金櫃はすでにこわされ、それぞれが金を取り出しているのを見て、自分もふと盗み心を起こし、紙幣の種類は改めず、三束盗み取ってすぐにその場を去り、第一小隊の馬屋に入り、手ぬぐいに包んで飼葉船の下板の離れている所から差し入れ、隠しておいたことはまちがいない。このことは先般ご糾問の際、申し上げるべきところ、一時隠したことを、再度のご審糾につき、白状する。

右の通り相違ない。

明治十一年十月十日　木島次三郎

12　羽成常助

近衛砲兵大隊第二小隊
駅卒　羽成常助　当十月二十四年五ケ月
明治九年五月入隊　茨城県農　常陸国新治郡戸崎村
亡喜平二男　禅宗

口供

徒党暴動之件
一　自分儀八月二十二日病室使役之処同隊駅卒長島竹四郎ヨリ今度不平之余暴発ノ企有之是迄自分并同隊駅卒小島万助大久保忠八等申合夫々尽力各隊トモ相談致シタレ共未タ貴様等ニ相咄サヽル訳ハ万一発覚スルトキ我等三人死スレハ事済ミ相成ル故ト申シタル故其旨承知イタシ候処同日ト覚へ候夕食后砲廠へ参ルニ同隊駅卒石田丑松谷新四郎西村平四郎近藤祖舟同隊砲卒新家仲吉等追々来会新四郎ヨリ今度日給金減少西南ノ役有功之者賞典無之件不平ノ余各隊申合明夜暴発之事ニ決シタリ就テハ近エ連隊ニテ武庫主管ニアルスナイトルヲ取リ出シテ我隊へ渡ス約束ニテ時限ノ儀ハ未タ取極マラス明二十三日午後近衛歩兵ノ者ヲ始メ招魂社内へ集会決議スル趣トノ事故自分申スニ弥暴発ト申スニ至レハ兵粮無之テハ不相成其手当ハ如何ト申ス際竹四郎相越シ同人ヨリト存シ候其心配ニハ及バス《ママ》トノ事ニ付同意致シタリ且誰ヨリ承リタルカ相覚ヘス候ヘ共暴動ノ時ハ当隊并近衛歩兵隊ハ皇居予備砲兵隊ハ砲兵本廠東京鎮台歩兵第一連隊ハ青山火薬庫へ向ヒ支フルモノアレハ打破ルコトニ決シ且予備砲兵隊ニハ下副官軍曹火工下長尚其上ニモ同意ノ人アル趣ナリ同二十三日午后自分一人散歩神保町ニテ同隊駅卒小川弥蔵ニ出会同人ヨリ当夜用ル所ノ旗ノ雛形等ヲ示サレ委細ハ同隊駅卒廣瀬喜一《ママ》ヨリ聞呉ルヽ様ト申スニ付立分レ九段阪《ママ》上ニテ新四郎ニ行逢ヒ同人申スニ事ヲ挙ルトキハ洋刀ニテハ迚モ用ニ相立ス日本日《ママ》刀求メ度ト咄シ有之自分モ尤ト存シ立分レタル后富士見町家名不存古道具屋へ立越シ刀相求メ度有之哉ト承ルニ只今持合セ無之トノコト故今夜取リニ参ル故一本見出シ呉度ト頼置帰営然ルニ忠八竹四郎ヨリ当夜ハ上ハ冬衣ニテ白布ヲ左肩ヨリ片襷ニ掛ルヲ目印ニ致シ時限ハ十一時半カ十二時ニ相図ヲナシ暴発ニ決スル故分隊中へ通シ方ヲ頼マル際同隊駅卒野見山吉平ヨリ合言葉問号竜野答号竜興ノ旨申聞ニ依リ同隊駅卒矢野豊吉田中与作松本市造稲田元次郎和田大五郎中田佐吉外二三人へ通シタリ夫ヨリ自分ハ当夜暴動用意ノ為メ脱営セントシ刀等ノ儀竹四郎へ密話スルニ同人モ富士見町道具屋へ頼ミ置タル故序

テニ持参致シ呉度ト依テ金二円ヲ預リ暴動時限外ヨリ応スル心得故冬衣ヲ着シ洋刀ヲ帯セス九時過脱営直ニ右古道具屋ヘ至ルニ両人頼ミ置タル刀取寄有之二本ニテ代金三円相払ヒ兼テ所持シタルウチガ《ママ》ヘヘ入レ持参直ニ営ノ方ヘ帰来リ十一時半ト存ス砲厰西ノ柵ヲ越ヘ入ル時営内ニテ一時ニ吶喊暴発スルニ会スル故直ニ砲厰ヘ相越シ身拵ヘヲナシ居タル時中村少尉殿ニ手ヲ斬ラレタリト申ナカラ駈ケ来ル者アリ慥ニ大久保忠八ノ声ト聞タリ此際長島竹四郎ニ出会刀一本ヲ相渡ス折柄第二小隊室ノ南ニテ五六名ニテ士官ト見受ル一人ヲ取リ囲ミ軍刀ト存スルモノヲ以テ切リ付ケ居ル処ヘ自分立寄リ右五六人ノ内ニテ士官ヲ押倒サントスル処ヘ切付ケタルニ士官直ニ倒レ候ニ付夫ヨリ自分ハ砲厰ノ方ヘ駈行キ大声ヲ揚ケタルニ三四十人モ駈来リ内号砲ヲ発セント云者アリ然ルニ砲之火門ニハ釘ヲ打チアル処誰ナルヤ釘ヲ抜キ取レリ此際鉄熊手ヲ以テ仮火薬庫ノ錠前ヲ破毀スルヲ見認ム其傍ラニ同隊駅卒木村円解提灯ヲ携ヘ居ル様存候其内誰ナルカ火薬ヲ持出シ来ルニ付即チ号砲ヲ発セント自分テコ棒ヲ以テ砲ニ火薬ヲ装シ道《ママ》火ヲ拵ヘタルニ同隊駅卒見山今朝次早附木ヲ以テ点火スルトモ発セス依テ尚自分点火シアルモ同様発放《ママ》セス其後発放《ママ》シタレトモ誰点火シタルヤ判然致サス候

暫アッテ又自分火薬ヲ装シ薬ヲ込メタリト申シタル処直ニ一人ノ点火スル者アリ後ニ承レハ同隊砲卒山中繁藏ニ有之由夫ヨリ自分ハ水ヲ飲マント水道ノ方ヘ相越ス途中炊事掛伍長吉田文之助殿同仁木根在殿ニ出会文之助殿ヨリ衣服ヲ着スル間是ヲ持居呉ル、様トノコトニテ日本刀ヲ渡サレタル故暫ク之ヲ持居リ夫ヨリ相分レ水ヲ呑タリ此際秣庫ニ出火スルヲ見受ケ第二小隊室ノ外レ樅ノ樹ノ下ニ到ル折柄自分ハ抜刀小川軍曹殿加藤伍長殿ヘ出会出火ニ付馬ヲ出スヘキカト申シタル処小川軍曹殿ヨリ此方ニテ出スニ付貴様ハ此処ニ居ルニ及ハストカ申サレタル様存候夫ヨリ自分ハ営門ノ方ヘ相越ス処吉田文之助殿ニ出会又仝処ニテ大勢皇居ノ方ヘ相越シタル趣申ス者アルヲ聞キ自分モ其方ヘ罷越サントスル際小川弥藏ニ出会仝人申スニハ皆々皇居ヘ参リテモ致方無之大砲ヲ挽キ出サント存スルモ摩擦管無之如何致スヘク哉然ルニ右ハ大隊週番所ヘ運ヒタル趣ナレハ之ヲ取リ出スヘシト夫ヨリ弥藏自分同隊駅卒宮嵜関四郎外名前失念卒一人ト同所ノ下士室ニ入リ右名前失念シタル者仝処戸棚ノ戸ヲ開キ自分モ倶ニ其内ヲ見ルニ摩擦管ハ不見当其中ニ三村軍曹殿外下士ト認ル者一人潜ミ居ラレシニ弥藏銃ヲ三村軍曹殿ニ差シ付ケ自分等倶々脅迫致シタル処右下士ト認ル一人ハ直ニ逃出シ申候夫ヨリ三村軍曹殿モ仝処ヲ出掛ケラレタリ自分弥藏関四郎等同道営門前ニ到ルニ仝処ニハ尚四五名ノ兵卒残リ居レリ三村軍曹殿自分ニ向ヒ当夜ノコトハ如何ノ次第ヤ承リ度ト申サル、ユヘ今夜麻布連隊ハ青山火薬庫ヘ予備砲兵《ママ》砲兵本廠ヘ当隊并近衛歩兵ハ皇居ヘ詰ル由承ル抔ト申シ居ル時弥藏関四郎ノ両人器械庫ニ到リ器械ヲ出スヘシ抔申シ弥藏又云フ第二小隊室ニ誰レカ居ルナラン行キ見ルヘシト是ヨリ弥藏先ツ第二小隊第三分隊ノ軍曹室ニ到リ自分関四郎モ抜刀ニテ相越ス処小川軍曹殿髙橋軍曹殿西出軍曹殿駒井伍長殿モ居合セラレ弥藏駒井伍長殿ト何カ問答ノ末仝官ニ向ケ小銃ヲ差シ付ケタル処小川軍曹殿始メ皆窓ヨリ逃出ラレタリ夫ヨリ三人仝処ヲ立出テタル処小川軍曹殿足ヲクシキ歩行シ得スト申シ居ラル、故立寄之ヲ見ルニ別ニ疵モ無之ニ付仝隊馭卒伊藤与七ヲシテ水ヲ取リ来ラシメ仝官ヘ水ヲ吹掛ケ居タルニ三村軍曹殿西出軍曹殿モ立寄ラレ右与七小川軍曹殿ヲ病室ヘ送ラント申シ居ル際吉成軍曹殿ヨリ第二小隊ノ者ハ居ラサルヤト申サル、旨同隊馭卒沢本久米吉ヨリ承リ自分居ルト申シ第二小隊室ノ階下ニ越シ居ル処吉成軍曹殿参ラレ冬衣ヲ着セント欲スル故二階ヘ同行シ呉ル、様申サル、ニ付抜刀ノ侭《ママ》同行冬衣ヲ着セラル、間待居リ尚一同舎外ニ出タル処弥藏関四郎ノ両人ニ出会両人ハ是ヨリ砲ヲ引出サント云ヨリ自分モ同意シ自分ハ水ヲ呑ミタル上行クヘシト声ヲ掛ケ樅ノ樹ノ下ニテ相別レ夫ヨリ水ヲ飲ミ炊事場ノ方ヲ見ルニ片山伍長殿長島竹四郎小島万助吉田某外七八名モ居合セタル故自分モ同処ニ相越シ篤ト考フルニ外隊モ応セス迚モ此事成就スマシキト存スルヨリ炊事ニ従事致候且当夜用ヒタル日本刀ハ第二小隊厩南ノ端飼桶ノ傍ナル板ヲ外シ其内ヘ隠シ置申候事

右之通相違不申上候

明治十一年十月　　羽成常助

【現代語訳】

徒党暴動の件

一　自分は八月二十二日、病室使役中、同じ隊の馭卒・長島竹四郎から、「こんど不平のあまり暴発の企てがある。これまで自分や同じ隊の馭卒・小島万助、大久保忠八たちと申し合わせてそれぞれ尽力し、各隊とも相談したのだが、それをまだ貴様等へ話さなかったわけは、万一発覚したときはわれわれ三人が死ねばすむからだ」と言ったので、それを了承した。同じ日と思うが、夕食後砲厰へ行くと、同じ隊の馭卒・石田丑松、谷新四郎、西村平四郎、近藤祖舟、同じ隊の砲卒・新

家仲吉等が追い追い集まってきた。新四郎から、「こんど日給金が減少され、西南の役で功があった者に対する賞典もなく、不平のあまり各隊申し合わせ、あす夜、暴発すると決めた。ついては近衛連隊が、武庫主管にあるスナイドル銃を持ち出してわが隊へ渡す約束だ。暴発の時間はまだ決まっていない。明二十三日午後、近衛歩兵の者をはじめ各隊が、招魂社内へ集まって決議する」と話があった。自分は、「いよいよ暴発となれば、食料がなければ成功しない。その用意はどうなっているのか」と言った。そのとき、竹四郎が来て、同人からだったたと思うが、「その心配には及ばない」と言うので同意した。また、誰から聞いたかは覚えていないが、暴動のときは、当隊と近衛歩兵隊は皇居、予備砲兵隊は砲兵本廠、東京鎮台歩兵第一連隊は青山火薬庫へ向かい、妨害する者がいれば打ち破ることに決まり、また、予備砲兵隊には下副官、軍曹、火工下長、なおその上にも同意の人がいるようだった。

二十三日午後、自分は一人で散歩に出た。神保町で同じ隊の駅卒・小川弥蔵に出会い、同人から、今夜使う旗の見本等を見せられ、「細かいことは同じ隊の駅卒・広瀬喜市から聞いてくれ」と言われ、別れた。九段坂上で新四郎に行き合い、同人から、「事を挙げるにはサーベルではとても役に立たない。日本刀を買いたい」という話があった。自分もその通りだと思い、別れたあと、富士見町の、家名を知らない古道具屋へ行って、「刀を買いたいがあるか」と聞いたが、「今は持ち合わせがありません」と言うので、「今夜取りにくるから、一本見つけておいてくれ」と頼んで帰営した。帰ると忠八、竹四郎から、「今夜は、上着は冬衣で、白布を左の肩から片襷にかけ、それを目じるしにして、時間は十一時半か十二時に合図をして暴発、と決まったから、分隊中へそのことを徹底してくれ」と頼まれた。そのとき、同じ隊の駅卒・野見山吉平から、「合言葉は問号『竜野』、答号『竜興』だ」と聞いたので、同じ隊の駅卒・矢野豊吉、田中与作、松本市造、稲田元次郎、和田大五郎、中田佐吉ほか二、三人に知らせた。それから自分は、今夜の暴動準備のため脱営しようと思って、刀等のことを竹四郎に小声で話すと、「自分も富士見町の道具屋へ頼んでおいた。ついでに持ってきてくれ」と頼まれ、二円を預かって、暴動のとき、外から参加するつもりで、冬衣を着て刀を帯せず、九時過ぎ脱営、まっすぐ古道具屋へ行くと、二人が頼んでおいた刀が取り寄せられていた。二本で代金三円を払い、あらかじめ用意した打飼袋に入れ、まっすぐ兵営の方に帰ってきて、十一時半と思うが砲廠西の柵を乗り越えて入るとき、営内で鬨の声が上がり、暴発したので、まっすぐ砲廠へ行って身拵えしていると、「中村少尉殿に手を切られた」と言って駆けてくる者がいた。それは確かに大久保忠八の声と聞いた。この際、長島竹四郎に出会い、刀一本を渡した。そのとき、第二小隊室の南で五、六名が、士官と思われる一人を取り囲んで、軍刀と思われるもので切りつけているところに自分は立ち寄った。この五、六人の中で士官を押し倒そうとしたところへ切りつけたので、士官はすぐ倒れた。それから自分は砲廠の方へ駆けていって大声を上げると、三、四十人も走ってきて、なかに、「号砲を打とう」と言う者がいた。しかし、その大砲の火門には釘が打ってあったが、誰かがその釘を抜き取った。このとき鉄熊手を使って仮火薬庫の錠前を破毀するのを見た。その傍らに同じ隊の馭卒・木村円解が提灯を持っていたようだった。そのうち誰かが火薬を持ち出してきたので、自分は号砲を発しようと、梃子棒で大砲に火薬を詰めて導火線を作り、同じ隊の馭卒・見山今朝次が早付け木で点火したが、発砲しない。だから自分も点火したが、同じように発砲しなかった。その後発砲したが、誰が点火したのかはっきりしない。しばらくして、自分はまた火薬を用意し、「火薬を込めた」と言うと、すぐ一人、点火する者があった。あとで聞くと、同じ隊の砲卒・山中繁蔵だった。それから自分は水を飲もうと水道の方へ行く途中、炊事掛伍長・吉田文之助殿、同じく仁木根在殿に出会い、文之助殿から、「服を着る間、これを持っていてもらいたい」と日本刀を渡されたので、これをしばらく持っていて、それから別れて水を飲んだ。そのとき馬草庫から出火するのを見て、第二小隊室はずれの樅の木の下に行ったとき、自分は抜刀した。小川軍曹殿と加藤伍長殿に出会い、「出火なので馬を出すべきですか」と聞いたが、小川軍曹殿から、「こちらで出すので貴様はここにいなくてよい」と言われたように思う。それから営門の方へ行くと、吉田文之助殿に出会った。またそこで、「大勢、皇居の方へ行った」と言う者があるのを聞き、自分もその方へ行こうとしたとき、小川弥蔵に会った。弥蔵は、「みんなが皇居に行ってもしかたがない。大砲を引き出そうと思うが、摩擦管*がない。どうしたらいいか」と言った。それは大隊週番所へ運んだようなので、これを取り出そうと、弥蔵、自分、同じ隊の馭卒・宮崎関四郎ほか名前を忘れた兵一人と週番所の下士室に入り、名前を忘れた者が戸棚の戸を開け、自分といっしょにその中を見ると、摩擦管は見当たらず、その中に三村軍曹殿ほか下士と思われる者一人が隠れていた。弥蔵は銃を三村軍曹殿に突きつけ、自分たちともども脅迫した。下士と思われる一人はすぐに逃げ出した。その後三村軍曹殿もここを出られた。自分は弥蔵、関四郎といっしょに営門前に行くと、そこにはなお四、五名の兵卒が残っていた。三村軍曹殿は自分に向かって、「今夜のことはどういう次第なのか聞きたい」と言われるので、「今夜、麻布連隊は青山火薬庫へ、予備砲兵は砲兵本廠へ、当隊と近衛歩兵は皇居へ詰めると聞いていますと言っていると、弥蔵、関四郎の二人は、「器械庫に行き、器械を出そう」と言った。弥蔵はまた、「第二小隊室に誰かいるようだ。行ってみよう」と言った。弥蔵はまず、第二小隊第三分隊の軍曹室に行った。自分と関四郎も抜刀して行くと、小川軍曹殿、高橋軍曹殿、西出軍曹殿、駒井伍長殿がいっしょにおられた。弥蔵は駒井伍長殿と何か問答したあと、同官に向かって小銃を差しつけたので、小川軍曹はじめ皆窓から逃げ出していった。それから三人がそこを出ると、小川軍曹殿が、「足をくじいて歩けない」と言っておられるので、立ち寄ってそれを見たが別に傷もないので、同じ隊の馭卒・伊藤与七に水を持ってこさせ、小川殿に水を吹きかけた。そこに、三村軍曹殿、西出軍曹殿も立ち寄られた。与七が、「小川軍曹殿を病室へ送ろう」と言っているとき、「吉成軍曹殿が第二小隊の者はいないか、と言っておられる」と、同じ隊の馭卒・沢本久米吉から聞いたので、「自分がいます」と言って第二小隊室の階下に行くと、吉成軍曹殿が来て、「冬衣を着たいと思うので二階へ同行してくれ」と言われたので、抜刀のまま同行し、冬衣を着られる間待っていた。それから一同舎外へ出ると、弥蔵、関四郎に会った。二人は、「これから大砲を引き出そう」と言うので自分も同意し、自分は、「水を飲んでから行く」と声をかけ、樅の木の下で別れた。それから水を飲み、炊事場の方を見ると片山伍長殿、長島竹四郎、小島万助、吉田某ほか七、八名もいたので自分もそこへ行き、よくよく考えると、ほかの隊も呼応せず、とても事は成功しない、と思ったので炊事の仕事をした。当夜使った日本刀は、第二小隊馬屋の南の端、飼桶の脇の板をはずし、その中へ隠しておいた。

右の通り相違ない。

明治十一年十月　　羽成常助

〔語句解説〕

*摩擦管　大砲を引き出すとき必要なもののようだが意味不明。

13　新熊安三郎

近衛砲兵大隊第一小隊
駁卒　新熊安三郎　当九月二十六年九ケ月
明治八年四月入隊　堺県農　河内国丹南郡伊賀村
亡平六二男　真宗

口供

徒党暴動之件

一　自分儀兼テ昨年戦功ノ者賞典モ無之日給金等減少且諸器物等破毀スルトキハ償フ等ノ規則ニテ隊中誰トナク厳酷ノ事ト申スヲ承居候然ルニ八月廿一日午前第十一時比厩中ニ罷在ル処同隊駁卒松本久三郎髙橋小三郎木島治《ママ》三郎藤橋吉三郎水上丈平談シ居ルニ付自分立寄リタル処右ノ者共ヨリ昨年戦功ノ賞典無之且日給減少等ノ儀不平ニ付各鎮台近衛歩兵共申合今般暴動スル積ニ付今日各隊午后山王社ニテ会合ノコトニ相談ニ相成居レリ付テハ分隊ヨリ水上木島藤橋行ク積ノ処木島ハ用向ニテ外へ行ク故ニ藤橋ヨリ自分ニ参ル様咄之アルニ付同意致候同日正午後山王社へ行ク可シト同隊駁卒藤橋吉三郎同道一時過山王社傍ノ茶店ニ至ルニ同隊駁卒長嶌竹四郎児《ママ》島萬助野中与吉馬場鉄一《ママ》廣瀬喜一《ママ》大久保忠八髙橋小三郎岩本久三郎予備砲隊并砲兵第一大隊ヨリ姓名不存者四人斗追々会合竹四郎万助重立談判スルニ付給減少且昨年有功ノ者御賞無之満期除隊ノ節御手当無之件等不平ニ付今般強願ノ含ト申事ニテ夫々談シアルモ近エ歩兵隊来会セサル故今日ハ離散后日尚相談ノコトニ相成ル際何レヨリカ十二三才ト存ル童名札様ノ者《ママ》持参予備砲兵隊ノ者ノ内鈴木某トカ申者ヲ呼ニ来ルヲ見受ケタレ共何事カ更ニ存シ不申候夫ヨリ自分ハ藤橋吉三郎ト皈営途中同人ニ分レタリ同廿二日厩使役当番中夜ニ入リ時刻不覚松本久三郎ヨリ本日招魂社ノ集会ニテ多分明廿三日夜暴発ト決シタル趣承リ就テハ尚又明日午后同社内ニ会シ暴発時間ヲ定メ近衛歩兵ト当隊ハ皇居へ予備砲兵隊ハ砲兵本廠ヲ襲フ趣ノ由ニ付自分ヨリ指揮スル者ハ誰レカト申ス処予備砲兵隊々長岡本少佐并内山ト申人抔指揮スルニ付心配ニ及ハスト申候同廿三日夜八時過松本久三郎ヨリ室ノ出口ニテ弥当夜十二時暴発ト決シタリ其時ハ冬衣ヲ着シ白布ニテ左肩ヨリ片襷ヲ掛ケ合言葉問号竜野答号竜興ト伝ヘアリタリ其后同隊駁卒安部寅《ママ》吉ヘ不平ノ儀ニ付当夜

十二時暴動ニ決シタルトカ相伝ヘタルト覚ヘ申シ候当夜物干場其他所々ニテ三五人ツ、密談スルヲ見受ケタリ夫ヨリ入寝ス十一時過ト存ル頃同隊馭卒石川貞蔵ヨリ起サレ然ルニ室内騒々敷皆々出営ノ用意ヲナス自分冬衣ヲ着スル際池田少尉殿相越サレ種々説諭有之岡本少佐位ノ指揮ニテ迚モ行キ届クマシ西郷隆盛謀叛等ノ事ヲ引キ申サレタレ共自分ハ直ニ洋刀ヲ携ヘ各兵互ニ大声ヲ発シ出舎ス兼テ松本ヨリノ話ニ依リ皇居ニ至リ指揮スル者ノ令ヲ受ント存シ営門ニ出ントスルトキ続テ二発営内ニテ発砲ヲ聞ク此際伍長笹川時常殿ニ出会スルニ発輝《ママ》ト不相分候得共同人ヨリ木島ニ逢ヒタレハ皈ルトカ申シ呉レル様申サレタル様存候得共治《ママ》三郎ヘ面会セサル故相伝ヘ不申候其際同隊馭卒辻亀吉大嵜石松其外二三十人居合亀吉ヨリ大隊週番所出口外ニ死屍有之帽ヲ見ルニ少佐ノ徽章ナル故隊長ナラント申スヲ聞タリ夫ヨリ西方ヘ行クニ歩兵営ノ辺ニテ小銃ヲ発スルヲ聞ク自分ヲ后ニ隔テ大砲二門引行キタリ自分ハ箱馬場西ニ至ルトキ誰ナルカ歩兵営ヘ対シ此方ヘ小銃ヲ打ツナレハ散弾ヲ打ツト大声ニ申スヲ聞キタリ自分考フニ当夜ノコトハ各隊申合ノ上ト申コトナルニ歩兵其外モ応セス真ニ欺レタルコトト存シ付キタルナレ共兼テノ約ナレハ皇居ニ至ラント半蔵門ヲ出糀町ニテ同隊馭卒山辺七蔵外姓名不相覚二三人ニ出会シ夫ヨリ同町裏通ヨリ喰違《ママ》ヒヲ通レリ然ルニ同志ノ者四五人居合セ暫ク様子ヲ見居タルニ曹長平岡瓢殿指揮シテ同隊卒三十余人計山砲一門ヲ引キ皇居前ニテ整列スルニ付自分ハ隊中ニ列シ平岡曹長殿ヨリノ指揮ニテ兵器ヲ収メ縛セラレ候事

右之通相違不申上候

　明治十一年九月三十日　　新熊安三郎

【現代語訳】

徒党暴動の件

一　自分はかねてから、昨年の戦で戦功をあげた者に賞典もなく、日給金等が減少し、その上、諸器物等を破毀したときは弁償する等の規則で、隊中誰となく、「これは厳し過ぎる」と言っているのを聞いていた。

　ところで八月二十一日午前十一時頃馬屋に行くと、同じ隊の馭卒・高橋小三郎、木島次三郎、藤橋吉三郎、水上丈平が話をしているので近づいていくと、右の者たちから、「昨年の戦功に対して賞典がなく、その上、日給減少等のことは不平なので、各鎮台、近衛歩兵隊とも申し合わせて、こんど暴動を起こすつもりだ」と聞いた。藤橋が、「これについてきょう午後、各隊が山

王社で会合することになっている。第一小隊からは水上、木島、藤橋が行くつもりだったが、木島は用事でほかに行くことになった。代わりに新熊、行ってくれないか」と言われ、同意した。その日の正午過ぎ、山王社に行こうと同じ隊の駆卒・藤橋吉三郎と同道、一時過ぎ、山王社傍らの茶店に着くと、同じ隊の駆卒・長島竹四郎、小島万助、野中与吉、馬場鉄市、広瀬喜市、大久保忠八、高橋小三郎、岩本久三郎、予備砲隊、砲兵第一大隊から、名前を知らない者四人ばかりが、追い追い集まってきた。竹四郎と万助が主だって話し合い、給与減少の上、昨年戦功をあげた者へのご賞典がなく、満期除隊の際、お手当がない件等不平なので、こんど強願をしようと、それぞれ話し合ったが、近衛歩兵隊は来会しないので、きょうは解散し、後日また相談することになった。そのとき、どこからか十二、三歳ぐらいの子どもが名札のようなものを持って、予備砲兵隊の鈴木某とかいう者を呼びにきたのを見かけたが、何ごとかわからなかった。それから自分は藤橋吉三郎と帰営、途中で同人と別れた。

同二十二日、馬屋で使役当番中、夜に入り、時間は覚えていないが、松本久三郎が来て、「きょう招魂社の集会で、たぶんあす二十三日夜暴発、と決まったようだ。また、あす午後、同社に集まって暴発の時間を決めるということだ。暴発したら、近衛歩兵と当隊は皇居へ、予備砲兵隊は砲兵本廠を襲う計画だ」と言った。自分が、「指揮する者は誰か」と言うと、「予備砲兵隊長・岡本少佐と内山という人等が指揮するから心配には及ばない」と言った。

同二十三日夜八時過ぎ、部屋の入口で松本久三郎から、「いよいよ今夜十二時暴発、と決まった。そのときは、冬衣を着、白布で左肩から片襷をかけ、合言葉は、問号『竜野』、答号『竜興』だ」と伝えられた。そのあと、同じ隊の駆卒・安部虎吉に、「不平の件で、今夜十二時暴発、と決まった」と言ったと記憶している。当夜は物干場その他所々で、三人、五人と集まって密談しているのを見受けた。それから寝た。十一時過ぎと思う頃、同じ隊の駆卒・石川貞蔵に起こされると、室内は騒々しく、みんなが出営の用意をしていた。自分が冬衣を着たとき、池田少尉殿が来られて、いろいろ説諭された。「岡本少佐ぐらいの指揮では、とてもうまくいかないだろう」と、西郷隆盛の謀反のことを例にして言われたが、自分はすぐに洋刀を持ち、みんなも互いに大声を発し、兵舎外に出た。前に松本から聞いていた話のように、皇居に行き、指揮する人の命令を受けようと考え、営門に行こうとしたとき、続けて二発、営内で発砲するのを聞いた。このとき、伍長・笹川時常殿と出会うと、はっきりとわからなかったが、「木島に会ったら、『帰れ』と言ってくれ」と言われたように思うが、次三郎に出会わなかったので伝えなかった。そのとき、同じ隊の馭卒・辻亀吉、大崎石松ほか二、三十人がその場にいて、亀吉が、「大隊週番所出口の外に死体がある。帽子を見ると、少佐の徽章だから、隊長だろう」と言うのを聞いた。それから西の方に行くと、歩兵営のあたりで、小銃を発射する音を聞いた。自分よりずっと前に大砲二門を引いていくのが見えた。自分が箱馬場の西に着いたとき、誰かが歩兵営に向かって、「こちらに小銃を打つのなら、散弾を打つぞ」と大声で言うのを聞いた。自分が考えるのに、その夜のことは、各隊が申し合わせの上だと言うが、歩兵その他も呼応せず、本当にだまされたのだと思いついたが、前々からの約束なのだから、皇居に行こうと半蔵門を出た。麹町で同じ隊の馭卒・山辺七蔵ほか名前を覚えていない二、三人に出会った。それから、同町裏通りから喰違を通った。そこに同志の者が四、五人いて、しばらく様子を見ていると、曹長・平岡瓢殿が指揮して、同じ隊の兵卒三十余人ばかりが大砲一門を引き、皇居前で整列したので、自分は隊の中に並んで、平岡曹長殿の指揮で兵器を収め、縛された。

右の通り相違ない。

明治十一年九月三十日　　新熊安三郎

14　松宮弁次郎

近衛砲兵大隊第二小隊

馭卒　松宮辨次郎　当九月二十四年六ケ月

明治八年近衛入隊　滋賀県　近江国大上郡十九区尼子村農　長兵衛二男　真宗

口供

徒党暴動之件

一　自分儀八月二十二日午後外出神田美土代町石原常吉ハ兼テ罷越ス家ナルニ付乃チ同家ニ到リ候処宮崎関四郎モ参リ合セ申聞ケ候ハ大切ナル話アリト自分夫ハ何事ト問フニ容易ニハ語リ難シトノコトニ付段々相尋ル処此事ハ長嶋竹四郎小嶋万助等カ三十日モ以前ヨリ企テ居リ已ニ明晩ノ事ニ迫リ居ルト云ニ付其原由ヲ尋ル処宮崎云フ給料ハ減セラレ昨年戦争ノ賞典モナシ不

平ノ儀ニ付各隊申合セ御所江罷出訴ル積リニテ已ニ諸隊ノ申合モ整ヒ居ルコト故其場ニ臨ミ我隊出サレハ外ノ隊ヨリ押寄セ来リテ打殺サル、ハ必定ニテ実ニツマラヌ事ナリトノコトユヘ自分モ然リト答ヘ且ツ何人ガ《ママ》之ヲ指図致スヤト問ニ宮崎答フ金筋ノ帽ヲ被ル者之ヲ指図スル筈ニテ合図ノ時各隊御所ニ出タル上乃チ右金筋ヲ多ク付ケタル帽ノ人ノ指図ヲ受ケレハ可ナリ然レハ防キニ来ルヘキ者ハ唯巡査ノミナラント依テ自分モ誠ニ然リト答ヘタリ宮崎又云明二十三日招魂社ノ近傍ニテ集会アルユヘ詳細ノコトヲ悎ニ知ラントナラハ該、所ニ至レハ分明ナラント自分モ然ラハ行テ見ント申テ其場ハ別レタリ

一　二十三日午前営内厩ノ辺ニテ羽成常助長嶋竹四郎等ヨリモ右同様ノ儀ヲ承リ同午後外出宮崎関四郎ヨリ其許ハ昨日ノ事ヲ疑フナランカ本日ノ集会ニテ此度分明ナルヘシト承リ美土代町自分下宿ニテ写本致シ居ル所長嶋来リマントス及ヒ肌着等ヲ売却致候自分ニ向ヒ本日ノ会ニハ是非共来会致シ呉レヨト申スニ付自分写シ物ヲ仕舞必ス参ルト申ス処然ハ何卒ト云フ自分ハヨシ々々ト答フ長嶋云フ多人数ナレハ事洩レ易シ故ニ我等二三人ニテ此事ヲ決シタリ事破ル、モ我々其罪ヲ受ル迄ノコトナリ夫ヨリ長嶋ハ立去リ自分モ午後五時四十分頃下宿ヲ去リ集会ノ席ニ臨ムニ宮崎関四郎ハ不居合同隊ノ木嶋治《ママ》三郎長嶋竹四郎金井総《ママ》太郎廣瀬喜一《ママ》大久保忠八外予備砲兵ノ下士一人兵卒両人程居合セ談話ノ半ナリ下士云フ今夜ト申テハ余リ早急ナリ少々延引致度ト廣瀬喜一《ママ》云フ延ルコトハ不相成已ニ探偵セラル、様子ナリト無程長嶋モ何レヘカ立去ル自分モ立去ル尤会席ニテ暗号ノ書付并ニ号旗モ見受ケタル同日又宮崎ヨリ今夜十二時発砲合図ニ発スル時ハ上ニ冬服ヲ着スルコトヲ告ラル此夜人員検査前ト覚フ厩ノ近所ニテ小嶋《ママ》万介長嶋竹四郎吉田定吉石田丑松永合竹次郎木嶋治《ママ》三郎等集合ノ場ニ至ル時ニ永《ママ》嶋ヨリ永合ニ其分隊ハ伝ヘヨト云フ自分ハ六砲車ハ自分ヨリ伝フヘシト申述タリ又此時小嶋ト長嶋廣両人ニテ鎮台ノ方江掛合ニ行カン抔申居ル際士官来ルヲ以テ皆散シ去リ自分ハ帰室尚又宮崎関四郎ヨリ此事ヲ一同ニ伝フヘキ事ヲ托サレタリ依テ疋《ママ》田吉平ニ通ス

一　已ニ暴発セシ後集合喇叭ヲ聞キ自分ハ大隊週番ト砲廠ノ間江馳行クニ抜刀ニテ来リシ者自分ノ帽ヲ奪ヒ日覆ヲ取リテ刀ヲ拭フモノアリ夫ハ堤熊吉ト覚ヘタリ夫ヨリ自分ハ営門ニ赴キシニ多人数門ヲ押開キ居ル処ナリシ無程門モ開キ衆ト共ニ門ヲ出テ連隊ニ馳行キ木戸ニ入リ先手ハ追々進ミシニ連隊ヨリ小銃ヲ被打掛衆

人退イテ営門ノ方ヘ引返ス自分モ亦然リ已ニ営門ノ処ニ至リテ初度ノ砲声ヲ聞キ次テ火挙ル又再度ノ砲ヲ聞ク間モナク砲ヲ引出シ来ル此時鎮台砲兵卒（横山ナリ）近衛砲兵前江行ケ他ノ兵ハ御所ニ参リ居ルナリト呼フ自分等ハ進ンテ半蔵門ノ手前ニテ徒歩ノ士官ニ遇ヒ又乗馬士官ニ逢フ士官ハ跡ヘ戻レ〳〵ト申タレトモ衆皆聞入レス夫ヨリ四ツ谷門ノ処ニテ平岡曹長ニ遇同人ノ指揮ニテ　皇居ヘ参リ銃器御取揚ノ上捕縛当裁判所ヘ護送相成候事

右之通相違不申上候事

明治十一年九月三十日　　松宮辦次郎

【現代語訳】

徒党暴動の件

一　自分は八月二十二日午後外出し、神田美土代町の石原常吉方は前々から行っている家で、そこに行くと、宮崎関四郎が来ていて、「たいせつな話がある」と言う。自分は、「それは何ごとか」と聞くと、「簡単には話せない」とのことなので、少しずつ尋ねると、「この件は長島竹四郎、小島万助等が三十日も前から計画していて、すでに明晩に迫っている」と言う。その原由を聞くと宮崎は、「給料は減らされ、昨年の戦争の賞典もない。不平だから各隊で申し合わせて御所へ罷り出て、訴えるつもりだ。すでに諸隊との申し合わせも整っていることなので、その場に臨んでわが隊が出動しなければ、ほかの隊が押し寄せてきて、打ち殺されてしまうのは必定で、じつにつまらないことだ」と言うので、自分も、「そうだな」と答え、さらに、「誰がこれを指図するのか」と問うと、宮崎は、「金筋の帽子をかぶった者が指図するはずで、合図があったら各隊は御所に行き、右金筋をたくさんつけた帽子の人の指図を受ければいい。そうすれば、防ぎ止めに来るのは巡査だけだ」と言ったので、自分も、「誠にその通りだ」と答えた。宮崎はまた、「明二十三日、招魂社の近くで集会がある。くわしいことを知りたければ、その場所に行けば、はっきりするだろう」と言うので自分も、「それなら行ってみる」と言ってその場は別れた。

一　二十三日午前、営内の馬屋のあたりで、羽成常助、長島竹四郎等からも右と同様のことを聞いた。午後外出、宮崎関四郎から、「お前がきのうの件を疑っているなら、きょうの集会ではっきりするだろう」と聞き、美土代町の自分の下宿に行き、写本しているところに、長島が来て、「マントと肌着等を売却してきた」と言い、自分に向かって、「きょうの会にはぜひとも来てくれよ」

と言ったので、「写し物を片づけてから、必ず行く」と言うと、長島は、「何とぞそうしてくれ」と言った。自分は、「よし、よし」と答えた。長島は、「多人数だと洩れやすいので、自分等二、三人でこの件を決めた。事が失敗しても、われわれ二、三人がその罪を受けるまでのことだ」と言った。それから長島は出ていった。自分も午後五時四十分頃下宿を出て、集会に出席したが、宮崎関四郎はそこにいなかった。同じ隊の木島次三郎、長島竹四郎、金井惣太郎、広瀬喜市、大久保忠八のほか、予備砲兵の下士一人、兵卒二人ほどが居合わせ、話していたが、途中、下士が、「今夜というのはあまりに急だ。少し延引したい」と言うと、広瀬喜市が、「延ばすことはできない。すでに探索されている様子だ」と言った。ほどなく長島もどこかに立ち去った。自分もそこを出たが、会合の席で暗号の書付と合図の旗を見受けた。同じ日また宮崎から、「今夜十二時、発砲を合図に事を起こすときは、上に冬服を着ろ」と告げられた。この夜、人員点呼前だったと思うが、馬屋の近くに行くと、小島万助、長島竹四郎、吉田定吉、石田丑松、永合竹次郎、木島次三郎等が集まっていた。そのとき長島が永合に、「お前の分隊に伝えてくれ」と言ったので自分は、「第六砲車分隊は自分から伝える」と言った。小島と長島が、「鎮台の方へ掛け合いに行こう」などと言っていたとき、士官が来たので、皆ばらばらに散り、自分は部屋に帰ったが、また宮崎関四郎から、「このことをみんなに伝えてくれ」と頼まれた。それで匹田吉平に伝えた。

一　すでに暴発したあと、集合ラッパを聞き、自分が大隊週番室と砲廠の間へ駆けていくと、抜刀してやってきた者が、自分の帽子を奪い、日覆いを取って刀を拭った。それは堤熊吉のようだった。それから自分は営門に行ったが、そこでは多勢が門を押しあけようとしていた。すぐに門があいたので、みんなといっしょに連隊に駆けていき、木戸に入った。先に立った者はだんだん進んでいったが、連隊から小銃を撃ちかけられ、皆、営門の方へ引き返した。自分もまた同じようにした。営門に来て、初めの砲声を聞き、続いて火が上がり、再び砲声を聞いてまもなく、砲を引き出してきた。このとき鎮台予備砲兵横山なりが、「近衛砲兵、前に行け。他の兵は御所に行っているぞ」と叫んだ。自分等は前進して、半蔵門の手前で徒歩の士官に会った。また乗馬の士官に会い、士官は、「元の場所へ戻れ。戻れ」と言ったが、皆は聞き入れなかった。それから四ツ谷門の所で平岡曹長に会い、その指揮で皇居へ行

き、銃等を取り上げられて捕縛され、当裁判所へ護送
された。
右の通り相違ない。
明治十一年九月三十日　　松宮弁次郎

15　水上丈平

近衛砲兵大隊第一小隊
駅卒　水上丈平　当十月廿五年五ケ月
明治八年四月十六日入隊　兵庫県農　丹波国氷上郡
古川村住　浅右エ門弟　真宗

口供

徒党暴動之件
自分儀去ル八月廿一日午前食堂ニ於テ髙橋小三郎ヨリ
昨年西南ノ役ニ兵卒共一同一方ナラズ尽《ママ》力戦闘シタル
ニ凱旋ノ後高位ノ者ハ夫々賞典アレトモ下士兵卒ニ至
テハ今日マテ何等ノ賞詞モコレナク剰ヘ日給金相減シ
加之靴下等ノ給与減省セラレ当隊ノミナラス各隊ニ於
テモ難渋不平ニ堪ヘサルヨリ夫々申合セ歎嘆願可致筈
若シ御聞届ケ無之ハ身命ヲ投ケウチ暴動可致其期限ハ
御巡行前来ル廿八九日頃ト相約シタル趣自分左様ノ
事ハ兵卒ノミニテハ成就致間鋪ト申セバ《ママ》夫ニハ立派ナ
ル人モ与ミシ居ト申聞クルニ付尚委細ノコト承リ度存
シタレトモ川岸伍長殿近辺ニ居ラレ漏レ聞ヘテハ大切
ト存シ相尋不申候夫ヨリ一小隊ノ既ニ参リタルニ小川
弥造《ママ》ヨリ今日赤坂山王社ヘ集会諸事取極メ可申聞参集
致スヘシ且此事木島治《ママ》三郎藤橋吉三郎ヘモ告クヘシト
申聞ケラレ乃チ既ニ参リ両人ニ相告ケ午後一時頃小川
弥蔵松本久三郎同道山王社ニ到レハ木島治《ママ》三郎其外数
名并ニ東京鎮台予備砲兵ノ者数名会合致シ居リ小三郎
ノ申スニ今日ハ近衛歩兵ノ者来ラサル故相談整ヒ兼ヌ
ルトノ事ニ付衆人ヨリ先ニ同社ヲ立出麴町一丁目ノ水
茶屋ニ立寄ル処廣瀬喜市小川弥藏等ニ出逢ヒ夫ヨリ九
段坂ノ方ニ参ル途中弥蔵近衛歩兵ノ者ニ知合ナキヤト
尋ヌルニ付自分同県人ニテ宮崎松蔵ト申ス者嘗テ知リ
合ヒナレトモ今日ハ外出シ居ルヤ否ハ分ラヌト相答フ
ルニ然ラハ此辺ニテ見付申サントテ弥蔵久三郎自分三
人ニテ飯田町ヨリ俎橋辺徘徊スレトモ遂ニ見当リ不申
夫ヨリ飯田町一丁目名前不知水茶屋ニ立寄リ飲酒致シ
居ル処姓名不存レトモ昨年鹿児島戦争ノ節見知タル近
衛歩兵ノ者一人参リ合セ彼ヨリ自分ヲ見識リ居リ荒見
軍曹殿ニ伝言相頼マレ其節小川弥蔵本人ヘ何ニカ談シ
タレトモ自分存シ不申夕刻帰営致シ候廿二日弥蔵ノ誘

引ニ付神田美土代町伊勢屋ニ参リ小嶋万助其外数名会合致シ居リ喜市大久保忠八等各分隊分隊《ママ》ノモノ二三人ノ姓名ヲ書シ血判代印致スヘシ其血判ヲ以テ鎮台ノ者ニ示シ鎮台ノ者ニモ血判致サスヘシ若シ不承知ヲ申セハ鎮台ノ者ヘ対シ不都合ナリト申迫マラルレトモ自分血判ハ致シ難キ旨申断リ血判不致候夫ヨリ一同ト共ニ招魂社ニ到レハ鎮台ノ者其外凡ソ十四五人会合自分ハ他ニ用事之レアル故其旨是永虎一《ママ》ニ相談致シタルニ彼是申シテハ鎮台ノ者ニ聞ヘ宜シカラサル間却テ無断ニテ参ル方然ル可シト申ニ付其侭《ママ》飯田町新道小原某方ヘ罷リ越シ夫ヨリ飯田町一丁目桑島ト申ス洋酒店ヘ立寄リ弥蔵来リ共ニ飲酒帰営仕候同日夜小三郎ノ誘ヒニ従ヒ共ニ脱営新宿ニ行キ名前不知貸坐鋪ニ至リ遊蕩翌廿三日午後四時三十分頃帰営週番伍長代諸戸忠五郎殿ニ自首致シ候同夜消灯後誰ヨリ承リタルカ今日ニ至リ人名聢ト覚ヘ不申サレトモ弥々事ヲ挙クルハ今夜一時ニ極マリ其節ハ大砲ヲ合図ト為シ小銃ハ武庫主管ニ数百挺有之ヲ近衛歩兵奪ヒ取リ相渡ス筈其指揮ハ鎮台予備砲兵隊長岡本少佐殿之ヲ為シ近衛歩兵隊ト当隊トハ皇居ニ赴ク其手配等夫々定マリ居リ且ツ帽ハ白覆ヲ外ツシ服ハ冬服ヲ着シ合印ニハ何ニカ白キ物ヲ右ノ肩ヨリ左ノ脇ヘ掛クヘシトテ暗号ヲ記シタル紙ヲ相渡サレ候夫ヨリ入寝罷在ル処十一時半頃何者カ起キロト自分ノ足ノ大指ヲ引キ起スニ驚キ起キテ冬衣ヲ服シ白襷ヲ掛ケ軍刀ヲ帯ヒ同蚊帳ノ者ニ起キロト言捨テ室ヲ出レハ室外ニハ人々奔走致シ居リ自分ハ直チニ厩ニ参リタルニ土井留六一人残リ居誰レカ判任官ノ記章アル提灯ヲ携《ママ》ヒ来ル者アリ留六ト共ニ厩奥ノ麦箱ノ傍ニ匿レ居ル処大勢喊声ヲ発シタルニ因リ此処ヲ出テ砲廠ノ方ニ至レハ多人数山砲ノ側ニ集マリ居リスリ火ヲ付ケヨ付ケヨ呼フ声アリ無程大砲ヲ発シ続テ大砲ヲ挽キ出シ営門ヲ出ル故自分モ其後ニ従ヒ営門ヲ過レハ第二発ノ砲声聞ヘ秣庫ノ方ニ火ノ手揚リ此ニテ暫クイミ居タルニ連隊ノ方ヨリ頻リニ弾丸飛ヒ来リ箱馬場ノ辺ニ至レハ乗馬ノ士官ニ制止セラル、折柄馬場銕《ママ》市後ヨリ来リ行ケ々々ト呼立ルヨリ一同進ミ行キ此ニテ大砲ニ追付半蔵門ノ手前ニ至ル道スカラ思フニ予テ各隊申合ノ上夫々手配モ定リ大砲ノ声ニテ東京中ノ兵隊相応スルコトト承リ居タルニ連隊ヨリ我カ隊ニ向ケ頻リニ発砲シ少シモ応スル様子無之又他隊ノ応スル者相見ヘ不申諸事承ルコトト相違イタセリ扨ハ此マテノ申合等都テ欺カレタルコトナラントト怪ミ来ル処田中音吉堀與左衛門ニ逢ヒ斯ル挙動ニ及ヒタル上ハ速カニ自首致シテハ何如《ママ》ト申スニヨリ同意致シ暫ラク之ヲ避ケント存シ麹町一丁目ニ至レハ菊屋ト申ス家ノ路次《ママ》開キ居ルニ付幸ヒノコトト存シ音吉與左衛門自分三人其裏へ入リ三時間計潜ミ居リ夫ヨリ麴町警衛鎮台歩兵ニ訴出縛セラレ候事
右之通相違不申上候

明治十一年十月　　水上丈平

【現代語訳】

徒党暴動の件

自分は去る八月二十一日午前、食堂で高橋小三郎から、「昨年の西南の役に兵卒ども一同、ひとかたならず尽力し、戦闘したのに、凱旋のあと、高位の者にはそれぞれ賞典があったが、下士・兵卒に至っては今日まで何等の賞詞もなく、その上に、日給金が減らされ、さらに靴下等の支給まで減省され、当隊だけでなく、どの隊でも難渋して、不平が高まっている。そこで、各隊が申し合わせて嘆願することになった。もし、お聞き届けがないときは、身命を投げうち、暴動を起こす。その時期はご巡幸前、来る二十八、九日頃と取り決めた」と聞いた。自分が、「そのようなことは、兵卒だけでは成就しない」と言うと、「それには立派なる人も与していると聞いている」と言う。もっとくわしいことを聞きたいと思ったが、川岸伍長殿が近くにいたので、洩れるようなことがあればたいへんだと思って聞かなかった。それから第一小隊の馬屋に行くと、小川弥蔵から、「きょう、赤坂山王社に集まっていろいろ取り決めるから、来てくれ。それからこのことを木島次三郎、藤橋吉三郎へも伝えてくれ」と言われた。すぐに馬屋に行き、二人に話した。午後一時頃、小川弥蔵、松本久三郎と同道、山王社に行くと、木島次三郎ほか数人と、東京鎮台予備砲兵の者数人が会合していた。小三郎が、「きょうは近衛歩兵の者が来ないので、相談がまとまらない」と言うので、みんなより先に同社を出て、麴町一丁目の水茶屋に立ち寄ると、広瀬喜市、小川弥蔵等に出会った。それから九段坂の方に行く途中、弥蔵から、「近衛歩兵の者に知り合いがいないか」と尋ねられたので、「自分と同県人で宮崎松蔵という者が以前からの知り合いだが、きょうは外出したのかどうかわからない」と答えた。「それならこのあたりで見つけよう」と弥蔵、久三郎と自分の三人で飯田町から俎橋付近を探したが、ついに見つからなかった。それから飯田町一丁目の、名前を知らない水茶屋に立ち寄って酒を飲んでいると、名前は知らないが、昨年鹿児島戦争のとき見知った近衛歩兵の者が一人来た。彼は自分を知っていて、荒見軍曹殿に伝言を頼まれた。

そのとき、小川弥蔵がその歩兵に何か話していたようだったが、自分は何の話か知らない。夕刻、帰営した。

二十二日、弥蔵の誘いで神田美土代町の伊勢屋に行くと、小島万助ほか数人が会合していた。喜市、大久保忠八等は、おのおの分隊の者二、三人の姓名を書き、「血判の代印をしてくれ。その血判を鎮台の者に示し、彼らにも血判をやらせよう。もし不承知なら、鎮台の者に対して具合がよくない」と言い迫られたが、自分は、「血判はできない」と断わって、血判しなかった。それからみんなと招魂社に行くと、鎮台の者、その他およそ十四、五人が集まっていた。自分はほかに用事があるのでその旨、是永虎市に相談したが、「かれこれ言っては鎮台の者に聞こえがよくない。かえって無断で行った方がよい」と言うので、そのまま飯田町新道小原某方に行き、それから飯田町一丁目の桑島という洋酒店へ立ち寄った。そこへ弥蔵が来て、ともども酒を飲んで帰営した。同日夜、小三郎に従いともども脱営、新宿に行き、名前を知らない貸座敷に上がって遊蕩、翌二十三日午後四時三十分頃帰営し、週番伍長代理・諸戸忠五郎殿に自首した。

同夜、消灯後、誰から聞いたのか、きょうになると名前ははっきり覚えていないが、「いよいよ事を挙げるのは今夜一時に決まった。そのときは大砲を合図とし、小銃は武庫主管に数百挺あるのを近衛歩兵が奪い取り、渡してくれるはずだ。指揮は鎮台予備砲兵隊長・岡本少佐殿がとる。近衛歩兵隊と当隊とは皇居に行く。その手配等それぞれ決まっている。さらに帽子は日覆いをはずし、服は冬服を着、合印には何か白いものを右肩から左の脇へかけろ」と言われ、暗号を書いた紙を渡された。それから就寝したが、十一時半頃、何者かが、「起きろ」と、自分の足の親指を引き起こしたので驚いて起き、冬衣を着、白襷をかけ、軍刀を帯び、同じ蚊帳の者に「起きろ」と言い捨てて部屋を出ると、外では人々が走り回っていた。自分はすぐに馬屋に行ってみると、土井留六一人が残っていて、誰か判任官*の記章のついた提灯を持ってやってくる者がいた。留六といっしょに馬屋奥の麦箱の傍らに隠れていると、大勢が喊の声を上げたので、そこを出て砲廠の方へ行ってみると、大勢が山砲のそばに集まり、「すり火*をつけろ。つけろ」と言う声がした。ほどなく大砲を発し、続いて大砲を引き出し、営門を出たので、自分もそのあとについて営門を過ぎたとき、第二発目の砲声が聞こえ、馬草庫の方に火の手が上がった。ここでしばらくたたずんでいると、連隊の方から激しく弾丸が飛んできた。箱馬場のあたりに行くと、騎乗の士官に制止された。そのとき馬場鉄市が後ろから来て、「行け。行け」と叫び立てるので、みんなで進んでいくと、大砲に追いついた。半蔵門の手前に至る道すがら考えると、前もって各隊が申し合わせた上、それぞれ手配も定め、大砲の音で東京中の兵卒が呼応すると聞いていたのに、連隊からわが隊に向けしきりに発砲し、少しも呼応する様子がなく、また他の隊から応ずる者もない。すべて聞いたことと違っている、さては、これまでの申し合わせ等、すべてだまされていたのではないか、と怪しみながら歩いていると、田中音吉、堀与左衛門に会い、「このような挙動に及んだからには、速やかに自首してはどうか」と言うので同意し、しばらく混乱を避けようと、麹町一丁目まで行くと、菊屋という家の通路があいていたので、幸いのことと音吉、与左衛門、自分の三人、その裏に入り、三時間ばかり隠れていた。それから麹町警衛鎮台歩兵に訴え出、縛された。

右の通り相違ない。

明治十一年十月　水上丈平

〔語句解説〕

＊判任官　明治憲法下、官吏の最下級。身分上、勅任官・奏任官の下にあり、所属長官がその任免を専行し得たもの（広辞苑）

＊すり火　燧石（ひうちいし）を火打金ですって出す火。きりび（広辞苑）

16 馬場鉄市

近衛砲兵大隊第一小隊

駆卒　馬場鉄市　当十月廿二年九ケ月

明治十一年二月廿二日入隊　長崎県平民　肥前国彼杵郡長崎道祖之町住　嘉助四男　禅宗

口供

徒党暴動之件

自分儀過ル八月廿一日午前室内ニ於テ廣瀬喜市ヨリ近来日給金官給品等減省セラレタルニ因リ当隊并ニ近衛歩兵東京鎮台砲兵申合セ近衛局へ願ヒ出ル筈依テ今日午後ヨリ赤坂山王社ニ会シ諸事取極ム可キ約束ニ付自分ニモ参集可致ト勧メラレ同日正午十二時三十分頃出営野中與吉岩本久造自分三人同行午後一時過キ頃山王社ニ相越ス処既ニ長嶋竹四郎其外数名并ニ東京鎮台ノ砲兵姓名不知者数名集合致シ居リ自分并ニ久造等ハ会

議席ノ末ニ列ナルノミニテ委シキコトハ承知不致唯本日ハ近衛歩兵約ニ違ヒ来ラス《ママ》サルニ因リ相談整ヒ兼ヌル由話シ居ル故自分久造会合ノ席ヲ立去リ帰途同社石壇《ママ》ノ上ニテ竹四郎ヨリ此度近衛歩兵東京鎮台砲兵ト当隊ト共ニ事ヲ挙ケ皇居ニ強願スレハ東京中ノ兵不残応スルハ勿論ノコトナリト申聞ケラレ竹四郎ニ別レ処々徘徊麹町水茶屋ニ参リタル処與吉其外数名参リ居リ與吉ヨリ弥々明後二十三日事ヲ挙クルコトニ相談決シタル趣キ申聞ケラレ自分ト久造ハ又々先キニ此処ヲ立去リ七時過ル頃帰営致シ翌廿二日例刻外出遊歩七時頃帰営夕食後喜市ヨリ本日招魂社ノ会議ニ近衛歩兵モ来会シタリト承リ廿三日午前十一時三十分ヨリ既番ニ当リ勤務罷在ル処浦田佐太郎申スニ今夜暴動可有之由其節ハ冬服ヲ着シ帽ノ日覆ヲ取外シ出ツヘシト又与吉ヨリ合図ノ大砲ハ布施千吉自分与吉ト三人ニテ二発相放ツヘキ手配ノ由申聞クルニ付火薬ハ如何致スヘキヤ相尋ヌル処当隊火薬庫ニモ之アリ其他ハ砲兵本廠ヨリモ奪ヒ取ル筈銃器モ武庫主管ヨリ取出ス事ニ定マリ居ル趣相答候此夜十一時半頃両小隊ノ兵舎ヨリ喊ノ声上リ自分直ニ長鈎ヲ携ヒ《ママ》室ニ行キ冬服ヲ着シ既ニ入リ支度ヲ整ヒ《ママ》弾薬庫ニ参リ弾薬箱一ツ取出シアルニ付長鈎ヲ以テ箱ヲ破ル折柄木村圓解ハ提灯ヲ持チ山中繁蔵等火薬ヲ取リ出シ自分モ一発分携ヒ《ママ》山砲ノ側ニ参ル処木村勝次郎其外多人数群集致シ居リ火薬ハ既ニ装填《ママ》シ点火索ナキ故発放《ママ》出来サルト申スニ付之ヲ取リ出サント器械庫ニ参リタルニ庫内ニ入リ居ルモノアリ点火索ヲ出シ呉レト申スニ之レナキト答フル故砲廠ニ立戻リ見レハ誰ナルカ睖ト相分リ申サ、レトモ捻リ紙ニ火ヲ付ケ夫ニテ点火発放《ママ》セリ此時是永虎一《ママ》誰レカ飼葉庫ニ火ヲ放チタル故早ク出テサレハ巡査来ルヘシト申ス時既ニ大勢山砲ヲ引キ営所ヲ出テントス自分駆付ケ其砲ヲ推シ門外ニ出タル時大隊呼集ノ喇叭ヲ聞キ夫ヨリ近衛歩兵営ノ前ニ到ル処近衛歩兵ノ士官衆参ラレ其側ニ大勢集マリテ進マサルニ付自分後ヨリ声ヲ掛ケ行ケ々々ト相励シ夫ヨリ半蔵門通リ四ツ谷門ヲ出レハ平岡曹長殿参ラレ其指揮ニ従ヒ皇居御門前ニ至リ兵器御取リ上ケノ末縛セラレ候事

右之通相違不申上候也

明治十一年十月一日　馬場鉄市

【現代語訳】

徒党暴動の件

自分は過ぐる八月二十一日午前、室内で広瀬喜市から、「この頃、日給金や官給品等が減省されたので、当

隊や近衛歩兵、東京鎮台砲兵が申し合わせて、近衛局へ願い出ることになった。そのためきょう午後、赤坂山王社に集まって、いろいろ取り決める約束になっている。お前にも参集してもらいたい」と勧められた。同日午後十二時半頃出営、野中与吉、岩本久造、自分の三人が同行、午後一時過ぎ頃山王社に行くと、すでに長島竹四郎ほか数名と、東京鎮台の砲兵の、名前を知らない者数名が集まっていた。自分と久造等は、会議の末席に連なっただけで、くわしいことはわからなかった。ただ、きょうは近衛歩兵が約束に反して来ないので、相談がととのいがたい、と話していたので、自分と久造は席を立ち、その場を出た。帰途、同社の石段の上で竹四郎から、「こんど近衛歩兵、東京鎮台砲兵と当隊とが、いっしょになって事を挙げ、皇居に強願すれば、東京中の兵が残らず応ずるのは言うまでもないことだ」と言われた。竹四郎に別れ、あちこち歩き回って、麹町の水茶屋に行くと、与吉ほか数人がやってきて、与吉から、「いよいよ明後二十三日、事を挙げると相談が決まったようだ」と聞かされた。久造と自分はまた先にそこを出て、七時過ぎ頃帰営した。

翌二十二日、いつもの時間に外出、歩き回って七時頃帰営した。夕食後喜市から、「きょう、招魂社の会議には近衛歩兵も来た」と聞いた。

二十三日午前十一時三十分から馬屋当番で勤務していると、浦田佐太郎が、「今夜、暴動がある。そのときは、冬服を着、帽子の日覆いを取り外して出ろ」と言った。また与吉から、「合図の大砲は、布施千吉とお前、自分の三人で二発発砲する手配になっている」と言われたので、「火薬はどうするのか」と尋ねると、「当隊火薬庫にもあるし、そのほかは、砲兵本廠からも奪い取るはずだ。銃器も武庫主管から取り出すことに決まっている」と答えた。

この夜十一時半頃、両小隊の兵舎から喊声が上がった。自分は直ちに*長鉤を手にし、部屋に行って冬服を着、馬屋に入って支度をととのえ、弾薬庫に行って弾薬箱一つを取り出し、長鉤で箱を破った。そのとき、木村円解が提灯を持ち、山中繁蔵等が火薬を取り出し、自分も一発分持って、山砲のそばに行くと、木村勝次郎その他大勢が集まっていて、「火薬はもう装填したが、*点火索がないので発砲できない」と言うので、これを取り出そうと器械庫に行くと、庫内に入っている者がいた。「点火索を出してくれ」と言うと、「それはない」と答えるので、砲廠に戻ってみると、誰かはっきりわからないが、捻り紙に火をつけ、それで点火、発砲した。このとき是永虎市が、「誰かが飼葉庫に火を放ったので、早く馬を引き出さないと巡査が来る」と言ったが、すでに大勢が山砲を引き、営所を出ようとしていたので自分はそこに駆けつけ、砲を押し、門外に出たとき、大隊呼集のラッパを聞いた。それから近衛歩兵営の前に行くと、近衛歩兵の士官衆が参られ、そのそばに大勢が集まって進まないので、自分は後ろから声をかけ、「行け。行け」と励ました。それから、半蔵門通りの四ツ谷門を出ると、平山曹長殿が参られ、その指揮に従い、皇居ご門前に行って、兵器をお取り上げののち、縛せられた。

右の通り相違ない。

明治十一年十月一日　馬場鉄市

〔語句解説〕

＊長鉤　先端が曲がった長い鉄の棒。後出・木村円解部分の「鉄搭」と同じものと思われる。

＊点火索　導火線

17　藤橋吉三郎

近衛砲兵大隊第一小隊

駅卒　藤橋吉三郎　当十月廿四年九ケ月

明治九年五月入隊　新潟県平民　越後国頸城郡柿崎村　常平三男　禅宗

口供

徒党暴動ノ件

自分儀明治十一年八月廿一日午前第四時頃馬ノ手入レ致シ居タル際同隊駅卒水上丈平来リ此度ノコトヲ承知セシヤト申ニ付何事ナルヤト相尋タル処兵卒一般御取扱振不宜ニ付仙台鎮台及ヒ教導団ヲ除クノ外各鎮台并近衛歩兵トモ申合セ願ノ筋有之付テハ上官ノ者ニ於テ指揮セラル、旨承リ其人名等ハ深ク尋問セス彼是スル中喇叭ヲ吹クニ依リ各手入ヲ済シ帰室ス午後再ヒ丈平来リ先刻相話シタル儀尚又語ルヘクニ付外出致サ、ルヤト勧メル故何事カ事情モ分明ナラサルニ付罷越スモ益無カルヘシト答タレハ彼レ曰兎ニ角赤坂山王社へ参集致スヘク夫レニハ各分隊ニ於テ三人ツ、参会ノ約束ニテ木島治《ママ》三郎モ参会ノ筈ナリ同人ヲ誘ヒ同道シ呉レヨト申スニ依リ其趣キ治《ママ》三郎へ通シ候処同人他ニ用事有之ニ付別人ヲ誘ヒ呉レト云ニ由リ更ニ丈平ニ申入レシニ然レハ新熊安三郎ニテモ可然ト申ニ付安三郎ヲ伴ヒ午後第一時頃ヨリ赤阪《ママ》山王社へ赴キ茲ニテ長島竹四郎小島万助大久保忠八馬場鋲《ママ》市髙橋小三郎岩本久造東京鎮台砲兵姓名不存者四名等ニ会シ未タ参会ノ人員揃ハサルニ依リ暫ラク相待居ル内今日集会ノ趣旨ヲ竹四郎ニ尋ネタル処同人申聞ルニハ近頃各隊共総テ御取扱宜カラサルニ付夫カ為メ暴挙ニ及フ云々ヲ相談ノ為メ会合セシト申聞ケ夫レニハ諸事総括スル者有之ヤ尋問スルニ彼レ曰ク当隊ニハ別ニ其首領タル人物無之モ予備砲兵ニハ大ニ尽力致シ呉ル、上官ノモノ有之趣ナリト于時予備砲兵姓名不存者曰ク我隊ハ大ニ尽力致シ居リ此儀大隊長ニ語ラハ必ス同意致サルヘク併シ当時留守中ニ付早々呼戻シ方取計其上相談セハ万事結局ニ至ルヘク万一不同意ノ者アルモ事決スル上ハ今夜ニモ差支無之然ルニ于今近衛歩兵参会無之議論曖昧ニ渉ルヲ以テ帰営ノ上同意ノ者ニ対シ面目無之故確カナル答ヘヲ承リ度ト頻リニ迫リタリ然レトモ終ニ近衛歩兵来会セサルニ依リ議成ラスシテ悉ク解散セリ仍テ安三郎同道招魂社前迄来リ相分レ午後七時頃帰営シタル後松本久三郎来リ曰ク当日歩兵会合セサル為メ議論整ハサレトモ実ハ歩兵ニ於テ差支有之明二十二日改テ招魂社ヘ参会ノ事ニ決シタリト承リ同夜ハ例刻入寝シタリ

一　翌廿二日既当番ニテ外出不致夜ニ入リ松本久三郎申スニ愈当日招魂社ノ会席ニテ事決シ来二十三日ノ夜第二時ニ事ヲ挙ル積リニテ未タ相図等ハ極リ不申又明日モ招魂社ニ会合ノ筈ニ付赴カサルヤト誘メラレ自分ハ元ヨリ委シキ事ヲ承知セサルニ付之レニ赴クモ益無シ依テ帰営ノ上又タ承ルト答ヘ其日ハ久三郎木嶋治《ママ》三郎等集会ニ赴キタル様子ナリ自分ハ他ニ用事有之午後一時過キ外出九段坂ナル家号不存水茶屋ニテ独リ一杯相傾ケタ景迄休息シ同七時頃該家ヲ立出ル処俎橋ノ傍ニテ新熊安三郎ニ逢同道帰営後木島治《ママ》三郎申聞ルニ過日来相談ノ事愈当夜十二時ニ暴挙ニ及フ云々承リ又松本久三郎ヨリモ同様伝ヘ呉レ冬略衣ヲ着スル事等ヲ承知シ自分ヨリ高杉才吉市川朝吉ニ通知シ例刻入寝ス暫クアリテ室内往来ノ足音ニ目覚メ誰レ共不相分申聞ルニハ大砲火門ニ釘ヲ打込ムモノ有之由申スニ付予テ暴挙ノ事発覚シタルト存シ冬略衣ヲ着ケ洋刀ハ携ヘタレトモ狼狽ノ余リ靴ハ穿カス厩ノ方ニ至リシニ誰レモ不相見ニ付暫クイミ居ル処間モナク各室共関声ヲ揚ケタルニ付第一第二小隊室ノ間ニ至ントスル時二《ママ》木伍長殿向フヨリ来リ声ヲ励シ大大《ママ》砲ヲ放ツコトヲ促セリ自分ハ歩兵ノ相応スルコトヲ促サン為メ直ニ近衛連隊ノ方ニ至ラント西柵ヲ越ヘ赴キタル節連隊営ニ於テモ大ニ物騒シク既ニ同隊ノ者多人数群集砲隊ノ者打テ々々ト呼フ者アリ当時同隊髙橋小三郎長嶌竹四郎等ヲ認メ奔

走中又連隊ヨリ射撃セラレ皆々散乱自分ハ営柵土手際ニ潜ミ居処砲兵営内ニ於テ大砲ヲ二発放ツヤ忽チ火焔ノ上ルヲ見進退維谷リ暫クイミ居中箱馬場ノ方向ニ当リ呼集喇叭聞ヘ営内ニハ小川弥蔵長島竹四郎等ノ音声相聞ユルニ付不審ト存シ営内ニ立戻リ炊事場ニテ長嶌竹四郎羽成常助等刀ヲ持チ居ルヲ認メ其後右刀ハ如何シタルヤ不相見適々片山伍長殿ニ逢ヒ如何シテ宜キヤト申タレトモ別ニ何タル指揮モ無之ニ付営内所々徘徊致シ居ル内営内ノ方ニテ鬨声聞ヘ馳セ至レハ士官方近衛歩兵ヲ指揮セラレ銃ヲ構ヘテ入リ来リ中尉井上時蔵殿等歩兵士官ト御談判ノ上右歩兵ハ営内ヲ巡見シ自分一同ノ者ハ銘々舎内ニ扣居ル様荒見軍曹殿ヨリ被申付夫々使役ニ奔走シ同廿四日午前十時頃週番所ヘ呼出サレ捕縛相成リ候事

右之通相違不申上候

明治十一年九月三十日　藤橋吉三郎

【現代語訳】

徒党暴動の件

自分は明治十一年八月二十一日午前四時頃、馬の手入れをしていたが、そこに同じ隊の馭卒・水上丈平が来て、「このたびのことを知っているか」と言うので、「何のことだ」と尋ねると、「兵卒一般のお取り扱いがよくないので、仙台鎮台と教導団を除く各鎮台、ならびに近衛歩兵とも申し合わせ、願い出るという話がある。これについては、上官の者が指揮される」と聞いた。その名前等は深く尋ねなかった。かれこれするうち起床ラッパが吹かれたので、各自、手入れをすまし、帰室した。午後、再び丈平が来て、「先刻話した件についてもっと話したいので、外出しないか」と勧めるので、「何ごとか事情もわからないのに、行ってもむだではないか」と答えると、彼は、「ともかく赤坂山王社に行ってくれ。それには、各分隊から三人ずつ参会する約束で、木島次三郎も参加するはずだ。誘って、いっしょに行ってくれ」と言うので次三郎に話すと、「ほかに用があるので、別人を誘ってくれ」と言った。それを丈平に言うと、「それなら新熊安三郎でもいい」と言うので、安三郎を伴い、午後一時頃から赤坂山王社に向かった。そこで、長島竹四郎、小島万助、大久保忠八、馬場鉄市、高橋小三郎、岩本久造、東京鎮台砲兵の名前を知らない者四名等に会い、まだ人が揃わないので、しばらく待つ間、竹四郎にきょうの集会の趣旨を尋ねると、彼は、「近頃、どの隊ともすべて兵卒へのお取り扱いがよくないので、暴挙に及ぶ云々を相談するため、会合するのだ」と言った。「それには諸事を総括する人がいるのか」と尋ねると、彼は、「当隊には別に首領となる人物はいないが、予備砲兵には大いに尽力している上官の者がいるということだ」と言った。そのとき、予備砲兵の名前を知らない者が、「わが隊は大いに尽力している。この件を大隊長に話せば、必ず同意されるだろうが、しかし今は留守中なので、早々に呼び戻すよう取り計らう。そうして相談すれば、すべて決まるだろう。万一、不同意の者があっても、事が決まれば、今夜でも差し支えない。しかし、ここに今、近衛歩兵の者は来ていないので、議論が曖昧なものになってしまって、帰営して、同意した者に面目が立たない。確かな答えを聞きたい」としきりに迫った。しかし、ついに近衛歩兵は来会しなかったので相談できず、全員解散した。それで、安三郎といっしょに招魂社前まで行ってそこで別れ、午後七時頃帰営したあと、松本久三郎が来て、「きょう歩兵が来なかったので議論がまとまらなかったが、じつは歩兵に差し支えがあった。あす二十二日、改めて招魂社に集まることになった」と聞き、その夜はいつもの時間に就寝した。

一　翌二十二日、馬屋当番で外出しなかった。夜に入り、松本久三郎が、「いよいよ、きょうの招魂社の会の席で事が決まり、あす二十三日の夜二時に事を挙げることになった。まだ合図等は決まっていない。またあすも招魂社で会合があるはずだから、行かないか」と誘われた。自分は、「初めからくわしいことを知らないのだから、行ってもむだだ。だから、帰ってきてから、また聞く」と答えた。その日は、久三郎、木島次三郎等が集会に行った様子だった。自分はほかに用事があり、午後一時過ぎ外出、九段坂の、屋号を知らない水茶屋で、ひとり杯を傾け、夕方まで休息し、午後七時頃、そこを出たが、俎橋の傍らで新熊安三郎に会い、同道、帰営した。その後、木島次三郎から、「過日来相談してきた件は、いよいよ今夜十二時、暴発することになった云々」と聞いた。また、松本久三郎からも同じように伝えてきてくれ、冬略衣を着ること等を知らされたので、自分から、高杉歳吉、市川朝吉に知らせ、いつもの時間に寝た。しばらくして、室内を行き来する足音で目が覚め、誰かわからないが、「大砲の火門に釘を打ち込んだ者がいる」と言っているので、暴発のことがすでに発覚したのだ、と考え、冬略衣を着、洋刀を持ったが、狼狽のあまり靴は履かず、馬屋まで行ったが、誰もいなかった。しばらくたたずんでいると、間もなく各室で喊声が上がったので、第一・第二小隊室の間に至らんとするとき、仁木伍長殿が向こうから来て、声を励まし、大砲を放つよう催促した。自分は、歩兵が呼応するのを促すため、早く近衛連隊の方に行こうと、西側の柵を越えていくと、連隊営でもたいへん物騒がしく、すでに同隊の者が多人数群れ集まり、「砲隊の者、打て。打て」と叫ぶ者がいた。そのとき、同じ隊の高橋小三郎、長島竹四郎等を目にとめて走っていると、また連隊から射撃され、みんな散乱した。自分は、兵営の柵の土手際に潜んでいたが、砲兵営内で、大砲二発が放たれ、すぐ、火の手が上がるのを見て進退極まり、しばらくたたずんでいると、箱馬場の方から呼集ラッパが聞こえ、営内で小川弥蔵、長島竹四郎等の声が聞こえたのを不審に思い、営内に立ち戻り、炊事場に行くと、長島竹四郎、羽成常助等がいて、彼等は刀を手にしていたが、その後、その刀はどうしたのか見たことがない。たまたま、片山伍長殿に会い、「どうしたらよろしいですか」と聞いたが、別に何の指示もなかったので、営内の所々を歩き回っていると、営内で鬨の声が聞こえ、駆けていってみると、士官方が近衛歩兵を指揮されて、銃を構えて入ってきた。中尉・中村時蔵殿と打ち合わせをされ、歩兵は営内を巡見し、自分等一同の者は、銘々兵舎内に控えているよう荒見軍曹殿から申しつけられ、それぞれ使役に奔走し、二十四日午前十時頃、週番所へ呼び出され、捕縛された。

右の通り相違ない。

明治十一年九月三十日　　藤橋吉三郎

18　宮崎関四郎

近衛砲兵大隊第□《欠字》小隊

駅卒　宮崎関四郎　当十月廿五年七ケ月

明治八年四月入営　千葉県平民　上総国夷隅郡佐貫村住　与兵衛次男　真言宗

口供

徒党暴動ノ件

自分儀明治十一年八月日失念神田錦町某ノ家ニテ同隊駅卒長嶋竹四郎小嶋万助谷新四郎近衛歩兵ノ当時姓名不存モノ二名同工兵ノ姓名不存モノ一名等ニ会シ談合ノ様子ヲ見受タルニ何等ノ儀モ申聞ケサルヲ不快ノコトニ思ヒ竹四郎ニ乞テ其席ノ話ヲ承ル処昨明治十年西南ノ役ニ従事尽力シ尓《ママ》来モ勉励致シ居ルニ兵卒ニハ何ノ賞賜之レナキノミナラズ《ママ》剰ヘ日給及ヒ官給品ヲ減セ

ラレ一統難渋致スコト故各隊申合セ請願センカ将夕各隊共ニ不平ヲ鳴ラサンカ云々ノ談ナリ自分ニモ其レハ宜シカルヘシト申シタレト其後ハ更ニ謀議致シタルコトモ之レナク且其時ト雖モ承リタルマテノ事ニ候

一　八月廿二日午後三時過美土代町一丁目二番地田嶋藤幸方ニ遊ヒ居ル処小嶋万助柳行李一個ヲ二階ヨリ持チ来リ拙者モ直クニ参ルナレト鳥渡外ヘ立寄ルヘキ要事アルニ付乍苦労神田佐柄木町梅由マテ持行キ呉ヘ間敷ヤト申スニヨリ承諾シ人力車ニ乗リ持行キタル処同家二階ニテ竹四郎ニ遭ヒ同人申スニハ予テ咄シタル通リ不平ノ廉ニ付弥々各隊申合セテ事ヲ起ス筈ニ付自分々隊ニテ話スヘキ者ハ誰ソト申ス故松宮弁二《ママ》郎ヲ以テ答ヘタルニ然レハ話シ置キ呉レヨト申聞ケ其次第ヲ委シク承ラントスルニ小島万助来リ何カ急用アル趣ニテ両人同車シテ出テ去タリ之ニ依テ帰途美土代町石原カネ方ニテ松宮弁次郎ニ遭ヒ今度不平ノ廉ヲ以竹四郎ヨリ聞ク処相話シタルニ何レ長嶋ニ面会シテ承ルト云ヘリ依テ帰営ノ上同夜長嶋竹四郎ヘ右ノ趣ヲ申入タリ

一　八月廿三日午前十一時半頃右ノ趣榎仲次郎ニ伝フ同日ハ室内使使《ママ》番ニ付外出致サス同夜入寝後松宮弁次郎ト共ニ寝床ノ上ヨリ今日ハ招魂社ノ集会ニ行キタル旨申ス故如何相成リタルヤト尋ネタルニ冬略衣ニテ暗号ハ云々ト承リ其模様ヲ委シク聞カントスレトモ申シシ《ママ》聞ケス由テ竹四郎ノ処ニ到リ承ルニ尚申聞ケサル故右黒服ト暗号ノ外ニハ何モ承知致サス然レトモ泉平八元《ママ》橋兼二《ママ》郎ヘ右ノ趣通知シタリ其後時刻覚ヘズ《ママ》営中騒々敷ニ目覚起キ上リタル際営中南ノ方ヨリ誰カ居ヌカ々々ト寝台ヲ打廻ルニ付狼狽シテ戸外ニ立出シニ誰ト知ラス白服ノ奴ツ殺セト言ヒナカラ馳セ来リ足ヲ撲チタルニ気付駈込ンテ冬略衣ニ着換ヘ出テタレトモ営中ハ只紛乱シテ一向様子相分ラス故ニ厩ニ潜ンテ窺ヒ居ル内銃及砲声相響キ折柄秣庫ニ火揚レリ夫ヨリ出テ、営門ニ至ルヤ羽成常助小川弥蔵等ト一同ニ相成リ大隊週番所ニ至ル此際常助ハ抜刀自分ハ抜剣致シ居リ共ニ火薬ヲ捜索シタルモ之レナシ弥蔵等三村軍曹殿ヲ捕ヘテ与ミセシメ出テ、大隊週番室及第二小隊室ノ傍ラニテ二個ノ屍体ヲ認メ又西出軍曹殿ニ弥蔵等威逼シテ談判スルヲ見ル其後同人等ヲ見失ヒ営門ニテ三村軍曹殿ト共ニ休息スル処ヘ井上中尉殿中村少尉殿若松下副官殿入リ来リ命ニ従ツテ死体ヲ病室ニ至リ付ケ又炊事使役ヲ申付ラレ翌廿四日本隊ニ於テ縛セラレ候事

右之通相違不申上候

明治十一年十月一日　　宮﨑関四郎

【現代語訳】

徒党暴動の件

自分は明治十一年八月、日は忘れた、神田錦町某の家で、同じ隊の馭卒・長島竹四郎、小島万助、谷新四郎が、近衛歩兵の当時、姓名を知らない者二名、近衛工兵の姓名を知らない者一名等に会い、話し合っているのを見受けたのに、何も聞かされないのを不快のことに思い、竹四郎に頼んでその席に加わって話を聞いた。それは、昨明治十年の西南の役に従事、尽力し、その後も勉励しているのに、兵卒には何の賞賜もないのみならず、その上に、日給および官給品を減らされ、皆、難渋しているので、各隊が申し合わせ、請願するか、または、各隊いっしょに不平を鳴らそうか云々の相談だった。「自分にとってもそれはよいことだ」と言ったが、その後は、さらに謀議したこともなく、そのときも、話を聞いたまでのことだった。

一　八月二十二日午後三時過ぎ、美土代町一丁目二番地田島藤幸方で休んでいると、小島万助が柳行李一個を二階から持ってきて、「自分もすぐに行くが、ちょっとほかに立ち寄らなければならない用事がある。苦労をかけるが、神田佐柄木町の梅由まで持っていってくれないか」と言うので承諾し、人力車に乗って持っていくと、その家の二階で竹四郎に会った。彼は、「前に話したように、いよいよ事を起こすことになった。各隊が申し合わせて、話ができる者は誰だ」と聞くので、「松宮弁次郎だ」と答えた。「そうなら話しておいてくれ」と言われた。その計画をくわしく聞こうとしたとき、小島万助が来て、何か急用があるようで、二人で人力車に同乗して出ていった。その帰途、美土代町石原カネ方で松宮弁次郎に会い、こんどの不平の件について、長島から聞いたことを話すと、「いずれ長島に会って、話を聞く」と言った。帰営してから、夜、長島竹四郎に以上のことを報告した。

一　八月二十三日午前十一時半頃、右の件を榎仲次郎に伝えた。同日は、室内使役番なので外出しなかった。同夜、就寝後、松宮弁次郎が寝床の上から、「きょう、招魂社の集会に行ってきた」と言うので、「どうなったか」と尋ねると、「冬略衣で、暗号は云々」と聞き、その内容をくわしく聞こうとしたが、言ってくれない。そこで竹四郎の所に行って聞いたが、やはり話してくれなかった。右の黒服、暗号のこと以外は何も知らなかったが、泉平八、本橋兼次郎に右のことを知らせた。そのあと、時間を覚えていないが、兵営内が騒々しいので目を覚まし、起き上がると、営内南の方から、「誰かいないか。誰かいないか」と寝台を回っているので、あわてふためいて戸外に出ると、誰かわからないが、「白服の奴、殺せ」と言いながら走ってきて、足を打たれたので気がつき、室内に駆け込んで、冬略衣に着替え、外に出たものの営内はただ混乱して、いっこうに状況がわからないので、馬屋に潜んでうかがっていると、銃声、砲声が響き、そのとき、飼葉庫から火が上がった。それからそこを出て営門に行くと、羽成常助、小川弥蔵といっしょになり、大隊週番所に行った。このとき、常助は抜刀、自分は抜剣していて、ともに火薬を捜したがなかった。弥蔵等は、三村軍曹殿を捕えて味方にし、そこを出て、大隊週番所と第二小隊室の傍らに二個の死体があるのを見た。さらに、西出軍曹殿に弥蔵等が脅かして談判しているのを見た。その後、同人等を見失い、営門で三村軍曹殿といっしょに休息していると、井上中尉殿、若松下副官殿が入ってきて、命令に従って、死体を病室に運び、また炊事使役を申しつけられ、翌二十四日、砲兵隊で縛せられた。

右の通り相違ない。

明治十一年十月一日　宮崎関四郎

19　久保田善作

近衛砲兵大隊第一小隊

駅卒　久保田善作　当十月二十四年七ヶ月

明治九年六月入隊　大分県平民　豊後国日田郡豆田村住　利兵衛二男　真宗

口供

徒党暴動之件

一　自分儀本年八月二十日小川弥蔵儀水上丈平ト自分ヲ営内厩ニ呼ヒ近日鎮台予備砲兵ノ隊長始メ兵ヲ卒《ママ》ヒテ暴発シ東京ノ各兵隊之ニ応スル趣ニ付当隊ニ於テモ暴発可致乍去未タ決議不相成明日山王ニ於テ会議有之筈ニ付其旨含ミ居ルヘシ然ルニ此事決シテ他言スヘカラスト申聞ケラレ候事

一　同廿一日食事当番ニテ外出致サス同夜廣瀬喜一《ママ》ヨリ近衛歩兵ハ未タ不分明ナレトモ予備砲兵ハ已ニ事決シタリト聞ク孰レ明日招魂社ヘ集会致シ歩兵ヨリモ来会スル積ニ付同所ヘ参リ呉ルヘク承リ候事

一　同廿二日午後小川弥蔵ト同道神田銀町二丁目十二番地其節姓名不知連隊兵卒新宅智觀兄高木登方ニ参リ後ヨリ廣瀬喜一《ママ》来リ三人ニテ同家ニ罷在ル内又大久保忠八来リ廣瀬喜一《ママ》ヨリ智観ヘ別席ニテ談シ致シ居ル内

忠八弥蔵自分三人ハ先ニ同家ヲ出テ弥蔵休息所神田美土代町二丁目一番地伊勢屋藤助宅へ罷越シタル処大﨑石松水上丈平木嶋治《ママ》三郎松本三四郎下津八十吉廣瀬喜一《ママ》大久保忠八児《ママ》嶋万助等出会シ大久保児《ママ》嶋廣瀬等血判ノ事ヲ議シテ云ク之ヲ以テ予備砲兵ト交換シ互ニ信ヲ立テサレハ事成就スヘカラスト於是大久保児《ママ》嶋等筆ヲ執リ第二小隊ノ人名ヲ記載ス其人名凡十人程第一小隊ニ於テ中央分隊ハ木嶋治《ママ》三郎右分隊ハ廣瀬喜一《ママ》左分隊ハ自分受持ニテ人名記載スヘシトノコトナリ廣瀬ハ即チ右分隊ノ四五ノ人名ヲ登記シタレトモ其人名ハ求テ見認メス然ルニ木嶋ト自分トハ評議未タ決セサルニハ血判ハ勿論人名モ記載致シ難クト断タリ児《ママ》嶋ハ血判セント懐中ヨリ小刀ヲ取出ス際絵図面一葉ヲ出シタレ共何ノ図ナルヤ見認申サス夫ヨリ招魂社ニ至リ鎮台予備砲兵ト血判帖ノ交換ヲ約セント各招魂社ニ赴ケリ自分ト水上丈平トハ同車ニテ少シク後ヨリ出テ同社馬場辺ニ至ル処丈平儀ハ飯田町ニ要用アルトテ罷越ス趣ニ付相別レ自分一人招魂社内ニ参リタル処松本久三郎櫻井鶴治伊藤丈三郎小川弥蔵長嶋竹四郎木嶋治《ママ》三郎大久保忠八小嶋万助等并鎮台予備砲兵五六人近衛歩兵二人程集会シタレトモ多人数相会シテハ外見モ如何ニ付三四人ツ、数所ニ於テ談合スル方可然ト長島申タレトモ歩兵ノ方ハ帰営時間モアリ最早帰ラントノ事故旁此日ノ会議ハ決定難致ニ付明日ノ事ニ可致ト各退散帰営致午後六時二十分頃営内厩ノ傍ニテ西嶋作助ニ在京ノ諸兵暴動ヲ発スル様子ナリト相話ス処其旨意ヲ問ハレタルニ付明廿三日招魂社へ至レハ相分ラント申聞ケル際食事喇叭ニ付直ニ相別レ候事

一　同廿三日午後出営第五時頃招魂社へ罷越ス途中布施仙吉ニ出会セシモ同社馬場先ニテ相別レ社内ニ於テ長嶋竹四郎髙橋小三郎是永虎一《ママ》野中與吉伊藤丈三郎山本寅吉等ニ此処彼処ニ行逢タレトモ自分儀ハ野中與吉ト同所腰掛ニ休ミ今日ハ誰彼モ行逢タレトモ会議ノ様子モ見ヘス如何セシヤト相話シ無程立去ラントスルトキ伊藤丈三郎山本寅吉髙橋小三郎等ト出会シ夫ヨリ同道九段坂下ニ来ルトキ同所傍ノ水茶屋ヨリ近藤弥三郎鈴木牛太郎出来リ是ヨリ自分共六人同道ニテ帰営シタリ然ルニ夕食前賄所横ニテ木嶋治《ママ》三郎ヨリ弥今夜十二時ニ決シタルニ付其心得ニテ上タケ冬服ヲ著シ出ヨト申聞タルニ付自分モ同意スヘシト答居ル内池田少尉殿見廻リ参ラレタルニ付直ニ帰室シ読書致シ居レリ無程消灯相成タル故入寝致シタル処室外騒ケ敷相成タルヲ以テ最早時限ニ至リシト存シ直ニ起上リ服装ヲナシ軍刀ハ不弁《ママ》利ト考ヘ帯ヒスシテ砲卒小坂《ママ》徳蔵ノ銃ナラン

ト思フ銃台ノ端シニ有之銃胴乱共携帯シ其内所々喊声ヲ発スル故駈出シ火薬庫ノ弾薬ヲ取出サント至リタレ共弾薬無之トノ趣ニテ多人数営門ヘ駈行クニ付連隊前繰練場迄至ル処連隊ヨリ小銃ヲ打掛ラレ避テ病室ノ山ニ登リ南里伴七ト共ニ潜ミ居ル間ニ大砲ヲ発シ無程秣庫ニ火焔揚リ猶潜ミ居ル処再ヒ大砲ヲ発シテ営門外ニ駈行ク故出テテ病室前ノ井戸ニテ水ヲ飲ミ衆ト共ニ武庫主管ノ方ニ至ル処皆皇居ヘ赴クトノ事ニ付其侭《ママ》半蔵門ヲ出テ四ツ谷門ニ至ラントスル際本隊曹長平岡瓢殿来リ士官ハ如何セシヤト声ヲ掛ケ止ルヘク申聞ケラレ同門外ニテ隊伍ヲ組同所ヨリ指揮セラレテ皇居御門前ニ参リ整列罷在ル処兵器御取揚ノ上縛ニ就キ候事

一　前顕ニ付屢々集会等ニ加リ暴動ノ主意ヲ聞カスシテ与同シタルモノハ如何ナル訳カト御糺ヲ受ケ右ハ始メ予備砲隊隊長始メ指揮セラル、トノ事故此儀ハ何カ子細ノアルコトト思ヒ別段尋問モ致サ、ル処中頃血判ノ儀ヲ承ルニ付此時始メテ不審ヲ起シ一応ハ血判ノコト断リタルモ廿三日夜ニ入リ今夜十二時ニ決シタリト承リ不容易コトトハ存シタレトモ迚モ今ヨリ主旨ヲ尋問スルモ一人此場ヲ遁ルヘキ様無之ト心付勢ヒ已ヲ得ス同意スヘシト答ヘ共々暴挙ニ与シタル次第今更申開キ無之候事

右之通相違不申上候

明治十一年十月一日　　久保田善作

【現代語訳】

徒党暴動の件

一　自分は、本年八月二十日、小川弥蔵から、水上丈平といっしょに兵営内の馬屋に呼び出され、「近日中に鎮台予備砲兵の隊長以下が兵を率いて暴発し、東京の各部隊もこれに呼応するようなので、当隊でも暴発を準備している。しかしながら、まだ決議できていない。あす、山王社で会議がある予定だ。その点を承知しておいてもらいたい。だが、このことは決して他言してはならない」と言われた。

一　同二十一日、食事当番だったので外出しなかった。夜、広瀬喜市から、「近衛歩兵はまだはっきりしないが、予備砲兵ではすでに暴発を決めたようだ。いずれにしても、あす、招魂社へ集会して話し合う。歩兵からも来ることになっているので、その会議に行ってもらえないか」と言われた。

一　同二十二日午後、小川弥蔵と同道、神田銀町二丁目十二番地にある、そのときは姓名を知らなかった連隊兵卒・新宅智観《ともみ》の兄・高木登方を訪れた。あとから

広瀬喜市が来て三人で同家にいると、さらに大久保忠八が来た。広瀬喜市が智観と別室で話しているので、忠八、弥蔵、自分の三人は先に同家を出て、弥蔵の休息所になっている神田美土代町二丁目一番地伊勢屋藤助宅へ行くと、大崎石松、水上丈平、木島次三郎、松本三四郎、下津八十吉、広瀬喜市、小島万助等がいた。大久保、小島、広瀬等は血判のことを協議して、「これを予備砲兵と交換し、互いに信頼を固めなければ、事は成就できない」と言った。そうして大久保、小島等が筆をとり、第二小隊の人名を書いた。その人名はざっと十人ほどだった。第一小隊は、中央分隊は木島次三郎、右分隊は広瀬喜市、左分隊は自分が受け持って人名を書け、と言う。広瀬は即座に右分隊の四、五人の人名を書いたが、その人名を求めて見ることはしなかった。一方、木島と自分とは、「評議がまだ決まらないうちに血判することはもちろん、人名も記載できない」と断わった。小島は血判しようと、懐中から小刀を取り出す際、絵図面一枚を出したが、それが何の図なのか見ていない。それから、招魂社に行って鎮台予備砲兵と血判帖の交換を約束しようと、それぞれ招魂社に出かけていった。自分と水上丈平とは少しあとから出て、人力車に同乗して、同社馬場あたりに行ったとき丈平が、「飯田町にたいせつな用事があるので行く」と言うので別れ、自分一人招魂社内に行った。そこには、松本久三郎、桜井鶴次、伊藤丈三郎、小川弥蔵、長島竹四郎、木島次三郎、大久保忠八、小島万助等と鎮台予備砲兵五、六人、近衛歩兵二人ほどが集まっていたが、「多人数が集まっていては外見もどうかと思うので、三、四人ずつ数か所にわかれて話し合った方がいい」と長島が言ったが、歩兵の方は、「帰営時間もあり、もう帰らなければならない」と言うし、いずれにしてもきょうの会議では、決定できない、あすに持ち越すことにしようと、それぞれに退散、帰営した。午後六時二十分頃、営内の馬屋の傍らで西島作助に、「在京の諸兵が暴動を起こす様子だ」と話すと、「その旨意は何か」と問われたので、「あす二十三日、招魂社へ行けばわかる」と言ったとき、食事ラッパが鳴ったので、すぐ別れた。

一　同二十三日午後出営、五時頃招魂社へ行った。途中、布施仙吉に出会ったが、同社馬場先で別れた。社内で、長島竹四郎、高橋小三郎、是永虎市、野中与吉、伊藤丈三郎、山本寅吉等にここかしこで行き合ったが、自分は野中与吉と境内の腰掛けに休み、「きょうは何人にも行き合ったが、会議の様子もわからない。どうしようか」と話し、しばらくして立ち去ろうとしたとき、伊藤丈三郎、山本寅吉、高橋小三郎等と出会い、いっしょに九段坂下に来ると、傍らにある水茶屋から近藤弥三郎、鈴木牛太郎が出てきた。それから自分ども六人同道して帰営した。ところが夕食前、調理場の横で木島次三郎から、「いよいよ今夜十二時に決まった。その心積もりで、上だけ冬服を着て出ろ」と言われた。自分も、「わかった」と答えたが、そこに池田少尉殿が見回りに来られたので、すぐに部屋に戻り、読書していた。間もなく消灯時間になり、眠りについたが、室外が騒がしくなったので、もうその時限になったと思い、すぐに起き上り冬服を着、軍刀は不便と考えて帯びず、砲卒・小阪徳蔵のだろうと思う銃台の端にあった銃と胴乱とを持った。そのうち所々で喊声が上がったので駆け出し、弾薬を取り出そうと火薬庫に行ったが、弾薬はない、とのことだった。多人数が営門の方へ駆けていくので連隊前の繰練場まで行くと、連隊から小銃を打ちかけられた。それを避けて病室のある山に登り、南里伴七といっしょに潜んでいると、大砲が打たれ、まもなく馬草庫に火焔が上がった。なお潜んでいると、また大砲が打たれ、営門の外に駆けていくので、そこを出て病室前の井戸で水を飲み、大勢の兵とともに武庫主管の方に行ってみると、皆、皇居へ向かうとのことなので、そのまま半蔵門を出て四ツ谷門に至ろうとするとき、本隊曹長・平岡瓢殿が来て、「士官はどうしたのだ」と声をかけられ、止まるように命じられた。同門外で隊伍を組み、そこから指揮されて皇居ご門前に行き、整列して待っていると、兵器をお取り上げの上、縛についた。

一　以上申し述べたことについて、「たびたび集会等に加わり、暴動の主意を聞かずして与したのはいかなるわけか」とお糺しを受けたが、最初に聞いたときは、予備砲隊隊長以下が指揮なされるとのことだったので、それならばこれには何か子細があると思って、とりわけて聞きただすこともしなかったが、中頃、血判の件を知って、このとき初めて不審を起こした。一応は血判のことは断わったが、二十三日夜に入り、今夜十二時に決まったと聞き、容易ならざることとは思ったが、とても今からその主旨を尋問しても、一人この場を逃れることもできないと心づき、やむをえず同意しようと答え、ともども暴挙に与した次第、今さら申し開きはない。

右の通り相違ない。

明治十一年十月一日　　　　久保田善作

20　是永虎市

近衛砲兵大隊第一小隊
駆卒　是永虎市　当十月二十四年四ヶ月
九年六月入隊　大分県農　豊後〔国〕《欠字》国東郡高田村住
藤四郎二男　　真宗

口　供

徒党暴動ノ件

一　自分儀本年八月二十一日夜木嶋治《ママ》三郎ヨリ東京鎮台予備砲兵隊ノ者不平ノ事有之暴動ヲ起ス趣ニ付明二十二日招魂社へ集会致ス由承リ候事

一　同二十二日自分ニ出会致ス様ニハ話無之モ暴動ヲ起サントスルノ趣旨タルヤ日給并ニ靴下ヲ減セラレタル不平ヨリ起ル処ナラント推察シ兎モ角其場ノ様子ヲ見聞セント一人ニテ招魂社へ罷越タル処松本久三郎髙橋小三郎等ニ出会鎮台予備砲兵ノ者二三人近衛歩兵ヨリモ一両人来合タレトモ自分ハ其相談モ承ラス又々明二十三日集会ノ由ニ付帰営仕候事

一　同二十三日招魂社へ罷越タル処髙橋小三郎久保田善作野中与吉鎮台予備砲兵ノ者一人参リ居リ自分モ共ニ同社西裏ノ腰掛ニ休ミ居ル処長嶋竹四郎来リ只今近衛連隊ノ者参リタルニ付予備砲兵ノ者ニ水屋迄来リ呉ル、様富士見町ノ方へ連行ク故髙橋等共々行カントスル処長嶋ヨリ自分ニハ参ルニ及ハスト申スニ付髙橋等ト相別レ富士見町鮓屋ノ前ヲ過ル際大久保忠八ニ出会自分ヨリ今日ハ水屋ニ集会アル様子ノ処誰々ガ《ママ》参リタルヤト尋ネタル処鎮台予備砲兵ノ下副官ト火工下長ト二人并近衛連隊ノ者モ来リタル由ヲ申聞ケ自分ハ足痛ニ付忠八ヨリ後レテ帰営シタリ同夜営内ニ於テ木嶌治《ママ》三郎ヨリ今夜十二時ヲ以テ各隊ノ兵皇居御門前ニ出会スルニ付テハ鎮台予備砲隊ニハ大隊長指揮スル由其時ハ上ニ冬衣ヲ著テ出ヨト申聞ルニ付承知ノ旨答へ相別レ午後九時頃階下ニテ荒見勝栄殿へ治《ママ》三郎ヨリ承リタル次第ヲ委細ニ相話シ程ナク寝ニ就タル処夜半ニ至リ営内騒ケ敷ニ付起テ服装致シ舎外ニ出テ砲床《ママ》ノ処ニ至ルニ衆大声ヲ発シ或ハ石ヲ投ケ営舎ノ窓硝子ヲ破毀シ乱暴一方ナラス其内皆営門ニ駈出スニ付共ニ連隊ノ方ニ至ル処連隊ヨリ狙撃セラレ一旦営内ニ引取ル際大砲一発スルニ付再ヒ砲床《ママ》ノ所ニ至ルニ今一門ヲ放テリ此火薬ヲ込メタル者ハ羽成常助ト見受タリ夫ヨリ営門ヲ引出ス故自分モ此砲車ヲ挽テ連隊ノ前ヲ過キ半蔵門ノ方ニ至リ同門ヲ出テ四ツ谷門前ニ至ル処本隊曹長平岡瓢殿ニ行逢同人ニ指揮セラレ皇居御門前ニ罷越シ整列致シ居ル処兵器御取揚ノ上縛セラレ候事

右之通相違不申上候

明治十一年十月一日

是永虎市

【現代語訳】

徒党暴動の件

一　自分は本年八月二十一日夜、木島次三郎から、「東京鎮台予備砲兵隊の者が、不平のことがあって暴動を起こすようなので、明二十二日、招魂社へ集会することになっている」と聞いた。

一　同二十二日、自分に会に出ろという話はなかったが、暴動を起こそうとする趣旨が日給や靴下を減らされた不平から起きたことだろうと推察し、ともかくその場の様子を見聞しようと思って一人で招魂社へ行くと、松本久三郎、高橋小三郎等に出会った。鎮台予備砲兵の者二、三人、近衛歩兵からも一人か二人来合わせていたが、自分はその相談内容を聞かなかった。そしてまた、明二十三日に集会するというので、帰営した。

一　同二十三日、招魂社へ行くと、高橋小三郎、久保田善作、野中与吉、鎮台予備砲兵の者一人が来ていた。自分もいっしょに同社西裏の腰掛けに休んでいると、長島竹四郎がやってきて、予備砲兵の者に向かい、「たったいま近衛連隊の者が来たので、水茶屋まで来てほしい」と言い、富士見町の方へつれていくので、高橋等ともども行こうとすると、長島から、「是永は来なくていい」と言われたので、高橋等と別れた。富士見町の寿司屋の前を通り過ぎるとき、大久保忠八に出会った。自分の方から、「きょうは水茶屋で集会がある様子だが、誰々が来たのか」と尋ねると、「鎮台予備砲兵の下副官と火工下長の二人、それと近衛連隊の者も来た」と話してくれた。自分は足痛だったので、忠八より後れて帰営した。

その夜、営内で木島次三郎から、「今夜十二時、各隊の兵が皇居ご門前に集合することになった。鎮台予備砲隊では大隊長が指揮するそうだ。そのときは、上に冬衣を着て出ろ」と言われ、「承知した」と答えて別れた。午後九時頃、階下で荒見勝栄殿へ次三郎から聞いたことをこと細かに説明し、間もなく就寝した。夜半、営内が騒がしくなったので、起きて服装し、舎外に出て砲廠に行くと、大勢が大声を上げ、あるいは石を投げ、営舎の窓ガラスを破毀し、乱暴はなみなみでなかった。そのうち皆が営門に駆け出したのでいっしょに連隊の方に行ってみると、連隊から狙撃され、ひとまず営内に引き上げた。そのとき、大砲が一発発せられたので再び砲廠に行くと、もう一門が放たれた。この火薬を込めた者は羽成常助と見受けた。それから大砲を営門から引き出すので、自分もこの砲車を引いて連隊の前を過ぎ、半蔵門の方に行き着き、同門を出て四ツ谷門前に着いたとき、本隊曹長・平岡瓢殿に行き合い、同人に指揮され、皇居ご門前に行って整列していると、兵器をお取り上げになった上、縛せられた。

右の通り相違ない。

明治十一年十月一日　　是永虎市

21　岩本久造

近衛砲兵大隊第一小隊
馭卒　岩本久造　当二十三年五ヶ月
明治十一年四月入隊　島根県平民　因幡国邨見郡立川村　治七弟　禅宗

口供

徒党暴動ノ件

一　自分儀七月二十日ヨリ脚気症ニテ入院八月十八日退院仕同廿日時刻覚ヘス馬場鉄市自分ヲ呼ヒ厠ノ傍ニ連レ行キ廣瀬喜市ト共ニ自分ニ向ヒ両人申聞ケニハ今度官給品等減省ノ廉ヲ以テ近衛鎮台各隊申合多勢ヲ以テ暴発強請ノ企アルニ付此旨咄シ置クト申別レ候事

一　同二十一日馬場鉄市ヨリ今日山王社ニ集合ノ上諸事強願ノ手筈取極不日事ヲ発スル積ナリ依テ同行可致様誘メラレ容易ナラサル企ニ付迚モ兵卒ノ及フ所ニハ有之間敷ト存シタルモ各隊一同申合トノコトニ付馬場鉄市野中與吉同道ニテ午後一時頃ヨリ赤阪《ママ》山王社集会ニ赴キタリ其場ニアルモノハ廣瀬喜市長島竹四郎小島万助外ニ姓名存セス面識ノ旧兵二三名予備砲兵ノ人四名及ヒ自分等ナリ廣瀬小島等予備砲兵ノ人ト密々話シ居ルモ自分等ニハ何等ノ相談無之殊ニ当日ハ歩兵ノ者来会セサルニ依リ議論不整各解散スルニ至リタリ其内境内ニハ多ク鎮台予備砲兵ヲ認メタリ自分ハ此日教導団ヘ用向有之一歩先キヘ立去ラントスル時馬場鉄市モ共ニ行クヘシトテ其場ヲ辞シ同道教導団ニ到リ生徒前田信夫ヘ面会申シ入レタル処中隊号存セサルニ付相分ラス面会叶ワス出テ、九段ノ方ニ向ヒ廻テ俎橋辺ニテ廣瀬喜一《ママ》ニ逢ヒタリ馬場鉄市ハ之レト共ニ神保町ニ行ク自分ニモ同行ヲ誘メタレト病後ノコト故最早帰ル方勝手ナリト別レテ町名存セス同隊喇叭卒高口直蔵ノ休息所ニ立寄リ夕刻迄遊ヒテ帰営シ都テ常例之通入寝仕候事

一　二十二日食事当番ニテ何事ヲモ承ラス同夜入寝後廣瀬喜市来リ今日ハ例ノ一件ニ付血判ヲセネハナラヌ故自分之ヲ代判シ来リタリト云ヘリ由テ自分ハ存外ノ事ニ驚キ仮令企テニ同意スルモ前以一応ノ咄モ無之代印トハ不承知ト申掛ル処何レ明日委細ヲ語ルヘシトロヲ止メタリ深夜且傍ラニ人々アルコトニ付其侭《ママ》寝床ニ打臥シ翌朝ニ至リテモ喜一《ママ》ヨリ何トモ言ハス甚不安心故昼頃厩ノ傍ニテ馬場鉄市ニ面会シ右ノ次第ヲ語リ全体此度ノ事ハ委シク申聞ケス代印スル抔ト不承知故取消貰ヒ度ト申入レタリ其後鉄市モ急ニ返事無之甚タ心配ニ付又催促シタル処右ハ取消タレハ安神《ママ》可致旨廣瀬ヨリ申シタリト承リ且ツ自分反覆シテ此事ヲ訴出ツルモ計リカタシト喜一《ママ》モ心配致シ居ル旨鉄市申スニ付一旦同意シタル上ハ右様ノ事ハ決テ無之ト申シ相別レタ食後同隊馭卒友部辰五郎ト共ニ読書致シ居ル処へ馬場鉄市来リ通リ掛リニ兼テノコトハ弥今夜ニ極リタルト云フ故夫レハ如何哉ト相尋ヌル内用事有之由ニテ急キ出テ何モ申聞ケス直チニ階段ヲ降リ行ケリ其后人員検査后同隊馭卒野中與吉ヨリ今夜大砲二発ヲ合図ニ始メル云々ノコトヲ承知シタレトモ冬服着用ノ儀ハ承ラス入寝后久保勝三郎自分ヲ撹《ママ》リ起シタルニ目覚メタルトキ舎外ハ鬨ヲ作リ不一方騒動ノ物音相聞ヘ起キ揚ツテ支度ヲ整ヘタル際荒見軍曹殿其他下士ノ方々皆黒服ニテ其方等騒クニ及ハス何レ拙者等差《ママ》図ヲスル迄ハ扣ヘヨト申サル、ニ付其言ニ従ヒ扣ヘ居ル中小銃発射ノ音聞ヘシカ二発計室内ニ飛来リシト布施仙吉等申聞ル様承リ読《ママ》テ呼集喇叭ヲ聞キ皆ナ々舎外へ出ツルニ付自分モ下階致ス処室ノ入口ニテ友部辰五郎ト共ニ営門ノ方ニ到ル時砲声ヲ聞キ途中週番所ノ入口ニテ死体ヲ認メタレトモ人体ハ確ト相分ラス営門ノ処ニハ山砲二門ニ多人数寄集リ中ニ本田音吉ハ砲車ニ掛リ指揮ケ間敷事ヲ言ヒ張ルヲ認メ其中砲車ハ引出シ行クニ付辰五郎等ト後トヨリ進ミ行ク処砲ヲ箱馬場ノ傍ニ進メ歩兵ノ相応センコトヲ促シ居ルトキ二三十名ノ歩兵出テ来リ武庫主管ノ傍ニ引揚ケルト直クニ顧テ射撃ヲ始メタリ此際砲車ノ傍ニ居タル者狼狽散乱シ自分モ遁レテ営ニ来リ伍長代稲垣百蔵殿并ニ久保勝三郎ト共ニ番兵所ニ腰ヲ掛ケ休息スル内ニ井上少尉殿連隊ノ兵ト共ニ入リ来リ該兵ハ営内ニ整列シ自分等姓名ヲ士官方ニテ御取調相成リ夫ヨリ炊事場ニ到テ食事シ翌朝第二小隊第一分隊室ニ閉チ篭《ママ》メラレ同廿四日正午十二時頃本隊ニ於テ縛サレ候事

右之通相違不申上候

明治十一年九月三十日　　岩本久造

【現代語訳】

徒党暴動の件

一　自分は、七月二十日から脚気症になって入院し、八月十八日退院した。同二十日、時刻は覚えていないが、馬場鉄市が自分を呼んで便所の傍らに連れてゆき、広瀬喜市とともに自分に向かって、「こんど、官給品等減省の件で、近衛、鎮台各隊で申し合わせ、多数で暴発し強請する企てがあるので、この旨話しておく」と言われ、別れた。

一　同二十一日、馬場鉄市から、「きょう、山王社に集合して、いろいろと強願の手筈を取り決め、近く事を起こすつもりだ。だからいっしょに行かないか」と誘われた。容易でない企てで、とても兵卒の力の及ぶところではない、と思ったが、各隊一同の申し合わせだということなので、馬場鉄市、野中与吉同道、午後一時頃から赤坂山王社の集会に出向いた。その場にいた者は、広瀬喜市、長島竹四郎、小島万助、ほかに姓名は知らないが面識ある古参兵二、三名、予備砲兵の人四名、および自分等だった。広瀬、小島等は予備砲兵の人とひそひそ話していたが、自分等には何の相談もなかった。その上、この日は歩兵の者が来会しなかったので議論はととのわず、それぞれ解散することになった。その頃には境内に、多数の鎮台予備砲兵が来ているのがわかった。自分はこの日、教導団*に用向きがあったので、皆より一足先に立ち去ろうとすると、馬場鉄市もいっしょに行くと言うので、二人でその場を去り、教導団に行った。生徒・前田信夫に面会を申し入れたが、中隊号を知らなかったのでわからず、面会できなかった。そこを出て九段方向に向かって歩いてゆくと、俎橋付近で広瀬喜市に出会った。馬場鉄市は広瀬とともに神保町に行くと言い、自分にも行かないかと誘ったが、「病み上がりだから、もう帰る方がいいと思う」と言って別れ、町名は覚えていないが、同じ隊のラッパ卒・高口直蔵の休息所に立ち寄り、夕方まで遊んで帰営、その後はすべていつものように過ごし、就寝した。

一　同二十二日は食事当番だったので、何の話も聞いていない。その夜、就寝後に広瀬喜市が来て、「きょうは、例の一件で血判をしなければならなかったので、自分がこれを代判してきた」と言った。自分は思いがけないことに驚いて、「たとえ企てに同意するにしても、前もって一応の話もなく、代印したというのは承知できない」と言い返すと、「いずれあした、くわしく話す」と言って口を閉ざした。深夜のことでもあるし、傍らに人々がいるので、そのまま寝床に臥した。

翌朝になっても、喜市から一言もなかった。非常に不安だったので、昼頃、馬屋の傍らで馬場鉄市に面会し、その経過を話し、「もともとこんどの件については、くわしく話をしないまま、代印するなどとは承知できないから、取り消してもらいたい」と申し入れた。鉄市もすぐに返事を寄こさなかったので、ひどく心配になり、催促すると、「その代印は取り消した、安心するように、と広瀬から言ってきた」と聞いた。そのとき、「岩本が裏切って、この件を訴え出るかもしれない、と喜市も心配している」と鉄市が言うので、「一度同意したからには、そんなことは決してしない」と言って別れた。夕食後、同じ隊の馭卒・友部辰五郎とともに読書していると、馬場鉄市が現われ、通りがけに、「例の件はいよいよ今夜に決まった」と言うので、「それはどういうことだ」と問い返そうとしたが、用事があるとのことで、何も言わずに急いで室外に出て、階段を降りていってしまった。それから、人員検査のあと、同じ隊の馭卒・野中与吉から、「今夜、大砲二発を合図に始める云々」とは聞いたが、冬服着用のことは聞かなかった。横になるとすぐ眠り、久保勝三郎に揺り起されて目覚めたとき、もう舎外では鬨の声を上げ、各所から騒動の物音が聞こえた。起きあがって支度をととのえていると、荒見軍曹殿その他下士の方々が皆黒服で、「その方等、騒ぐには及ばない。いずれ拙者等が指図をするまでは控えていろ」と申されるので、そのことばに従って待っていると、小銃発射の音が聞こえ、「二発ばかり室内に飛んできた」と布施仙吉等が言うのを聞いた。続いて呼集ラッパが聞こえ、みんなが舎外へ出るので自分も階段を下りてゆくと、兵舎の入口で友部辰五郎と会い、いっしょに営門の方に行ったとき、砲声を聞いた。途中、週番所の入口で死体を見たが、誰のだかはっきりとはわからなかった。営門の所には、山砲二門に多くの者が寄り集まっていた。その中に本田音吉がいて、砲車に腰かけ指揮がましきことを言い張っていた。そのうち、砲車を引き出していくので、辰五郎等とあとについて進んでいった。山砲を箱馬場の傍らに置いて、歩兵も呼応するよう促しているとき、二、三十名の歩兵が出てきて、武庫主管の傍らに引き上げると、すぐに振り向き、射撃を始めた。そのとき、砲車の傍らにいた者は慌てふためいて散乱し、自分も逃げて兵営に戻り、伍長代・稲垣百蔵殿、久保勝三郎とともに番兵所に腰を掛け、休息していると、井上少尉殿が連隊の兵どもとともに入ってきた。その兵は営内に整列し、自分等の姓名を士官方でお取り調べになり、それから炊事場に行って食事をした。翌朝、第二小隊第一分隊室に閉じこめられ、同二十四日正午十二時頃、本隊において縛された。

右の通り相違ない。

明治十一年九月三十日　岩本久造

〔語句解説〕
＊教導団　明治期の陸軍下士官養成機関

22　伊藤丈三郎

近衛砲兵大隊第一小隊
駆卒　伊藤丈三郎　当十月二十三年二ヶ月
明治十年十二月入隊　三重県平民　伊勢国三重郡潤田村　甚之助養子　真宗
口供
徒党暴動之件
自分儀八月廿二日午前同隊駆卒櫻井鶴次ヨリ本日ハ招魂社へ寄リ話シ合有之相越スヘキ旨同隊駆卒髙橋小三郎申聞タル趣承リ候ニ付自分左様カト申候処鶴次ハ其様ノ処ニ行テハ宜カラス行カザル《ママ》方可然ト申ニ付自分ハ何事ニテノ寄合カ存シ不申候ヘ共只左様カトノミ相答ヘ候午後同人同道所々徘徊ノ末兎モ角モ招魂社ヘ行キ見ント同社ニ趣キ候処誰モ不相見ニ付皈リ来ルニ富士見町ニ於テ同隊卒松本久三郎ニ出会候処同人ヨリ鶴次ニ向ヒ最早皈ルヤ今一度立戻ルヘシト申シ是ヨリ三人同道再ヒ同社内ニ相越シ鶴次ト東北隅ノ腰掛ニ涼ミ居ル処同隊駆卒小川弥蔵其外他隊ノ者共凡十余名計モ相越シ何カ相談有之モ自分及ヒ鶴次ヘハ何モ申談シ等ハ無之候ヘ共兼テ隊中ニテ昨年戦功賞典無之且日給官給品減少等ニ付不平ノ咄シモ寄々有之ヲ承リ居リ候ニ付右ノ咄合ニモ可有之哉抔相考ヘ候追テ鶴次同道皈営シタリ同夜七時過キト存候鶴次ヨリ各隊不平ノ儀有之今度暴動ト決シタルナリ併シ此方モ委敷儀不相心得ト申ニ付右ハ不容易コト、申シ候マテニテ別段ノ答モ不致相別レ申候其后小三郎ニ厩ノ横ニテ出会シタルニ同人ヨリ此度ノ事件ヲ知ルヤト申ニ付櫻井鶴次ヨリ承リタレ共委敷事ハ承知セスト申候処二十三日ノ夜ト相決其節ハ冬衣ヲ着シ出ル様申スニ付承知致シ候尤モ此度ハ近衛鎮台各隊申合ニテ予備砲兵隊ノ下副官抔モ与ミサレ麻布連隊ノ兵二名トカハ右尽力ノ為メ脱営シ所々奔走中ニテ于今皈営セス且歩兵ノ方モ未タ確ト分ラサレトモ何レ相分ル筈抔ト承リ候夫ヨリ室内ニ皈リ同隊卒城嶋菊次郎ヘ右小三郎ヨリ承リタル次第申聞候同二十三日午后鶴次ヨリ弥今夜暴発ニ決シ其節ハ冬衣ヲ着シ出ル旨申聞承知ノ上入寝スル処凡十一時半ト存ル頃室ノ内外所々ニテ喊ヲ作リ硝子窓其他器物等ヲ破毀スル如キ物音アルヨリ目ヲ覚シ是ハ鶴次等ヨリ承リタルコトト存シ衆ニ従ヒコトヲナサント存シタレトモ周章ノ余夏衣ヲ着シ軍刀ヲ帯シ直ニ舎外ニ駈出シタル時白服ヲ着タル者ハ殺セト声々ニ呼ルニ付冬衣ヲ着スルコトヲ心付一旦皈室冬衣ヲ着シ窓ヨリ飛出スニ忽チ一発ノ砲声アリ夫ヨリ厩ノ方ヘ参リ砲廠ヘ行クニ誰ナルカ山砲ノ傍ニ数人居ルヲ見受ケタリ此際又山砲ヲ発スルヤ否山砲ヲ引出スニ付衆ト共ニ発声営門ヲ出テ半蔵門ヨリ糀町ヲ経テ四ツ谷門ニ到ル折柄平岡曹長殿ノ指揮ニ因リ一同整列シ居ルニ付直ニ列伍ニ加リ尚同人ノ令ニ従ヒ皇居前ニ整列シ夫ヨリ円陣ヲ作リ兵器ヲ納メ縛セラレ候事

右之通相違不申上候

明治十一年十月九日　伊藤丈三郎

【現代語訳】

徒党暴動の件

自分は八月二十二日午前、同じ隊の馭卒・桜井鶴次から、「同じ隊の馭卒・高橋小三郎が、きょうは招魂社に集まって話し合いがあるので、これに行こうと思っている、と言っていた」と聞いた。自分が、「そうか」と言うと、鶴次は、「そんな所に行くのはよくない。行かない方がよい」と言ったので、自分は、何についての寄り合いか知らなかったが、ただ、「そうか」とだけ答えた。午後、鶴次と同道、あちこち歩き回ったのち、ともかく招魂社へ行ってみよう、と同社に行ったが、誰もいなかった。戻る途中、富士見町で同じ隊の兵卒・松本久三郎に出会った。同人は鶴次郎に向かって、「もう帰ってしまうのか。もう一度行ってみよう」と言ったので、三人つれ立ってまた同社内に行き、鶴次と東北隅の腰掛けで涼んでいた。すると、同じ隊の馭卒・小川弥蔵、そのほか他隊の者どもおよそ十余名ばかりも集まってきて、何か相談していたが、自分と鶴次へはこれという話もなかった。しかし、前々から隊内では、昨年の戦功の賞典がなく、その上、日給、官給品減少等について、不平の話がときどきあったので、その話だろうなどと考えた。その後、鶴次と同道、帰営した。その夜七時過ぎだと思うが、鶴次が、「どの隊でも不平があり、このたび暴動を起こすと決まったようだ。だが、こちらもくわしいことはわからない」と言うので、「それは容易ならざることだ」と言ったままで、それ以上は別段の答えもしないで別れた。その後、小三郎に馬屋の横で出会ったとき、同人から、「こんどの件を知っているか」と言われたので、「桜井鶴次から聞いたが、くわしいことは知らない」と言うと、「二十三日の夜と決まった。そのときは冬衣を着て出ろ」と言われたので承知した。それに加えて小三郎は、「今回の件は、近衛、鎮台各隊の申し合わせで、予備砲兵隊の下副官等も与され、麻布連隊の兵二名とかはこの件のため、脱営して所々奔走中で、今も帰営していない。さらに、歩兵の方の動きもまだはっきりわからないが、いずれはわかるはずだ」などと言った。それから部屋に戻り、同じ隊の兵卒・城島菊次郎へ右小三郎から聞いた話を伝えた。

同二十三日午後、鶴次から、「いよいよ今夜暴発と決まった。そのときになったら冬衣を着て出ろ」と聞き、承知して就寝した。十一時半頃だったが、あちこちで喊声が上がり、ガラス窓そのほか器物等を破毀するような物音がしたので目を覚まし、これは鶴次等から聞いたことだ、と思い、みんなに従い、行動しようと思ったが、あわてるあまり夏衣を着、軍刀を帯び、すぐさま舎外に出て駆け出した。そのとき、「白服を着ている者は殺せ」と口々に叫んでいるので、冬衣を着ることに心づき、いったん部屋に戻って冬衣を着て、窓から飛び出すとすぐ、一発の砲声がした。それから馬屋の方へ回り、砲廠に行くと、誰だか山砲の傍らに数人いるのを見受けた。そのときまた山砲が打たれ、すぐにその山砲を引き出そうとするので、みんなとともに掛け声を出しながら営門を出て、半蔵門から麹町を経て四ツ谷門に至ると、平岡曹長殿の指揮で一同が整列していたので、直ちに列伍に加わり、さらに曹長殿の命令に従って皇居前に整列し、それから円陣を作り、兵器を納め縛せられた。

右の通り相違ない。

明治十一年十月九日　　　　伊藤丈三郎

23　桜井鶴次

近衛砲兵大隊第一小隊

駅卒　櫻井鶴次　当十月二十二年一ヶ月

明治十一年四月入隊　三重県士族　伊勢国桑名郡矢田村住　只七郎弟　　浄土宗

口供

徒党暴動之件

一　自分儀本年八月十七八日頃ト覚ヘ営内厩ニテ同隊馭卒野中与吉ヨリ今度各隊申合強願ノ談有之承知ナリヤト問フニ付自分ハ更ニ承ハラス右様ノ儀ヲ企ツルモ迚モ成就スマシト答候事

一　同二十一日夜検査前寝台ニテ髙橋小三郎ヨリ各隊暴動ヲ起ス話アル様子ヲ承ハレリ貴殿ハ聞哉否ト云フニ付成程野中与吉ヨリ過日チラト聞キタルコトアリ乍併深キコトハ知ラスト答候事

一　同二十二日髙橋小三郎ヨリ此度暴挙ノ儀ニ付彼是相談ノ為招魂社ヘ集会ノ筈ニ付本日午後第二時頃ヨリ来ルヘシト承リ伊藤丈三郎ト出営伊藤ノ休憩所飯田町某方ニ立寄リ夫ヨリ両人招魂社ヘ参ラントスル途中松本久三郎招魂社ノ方ニ向テ参ルニ付本日ノ集会ニ罷越スヤト相尋ネタレハ可参旨申ニ付実ハ自分共ニモ参リ呉レヘクトノコトナレトモ自分共ハ不参ノ旨相話ス処強テ可参様申ニ付罷越同所腰掛ニ丈三郎ト涼ミ居ル処午後第五時頃ニ及ヒ鎮台并ニ予備砲兵ノ者二人近衛歩兵ノ者一両人来リ本隊ヨリハ小川弥蔵髙橋小三郎廣瀬喜市長嶋竹四郎大久保忠八外二三人来リ合セ何カ相談有之モ丈三郎ト自分ヘハ何タル談シモ無之既ニ帰営時刻ニ相成タルニ付帰営致タル処其夜髙橋小三郎ヨリ鎮台予備砲兵近衛歩兵共両三日ノ内ニ事ヲ発スル由通達アリタル旨承リタルニ付后チ室内ニ於テ何ニモ致セ不容易コトト存シタルヲ以テ丈三郎ヘ其旨相話シタルニ同人モ不容易コトトハ申タレトモ此後出会ノ儀断ルヘシトマテハ談合致サス候事

一　同二十三日厩当番ニテ外出致サス同夜厩ヨリ帰室ノ途中髙橋小三郎ヨリ弥今夜ニ決シタル間其節ハ冬衣ヲ著シテ出ル様申示サレ帰室ノ上丈三郎ヘ右ノ趣ヲ申通シ入寝致ス処凡夜半頃ト覚ヘ室ノ内外物騒カシク第二小隊営舎ノ者ハ既ニ吶喊シテ出テ石ヲ投ケ窓硝子ヲ破毀シ一方ナラサル騒動ニ付小三郎ヨリ示サレタル通リ服装シ軍刀ヲ帯ヒ丈三郎ト両人窓ヨリ飛出テ衆人砲床《ママ》ノ方ニ集リ居タル故其場ニ至ル処無程営門ヲ押開キ連隊ノ方ヘ喊声ヲ発シ駈出スニ付後ヘニ従ヒ共ニ箱馬場ノ辺ヘ参リタルニ連隊ヨリ銃撃ヲ受ケ草ノ中ニ潜ミ居ル処砲兵営内ニテ大砲ヲ放チ続テ火ノ起リタル故様子ヲ見ント立戻リテ営門ニ入ラントスル時又砲ヲ一発シ無程大砲一門曳出スニ付之ニ付添ヒ武庫主管ノ前ヲ過テ半蔵門ヲ出テ四ツ谷ニ到ルニ本隊曹長平岡瓢殿ニ行逢爰ヨリ指揮セラレテ　皇居御門前ニ到リ整列罷在ル処兵器御取揚ノ上縛セラレ候事

右之通相違不申上候

明治十一年十月一日

櫻井鶴次

【現代語訳】

徒党暴動の件

一　自分は本年八月十七、八日頃だったと思うが、営内の馬屋で、同じ隊の馭卒・野中与吉から、「こんど、各隊が申し合わせて強願するという話がある。知っていたか」と聞かれたので、自分は、「何も知らない。そのようなことを企てても、とても成就しないだろう」と答えた。

一　同二十一日夜、検査前に寝台で高橋小三郎から、「各隊で暴動を起こす話がある様子だ。貴殿は、聞いていたかどうか」と言われたので、「そう言えば、野中与吉から先日ちらっと聞いた。しかし、深いことは知らない」と答えた。

一　同二十二日、高橋小三郎から、「こんどの暴挙の件についてかれこれ相談するため、招魂社に集会することになっている。きょう午後二時頃来てもらいたい」と言われ、伊藤丈三郎と出営、伊藤の休憩所である飯田町某方に立ち寄り、それから二人で招魂社へ行こうとする途中、松本久三郎が招魂社の方に向かっていくので、「きょうの集会に行くのか」と尋ねると、「そのつもりだ」と言った。「じつは、自分どもにも来てくれ、という話だったが、自分どもは参加しない」と話すと、「ぜひとも参加すべきだ」と言うので招魂社に行き、同所の腰掛けで丈三郎と涼んでいた。すると、午後五時頃になって、鎮台ならびに予備砲兵の者二人、近衛歩兵の者一、二人、本隊からは小川弥蔵、高橋小三郎、広瀬喜市、長島竹四郎、大久保忠八ほか二、三人が来合わせ、何か相談しているようだったが、丈三郎と自分には何の話もなく、すでに帰営時刻になったので帰営した。夜になって高橋小三郎から、「鎮台予備砲兵、近衛歩兵とも二、三日の内に事を起こすとの知らせがあった」と聞いた。そのあと部屋で、何にもせよ容易ならざることと思ったので、丈三郎にその旨を話すと、同人も、「容易ならざることだ」とは言ったものの、今後、集会に出るのは断わろうというまでは話さなかった。

一　同二十三日、馬屋当番だったので外出しなかった。その夜、馬屋から帰室の途中、高橋小三郎から、「いよいよ今夜に決まったので、そのときは冬衣を着て出ろ」と指示され、帰室してから丈三郎へそのことを伝えて就寝した。おおよそ夜半頃と覚えているが、部屋の内外が物騒がしくなり、第二小隊の者は鬨の声を上げて室外に出、投石して窓ガラスを破毀し、たいへんな騒ぎになっていた。そこで、小三郎から指示された通り服装し、軍刀を帯び、丈三郎と二人で窓から飛び出し、多勢が砲廠の方に集まっているので、そこに行った。ほどなく、営門を押し開き、連隊の方へ喊声を発しながら駆け出したので、あとにつき従い、ともに箱馬場付近に行ったとき、連隊から銃撃を受け、草の中に潜んでいると、砲兵営内で大砲を放ち、続いて火の手が起こった。様子を見ようと立ち戻って営門に入ろうとしたとき、また大砲が一発打たれ、まもなく大砲一門を引き出したので、これに付き添い、武庫主管の前を過ぎ、半蔵門を出て四ツ谷に至ると、本隊曹長・平岡瓢殿に行き合い、ここから指揮されて皇居ご門前に着き、整列していると、兵器をお取り上げの上、縛せられた。

右の通り相違ない。

明治十一年十月一日

桜井鶴次

24　永合竹次郎

近衛砲兵大隊第二小隊

駆卒　永合竹次郎　当十月廿五年十一ヶ月

明治九年七月四日入隊　三重県平民　伊勢国安濃郡

殿村住　勘七二男　天台宗

口供

徒党暴動之件

自分儀去ル八月二十三日長嶋竹四郎ヨリ昨十年西南ノ役ニ兵卒一方ナラス尽力戦闘致シタルニ凱旋ノ後ハ高位ノ者夫々賞典ヲ行ハレタレトモ兵卒ニ至テハ今日ニ至ル迄何等ノ賞詞モ之レナク剰ヘ日給金減省セラレ加之靴下等ノ給与モ減省相成当隊ノミナラス各隊ニ於テモ難渋不平ニ堪ヘサルヨリ皇居ニ強願致ス可キ筈ト申聞クルニ付自分思フニ拍車器皿等何品ニ限ラス顕然過失ニテ毀損シタルモノモ夫々償ヒ申サテハ相成ラサルヲ小給ノ身難渋ニ存シ居ル折柄日給減セラレ其上靴下等給与ヲ減省セラレ目下足痛ニテ練兵等ニ差支不平ニ存シ居ル故同意致シ其節尚各隊申合ハ既ニ行届キ士官モ与シ居リ当隊ニテ号砲ヲ発スルヲ合図ニ各隊相応スル約束ナリ若シ不審ニ思フナレハ今日招魂社内集会ヲ催ス間参会致スヘクト申スニ付午後五時頃同社へ参リ

タル処多人数集リ居リ谷新四郎ニ逢ヒ同人申スニ余リ多人数談シ合ヒ巡査ニ見咎メラレテハ大切ナレハ自分ニ見張リ呉ル、様申シタレトモ無拠用事之レアリ番町辺ヘ参ラテハ相成ラサル故会議ノ事ハ後ニ承ルヘクト存シ其侭《ママ》番町ヘ赴キ用事相達シ再ヒ同社ニ参リタルニ何レヘカ一同退散セシニヨリ立去ル折柄久保田某ニ逢ヒ相尋ヌル処此辺ノ水茶屋ニ予備砲兵ノ下副官火工下長等会議致シ居ル由シヲ聞キタリト承リ帰営ノ途中橙木音造《ママ》ニ逢ヒ前件ノ始末ヲ告ケ帰営致シタル処小嶌万助ヨリ今日ノ会議ニテ弥今夜ノ事ニ極マリ暗号等ハ云々其節ハ上ハ冬服ヲ着シ白布ヲ襷ニ掛ケ軍刀ヲ帯ヒテ既ノ方ニ集ルヘシ且小銃ハ近衛歩兵武庫主管ヨリ奪ヒ取リ相渡ス筈ト申シ聞ケラレ其後自分暗号ヲ忘《ママ》レ大切ノ事ト存シ尚承ルヘクト既ノ方ニ参ル節小井出廣吉ヨリ火箸ノ折レタル如キモノヲ乞ヒ受ケ火門ヲ衝ク道具ニ代ヘ用フヘキ旨申述ヘ小嶌万助ヘ相渡シ候此時竹四郎万助等何ニカ談シ居リ自分暗号ヲ承リタル末分隊夫々ニ告ケタルヤト相尋ヌルニ付自分ノミ承知致シ居レハ宜シキコトト存シタリト申ス処夫々ヘ告ク可シト申聞ケラレ松宮弁次郎側ヨリ我砲車ヘハ此方ヨリ告ル筈ナリト申ス帰室ノ上五砲車ノ者亀井忠七等数名ニ申シ告尤砲卒ノ方ハ片岡鹿之助ヨリ既ニ告タ《ママ》タリト申候夫ヨリ入寝時間ヲ待居ル処十一時頃ニ至リ喊ノ声揚リタルニ付直ニ冬服ヲ取リ片袖ヲ指《ママ》シタル侭《ママ》窓ヨリ出テ既ノ方ニ参ル処各軍刀ヲ帯シ居ルニ因リ自分モ南ノ入口ヨリ室ニ入リ軍刀ヲ附ケ復窓ヨリ出レハ大勢営門ノ方ヘ赴クニ付自分モ営門ニ参リタルニ門ノ片扉開ケ夫ヨリ出営小銃火薬ヲ請取ラント歩兵営ノ方ニ行キタル処連隊ヨリ発射致シ其火勢ハ高ク実弾ノ入ラサル様見フルヨリ申合ノ行届キタル故ト存シ高声ニ竹橋砲兵竹橋砲兵ト号ヒナカラ間近ク立寄ル内低ク打テトノ号令聞ユルヤ否弾丸低ク飛ヒ来ル故サテハ申合ノ整ヒタルトハ偽リナリト心付暫ク樹ノ根ニ潜ミ様子ヲ窺フ処我営内ニ於テ大砲一発相聞ヘ此声ニテ歩兵営内騒キ立チ兵卒ノ出テ来ル者モ見ユル故又々相談ノ整ヒタル事カト存シ彼是致シ居ル内失脚溝ヘ堕テ背ト膝トヲ撲チ暫ク息ヲ止メ難儀罷在ル処中田佐吉加藤梅太郎ニ引キ上ケラレ両人ノ介保《ママ》ヲ受ケ夫ヨリ近辺ノ叢ノ中ニ潜ミ入リ休息致シ居ル折柄嶌田豊吉通リ掛リ痛所ヲ揉ミ呉レ暫クシテ窃カニ叢ヲ出レハ皆々何レヘカ立去レリ時ニ誰カ呼声アリ行テ見レテ《ママ》堤熊吉股ニ銃傷ヲ受ケ苦ミ居リ偶尾嵜石造来リ自分両人ニテ熊吉ヲ扶ケ騎馬落シ穴ノ内ヘ入レ居ル内又呼フ者アリ行テ見レハ三木六藏銃傷ヲ被リ居ル故引キ連レ右ノ穴ヘ入レ他所ヘ行ク間敷旨中聞ケ置キ土手ニ匍匐登リ営内ノ様子ヲ窺フニ人々秣庫ノ火ニ水ヲ灌クノミニテ外ニ騒シキ事モ無之故徐々ト土手ヲ下リ通リノ方へ出ル際炊事伍長吉田文之助殿ニ出会ヒ前件ノ次第ヲ語リ如何致スヘキヤ相尋ヌル処如何共致方ナシ先ツ同行セヨトノ事ニ付同人ニ扶ケラレ武庫主管ノ方へ参リタルニ弾丸烈シク来ルニ因リ文之助殿ニ別レ竹橋ノ方へ戻リ溝ノ内ニ潜ミ居ル内久堀淺吉来リ病室ニ参ルヘキ旨申スニ付同人ノ扶ケヲ受ケ二十四日午前一時頃病室ニ入候事

右之通相不《ママ》申上候

明治十一年十月一日　永合竹次郎

【現代語訳】

徒党暴動の件

　自分は去る八月二十三日、長島竹四郎から、「昨十年の西南の役では、兵卒は一方ならず尽力、戦闘したのに、凱旋後、高位の者はそれぞれ賞典を受けたが、兵卒に至っては今日になっても何等の賞詞もなく、そればかりか日給金が減省され、さらに靴下等の給付も減省された。だから、当隊だけでなくどの隊でも難渋し、不平に堪えられないので、皇居に強願しようということになった」と聞かされた。自分は、拍車*、器や皿等どの品物に限らず、過ちで破損したことがはっきりしているものもそれぞれ弁償しなければならず、わずかな俸給の身で難渋しているときに、日給を減らされ、その上、靴下等の支給も減らされ、そのとき、足痛で練兵訓練にも差し支え、不満だったので同意した。その際、長島から、「各隊での申し合わせはすでに行き届いていて、士官も与している。当隊で号砲を発するのを合図に、各隊が呼応する約束になっている。もし不審に思うなら、きょう招魂社内で集会を開くので参会したらいい」と言われた。そこで、午後五時頃、同社に行ってみると、大勢が集まっていて、谷新四郎に会った。同人から、「あまり多人数が話し合っていて巡査に見とがめられてはおおごとだから、お前、見張っていてくれないか」と言われたが、「よんどころない用事があって、番町の方へ行かなければならないので、会議のことはあとで聞かせてくれ」と言って、そのまま番町へ行き、用事をすませてまた戻ってきたが、皆どこかへ行ってしまっていたので帰ろうとすると、久保田某に会った。尋ねてみると、「この近くの水茶屋で、予備砲兵の下副官や火工下長等と会議をしている」と言った。帰営の途中、橙木音蔵に会い、これまでの経過を伝えた。帰営すると、小島万助から、「きょうの会議で、いよいよ今夜のことに決まった。暗号等は云々。そのときは、上は冬服を着、白布を襷がけし、軍刀を帯びて馬屋に集まれ。なお小銃は近衛歩兵が武庫主管から奪い取り、渡すはずだ」と聞かされた。そのあと、自分は暗号を忘れたので、これは大切なことだからもう一度教わろうと馬屋に行く際、小井手広吉に頼んで、火箸の折れたようなものをもらい受け、小島万助に、「これを火門を突く道具の代わりに使ったらいい」と言って渡した。このとき、竹四郎、万助等は何か話をしていた。自分が暗号を聞いたあと、「分隊それぞれに知らせたか」と尋ねられたので、「自分だけが承知していればいいことと考えていた」と言うと、「それぞれに知らせてくれ」と言われた。松宮弁次郎がそばから、「われわれの砲車へは、自分が伝える」と言った。帰室して、五砲車の亀井忠七等数人に伝えた。もっとも、砲卒の方は、片岡鹿之助からすでに伝えたということだった。

それから入寝時間を待っていると、十一時頃になって喊声が上がったので、すぐに冬服を取り、片袖を通しただけで窓から出て馬屋の方に行くと、皆、軍刀を帯びていたので、自分も南の入口から部屋に入って軍刀をつけ、また窓から出ると、大勢が営門の方へ進んでゆくので、自分も営門に行った。門の片扉をあけ、そこから出営、小銃と火薬を受け取ろうと歩兵営の方に行くと、連隊から発射してきた。その火勢は高く、実弾が入っていないように見えたので、申し合わせが行き届いているからだと思って、大声を出して、「竹橋砲兵だ。竹橋砲兵だ」と叫びながら近くまで行くと、「低く撃て！」という号令が聞こえるやいやな、弾丸が低く飛んできたので、さては申し合わせがととのったというのは偽りだったと心づいた。しばらく木の根元に潜んで様子をうかがっていると、わが営内で大砲が一発聞こえた。この砲声で歩兵営内が騒ぎ立ち、兵卒の出てくる者も見えたので、またまた相談はととのっていたのだと思い、かれこれしているうち、足を踏み外して溝へ落ち、背中と膝とを打ってしまった。しばらく息を止め、難儀しているところを、中田佐吉と加藤梅太郎に引き上げられ、二人の介抱を受けて近くの草むらの中に潜み、休んでいた。そこへ島田豊吉が通りかかり、痛む所を揉んでくれた。しばらくしてひそかに草むらを出ると、みんなどこかに行ってしまっていた。そのとき、誰かが呼ぶ声がしたので行ってみると、堤熊吉が股に銃傷を受けて苦しんでいた。そこにたまたま、尾崎石造が来たので、二人で熊吉を助けて、騎馬落し穴の中へ入れると、また助けを呼ぶ者がいた。

行ってみると、三木六蔵が銃傷を受けていたので、これもつれていってその穴へ入れ、「よそには行くな」と言い、土手を匍匐して登り、営内の様子をうかがうと、人々が馬草庫の火を消そうと水をそそいでいるだけで、そのほかには騒がしいこともない。そこで、そろそろと土手を下り、通りの方へ出ようとしたとき、炊事伍長・吉田文之助殿に出会った。これまでのことを話し、「どうしたらよいですか」と尋ねると、「いかんとも致し方ない。ともかくいっしょに来い」と言うので、文之助殿に助けられながら武庫主管の方へ行った。ところが、弾丸が烈しく飛んでくるので、文之助殿と別れて竹橋の方へ戻り、溝の中に潜んでいると、久堀浅吉が来て、「病室に行った方がいい」と言うので、同人に助けを受け、二十四日午前一時頃、病室に入った。

右の通り相違ない。

明治十一年十月一日　永合竹次郎

〔語句解説〕

＊拍車　馬に乗るとき靴の踵《かかと》に取り付ける金具（広辞苑）

25　木村円解

近衛砲兵大隊第一小隊右分隊

駅卒　木村圓解　当十月廿六年三ヶ月

明治十年十二月入隊　新潟県僧　越后国古志郡中沢村住　知法四男　真宗

口供

徒党暴動之件

自分儀本年八月廿三日昼食事後室内ニ於テ廣瀬喜市ヨリ不平ノ事アルニ付今夜各隊暴動致ス可ク筈其節ハ冬服ヲ着出ツヘシト申聞ラレ不平ノ事トハ何等ノ事ナルヤト尋ヌレハ夫レハ跡ニテ聞カス間兎モ角モ同行致スヘシト申スニ付同行喜市ハ途中ニ寄所アリ相別レ其節冬服ニ白襷ノ合印等書シタル一紙ヲ受取リ飯田町二丁目ノ休息所ニ参リタル処暫クアリテ喜市紅白ノ木綿布ヲ購ヒ来リ自分両人ニテ旗ヲ製シ一通ハ自分ニ持帰ルヘキ旨申スニ付此時前件尋ネ度存スレ共傍ラニ余人参リ居リ尋ネ兼テ其侭《ママ》帰営ス此夕木島治《ママ》三郎自分ノ室ニ来リ今夜ハ喜市鎮台予備砲隊ニ要用アリテ参リタレハ人員検査迄ニハ帰営出来兼ヌ可キ間代人ヲ出シ検査ヲ済シ呉ル丶様依頼ニ付則チ代人ヲ立テ検査ヲ受ケ喜市ヲ待居ル処帰ラス因テ自分考フルニ不平ノコトトハ常

々人々申居ル戦功ノ御賞賜ナキト減給并ニ靴下給与御減省ノ為ナラン自分ニモ不平ニ存スルユヘ共ニ暴動可致ト存シ夫ヨリ寝ニ就キタル処午後十一時ト覚ヘ足ヲ引キ起ス者アリ驚キ見レハ其者既ニ立去リタルヲ以テ窓ヨリ是ヲ窺ヘハ冬服ヲ着セシ者数人立回リ居リ左レハ足ヲ引キタルハ自分ヲ起シタルコトト存シ乃チ冬服ヲ着シタル上週番軍曹ノ目ヲ憚リ夏服ヲ引カケ室ヲ出テ炊事場砲床《ママ》等ヲ見回リタルニ一人モ居ラス彼レ是レ致シ居ル内両小隊ノ室ニテ喊声ヲ発シ忽チ多人数集リ来リ自分再ヒ室ニ飛入リ軍刀ヲ帯ヒ出レハ松丸軍曹殿ニ止メラレタレトモ強テ室ヲ出テ砲床《ママ》ニ到リ見ルニ多人数集リ居リ大砲ヲ発セントスル際火門ニ釘打チアルト呼ヒ居ルユヘ軍刀ヲ抜キ鋒先ニテ釘ヲ捩チ折リ又摩擦管ナク発砲出来兼ヌルト申スニ付厩ヨリ提灯ヲ持来リ器械庫ノ脇ニ参リ提灯ヲ揚ケ居ル処大勢火薬ノ箱ヲ持出シ馬場鉄市鉄*搭ヲ以テ之ヲ破レハ火薬箱ニ満ツ此時誰ナルカア、危シトテ自分ノ持チタル提灯ヲ奪ヒ去レリ夫ヨリ砲床《ママ》ニ参リ大勢ニテ砲発致シ間モナク他ノ砲ニテ又一発シ一同皇居ニ行クヘシトテ砲一門ヲ引出シ自分モ共々営門ヲ出途中ニ於テ士官衆ニ行逢ヒ差止メラルルモ押テ半蔵門通リヲ出テ糀町ニ参リタル時大久保忠八何レヨリカ日本刀数本抱キ来リ一本持ツヘシト申スニ付受取リ四ツ谷ニ到レハ平岡曹長殿参ラレ其指揮ニ随ヒ　皇居ヘ赴キ御門前ニ於テ兵器御取上ケ相成ル節日本刀携ヘ居リテハ宜シカラサル儀ト存シ其場ヘ投棄テ軍刀ノミ差出シ縛ニ就キ候事

右之通相違不申上候

明治十一年十月二日　　木村圓解

【現代語訳】

徒党暴動の件

　自分は本年八月二十三日、昼の食事後、室内で広瀬喜市から、「不平のことがあるので、今夜各隊が暴動を起こすはずだ。そのときは、冬服を着て出ろ」と言われた。「不平のこととは何等のことだ」と尋ねると、「それはあとで話す。ともかく同行しろ」と言うので、同行した。喜市は途中、寄る所があって別れた。そのとき、冬服に白襷の合印等を書いた紙一枚を受け取り、飯田町二丁目の休息所に行くと、しばらくして、喜市が紅白の木綿布を買ってやってきた。二人で旗を作り、一本を自分に持ち帰るように言うので、このとき、前件を尋ねたいと思ったが、傍らに人が来ていたので、尋ねることもできないまま帰営した。その夕方、木島次三郎が自分の部屋に来て、「今夜、喜市は鎮台予備砲

隊に用事があって出かけたので、人員検査までには帰営できない。代人を出し、検査をすましてくれないか」と依頼された。それで、代人を立てて検査を受け、喜市の帰りを待ったが、帰ってこなかった。そこで、自分は考えてみて、不平のこととは、常々みんなが言っている、戦功のご賞賜がないこと、減給や靴下給与ご減省のためだろう。それなら自分にも不平があるから、ともに暴動しようと考え、就寝した。

すると、午後十一時頃と思うが、足を引き起こす者があった。驚いて見ると、その者はすでに立ち去っていたので、窓からうかがうと、冬服を着た者が数人歩き回っていた。だから、足を引いた者は自分を起こしたのだと思い、すぐさま冬服を着た上に、週番軍曹の目を憚って夏服を引っかけ、部屋を出、炊事場や砲廠等を見回ったが一人もいない。かれこれしているうちに、両小隊の部屋で喊声を発し、たちまち大勢が集まってきた。自分は再び部屋に飛び込んで、軍刀を帯びて出ると、松丸軍曹殿に止められたが、強引に部屋を出て砲廠に行ってみると、多人数が集まっていて、大砲を発砲しようとしていた。ところが、「火門に釘が打ってある」と叫び立てているので、自分は軍刀を抜き、鋒先で釘をねじり折った。また、「摩擦管がないから発砲できない」と言うので、馬屋から提灯を持ってきて、器械庫の脇に行き、提灯を掲げて、大勢で火薬箱を持ち出した。馬場鉄市が鉄搭*を使って箱を破ると、火薬が箱にいっぱい詰まっていた。このとき、誰かが、「あぁ、危ない」と言って、自分が持っていた提灯を奪い取った。それから砲廠に行って、大勢で発砲した。すぐ、他の砲でもまた一発打ち出し、みんなが、「皇居に行こう」と言って、大砲一門を引き出した。自分もともども営門を出て、途中、士官衆に行き合って差し止められたが押しきり、半蔵門通りを出て麴町まで来たとき、大久保忠八がどこからか日本刀数本を抱えてきた。「一本持て」と言うので受け取り、四ツ谷に至ると、平岡曹長殿が参られ、その指揮に従って皇居に行き、ご門前で兵器をお取り上げになるとき、日本刀を持っていてはまずいと思って投げ棄て、軍刀のみ差し出し、縛についた。

右の通り相違ない。

明治十一年十月二日

木村円解

〔語句解説〕

＊鉄搭（てっとう）　長い鉄の棒

26　田島森助

近衛砲兵大隊第一小隊
　砲卒　田嶋森助　当十月二十四年五月
明治九年五月入営　埼玉県平民　武蔵国秩父郡小森
村住　幾八二男　真言宗

口供

徒党暴動ノ件
一　自分儀明治十一年八月十八九日ト相覚へ午後七時頃厠ニ参ル途中同隊馭卒野中與吉ニ出会シ同人申聞ルニハ東京鎮台予備砲兵ト合シ近日事ヲ挙ントスル趣ニテ是レニハ予備砲兵士官之中ニモ党与スル者頗ル多ク有之由承リ其人名且ツ事ヲ挙ル方法ニ至テハ詳カニ承知セスト難《ママ》モ其趣意タルヤ第一昨年西南ノ役ニ出テ人々万死ヲ冒シ国家之為メニ力ヲ尽シ事漸ク平定ニ及ヒ凱旋スルモ高位ノ人耳御賞典有之末々兵卒ニ至テハ未タ何等ノ御賞賜無之加ルニ御給与ノ靴下迄モ御減省相成リ平素不平ニ不堪折柄至極尤之事ト存シ同意スルモ別段詳細之事ハ不打合其儘相別レ候事
一　同廿二日入寝前野中與吉ヨリ再ヒ承ルニ愈明二十三日夜事ヲ起ス上ハ冬略衣ヲ着シ白之襷ヲ掛ケ整列スヘキ旨ニテ其他暗号徴号等ノ儀委シク承知不仕其儘寝ニ就キ翌二十三日午後一時頃ヨリ外出致シ予テ遊歩先キ休息所ニ致シ置ク組板橋傍《ママ》ラ家号存セス酒渡世ノ者方ニ到ル処嚮キニ同隊砲卒浅見綾次郎居合セ同人共ニ休息雑話中当夜十二時ヲ期シ暴発ノ事トモ相語リ然ル上ハ此末如何形勢ニ立到ルモ計リ難ク依テ国許ヘ一通ノ書面差出スヘクト相考ヘ認メタル其文案近頃人民一般苛政ニ苦ムニ依リ暴臣ヲ殺シ以テ天皇ヲ守護シ良政ニ復シ度夫レニハ可然大将モ有之云々ノ事ヲ記シ之ヲ封シタルニ綾次郎傍ニ居リ是又同様国許ヘ書面差出度ニ付可認呉旨依頼有之自分同様ノ文ヲ草シ同シク相封シ郵便ニ差出ヘクト存シ午後三時頃綾次郎一同該家ヲ立出両人共書状ヲ郵便ニ出シ所々徘徊之末同七時帰営之途上同隊砲卒藤室廣三郎ニ出会スルニ付今夜ニモ営中ニ於テ暴動発スルモ計レス依テ各注意アルヘク旨相話シ倶々帰営シ例之通リ入寝仕ルモ愈事ノ始ルニ於テハ日本刀ヲ用意致シ置クヘクト考ヘ同十時頃外套ヲ着シ窃カニ室ヲ出テ洗濯場ニ到ル処第二小隊馭卒長嶋竹四郎ニ遭ヒ互ニ談話ノ末刀ヲ購フ事ヲ申聞ケ其場ヲ別レ越柵一ツ橋通町六番地平民富樫源七方ニ赴キ拵付日本刀一本代価一円二十銭ニ買取リ右ヲ携ヘ直チニ営内ニ立戻リタル節柵際ニテ声ヲ掛ル者アリ近寄リ見レハ同隊馭卒小川弥藏ニシテ何レヘカ脱営スル様子ニ見受ケタリ而シテ刀ハ一時洗濯場ニ隠シ置キ一旦室ニ立戻

リ寝台ニ臥シ居ル処凡ソ十一時半頃ニ相成リ第一小隊室ニ於テ俄然鬨声ヲ発スルヤ各室之レニ応シ窓硝子等ヲ破壊シ其騒動不一方自分ハ直チニ身支度ヲ為シ銃器ヲ携ヘ二階ヲ下リ室外ヘ駈出サントスル時長野軍曹殿立塞ルニ付銃ヲ以テ之ヲ打チ払ヒ室ヲ出テ前キニ隠シ置キタル日本刀ヲ提ケ営内此処彼処ト奔走シ大隊週番所入口ノ近傍ニ於テ大勢之者群集シ宇都宮何々ト呼叫フ者アリ馳セ到ル時既ニ同人ハ刀傷ヲ被リ地上ニ僵レ頗ル苦痛ノ様子ニテ未タ絶命セサルニ付携ヘ居ル日本刀ニテ臀部ノ辺一刀斬リ付ケタリ当時近傍ニハ多人数群集シタルモ最初同人ヘ斬リ付タル者ハ誰ノ所為ナルヤ不相分夫ヨリ営門脇ニ於テ弾薬箱ヲ破毀シ玉薬八十発モ胴乱ニ入レ武庫主管ヨリ一丁程進ミ行ク処向ヨリ騎馬ニテ来ルモノアリ右ハ陸軍中尉磯林真三殿ニテ同人ヨリ自分等一同之者ヘ種々御説諭有之終ニ近衛歩兵連隊営ヘ連レ行カル、ニ付刀ハ鞘ニ収メタル儘路上ニ抛棄シ該営ニ於テ捕縛相成候事

右之通相違不申上候

明治十一年十月一日　田島森助

【現代語訳】

徒党暴動の件

一　自分は、明治十一年八月十八、九日と覚えているが、午後七時頃、便所に行く途中、同じ隊の馭卒・野中与吉と出会い、同人から、「東京鎮台予備砲兵と合同して、近いうちに事を挙げるようだ。これには予備砲兵の士官の中にも党与する者が非常に多くいる」と聞かされた。その人名だとか、事を挙げる方法まではくわしく聞かなかったが、その趣意が、第一に、昨年の西南の役に出て、みんな死を賭して国家のために力をつくし、ことようやく平定に及んで凱旋したのに、高位の人のみご賞典があり、末端の兵卒に至ってはいまだに何等のご賞賜もないこと、これに加えて、ご給与の靴下までもご減省となり、それに対して平素不平に堪えられない折柄、しごくもっとものことと考え、同意したが、別段詳細のことは打ち合わせず、そのままま別れた。

一　同二十二日就寝前、野中与吉から再び、「いよいよあす二十三日、事を起こす。上は冬略衣を着、白の襷をかけて整列しろ」と聞いた。その他の暗号、目印等についてはくわしく承知せず、そのまま就寝した。

翌二十三日午後一時頃から外出し、以前から散歩のときの休息所にしていた俎橋傍らの、屋号を知らない酒屋に行くと、先に同じ隊の砲卒・浅見綾次郎が来て

いて、二人で休息しながら雑談した。その夜、十二時を期して暴発することについても話し、自分は、こうなった以上、この末どんな形勢になるかわからない、家に書簡を差し出そうと考え、したためたその文案。「近頃、人民は皆、苛酷な政治に苦しんでいるので、暴臣を殺し、もって天皇を守り、良政に復したい。それには然るべき大将もいる云々」のことを記し、封をした。すると、傍らにいた綾次郎が、「同じように国許に書面を差し出したいので、書いてくれ」と頼むので、同様の文を書き、封をし、郵便に差し出そうと思い、午後三時頃、綾次郎とその家を出て、二人とも手紙を郵便に出した。それからあちこち歩き回り、同七時、帰営途上、同じ隊の砲卒・藤室広三郎に出会うと、「今夜にも営中で暴動が起きるかもしれないから、それぞれ注意しよう」と話し、つれ立って帰営した。いつものように就寝したが、いよいよ事が始まるとなれば日本刀を用意した方がよいと考え、十時頃、外套を着てこっそり部屋を抜け出し、洗濯場に行くと、第二小隊馭卒・長島竹四郎に会った。互いに話をし、「これから、刀を買いに行くのだ」と言って別れ、柵を越し、一ツ橋通町六番地平民・富樫源七方に行って、*拵付の日本刀一本を代金一円二十銭で買い取り、手に提げてすぐに営内に戻ると、柵際で声をかけてきた者があり、近寄ってみると、同じ隊の馭卒・小川弥蔵で、脱営してどこかへ行く様子に見受けた。自分は、刀を一時、洗濯場に隠しおき、いったん部屋に戻り、寝台で横になっていた。

　すると、およそ十一時半頃になって、第一小隊室で突然、鬨の声が上がると、各室がこれに呼応、窓ガラス等を破壊し、その騒動はひととおりではなかった。自分はすぐに身支度をし、銃器を携えて二階を下り、室外へ駆け出そうとすると、長野軍曹殿が立ちふさがったので銃で払いのけて外に出た。さっき隠しておいた日本刀を提げて、営内をここかしこと走り回り、大隊週番所入口付近に行くと、大勢の者が群集し、「宇都宮何々」と呼び叫ぶ者がいた。駆けつけると、すでに同人は刀傷を負って地面に倒れ、ひどく苦痛の様子でまだ絶命していないので、自分は、持っていた日本刀で尻のあたりを一刀斬りつけた。そのとき、付近には多人数が群集していたが、最初、同人に斬りつけた者が誰なのかわからなかった。それから営門脇で弾薬箱を破毀し、*玉薬八十発ぐらいを胴乱に入れ、武庫主管から一丁ほど進んでいくと、向こうから馬に乗ってくる者がいた。それは陸軍中尉・磯林真三殿で、同人から自分等一同に種々ご説諭があり、結局、近衛歩兵連隊営に連れていかれることになったので、刀は鞘に収めたまま路上に放棄し、同営で捕縛された。

右の通り相違ない。

明治十一年十月一日　　田島森助

〔語句解説〕

＊拵付（こしらえつき）　柄・鞘・装飾品をつけた刀

＊玉薬（たまぐすり）　銃砲弾を発射するのに用いる火薬。弾薬（広辞苑）

27　浅見綾次郎

近衛砲兵大隊第一小隊

砲卒　浅見綾次郎　当十月二十一年八ヶ月

明治十年十二月入隊　埼玉県平民　武蔵国秩父郡浦山村　梅五郎二男　時宗

口供

徒党暴動之件

一　自分儀明治十一年八月二十三日室内当番相勤メ罷在ル処午前第十時頃同隊馭卒廣瀬喜市来リ申聞ルニハ当夜十二時ヲ期シ近衛歩兵及ヒ東京鎮台予備砲兵各隊申合セ暴発スル手筈ニ付其心得ニテ用意致シ置クヘク旨承ルニ付尚詳細ノ事承知致シ度存シ相尋ネタレトモ事情ハ追テ相語ルト申事ニテ詳カニ聞取ラス啻冬衣ヲ着シ白襷ヲ掛ル事ヲ聞及ヒタリ仍テ考ルニ昨年西南之役ニ従事シタル兵卒共ヘハ何ノ御賞賜モ無之殊ニ減給其他給与品迄モ御減省相成リ平日不平ニ存シ居ルヨリ之レニ同意仕当番相仕舞ヒ午後第一時頃ヨリ遊歩ニ出営予テ休息所ニ致シ置ク俎《ママ》板橋傍ラ家号不存酒渡世之者方ニ到ル処間モ無ク同隊馭卒廣瀬喜市并同隊馭卒木村円解ノ両人来会シ少馬《ママ》アツテ立去ルモ其節ハ暴動ノ事何ノ咄シモ無之其中同隊砲卒田嶋森助来リ種々雑談ノ末同人申聞ルニハ愈今夜ニモ暴動致スヘク手筈ノ様子ニ付テハ此末如何形勢ニ成リ行クモ計リ難クニ付国許ヘ書面遣シ度ト申相認メ居ル故自分モ同様ノ儀ニ付代書致シ呉レヘク様依頼シ其文案巨細ノ意味ハ承知不仕候得共同人ヨリ読聞セ呉レタルニハ近頃日本帝国万民苛政ニ苦ムニ付暴臣ヲ殺シ以テ天皇ヲ守護シ良政ニ復シ可申夫レニハ然ルヘク大将有之云々之事ヲ草シ貰ヒ其侭《ママ》相封シ森助同道帰営途中両人共書状ヲ郵便ニ差出シ同五時過キ帰営シ入寝後十一時半ト覚ル頃第二小隊室ヨリ関声ヲ発スルニ付直チニ身支度ヲ致シ銃器ヲ

携ヘ室外ヘ駈ケ出ス際何レヘカ帽子ヲ落シ其侭《ママ》厩ノ方ニ行キタル処火薬庫近傍ニテ銃声ヲ聞キ誰トモ不相分弾薬ヲ取リニ来ルヘシト呼ハル者アリ其場ニ至リ同隊卒山本寅吉等ヲ見受ケ其他多人数雑沓スルモ面体等確ト認メス其中山砲ヲ発射シ大勢ニテ砲車ヲ引キ出スニ付其後トヨリ参リ営門内ニ於テ小銃ノ弾薬ヲ胴乱ニ入レ営外ニ出ツルヤ小銃ヲ発射シ武庫主管近傍迄進ミタルニ近衛歩兵ヨリ小銃ヲ発射セラレ多人数狼狽四方ニ散乱遂ニ武庫主管ノ先キニテ磯林中尉殿ノ御説諭ニ従ヒ歩兵営ニ連行カレ同処営門前ニ於テ兵器御取揚ケノ上捕縛相成候事

右之通相違不申上候以上

明治十一年九月三十日　浅見綾次郎

【現代語訳】

徒党暴動の件

一　自分は明治十一年八月二十三日、室内当番を勤めていたが、午前十時頃、同じ隊の駁卒・広瀬喜市が来て、「今夜十二時を期して、近衛歩兵と東京鎮台予備砲兵の各隊が申し合わせて暴発する手筈になっているので、その心得で用意しておけ」と言われた。もっと詳細なことを知りたいと思って尋ねたが、「それはあとで話す」ということで、くわしく聞けなかった。ただ、冬衣を着て、白襷をかけることを聞き及んだ。それで考えてみると、昨年、西南の役に従軍した兵卒どもへは何のご賞賜もなく、ことに、減給され、給与品までもご減省になり、ふだんから不満に思っていたので、これに同意した。当番を終えて、午後一時頃から散歩に出営し、かねて休息所にしている俎橋傍らの、屋号を知らない酒屋に着いた。間もなく、同じ隊の駁卒・広瀬喜市と駁卒・木村円解の二人がやってきて、しばらくして立ち去ったが、そのときは、暴動のことは何の話もなかった。そのうち、同じ隊の砲卒・田島森助が来て、種々雑談したあと同人が、「いよいよ今夜にも暴動する様子だから、この末、どんな形勢になっていくのかわからないので、国許へ書面を出しておきたい」と言って書いていたので、「自分も同様だから代書してくれ」と頼んだ。その文案のくわしい意味は知らないが、同人が読み聞かせてくれたのは、「最近、日本帝国の万民が苛政に苦しんでいるので、暴臣を殺し、もって天皇を守護し、良政に戻すべきだ。それには然るべく大将がいる云々」ということを書いてもらい、そのまま封をし、森助同道帰営途中、二人とも書状を郵便に差し出し、同五時過ぎ、帰営した。

就寝後、午後十一時半と思われる頃、第二小隊室から鬨声を発したので、すぐ身支度をし、銃器を携えて室外へ駆け出す際、どこかに帽子を落としたが、そのまま馬屋の方に行くと、火薬庫付近で銃声を聞き、誰かわからないが、「弾薬を取りにこい」と叫ぶ者がいた。そこに行くと、同じ隊の兵卒・山本寅吉等を見かけたが、その他は多人数ごった返していて、面体等を確認できなかった。そのうち、山砲を発射し、大勢で砲車を引き出したので、そのあとからついていった。営門内で小銃の弾薬を胴乱に入れ、営外に出るとすぐに小銃を発射して武庫主管近くまで進んだとき、近衛歩兵から小銃を発射され、大勢があわてふためき、四方に散らばった。ついに武庫主管の先で、磯林中尉殿のご説諭に従い、歩兵営に連行され、同所営門前で兵器をお取り上げになり、捕縛された。

右の通り相違ない。以上

明治十一年九月三十日　　浅見綾次郎

28　近藤祖舟

近衛砲兵大隊第二小隊
砲卒　近藤祖舟　当十月二十二年十ヶ月
明治十年十二月入隊　神奈川県平民　相模国大隅郡
粕屋村　啓二郎弟　禅宗

口供

徒党暴動ノ件

自分儀明治十一年八月廿二日去明治十年西南ノ役従軍中ノ日給金請取残リノ分有之右ニ付旧隊ナル鎮台砲兵営ニ到ラント立出ツル際長嶌竹四郎曰ク今度暴動企テノ一件ハ聞込ミタルヤト問否ト答ヘ其レハ何如《ママ》ナル事カト更ニ問フタルニ只今ハ忙シケレハ鎮台砲兵営ニテ聞ヘシト答ヘタリ出テ市ヶ谷ニ到リ現今ノ給与掛ヘ面会致シ度キモ其誰レタルヲ識ラサル故該隊ノ兵ニ逢テ聞カント存シ該営外ノ商店ニ休息シテ外出《ママ》シ兵ニ注目スル内金井徳太郎来ルニ会フ渠《ママ》トモ何カ要事有之由ニテ砲兵営ニ赴ク事ヲ申聞ケ先キニ該営ニ赴タリ自分モ後トヨリ参リ給与掛ヲ尋テ見ント第二小隊馭卒羽田茂助ニ面会申入レ相尋ネタル処現今ハ大坪軍曹殿ノ掛リナレトモ既掃除ニテ面会ハ相成ルマシト云フ故何ニカ面白キ話ハ有問敷哉ト問ヒタルニ何カ各隊一同苦情云

々トノ話ヲ聞込タルト答フル折柄永井銀藏来リ又前段ノ話ニ及ヒ自分ヨリ拙者今日出営ノ砌長嶋ヨリチラト聞キ其訳委細承ラントシタルニ同人用向為急ク由ニテ鎮台砲兵ノ人ニ逢テ聞ケハ相分ルト言捨テ、別レ来タレリ全体如何ノ訳ナルヤト相尋ヌルニ銀藏云ク其不平ノ事ハ何レモ同様ナレト其企テノ儀ニ付昨日山王社ニ会シタルニ近衛歩兵来会セス付テハ面白クモアルマシク存スルナリ然レトモ明日更ニ各隊招魂社ニ会スル筈故其上都合相分ル積ナリト答ヘタリ然ラハ拙者モ明日ハ罷越様子ヲ見ント彼是又他ノ話ヲスル内時限ニ近ツキタルヲ以皈営ス其夜夕食後砲廠ヘ出テ涼納スルニ当リ誰レカ四五人集リ密ソ々々話シ居ル景況ニ付之ヲ聞カント立寄タルニ皆々解散シ長嶋ヲ認メ詳細ノコトヲ承ラントスルニ同人急ク要事アリト云テ巨細ノコトヲ言スシテ去ツタリ其他都テ常例ノ通ニテ入寝仕候事

一　八月廿二《ママ》日午后外出飯田町桝水弥右エ門方ニテ游ヒ四時頃ヨリ招魂社ニ到リ集会ノ様子ヲ見ント欲シ該社馬場ノ辺ニ差シ掛リタル時姓名存セサル歩兵二三名ノ密ソ々々話シナカラ通ルヲ認メ社ノ傍ニテ金井惣太郎ニ逢ヒ夫ヨリ自分ハ菊畠ノ辺ヲ徘徊シ始メテ廣瀬大久保予備砲兵姓名存セサルモノ一名近衛歩兵一名ニ逢フ由テ廣瀬喜市ニ向ヒ何カ面白キ話ハナキヤト問フニ何ニモ無之ト云フ故今日ハ何カ会議カアル筈ニテハナキヤト問フニ然リト答フ之ニ依テ拙者モ其委シキコトヲ聞キ度存シ参リタリト云ヒ既ニシテ彼等立留テ話ス様子故自分モ立寄タル処予備砲兵姓名不存者立集ツテハ人目ニ触レ不都合ナリ外ヘ行ケト言ワレ不得止立チ去リ密議ニハ与カラス富士見町一丁目四番地野口屋ニ立寄レハ羽成常助長島竹四郎等居合共ニ茶ヲ呑ミ別ニ何等ノ談シモ承ラス各自別レテ自分ハ飯田町辺ヲ散歩シテ同七時頃帰営仕候事

一　同夜砲廠ニ於テ羽成常助長嶌竹四郎谷新四郎髙橋竹四郎新家仲吉石田丑松吉田定吉等ト共ニ暴挙ノ際銃器弾薬分配方ノ申合ヲ承知シ猶外カノ者ヘモ申シ通シ呉レタキ旨ヲ谷新四郎ヨリモ承リ入寝后堀越三吉中野巳之吉三木喜作等ヘ暴動ノ事ヲ示シ既ニ事発シテ舎外ニ出テタルニ何分混雑甚シク別ニ指揮スル者モ之レナキユヘ一時厠ノ傍ラニイミ居タル処羽成常助刀ヲ抜キ持チ早ク弾薬ヲ持チ来ルヘシト申ス故器械庫ノ傍ラナル蓋ヲ明ケタル弾薬箱ヨリ榴撒《ママ》弾一発ヲ抱ヘ来ルニ砲ハ前キニ発ヲ打テ曳出テタリ其後ヲ逐ヒ行キシカ最早砲ハ武庫主管辺ニ進ミタル故其持ツ所ノ二弾ヲ溝中ニ抛チ捨テ砲車ニ付テ半蔵門ノ傍ニ到リ砲車ニ掛リ麹《ママ》町ニテ大久保忠八ヲ見受ケタレトモ日本刀ヲ持チ居ルヤ

否ハ心付不申進テ四ツ谷門外ヨリ平岡曹長殿引纏メ皇居門前ニ到リ各縛ニ就候事
右之通相違不申上候
明治十一年十月一日　近藤祖舟

【現代語訳】

徒党暴動の件

自分は明治十一年八月二十二日、去る明治十年西南の役従軍中の日給金で受け取り残りの分があったので、旧隊である鎮台砲兵営に行こうとしたとき、長島竹四郎から、「こんどの暴動企ての一件は聞き込んでいるか」と聞かれ、「いや、知らない」と答え、「それはどういうことだ」と問うと、「今は忙しいので鎮台砲兵営で聞いたらいい」と答えた。出営して市ヶ谷に行き、現在の給与掛に面会したいのだが誰だか知らないので、その隊の兵卒に会って聞こうと思い、営外の商店で休息して、外出してくる兵に注目していると、金井徳太郎がやってきた。彼も何か用事がある由で砲兵営に行くと言って、先に行ってしまった。自分もあとから行って、給与掛を尋ねてみようと、第二小隊駆卒・羽田茂助に面会を申し入れて聞くと、「今は大坪軍曹殿の掛りだが、馬屋掃除をしているから面会できないだろう」と言った。そこで、「何か面白い話はないか」と問いかけると、「何か各隊どこでも苦情云々との話を聞き込んだ」と答えた。そこへちょうど永井銀蔵が来て、またその話になった。自分から、「自分がきょう出営のとき、長島からちらっと聞いた。そのわけをくわしく聞こうとしたが、当人は用向きのため急ぐ、鎮台砲兵の人に会って聞けばわかる、と言いすてて、行ってしまった。いったいどういうことなんだ」と尋ねると、銀蔵は、「その不平というのはどこでも同じだが、その企ての件で、きのう山王社で会合したが、近衛歩兵が来会しなかった。面白くない話だ。だが、あすまた各隊が招魂社に集まるはずだから、そこでどういうことになるかわかるだろう」と答えた。「それなら自分も、あす出かけていって様子を見よう」と言い、あれこれ雑談していると、時限が近づいたので帰営した。その夜夕食後、砲廠に行って涼んでいると、誰か四、五人が集まってひそひそ話をしている様子が見えたので、これを聞こうと近寄ると、みんな解散してしまった。長島を見つけたので、詳細を聞こうとしたが、同人は、「急ぐ用事がある」と、何も言わずに行ってしまった。以上のほかは、すべていつもの通りで就寝した。

一　八月二十三日午後、外出。飯田町桝水弥右エ門方

で遊んで、四時頃から、招魂社に行って集会の様子を見たいと思い、神社の馬場付近にさしかかると、名前を知らない歩兵二、三名がひそひそ話しながら通るのを見た。神社の傍らで、金井惣太郎に会った。それから自分は菊畠付近をぶらぶらし、初めて広瀬、大久保、予備砲兵の名前を知らない者一名、近衛歩兵一名に会った。そこで広瀬喜市に向かって、「何か面白い話はないか」と尋ねると、「何もない」と言うので、「きょうは何か会議があるはずではないか」と聞くと、「そうだ」と答えた。そこで、「拙者もその件についてくわしいことを聞きたいと思って、やってきたんだ」と言った。もうそのときには、彼等が立ち止まって話す様子だったので、自分も立ち寄ると、予備砲兵で名前を知らない者が、「集まっていては人目に触れてよくない。よそに行ってくれ」と言われ、やむなく密議には参加しないでそこを出た。富士見町一丁目四番地野口屋に立ち寄ると、羽成常助、長島竹四郎等が居合わせ、いっしょにお茶を飲んだが、とくに何の話も聞かずに各々別れ、自分は飯田町あたりを散歩して、午後七時頃帰営した。

一　同夜、砲廠で羽成常助、長島竹四郎、谷新四郎、高橋竹四郎、新家仲吉、石田丑松、吉田定吉等とともに、暴発の際の銃器、弾薬の分配方法を聞いた。谷新四郎からも、「ほかの者へも伝えてくれ」と言われたので、就寝後、堀越三吉、中野巳之吉、三木喜作等へ暴動のことを説明したが、そのときには、すでに事が始まっていて、舎外に出ると、何分、混雑はなはだしく、別に指揮する人もいないので、一時便所の傍らにたたずんでいると、羽成常助が刀を抜き持ち、「早く弾薬を持ってこい」と言うので、器械庫の傍らにあった、蓋を空けた弾薬箱から*榴散弾一発を抱えてくると、大砲はすでに二発を打って引き出されていた。そのあとを追っていったが、もう砲は武庫主管あたりに進んでいたので、持ってきたその弾丸一発を溝の中に投げ捨て、砲車に付き添って半蔵門の傍らまできたところで、砲車を引く番になった。麹町で大久保忠八を見かけたが、日本刀を持っていたかどうかは心づかなかった。進んで四ツ谷門を出た所から平岡曹長殿が引きまとめ、皇居門前に至り、それぞれ縛についた。

右の通り相違ない。

明治十一年十月一日　　近藤祖舟

〔語句解説〕

＊榴散弾（りゅうさんだん）　破裂したときに多くの

29　松居善助

近衛砲兵大隊第一小隊
砲卒　松居善助　当九月二十二年九ヶ月
明治十一年四月入隊　滋賀県平民　近江国阪田郡長
沢村住　善右衛門方　日蓮宗

口供

徒党暴動ノ件
自分儀明治十年九月大阪鎮台ニ於テ脱営皈郷官服投棄ノ科ニ依リ杖五十錮四十二日申付ラレ候事
一　明治十一年八月廿二日夕食後馬場鉄助《ママ》ヨリ此度ノ事ハ承知セサルヤト申スニ付其子細ヲ尋ル処近頃一般減給且ツ給与品迄御省略相成ルニ付テハ諸隊申合愈明廿二《ママ》日夜暴動ヲ起シ　皇居ヘ参ル云々ノ事ヲ議スル為メ昨日山王社ヘ集会シタル由ニ付其心得ニ居ルヘク旨被通相別候事
一　同月廿三日午後外出飯田町三丁目十三番地親戚奥村徳兵衛方ヘ参リ終日遊ヒ午後六時頃帰営都テ平常ノ通入寝後同隊砲卒大司市太郎濵嶌杢彌身拵ラヘヲスルヲ認メ仍テ考ルニ昨日鉄市ヨリ承リシ事ハ当夜ニ決シタルモノト為シ別ニ他ニ問合セモ不致打臥シ稍アッテ隊中俄ニ鬨ヲ作リ烈シキ物音相聞ヘ驚キ起キ身支度ヲナシ立出ントスルニ軍曹荒見勝営殿押シ止メテ申聞ケラルニハ我レヨリ令スルヲ持《ママ》ツテ出テヨト由テ差扣ヘ居ル内黒服ニ白襷キヲ掛ケタル者出ヌカ々々ト罵リ廻リ戸ヲ明ケ且辺タリヲ撲チ叩ケリ已ニ戸外ニ出ントスルニ白服殺セト叫ヒシ故室ニ入テ冬略衣ヲ着換ヘル時喇叭ヲ聞キ更ニ出ツル時山砲二発少シ間ヲ置テ相響キタリ自分ハ銃ヲ携ヘ勿論弾薬ハ之レナク大勢砲車ヲ挽テ営門ヲ出テ皇居ヘ行ケ行ケト申スニ付砲車ノ後トヲ追ヒ四ツ谷門迄到ル処曹長平岡瓢殿ニ逢ヒ御同人ニ引纏メラレ皇居通用門前ニ至リ兵器御取揚ノ上一同捕縛相成候事
右之通相違不申上候
明治十一年九月三十日　　松居善助

【現代語訳】

徒党暴動の件
自分は、明治十年九月、大阪鎮台を脱営して帰郷、官服投棄の罪で、杖五十回禁錮四十二日を申しつけられた。

一　明治十一年八月二十二日の夕食後、馬場鉄市から、「このたびのことは承知していないのか」と言われたので、「その子細を聞きたい」と尋ねると、「近頃、みんな減給の上に給与品までご省略になった。そのことで諸隊が申し合わせ、いよいよあす二十三日夜、暴動を起こし、皇居へ行く云々のことを協議するため、きのう、山王社で集会をしたとのことだから、その心得でいろ」と言われ、別れた。

一　同月二十三日午後外出、飯田町三丁目十三番地の親戚・奥村徳兵衛方へ行って終日遊び、午後六時頃帰営した。すべて平常通り就寝したあと、同じ隊の砲卒・大司市太郎、浜島杢弥が身仕度しているのを見て、それで考えると、きのう鉄市から聞いたことは今夜に決まったのだと察し、別に誰かに問い合わせもしないで寝ていた。しばらくして部隊中でにわかに鬨の声を上げ、激しい物音が聞こえ、驚いて起き、身支度をして出ようとすると、軍曹・荒見勝営殿が押しとどめて、「自分が命令するのを待って出ろ」と言われたので、そこに差し控えていると、「黒服に白襷をかけた者、出ないか。出ないか」と叫び回り、戸をあけ、あたりを打ち叩いている者がいた。戸外に出ると、「白服は殺せ」と叫んだので、部屋に戻って冬略衣に着換えるとき、ラッパを聞き、また外に出たとき、山砲二発が、少し間を置いて響きわたった。自分は銃を携え、もちろん弾薬はなく、大勢で砲車を引いて営門を出て、「皇居へ行け。行け」と言うので砲車のあとを追い、四ツ谷門まで来たとき、曹長・平岡瓢殿に会い、ご同人に引きまとめられて皇居通用門前に行き、兵器お取り上げの上、一同捕縛された。

右の通り相違ない。

明治十一年九月三十日　松居善助

30　佐藤種五郎

近衛砲兵大隊第二小隊
駅卒　佐藤種五郎　当月二十三年
明治十年十二月入隊　群馬県　上野国甘楽郡黒岩村
農綱五郎長男　真言宗

口供

徒党暴動之件
一　自分儀八月十八日午前朝食後予備砲兵隊卒富田清吉参リ自分并ニ市川友義ニ面会致シ度旨ニ付同人ニ面会夫ヨリ三人同道ニテ出営友義ノ休息所へ参リ候処清

吉申聞ニハ内ノ隊ニテ旧兵等ハ何カ不平有之暴動ニテモ可致哉ノ相談モアル様子ナリ其許ノ隊ニテハ如何有之哉トノ事ニ付何モ左様ナル話ハ聞サル旨申聞候処友義モ同様相答申候又清吉申聞ニハ其許ノ隊ニテモ事ヲ起スカノ風聞アリソレラノ事モ承知セズ《ママ》ヤ自分答ヘテ旧兵ノ者ハ如何アルヘキカ自分共ハ新兵ノ事故不相話ニヤナト相答ヘ其後雑話等致シ候末清吉申聞ニハ午食後我隊ノ者山王ヘ涼ミナガ《ママ》ラ行積リナリ其許モ不参哉トノ事故承知ノ旨相答夫ヨリ帰営午食後前段ノ次第ヲ金井総《ママ》太郎ニ相話シ候処左様ノ事モ少シハアリト申聞候自分ヨリ今日山王ヘ行コトヲ清吉ニ約シ置キタリ其許モ行レズ《ママ》ヤト申聞候処可然旨ニテ同人共ニ出営山王社ヘ参リ候得バ《ママ》清吉ハ已ニ参リ居同人ヨリ総《ママ》太郎ニ向▼ヒ不平云々等ノ事ヲ相話シ申候其時総《ママ》太郎ハ左様ノ話アレ共自分ハ新兵ノ事ナレハ確タルコトハ不知ト答ヘ尚又種々相談ノ末清吉ヨリ今日ハ内ノ隊ヨリモ皆々参ル筈ナリシガ《ママ》未タ来ス若クハ内ノ隊ノ者二三人金井君ノ下宿ヘ行トカ申居タレハ其故ニモアランカト申候得ハ然ラハ下宿ヘ帰ントテ総《ママ》太郎ハ此処ヲ立去申候暫時ニシテ清吉共々立出自分ハ夫ヨリ帰営仕候

一　同二十三日午前十一時半ヨリ既当番ニ当リ小島万助并当時姓名不存伊東《ママ》与七等三名ニテ既ヘ罷越シ居候処午後七時半過金井総《ママ》太郎参リ申聞候ニハ先日富田清吉ト話シタル一条今夜ハアル積リ其時ハ皆々冬服ヲ着用白タスキヲ致ス筈時刻ハ十二時ニ大砲ヲ発シ各隊皆出ル約束ナリトノ事故自分モ其心得ニテ罷在処厩脇ニテ永《ママ》島竹四郎小島万助松宮瓣次郎外七八名ニテ何事ニヤ相談致シ今夜ヤツタ方ガ《ママ》ヨカロウ最早時刻ニナッタナト申候ヲ洩レ聞定テ今夜暴動ノコトト存シ居候十分カ十五分斗ニテ皆々左右ニ散シ申候小島万助不寝番ノ伊東《ママ》与七ト種々相話シ居候内伊東《ママ》与七申ニハ爰ニ来ラバ《ママ》ヤツツケテシマウベ《ママ》シ抔申ヲ聞取十一時半頃ニモ候半《ママ》カ小用ニ参リ候折節室内殊ニ騒ヶ敷哄声等相聞ヘ候ニ付不取敢元ノ坐ニ立戻リ候処皆々何レヘカ参リ一人モ居不申自分ハ暫時此処ニ居候ニ砲廠ノ方ニテ多人数相集居様子故自分モ室ニ馳セ行剣ヲ取ニ参リ候処竹田助太郎自分室ノ入口ニ服ヲ着シ居ナカラ冬衣ヲ着ネバ《ママ》ナラヌト申候自分モ是ヨリ冬服ヲ着シ二階ヲ下リ室外ニ出候節砲声相聞候ニ付直ニ砲廠ヲ目指シ参リ申候此時秣小屋ニ火カヽリ候ヲ見受申候次テ又々大砲ヲ放チ直ニ営門ノ方ヘ引出シ行ヌ者ハ打テ々々ナト申候ニ付大砲ノ直後ヨリ随ヒ行連隊ノ表門前ニテ士官ノ人力車ニテ参ラレ候ニ行会砲ニ付タル兵卒等無理ニ同士官ヲ引行候様子又一丁斗行ヲ冬服ヲ着サレタル士官ニ行会

是又無理ニ兵卒等誘引セント致シ候得共自分ハ之ニ管《ママ》セズ《ママ》前進致シ又々半蔵門際ニテモ後ヨリ馬上ニテ士官参ラレ種々説諭致サレ候得共之ニモ不構前進仕候処四谷見附外ニテ平岡曹長参ラレ隊伍ヲ不組兵ハ御所ニ入ルコト不相成候得ハ皆々列伍ヲ正シ候様被申是ヨリ隊伍ヲ組　皇居ニ参リ武器御取揚ケノ上捕縛相成当裁判所へ護送相成候事

右之通相違不申上候

明治十一年九月三十日　　佐藤種五郎

〔欄外に記された書き込み〕

▼本文不平云々トアルハ賞典并ニ減給ノ件ニ不平ヲ抱キ各隊相談シ三人位ツ、総代トナリテ願出ルトノ事也

【現代語訳】

徒党暴動の件

一　自分は、八月十八日午前朝食後、予備砲兵隊卒・富田清吉がやってきて、自分と市川友義とに面会したいというので、同人に面会した。それから三人同道、出営し、友義の休息所に行った。清吉が、「うちの隊で古参兵等は何か不平があり、暴動でもしようかと相談している様子だ。お前の隊ではどうか」と言うので、「何もそのような話は聞いていない」と言うと、友義も同様に答えた。清吉がまた、「お前の隊でも事を起こすかの風聞がある。それらのことも承知しないのか」と言った。自分は、「古参兵の者はどうなのか、自分どもは新兵だから話さないのではないか」と答えた。その後、雑談などしたあと清吉が、「昼食後、わが隊の者が山王社へ涼みがてら行くことになっている。お前も行ってみないか」と言うので、「承知した」と答え、それから帰営した。昼食後、前段のいきさつを金井惣太郎に話すと、「そういうことも少しはある」と言った。自分から、「きょう、山王社に行くと清吉に約束してある。お前も行けないか」と言うと、「そうする」と言ったので、同人とともに出営し、山王社へ行ってみると、清吉はもう来ていた。同人が惣太郎に向かい、不平云々等のことを話すと、惣太郎は、「そういう話はあるが、自分は新兵なので確かなことは知らない」と答えた。なおまた種々相談したあと清吉が、「きょうはうちの隊からも何人か来るはずだったが、まだ来ていない。あるいは、うちの隊の者二、三人が金井君の下宿へ行くと言っていたので、そのせいかもしれない」と言ったので、「それなら下宿へ帰ってみよう」と、惣太郎は立ち去った。しばらくして清吉ともども立ち出で、自分はそ

れから帰営した。
一　同二十三日は、午前十一時半から馬屋当番に当たり、小島万助、当時は名前を知らなかった伊藤与七と三人で馬屋にいたが、午後七時半過ぎ、金井惣太郎が来て、「先日、富田清吉と話した一件は、今夜のようだ。そのときは、みんな冬服を着用し、白襷をかけること、時刻は十二時に大砲を発し、各隊が皆出る約束だ」と言ったので、自分もその心積もりでいると、馬屋脇で長島竹四郎、小島万助、松宮弁次郎ほか七、八人で何事か相談していた。「今夜やった方がよかろう」、「もはや時刻になった」と言うのを漏れ聞き、きっと今夜の暴動のことだと思っていた。十分か十五分ばかりで、みんな左右に散っていった。小島万助、不寝番の伊藤与七と種々話していると、伊藤が、「ここに来たら、やっつけてしまおう」などと言った。十一時半頃だったか小用に行ったとき、屋内がことに騒々しく、哄声などが聞こえた。とりあえず元の場所に戻ると、みんなどこかへ行ってしまって、誰もいなかった。自分はしばらくそこにいたが、砲廠の方に大勢集まっているようなので、自分も部屋に走って、剣を取りにいくと、竹田助太郎が部屋の入口で服を着ながら、「冬衣を着ねばならない」と言った。自分もそれから冬服を着、二階を下り、屋外に出た途端、砲声が聞こえたので、すぐに砲廠をめざした。このとき、馬草小屋に火がかかったのを見受けた。続いてまたまた大砲を放ち、すぐに営門の方へ引き出した。「行かない者は打て。打て」などと言っているので、大砲のすぐあとからついていった。連隊の表門前で、士官が人力車で来られたのに出会うと、砲についてきた兵卒等は無理にその士官を連行しようとした。また一町ほど進むと、冬服を着られた士官に行き合った。この士官も無理に兵卒等が引き込もうとしたが、自分はこれにかかわらないで前進した。またまた半蔵門際でも、後ろから馬に乗った士官が参られ、種々説諭なされたが、これにもかまわず前進し、四ツ谷見付外で平岡曹長が参られ、「隊伍を組まない兵は御所に入ることができない。皆々、隊伍を正せ」と申され、それから隊伍を組んで皇居に行き、武器をお取り上げの上、捕縛され、当裁判所へ護送された。
右の通り相違ない。
明治十一年九月三十日
佐藤種五郎
▼本文に不平云々とあるのは、賞典並びに減給の件に不平を抱き、各隊相談し、三人ぐらいずつ総代となって願い出るとのこと

31 新家仲吉

近衛砲兵大隊第二小隊
砲卒　新家仲吉　当九月二十四年九ヶ月
明治八年四月入隊　兵庫県農　丹波国多《ママ》記郡小多田
村住　多助弟　浄土宗

口供

徒党暴動之件

一　自分儀去ル八月廿二日午後八時四十分頃児嶋《ママ》萬助ヨリ谷新四郎ヲ以テ用談有之間砲廠迄一寸来ルヘクト申来ル其節新四郎ヨリ大略承リタレトモ尚又砲廠ニ於テ萬助ヨリ昨年西南ノ役兵卒等万死ヲ冒シ奔走戦闘遂ニ賊徒ヲ平ク其功実ニ少カラス然ルニ勲賞ニ於テハ士官以上ハ夫々賜タレトモ兵卒ニ至テハ今日迄何ノ御沙汰モ無之剰ヘ日給金沓下等御減省難渋一方ナラス不公平ノ御処置ニ付各隊共不平ノ余リ一同申合セ歎願相企ル筈貴公ニハ同意不致ヤト尋ネラルヽニヨリ同意致シタル趣相答候処尚又萬助ヨリ砲兵本廠ヲ囲ミ夫ヨリ皇居ニ歎願可致其節小銃ハ武庫主管ニ有之分ヲ連隊ノ者ヨリ取出シ可相渡間冬服ヲ着シ白キ襷ヲカケ出営スヘシト申聞ラレ候翌廿三日営門哨兵勤務中長島竹四郎帰営ノ節哨所ニ立寄リ窃カニ申聞ルニ今夜弥出願スル間其心得ニテ可居且暗号ハ云々（其暗号ハ忘レタリ）也又器械庫ノ側ニ有之火薬ヲ取出ス積リ貴公ハ番兵当番ニ就キ其時ハ宜シク頼ムト其後控所ニ控ヘ居ル処十一時半頃俄カニ喊ノ声揚リ令官ヨリ気ヲ付ノ号令アリ控所前ニ気ヲ付立居ル内三四十人営門ヲ押シ出ントスルヲ令官出スナト指揮セラル自分ハ固ヨリ同意ノ事ナレハ共ニ出営可致ト存シタレトモ令官側ニ居ラル、故致シ方ナク其内令官何ヘカ被参門ノ片扉ハ既ニ開ケ大勢乱出ス自分ハ外套ヲ着スヘクト控所ヘ退ク処又十四五人来リ白衣ヲ着タル者遁込ミタリ切レ々々ト迫マルニ付一時之ヲ避ケント厠ノ方ニ潜ミ再ヒ控所ニ戻リ外套ヲ着シ此時大砲一発ヲ聞ク営門ノ側ニ参レハ又大砲一声ヲ聞ク程ナク衆人大砲ヲ挽キ行ケ々々ト騒キ行ク故共ニ出営半蔵門ヲ過キ四ツ谷門外ニテ平岡曹長殿ノ指揮ニ従ヒ皇居御門前ニ至レハ兵器御取上ノ末被縛候事

右之通相違不申上候

明治十一年九月三十日　新家仲吉

【現代語訳】

徒党暴動の件

一　自分は、去る八月二十二日午後八時四十分頃、小島万助から、谷新四郎を介し、「話があるので、砲廠までちょっと来てくれ」と言われた。そのとき、新四郎

から大略を聞いたが、なおまた砲廠で万助から、「昨年の西南の役で兵卒等万死を冒して奔走、戦闘し、ついに賊徒を平らげた。その功績はじつに少なくない。しかるに勲賞においては、士官以上はそれぞれ賜ったが、兵卒に至っては、今日まで何のご沙汰もない。その上、日給金、靴下等をご減省され、難渋ひとかたでない。不公平なご処置なので、各隊とも不平のあまり、一同申し合わせ、歎願を企てることにした。貴公は同意しないか」と尋ねられたので、「同意する」と答えた。すると、なおまた万助から、「砲兵本廠を囲み、それから皇居に歎願する。その際、小銃は武庫主管にある分を連隊の者が取り出し、渡すことになっている。冬服を着、白襷をかけて出営しろ」と聞かされた。

一　翌二十三日、営門哨兵勤務中、長島竹四郎が帰営のとき哨所に立ち寄り、こっそり、「今夜、いよいよ出願するので、その心得でいてくれ。暗号は云々（その暗号は忘れた）。また、器械庫のそばにある火薬を取り出すつもりだ。貴公は番兵当番だから、そのときはよろしく頼む」と言った。その後、控所に控えていると、十一時半頃、急に喊声が上がり、令官から、「気をつけ」と号令がかかり、控所前で、気をつけの姿勢で立っていると、三、四十人が営門を押し出ようとするのを令官が、「出すな」と指揮された。自分は、もとから暴動に同意しているので、ともに出営しようと思ったが、令官がそばにおられるので、致しかたなかった。そのうちに令官がどこかへ行かれ、門の片扉はもうあけられて大勢が乱れ出ていった。自分は外套を着ようと控所へ戻ると、また十四、五人が来て、「白衣を着た者が逃げ込んだ。切れ。切れ」と迫ってくるので、一時これを避けようと厠の方に潜んで、再び控所に戻って外套を着た。このとき、大砲一声を聞いた。営門のそばに行くと、また大砲一発が打たれた。間もなく大勢が大砲を引いて、「行け。行け」と騒ぎながら行くので、ともに出営、半蔵門を過ぎ、四ツ谷門外で平岡曹長殿の指揮に従い、皇居ご門前まで来て、兵器をお取り上げになり、縛せられた。

右の通り相違ない。

明治十一年九月三十日　　新家仲吉

32　本橋兼次郎

近衛砲兵大隊第二小隊

駅卒　本橋兼次郎　当九月廿三年五ヶ月

明治十一年四月入隊　東京府農　武蔵国第九大区五
小区根葉村住　権三郎次男　　真言宗

口　供

徒党暴動之件

一　自分儀八月初旬頃ヨリ隊中頻リニ減給等ノ苦情有之永《ママ》嶋竹四郎小島万助等右ノ事ニ付歎願ニテモ致ス様ナル話ヲ既当番ノ節漏レ聞居其後兼テ懇意ナル鎮台砲兵永井銀蔵ト申者ニ同隊門前ニテ行合減給等ニテ食料モ悪ク困却ナリソレニ付我隊ノ者ノ内ニテ歎願スルカノ噂アリナト話シ相別レ申候

八月十八日ヨリ炊事常使役ニテ罷在ル処仝廿二日ノ夜永《ママ》島竹四郎ヨリ呼出サレ砲廠ニ赴ク処此度近衛歩兵并ニ鎮台予備砲兵等申合今夜又ハ明晩ノ中暴動可致尤予備砲兵ノ下副官ヨリ何分ノ通報アル筈ナリ其暴動スル訳ハ昨年ノ軍功モ称セラレス加フルニ給ハ少ナクナリ渡シ物ハ減セラレ不平ノ至リ我々旧兵ハ兎モ角モ其許抔ノ如キ今ヨリ永ク服役スル者ノ為ニモ相成ルニ付憤発シテ働ヘテ呉《ママ》レヨ尤モ是ハ其許丈ケナリ他ニ洩レサル様ニ可致トノ事ニ付自分ハ之ヲ承諾致シ候

二十三日ハ風呂番ニテ午後第十時過キ迄鈴山万蔵ト共ニ風呂場ニ罷在リ右用事済ミ炊事伍長仁木根在殿ノ所ニ至リ西瓜ノ振舞ヲ受ケ第十時半頃自分室ニ帰リ来リシニ宮嵜関四郎ヨリ本橋其許ニ話シアリ今夜十二時ヲ合図ニ暴動致スニ付其節ハ冬服ヲ着スヘク暗号ハ竜興竜野ナリトノ申聞ケニ付自分ハ之ヲ承諾シ夫ヨリ入寝スルニ釘ヲ打ツ音ノ致シタルハ火門ニ釘ヲ打チタル儀ト想像セリ夫ヨリ一睡無程吶ノ声揚リ窓硝子ヲ打破ルニ付自分ハ驚愕ノ余リ白服ヲ着シ出タル処（自室ノ窓ヨリ飛出テ）大久保忠八カ切リ掛ケント致ス故本橋ナリト申セシニ然ラバ冬服ヲ着セヨト被申帰リテ冬服ヲ着シ洋刀ヲ携ヘ走リテ営門ニ赴クニ（白服ノモノ二人斃レ居タルヲ見）連隊ニ行ケト呼フ者アリ大久保ハ衆ニ先タチ連隊ノ方ニ至リ自分モ跡ヨリ箱馬場迄参リシニ小銃ヲ被打掛溝ノ中ニ入リテ之ヲ避ケ居ル処銃丸モ来ラス依テ溝ヲ出テタル時初発ノ砲声ヲ聞ク夫ヨリ営門ニ戻リ茲ニテ又砲声ヲ聞ク（此少シ前ニ火ノ揚ルヲ見ル）時ニ又吶ノ声ヲ聞ク姓名不存第二小隊下士官今ヨリ　皇居ニ参ルヘシトテ呼集喇叭ヲ吹カセ一同進ンテ箱馬場ノ処ニ及フニ砲ハ已ニ此所ニ引出シアリタリ自分ハ右砲ト共ニ進ミ麹《ママ》町十丁目ノ辺ニテ平岡曹長殿ニ逢フテ同人ニ一同引率セラレ隊伍ヲ組　皇居御門前ニ至リ円陣ヲ作リ銃器ヲ収メ縛ニ就キ翌廿四日当裁判所へ護送相成候事

右之通相違不申上候

明治十一年九月三十日　　　本橋兼次郎

【現代語訳】

徒党暴動の件

一　自分は、八月初旬頃から、隊内でしきりに減給等の苦情があり、長島竹四郎や小島万助等が、右のことにつき歎願でもするような話をしているのを、馬屋当番のとき漏れ聞いていた。その後、かねて懇意にしている鎮台砲兵・永井銀蔵と申す者に同隊門前で行き合い、「減給等で食料も悪く、困却している。それについて、わが隊の者の中で歎願するかの噂がある」などと話して別れた。

八月十八日から炊事常使役だったが、二十二日の夜、長島竹四郎から呼び出され、砲廠に行くと、「このたび、近衛歩兵ならびに鎮台予備砲兵等と申し合わせ、今夜または明晩の中に暴動を起こすことになった。もっとも、予備砲兵の下副官から何分の通報があるはずだ。その暴動するわけは、昨年の軍功も評価されず、それどころか給金は少なくなり、渡し物は減らされ、不平の至りだ。われわれ古参兵はともかくも、お前等のように今から長く服役する者のためにもなることだから、憤発して働いてくれ。ただし、この話はお前だけに話している。ほかに洩れないようにしてくれ」という話だったので、自分はこれを承諾した。

二十三日は風呂当番で、午後十時過ぎまで鈴山万蔵とともに風呂場にいた。右用事がすんで炊事伍長・仁木根在殿の所に行き、西瓜の振舞いを受け、十時半頃、自分の部屋に帰ると、宮崎関四郎から、「本橋、お前に話がある。今夜十二時を合図に暴動するので、そのときは冬服を着ろ。暗号は竜興・竜野だ」と聞かされ、自分はこれを承諾した。それから就寝したが、釘を打つ音がしたのは、火門に釘を打っているのか、と想像した。それから一睡、ほどなく喊声が上がり、窓ガラスを打ち破ったので、自分は驚愕のあまり白服を着て出ると（自室の窓から飛び出て）、大久保忠八が自分に切りかかるので、「本橋だ」と言うと大久保から、「それなら冬服を着ろ」と言われた。戻って冬服を着、洋刀を携え、走って営門に行くと（白服の者が二人倒れているのを見た）、「連隊に行け」と叫ぶ者が者がいた。大久保は、大勢の先頭になって連隊の方に行き、自分もあとから箱馬場まで行くと、小銃を打ちかけられ、溝の中に入ってこれを避けていると、銃丸も飛んでこなくなったので、溝を出たとき、第一発目の砲声を聞いた。それから営門に戻り、ここでまた砲声を聞いた

（この少し前に、火の上がるのを見た）ときにまた、喊声を聞いた。名前を知らない第二小隊の下士官が、「今から皇居に行こう」と言って招集ラッパを吹かせ、一同が進んで箱馬場の所に来ると、大砲はもうそこに引き出されていた。自分は右大砲とともに進み、麹町十丁目付近で平岡曹長殿に会い、同人に一同引率されて隊伍を組み、皇居のご門前に到着して円陣を作り、銃器を収めて縛につき、翌二十四日、当裁判所へ護送された。

右の通り相違ない。

明治十一年九月三十日　本橋兼次郎

33　浦塚城次郎

近衛砲兵大隊第二小隊
砲卒　浦塚城次郎　当九月廿二年七ヶ月
十一年一月入隊　大分県農　豊後国日田郡三輪村住
亡卯三郎四男　真宗

口供

徒党暴動之件

一　自分儀過ル八月廿三日午後八時三十分頃室内ニ於テ同隊砲卒松本一蔵ト共ニ羽成常助ヨリ招カレ側ニ立寄リタル処同人ヨリ今夜一同不平ノ事ニ付　皇居ニ歎願可致間貴公モ与シテハ何如《ママ》ヤト申スニ付不平トハ何事ヤト申セハ夫レハ今度日給金靴下等御渡方減省相成互ニ難渋一方ナラス此儀当隊及歩兵連隊並ニ東京鎮台ノ兵マテモ申合セ歎願可致筈ト申スニ付同意可致ト答フ然レハ大砲ヲ合図ニ冬服ヲ著シ白キ襷ヲ掛ケ出営スヘシト被申聞候夫ヨリ例刻入寝睡眠致シ居ル処週番軍曹代理代吉川殿参ラレタル故目ヲ覚シ誰レカト申セハ一同静マリ居レト被申聞尚臥シ居リタルニ無程第一小隊ノ兵舎ニテ喊ノ声ヲ揚ケ我兵舎ニモ喊ノ声揚リタルニ付起立窓ヨリ見レハ第一小隊ノ兵舎ニテ硝子障子ナト打砲《ママ》ル音烈シク聞へ両舎ノ間ニハ衆人立騒ケリ自分急キ冬服ヲ着シ此時大砲一声ヲ聞キ銃ヲ持タント銃掛ヲ探レハ自分へ御渡ノ銃無之誰レヘ御渡ノ銃カ二挺残リアリ之ヲ携ヘ階ヲ下ル時又大砲一声ヲ聞キ兵舎ヲ出レハ大勢営門ヲ出タル故自分其後ニ附キ共々半蔵門ノ方ニ赴キ四ツ谷門ヲ出レハ平岡曹長殿被参其指揮ニ従ヒ皇居御門前ニ到リ兵器ヲ収メ被縛候事

右之通相違不申上候

明治十一年九月三十日　浦塚城次郎

【現代語訳】

徒党暴動の件
一　自分は、過ぐる八月二十三日午後八時三十分頃、室内で同じ隊の砲卒・松本一蔵とともに羽成常助に呼ばれ、そばに行くと常助は、「今夜、一同の不平のことについて、皇居に嘆願するので、貴公等も与してはどうか」と言われたので、「不平とは何のことか」と聞くと、「それは、こんど日給金や靴下等のお渡し方が減省になり、互いに難渋ひとかたならずだ。この件については、当隊と歩兵連隊や東京鎮台の兵までも申し合わせ、嘆願するはずだ」と言うので、「それなら同意する」と答えた。「それなら、大砲を合図に冬服を着、白い襷をかけ出営しろ」と言われた。それから、いつもの時間に就寝、睡眠していると、週番軍曹代理・吉川殿が入ってこられたので目を覚まし、「誰か」と言うと、「一同静かにしていろ」と言うのでそのまま横になっていた。すると間もなく、第一小隊の兵舎で喊声が上がり、わが兵舎でも喊声が上がった。
　起き上がって窓から見ると、第一小隊の兵舎でガラス戸などを割る音が激しく聞こえ、両舎の間には大勢の者が立ち騒いでいた。自分が急いで冬服を着たとき、大砲一声を聞いた。銃を持とうと銃掛を探したが、自分へお渡しの銃はなく、誰へお渡しの銃か二挺残っていたのでこれを携え、階段を下りた。そのときまた、大砲一声を聞いた。兵舎を出ると、大勢の者が営門から出ていくので、自分もそのあとにつき、半蔵門の方へ行き、四ツ谷門を出ると、平岡曹長殿が参られ、その指揮に従い、皇居ご門前に行き、武器を収めて縛られた。

　以上の通り相違ない。

明治十一年九月三十日　　浦塚城次郎

34　山中繁蔵

近衛砲兵大隊第一小隊
砲卒　山中繁蔵　当九月廿二年十ヶ月
明治十年十二月入隊　兵庫県平民　摂津国川辺郡小浜村住　良知弟　浄土宗

口供

徒党暴動之件
一　自分儀明治十一年八月廿三日夜常例之時刻ニ入寝後田島森助自分ニ耳語ヤキ云ハク今夜十二時頃ニ暴動

起ルヤモ計リ難クト承リ夫レハ当隊計リノ事哉又ハ他隊ニモ有之ヤト聞糺シタル処委細ノ事ハ不相分トモ予備砲兵ト合スル筈ニテ夫レニハ指揮スル者有之趣承リ相図等ハ承ラス只冬衣ヲ着白襷ヲ掛ル事ヲ承知セリ其侭《ママ》別段ノ話シモ致サス一睡ノ後時刻ハ確ト覚ヘス営中俄爾ニ騒キ立同室ノ者皆々舎外ニ出ルニ付其期只今ト存シ前ニ聞ク所ノ如ク服装シテ舎外ニ出ルトキ大砲一発相響キ即チ其処ニ至レハ山砲近辺ニ多人数群集シ馬場鉄市羽成常助伊藤丈三郎居合既ニ大砲ニハ火薬装填《ママ》シ有之皆々早ク大砲ヲ放タサレハ歩兵ノ者出テ来ラスト叫ヒ廻リ此際自分火薬袋ヲ破リ之ヲ拈ツテ火門ニ押シ火ヲ点シテ二発目ノ砲ヲ放テリ于時大勢鬨声ヲ揚ケ砲ヲ引テ営門ヲ出ルニ付其後ヨリ進ミ行キ麹《ママ》町二丁目辺ニテ大久保忠八日本刀五六本ヲ抱ヘ来リ自分ニモ一本持行クヘシト申スニ依リ之ヲ帯ヒ四ツ谷門ニ行掛ル処平岡曹長殿来ルニ会ヒ隊伍ヲ引纏ラレ皇居通用門前ニ到リ一同捕縛相成候事

右之通相違不申上候

明治十一年九月三十日　山中繁藏

【現代語訳】

徒党暴動の件

一　自分は、明治十一年八月二十三日夜、常例の時刻に就寝したが、そのあと田島森助が自分にささやき、「今夜十二時頃に暴動が起こるかもしれない」と言うので、「それは当隊ばかりのことか、または他隊でもあるのか」と聞きただすと、「くわしいことはわからないが、予備砲兵と合同で事を起こすはずで、それには指揮する者がいるようだ」と言った。合図等は聞かなかったが、ただ、冬服を着、白襷をかけることを承知した。そのまま別段話もしないで寝た。一睡ののち、時刻ははっきりと覚えていないが、兵営の中がにわかに騒ぎ立ち、同室の者が皆々舎外に出るので、そのときはただ今だ、と判断し、前に聞いていたように服装して舎外に出たとき、大砲一発が響いた。すぐにそこに駆けつけると、山砲の近くに大勢が群れ集まっていた。馬場鉄市、羽成常助、伊藤丈三郎等が居合わせ、すでに大砲には火薬が装填されていて、みんなが、「早く大砲を放たないと、歩兵の者が出てこないぞ」と叫び回っていた。その際、自分は火薬袋を破り、それをひねって火門に押しつけ、点火して二発目の砲を放った。このとき大勢が鬨声を上げて大砲を引き立て、営門を出たので、そのあとについて行進した。麹町二丁目あたりで大久保忠八が日本刀を五、六本抱えてやってきて、

「お前も一本持っていけ」と言うので、これを帯び、四ツ谷門に行きかかると、平岡曹長殿が参られるのに会い、平岡殿は隊伍を引きまとめられ、皇居通用門前に至り、一同捕縛された。

以上の通り相違ない。

明治十一年九月三十日　山中繁蔵

35 山部七蔵（編集注　口供書二通あり）

近衛砲兵大隊第一小隊
駅卒　山部七蔵　当九月廿四年六ヶ月
明治九年六月入隊　熊本県農　肥後国阿蘇郡西宮地村　若三郎三男　禅宗

口供

徒党暴動之件
一　自分儀八月二十三日既当番中午前第十時頃同隊駅卒高橋小三郎ヨリ今度申合セ暴動致ス筈ニ決議相成タリ同意スルヤト申スニ付自分ヨリ夫レハ如何ナル事柄ヤト相尋ル処貴公承知セサルヤ昨年戦功ノ賞典モ無之且減給及ヒ官給品等減省セラレ夫レヲ甘ンシテ勤ルヤト申スニ付自分ヨリ兵卒暴発シテモ迚モ志ヲ遂ルコトニハ至ル間敷ナド《ママ》、返答致シソノマ、立分レ申候午后外出飲酒帰営後例ノ通リ入寝何時トモ確ト相心得ヘサレトモ騒々敷衆兵大声ヲ発シ硝子等ヲ破毀スルヲ聞クヨリ是ハ今朝小三郎ヨリ承リタル暴動ナラント心付何レニモ衆兵ニ従ヒ事ヲナシタル方可然ト存シ直チニ夏衣ヲ著シ軍刀ヲ帯シ出舎スルニ白衣ノ者ハ斬レト大声ニ申スヲ聞キ且抜剣ヲ携ヘタル者モ相見ユルヨリ一旦帰室スルニ河岸伍長殿誰カト尋ネラレ候ニ付自分相名乗ルニ乱暴ヲ致シテ宜シカラスト申サレタレ共自分冬衣ヲ著シ直チニ東ノ方窓ヨリ駈出ストキ大隊付器械掛五十嵐軍曹殿同隊駅卒三木重吉宮嵜又作ニ出会シ倶ニ厠ノ裏ニ潜伏シ動静ヲ伺フ際営門ノ方ニテ集レノ喇叭アルヨリ五十嵐軍曹殿ハ何レヘカ参ラレ自分ハ宮嵜又作ト倶ニ炊事場ノ方ヘ行ク此際営内ニテ誰カ大砲ヲ発セリ続テ飼葉小屋ニ火ノ手上レリ又皇居ヘ行クヘシト呼ハル者アリ自分ハ衆兵ト倶ニ行カント第一第二小隊室ノ中央ヲ通リ大隊週番所南ニテ同隊駅卒辻亀吉提灯ヲ携ヘ死屍ヲ見居ル時自分通リ掛ルニ彼ヨリ誰カト問ハル、故姓名相名乗ル処此処ニ誰カ倒レヲルト申スニ付一見スルニ黒長靴ヲ穿ツ故士官ナラント申シ夫ヨリ営門ノ方ヘ駈行キ亀吉ト相分レ出門歩兵営ノ前ヘ到ル頃後ロヨリ三十人斗ニテ砲ヲ引キ来リ確ト相分ラサレ共高橋小三郎ノ声ト存シ候砲ヲ打テ々々ト呼ハルヲ聞ク自分ハ此所ニテ砲戦相始リテハ通路モ六ケ敷ト存ルヨリ駈抜ケ同隊駅卒新熊安三郎外五六名ト跡ヤ先キニ相成半蔵門ヨリ糀町ヲ通過シ喰違ニ出皇居前ニ至ルニ先キニ出タル同隊ノ兵既ニ整列シ居ルニ付直チニ列伍ニ加ハリ平岡曹長殿指揮ニテ円陣ヲ作リ兵器ヲ収メ縛サレ候事

右之通相違不申上候

明治十一年九月三十日　　山部七蔵

【現代語訳】

徒党暴動の件

一　自分は、八月二十三日馬屋当番中午前十時頃、同じ隊の駅卒・高橋小三郎から、「こんど、申し合わせて暴動しようと決議した。同意してくれるか」と言われたので、「それはどんな事柄か」と尋ねると、「貴公は聞いていないのか。昨年の戦功の賞典がなく、その上、減給および官給品等も減省された。それを甘んじて勤務できるか」と言うので、自分は、「兵卒が暴発しても、とても志を遂げることには至るまい」などと返答し、そのまま別れた。午後になって外出し、酒を飲んで帰営後、いつものように就寝した。

いつともはっきり心得ていないが、騒々しく、多くの兵が大声を出し、ガラス等を破毀するのを聞いたので、これはけさ、小三郎から聞いた暴動だろう、と心づき、何にせよ、自分としては多くの兵に従って事をなした方がよかろうと判断し、すぐに夏衣を着、軍刀を帯し、出舎すると、「白衣の者は切れ」と、大声で言うのを聞き、また抜剣を携えている者も見えたので、いったん帰室すると、河岸伍長殿から、「誰だ」と尋ねられたので名前を名乗ると、「乱暴してはよくない」と申されたが、自分は冬衣を着て、直ちに東の方の窓から出て、駆け出した。そのとき、大隊付器械掛の五十嵐軍曹殿、同じ隊の駅卒・三木重吉、宮崎又作等と出会い、ともに厠の裏に潜伏して動静をうかがっていると、営門の方で集まれのラッパがあったので五十嵐軍曹殿はどこかへ行かれ、自分は宮崎又作とともに炊事場の方へ行った。このとき、営内で誰か大砲を放った。続いて飼葉小屋に火の手が上がった。また、「皇居へ行こう」と叫ぶ者がいた。自分は多くの兵とともに行動しようと、第一、第二小隊室の中央を通り、大隊週番所の南に行くと、同じ隊の駅卒・辻亀吉が提灯を持ち、死体を見ていた。自分が通りかかると、「誰だ」と聞くので、姓名を名乗ると、「ここに誰か倒れている」と言う。一見して、「黒長靴を穿いているから士官だろう」と言って、営門の方へ駆けた。亀吉と別れ、門を出て歩兵営の前に行くと、後ろから三十人ばかりで大砲を引いてきた。はっきりとはわからないが、高橋小三郎と思われる声が、「砲を打て。打て」と叫んでいるのを聞いた。自分はここで砲戦が始まれば、通行もむずかしくなると考え、そこを駆け抜け、同じ隊の馭卒・新熊安三郎等五、六人と、後や先になりして、半蔵門から麹町を通過し喰違に出、皇居前に行った。そこでは、先に出た同じ隊の兵がすでに整列していたので、直ちに列伍に加わり、平岡曹長殿の指揮で円陣を作り、兵器を収め縛された。

右の通り相違ない。

明治十一年九月三十日　山部七蔵

近ヱ砲兵大隊第一小隊馭卒　山邉《ママ》七蔵

口供

自分儀本年八月廿三日夜暴動ノ際炊事場ニイミ居リ砲声ヲ聞キ如何可致哉ト思案致シ器械庫へ相越シ同所ノ前ニテ小銃一挺取出シ夫ヨリ第一小隊第二小隊ノ間ヲ通行大隊室ノ傍ニ到レハ辻亀吉ニ出会シ同人ヨリ金員無之テハ不相成ト申聞クルニ付尤ト存シ同人ト共ニ大隊事務所ノ二階へ上リ自分携ル小銃ニテ金櫃ヲ打破リ内ニ大小二箱アリ又其小箱ヲ破リ亀吉ト共ニ取出シ自分ハ壱円札ト相覚へ候分三把拾銭札ト思フ分二把ヲ盗ミ之ヲ帯ノ間ニ挿ミ跡ヨリ木嵜次三郎澤本久米吉等参リタルヨウ覚へ候夫ヨリ営門ヲ出テ麹《ママ》町三丁目吉川兵輔方ニ立寄リ同家ハ予テ心易キ故該家へ先キニ取出シタル一円札三把拾銭札ト覚ル分壱把相托シ置キ直チニ立去リ再ヒ本道へ出新熊安三郎ト一同皇居ニ趣キ同所ニ於テ処《ママ》持スル拾銭札ト覚ル分一把ハ発覚ヲ恐レ往来ニ打捨申候ニ相違無之右ハ先般御糺問ノ際可申上ノ処一時相隠シタルヨリ再応ノ御審糺ニ付白状候事

右之通相違不申上候

明治十一年十月十日　山邉《ママ》七蔵

【現代語訳】

自分は、本年八月二十三日夜の暴動の際、炊事場にたたずんでいて砲声を聞き、どうしたものかと思案し、器械庫へ行き、同所前で小銃一挺を取り出し、それから第一小隊と第二小隊の間を通って、大隊室の傍らに行くと辻亀吉と出会った。同人が、「金がなくてはならない」と言うのを聞いて、もっともだと思い、二人で大隊事務所の二階に上がった。そこで、自分が携えていた小銃で金庫を打ち破ると、中に大小二箱があった。またその小箱を破り、亀吉とともに中の金を取り出した。自分は一円札と思われる分三把、十銭札と思われる分二把を盗み、これをバンドに挿んだ。あとから木島次三郎、沢本久米吉等も来たように覚えている。それから営門を出て、麹町三丁目の吉川兵輔方に立ち寄った。同家はかねてから心やすくしていたので、同家に先に取り出した一円札三把と十銭札と思われる分一把を託しおき、直ちにそこを立ち去り、再び本道に出て、新熊安三郎といっしょに皇居に行き、同所で持っていた十銭札と思われる一把を、発覚を恐れ往来に打ち捨てたことに相違ない。右は先般ご糾問の際申し上げるべきだったが隠していたので、再度のご審糾につき白状する。

右の通り相違ない。

明治十一年十月十日　山部七蔵

36　見山今朝治

近ヱ　砲兵大隊第二小隊

駆卒　見山今朝治　当九月廿三年十一ヶ月

明治十一年一月入営　鹿児島県平民　日向国臼杵郡

延岡住　寅吉長男　曹洞宗

口供

徒党暴動之件

自分儀明治十一年八月二十二日夜ト覚営内ニ於テ入浴帰舎ノ際洗濯場ニ於テ城嵜菊二《ママ》郎ヨリ此度鎮台砲兵並ニ予備砲兵ト申合セ今《ママ》夜十二時ヲ期シ暴動ヲ起ス筈ニ付呼集喇叭ヲ吹キタレハ冬衣ヲ著シ出スル云々ヲ莵田友次郎ニ咄シ居ルヲ傍ラニテ聞込ミ自分考ルニ昨年戦争等ノ御賞賜無之ヨリ暴動ニ可及儀ト存シ翌廿三日夜室内ニテ本田弥右エ門ニ今夜十二時ニハ兵卒一同暴動ヲ起ス旨相咄シ入寝後大倉常吉服部庄吉等ニ向へ《ママ》当夜ノ事ヲ承知致シ居ルヤト相尋ネタレハ既ニ承知ノ様子ニ付委細ハ相咄サス寝ニ就キタル処凡十時前砲廠ノ方ニ当リ何カ頻リニ物音致スニ付当夜暴動起ス事ノ上ニ相知レ火門ニ釘ニテモ打込ム事ニテヤ可有之乎ト存シ暫アツテ厠ニ行キ帰舎ノ際深澤大尉殿伊藤伍長殿見廻ハラレタルニ付御仝人等ノ様子ヲ試ン為メ今夜何事カ有之哉ト相尋ネタレハ深沢大尉殿ヨリ彼是言ハス寝ニ就クヘク様申聞ケラル、ニ付其偓《ママ》臥シ居タリ然ルニ凡十一時半頃第一小隊ヨリ大勢ノ者吶喊舎外ニ押シ出シ窓硝子等ヲ破壊シ不容易騒動ニ付直チニ起上ル際喇叭ノ声ヲ聞キ身支度ヲ調ヒ《ママ》室外ヘ駈出シタル処今《ママ》井総《ママ》太郎日本刀ヲ提ケ馳セ廻ルヲ認メ自分ハ直チニ砲廠ニ到レハ多人数雑沓喚キ叫テ東西ニ奔走シ灯火ヲ持チ来ル様ト云フ者アルニ依リ既ニ到テランプヲ携ヘ来リ山砲近辺ニハ羽與成常助田中與作等居合セ常助紛《ママ》薬ヲ紙ニ入レ之ヲ拈テ火門ニ挿ミ自分火ヲ移シタルニ風ノ為ニ吹消サレ躊躇致シ居ル処常助火ヲ点シ一発ヲ放テリ其際ランプ《ママ》ノ火滅スルニ付病室ノ傍ラニ来ル処石田丑松等ニ逢ヒ大隊週番所入口ニ斃レ居ル者ヲ認メ暫ク営門脇ニイ居ル中大勢砲車ヲ引テ営門ヲ出スルニ付自分等ハ竹橋門脇ニ於テ哨兵致シ門外ヨリ入リ来ルモノヲ制シ居タル処追々営内モ鎮静ニ相成リ此侭《ママ》ニテハ不都合ト存シ何レヘカ自首可致ト相考終ニ竹橋外ニ出ルニ東京衛戍哨兵ニ見咎ラレ当夜ノ始末ヲ申出テタル際松村大尉殿参ラレ事実申述ル処共ニ随行可致旨ヲ以テ同道陸軍省ヘ被連行タル末陸軍裁判所ニ差送ラレ候事

右之通相違不申上候

明治十一年九月三十日　見山今朝治

【現代語訳】

徒党暴動の件

自分は、明治十一年八月二十二日夜と覚えているが、営内で入浴し、兵舎に帰る際、洗濯場で城島菊次郎が菟田《とだ》友次郎に、「このたび鎮台砲兵や予備砲兵と申し合わせ、今夜十二時を期し暴動を起こすはずだから、呼集ラッパが吹かれたら、冬衣を着て出ろ云々」と話しているのを、傍らで聞いた。自分は、昨年の戦争等のご賞賜がないので、暴動に及ぼうとしているのだ、と考えた。翌二十三日夜、室内で本田弥右衛門に、「今夜十二時には、兵卒一同で暴動を起こす」旨話し、寝たあと、大倉常吉、服部庄吉等に向かい、「今夜のことを承知しているか」と尋ねると、すでに知っている様子なので、くわしいことは話さず、就寝した。およそ十時前、砲廠の方から何かしきりに物音がするので、今夜暴動を起こすことが上に知れ、火門に釘でも打ち込んでいるのではないか、と考え、しばらくして厠に行き、部屋に戻るとき、深沢大尉殿と伊藤伍長殿が見回りをされていたので、ご同人等の様子を試すため、「今夜、何ごとかあるのですか」と尋ねると、深沢大尉殿から、「かれこれ言わずに寝ていろ」と言われて、そのまま横になっていた。すると、およそ十一時半頃、第一小隊から大勢の者が鬨の声を上げて舎外に押し出し、窓ガラス等を破壊し、容易ならざる騒動になったので、直ちに起き上がったとき、ラッパの音を聞いた。身じたくを調え、室外へ駆け出すと、金井惣太郎が日本刀を提げて走り回っているのが見えた。自分は直ちに砲廠に行ったが、多人数が雑踏し、喚き叫びながら東に西に走り回っていた。「誰か灯火を持ってきてくれ」と言う者がいたので、馬屋へ行ってランプを持ってきた。山砲近くには羽成常助、田中与作等が居合わせ、常助が粉薬を紙に入れ、それをひねって火門に挿み、自分が火を移したが、風のために吹き消された。まごまごしていると、常助が火をつけ、一発を放った。そのとき、ランプの火が消えたので、病室の傍らに行くと、石田丑松等に会い、大隊週番所の入口に斃れている者を見た。しばらく営門の脇にたたずんでいると、大勢が砲車を引いて営門を出ていくので、自分等は竹橋門の脇で歩哨に立ち、門外から入ってくる者を制していると、追い追い営内も静かになった。このままではよくないと思い、どこかに自首しなければならないと考え、結局、竹橋の外に出ると、東京衛戍の哨兵に見とがめられ、当夜のいきさつを申し出ているとき、松村大尉殿が来られ、事実を申し上げると、「いっしょに来い」と言われ、陸軍省に連行されたあと、陸軍裁判所に差し送られた。

右の通り相違ない。

明治十一年九月三十日　　見山今朝治

37 門井藤七

近ヱ砲兵大隊第二小隊
駁卒　門井藤七　当九月廿六年四ヶ月
明治十年十二月入隊　茨城県農　常陸国真壁郡渋井村住　虎吉二男　神祭

口供

自分儀大隊週番室使役中士官ニ対シ欠礼ノ儀ニ付罰役一週日申付ラレ居ル処過ル八月廿二日夜同隊卒谷新四郎ヨリ明夜暴動スルト申スニ付其仔細ヲ承ル処昨年戦功ノ賞賜之レナク且日給金及ヒ官給品減少剰ヘ食器等破損ヲ償ハシメラル、等ニ付一同申合セ暴発スルト申スニ付承諾致シ候処同人ヨリ暴挙ノ節ハ一同冬服ヲ著スヘキ旨承リ候

同廿三日正午後総《ママ》太郎ニ面会同人申スニハ自分ハ是ヨリ遊歩スル含ミナルカ今夜着スル冬服ヲ兼テ同様頼置候下宿一橋通リ七番小小《ママ》柳キン方迄持越置度就テハ自分ハ今ヨリ出営西ノ柵外ニ待チ居ルニ付同所マテ右冬服ヲ持来リ呉度旨相頼ニ付承知致シ夫ヨリ総《ママ》太郎ノ冬

服ヲ西ノ柵ニ持行ク処折節工兵方面ノ人ニ出会右約ヲ果サス帰リ居タルニ頓テ同人モ帰リ来リ何故服ヲ持出シ呉サルト申ス故右ノ次第ヲ述ヘ自分ハ罰役中ナレ共是ヨリ脱営兼テ典シ置タル所持ノ時計ヲ受ケ返シ度存スルモ金ニ差支ヘ困却ノ趣ニテ何トカ致シ呉度ト申タル処総《ママ》太郎ヨリ金円ハ貸スベ《ママ》シト申シ相分レ申候尤惣太郎服ハ脱営ノ時下宿ヘ持参ノ事ニ約束致候前書惣太郎ノ冬衣並自分冬衣下袴手袋共下宿ヘ届ケ置ヘシト存シ夫ヨリ残飯買受人夫ニ托シ下宿ヘ送リ置キ午後三時過西ノ柵ヲ越ヘ直チニ下宿ヘ越シタルニ惣太郎居合セ候間先時頼ミ置タル金二円借受ケ時計ヲ受出サント下宿ヲ立出テ富士見町野中屋某ヲ頼ミ質ニ入レ有之ニ付同家ヘ相越シ受出シ再ヒ下宿ヘ参ル処最早惣太郎居ラザ《ママ》ルニ付直ニ帰営其後惣太郎ニ面会談話ノ末互ニ脱柵当夜下宿ヘ参リ相話スヘキト申立分レ申候同夜八時頃夏衣ニ軍刀ヲ帯シ蹄鉄場傍ノ柵ヲ乗リ越ヘ右下宿ニ相越ス処已ニ総《ママ》太郎参リ居リ自分ハ未タ何ノ用意モ整ハサル旨申タル処左スレハ是ヨリ同行スベ《ママ》シ総《ママ》太郎ニ於テハ刀等已ニ用意シタリト申候依テ同人ノ官給外套ヲ借リ之ヲ着シ夫ヨリ同道々具屋ニ参ラントスル途中神保町四ツ辻ニ於テ第一小隊付名前不存軍曹両人ニ見咎メラレ門井ト呼レ何ノ為メ来ルヤト問ハル、ニ付郷里ヨリ兄相越シタルヲ以テ面会ノ為参リシ趣偽リ答フル処免許札アルヤト尋ネラレ実ハ脱営セシ趣申タル処自分等ニ随ヒ来ルヘキ旨申サレ候其際総《ママ》太郎何レヘカヘ立越シ候夫ヨリ両軍曹ニ随ヒ帰営総《ママ》太郎ノ外套及自分軍刀ハ寝台ノ上ニ置キ長屋伍長殿ヨリ一応御吟味ヲ受ケタルニ付飲酒ノ為メ脱営セシ趣申偽リ直チニ営倉入申付ラレ候同営倉ニハ同隊喇叭卒田熊又五郎駁卒豊田国松同関口繁藏ニテ種々ノ談話ノ末寝居リ候処凡十一時半トモ思フ頃俄カニ営内騒ケ敷相成タルニ付詫《ママ》摩等スワ斬リ込ト躁クナレド《ママ》自分ハ兼テ承知ノコトユヘ弥暴発セシナラント存シ居ル内多人数大隊週番所ノ前辺ニ押出ス模様ニ付窓ヨリ窺ヒ見ルニ何ヤラ手荒キ物音ヲ聞クヨリ番兵ヲ呼ヒ此所ヲ開キ呉度旨申シタルモ近辺番兵モ見受ケス依テ足ニテ戸ヲ蹴離シ白襦袢ノ侭《ママ》帽ヲ被リ営倉ヲ駈出ス処ヤツデシマヘ々々々ト呼ハル者在ルユヘ門井ト答ヘ砲廠ノ方ヘ駈行ク途中誰トモ知ラス軍刀ニテ自分ヲ撲ツモノアリ夫ヨリ炊事場ニ至ラントスル途中樅樹ノ下ニテ同隊卒羽成常助ニ出会炊事場ニ至リ白衣ニテハ兼テノ約束ニ違ヒタルヨリ前ノ通リ殴打セラレタルナラント存シ吉田伍長殿ヨリ同人ノ冬略衣ヲ借リ之ヲ著シ再ヒ砲廠ノ方ニ参ルトキ貴様ハ何モ手ニ持タス何ヲ為スヤト申ス者アル故不取敢砲車ノテコ棒ヲ提ケ行ク処第二小隊室ノ前ニ士官ト見受クル人倒レ居ル者アレ共何分死生ハ不相分候其所ニ剣ノ身一本落チアルヲ拾ヒ取リテコ棒ハ砲廠ノ方ヘ投棄シ拾ヒ取リタル剣ヲ以テ右倒レ居タル人ノ頭部ヘ一太刀切付直チニ其剣ヲ携ヘ営門ヘ行ク途中井戸ノ傍ニ一人ノ死屍アルヲ見受ケ夫ヨリ営門ヘ相越ス際砲廠ニテ引続キ大砲二発スルヲ聞ク其後営門ノ内外ヲ奔走中山砲ヲ曳キ出ス者アルニ付自分ハ立戻リ砲口ヲ押シ一同発声営門ヲ出武庫主管東ノ角マテ相越ス処小銃ヲ打掛ラレ山砲ヲ捨テ匍匐シテ武庫管《ママ》ノ前ヲ通過シ道傍ニ潜伏致シ居タルニ半蔵門ノ方ヨリ歩兵士官馬上ニテ相越サレ自分同隊兵卒十名斗随行ニ付其内ニヲリタル同隊砲卒近藤幸助等ヲ見受ルヨリ何レヘ行クト尋ル処歩兵士官磯林中尉殿ニ召連レラレ該営ヘ行クトノコト故自分最早外ニ致シ方モ無之ト存シ同隊砲卒西村与三郎等ト倶ニ随行シ夫ヨリ兵器ヲ収ル際営内死屍ノ傍ニテ拾ヒ取リタル士官ノ剣ヲ差出シ縛サレ候且吉田伍長殿ヨリ借用シタル冬衣伍長徽章ノ内二本ハ追テ剥取候事

右之通相違不申上候

明治十一年九月三十日　門井藤七

【現代語訳】

徒党暴動の件

自分は、大隊週番室使役中、士官に対して礼を欠いた件で、一週間の罰役を申しつけられたが、去る八月二十二日夜、同じ隊の兵卒・谷新四郎から、「あすの晩、暴動を起こす」と言われたので、その子細を聞くと、「昨年の戦功の賞賜がないばかりか日給金や官給品を減らされ、その上、食器等を破損すると弁償させられること等について、一同申し合わせて暴発するのだ」と言うので、自分も承諾すると、同人から、「暴挙のときには、一同冬服を着ることになっている」と聞いた。

同二十三日正午過ぎ、金井惣太郎に会うと、同人は、「自分はこれから外出するつもりだが、今夜着る冬服を、以前からお前同様、下宿として頼んでいる一橋通り七番の小柳キン方まで持っていっておきたい。それで、自分は今から出営して西の柵の外で待っているから、そこまでその冬服を持ってきてくれないか」と頼まれ、承知した。それから惣太郎の冬服を西の柵まで持っていくと、たまたま工兵方面の人に出会ったので、右約束を果たせずに帰ってくると、すぐ同人も帰ってきて、「どうして服を持ち出してくれないのか」と言うので、右のいきさつを話し、「自分は罰役中だが、これから脱営して、質に入れてある自分の時計を請け戻したいと思っているが、金が不足していて困っている。何とかしてくれないか」と頼むと、惣太郎が、「金は貸す」と言い、そこで別れた。惣太郎の服は、脱営のとき、下宿まで持っていくと約束した。それから、前書惣太郎の冬衣と自分の冬衣、ズボン、手袋とも下宿まで届けようと思い、残飯買受人夫に託して下宿に送った。午後三時過ぎ、西の柵を越えて直ちに下宿に行くと、惣太郎が居合わせたのでさっき頼んでおいた金二円を借り受け、時計を請け出そうと下宿を出て、富士見町の野中屋某に頼んで質に入れてあったので、同家に行き、時計を請け出して、再び下宿に戻った。そのとき、惣太郎はもう下宿にいなかったので直ちに帰営、その後、惣太郎に会って話をし、結局、互いに脱柵し、夜、下宿に行って話すことにして別れた。同夜八時頃、夏衣に軍刀を帯し、蹄鉄場の傍らの柵を乗り越え、下宿に行くと、すでに惣太郎は来ていた。自分は、「まだ何の用意もととのっていないのだ」と言うと、「それならこれから同行しよう。自分はすでに、刀等は用意した」と言った。自分は、同人の官給の外套を借りて着、それから同道して道具屋に行く途中、神保町の四辻で第一小隊付で名前を知らない軍曹二人に見とがめられ、「門井」と呼ばれ、「何のため来たのか」と問われたので、「郷里から兄が出てきたので面会のため参りました」と偽って答えると、「免許札があるか」と尋ねられ、「じつは、脱営してきました」と話すと、「自分等についてこい」と言われた。そのとき、惣太郎はいずれかへ立ち去っていた。それから両軍曹に従って帰営した。惣太郎の外套と自分の軍刀は寝台の上に置き、長屋伍長殿から一通りのご吟味を受けたので、「飲酒のため脱営しました」と申し偽り、直ちに営倉入りを申しつけられた。同じ営倉には、同じ隊のラッパ卒・田熊又五郎、馭卒・豊田国松、同じく関口繁蔵がいて、いろいろ話したあと就寝した。

およそ十一時半頃だったと思うが、急に営内が騒がしくなったので、田熊等が、「すわ、斬り込みだ」と騒いだが、自分はかねて承知のことなので、いよいよ暴発したようだ、と思っている内に、多人数が大隊週番所の前あたりに押し出してきたようだった。窓からうかがい見ていると、何か手荒な物音を聞いたので、番兵を呼び、「ここを開けてくれ」と言ったが、近辺に番兵を見かけない。そこで、足で戸を蹴り離し、白シャツのまま帽子を被り、営倉から駆け出すと、「やってしまえ。やってしまえ」と叫ぶ者がいるので、「門井だ」と答え、砲廠の方へ駆けていく途中、誰かはわからないが、軍刀で自分をたたく者がいた。それから炊事場の方に行こうとする途中、樅の木の下で同じ隊の馭卒・羽成常助に出会った。炊事場に着いて、白衣では事前のとりきめとは違うので、さっきのようにたたかれたのだ、と考え、吉田伍長殿から同人の冬略衣を借り、これを着て再び砲廠の方へ行った。そこに行くと誰かが、「貴様は何も手に持たず、何をするんだ」と言う者がいた。そこで自分はとりあえず砲車のテコ棒をひっさげていくと、第二小隊室の前に、士官と見受けられる人が倒れていたが、何分生死はわからなかった。そこに剣が一本落ちているのを拾い取り、テコ棒は砲廠の方へ投げ棄てた。拾った剣で倒れている人の頭部へ一太刀切りつけ、直ちにその剣を携え営門にいく途中、井戸の傍らに一人の死体があるのを見受けた。それから営門に行くとき、砲廠で、引き続き大砲が二発発せられるのを聞いた。そのあと営門の内外を走り回っていると、山砲を引き出す者がいたので、自分は戻って砲口を押し、一同大声を出して営門を出て、武庫主管の角まで来た。ところがそこで小銃を撃ちかけられ、山砲を捨て、匍匐して武庫主管の前を通過し、道の傍らに潜伏していると、半蔵門の方から歩兵士官が馬に乗ってやってきた。士官には自分と同じ隊の兵卒十名ばかりが随行していて、その中にいた同じ隊の砲卒・近藤幸助等を見受けた。「どこへ行くのか」と尋ねると、「歩兵士官・磯林中尉殿に召しつれられ、歩兵営へ行く」とのことだった。自分も、もはやほかに致し方もないだろうと考え、同じ隊の砲卒・西村与三郎等とともに随行し、兵器を収めた。その際、兵営内の死体の傍らで拾った士官の剣を差し出し、縛された。そして、吉田伍長殿から借用した冬衣の伍長徽章の内二本はあとで剥ぎ取った。

右の通り相違ない。

明治十一年九月三十日　門井藤七

38　菊池作次郎

近衛砲兵大隊第二小隊
馭卒　菊地《ママ》作次郎　当十月二十三年五ヶ月
明治十年十二月入隊　群馬県平民　上野国佐位郡五目牛村　亡清七二男　神宗

口供

徒党暴動之件
一　自分儀去ル七月中日失念遊歩ノ末午後三時過愛宕

下家名不存牛肉店ニテ一酌中別席ニ近衛歩兵隊兵卒三人飲酒罷在ル処右三人ト談話ノ際姓名承リタルニ右卒ノ内一名近衛歩兵第一連隊第二大隊第二中隊兵卒福田清松ト申候外二人ノ姓名ハ承リ不申候自分隊中ニ於テ先般来日給金減少等ニテ不平ノ咄寄々有之候間自分ヨリ近頃近衛兵モ日給等減少ニテ難渋ノ次第ナリ貴公ノ隊ニテハ不平ヲ申シ居ラサルヤト申処清松ヨリ右等ノ儀ハ承ラズ《ママ》ト申スニ自分ヨリ尚又砲隊ニハ不平ノ者コレアリ何時暴動ヲナスモ計ラレズ抔《ママ》ト咄シタル末自分二階ヨリ下リ酔中確ト不相覚候得共自分隊号姓名相認右喜《ママ》代松ヘ相渡シ其後三人ハ先ニ立去リタリ

其後八月上旬頃ト相覚候同隊駆卒長嶋竹四郎ヨリ近衛歩兵隊ニハ承知ノ者無之ヤト申スニ付前書福田清松ト申ス者ハ一面会シタル旨相答ヘ候処然ラハ其者ヘ内談致度儀有之ニ付来ル水曜日午後神田佐柄町一丁目梅ヨシト申団子屋ヘ参ルヘキ旨申遣シ呉ル様頼ニ付承知致シ直ニ書面相認メ過日咄シ置タル儀ニ付申談度依テ前書ノ処ヘ来ル水曜日参リ呉度万一清松差支ノ節ハ兼テ牛肉店ニテ面会シタル両人ノ内一人出席ノ儀モ記載シ残飯買受人ヨリ差入ル処ノ人夫ニ托シ郵便箱ヘ差入レ方相頼ミタレ共自分ヘ返書ハ無之

其後八月中旬ト存シ候第二小隊厩ニテ馬手入中竹四郎招キタル故厩外ニ至ルニ各隊ノ者ト集会モ致シタリ就テ貴様ニ頼ムコトモ可有之何分尽力致シ呉ル様申スニ付自分ヨリ右ハ如何ナル事ヤト相尋ルニ是迄聞及ヒタルコトモ可有之隊中減給等ノ儀甚タ不平ニ付今度暴挙ノ企有之貴様モ尽力アルベ《ママ》シトノ事故承諾致候夫ヨリ自分飯室直ニ同隊駆卒藤原岩三郎ニ向ヒ何心ナク今度暴挙ヲ致スコトヲ聞及ヒタリ如何ヤト申処一向不相心得右ハ誰ヨリ聞クヤト問ニ付竹四郎ヨリ承ルト答ヘ相分レ申候午後散歩セント立出ル際竹四郎ヨリ呼留メラレ同人ヨリ今朝密話シタル事件容易ニ他言シタルハ不都合ト申故右ハ不相漏旨一旦偽リ答ヘタルニ竹四郎申スニ岩三郎ヘ相話タル趣同人ヨリ申聞有之タリ此事露顕セハ其方ノ命ニ係ルコトナリ貴様ハ此方ノ命ヲ取ル心得歟就テハ貴様ノ命モ屹度取ト申スニ付右様ノ心得ニテ咄シタルニ非ス全ク何ノ考モナク咄シタリト詫ヒ入ルニ然ラハ今般ハ差免ス若シ此事顕ルレハ貴様ヨリ洩シタルナリ其節ハ必命ヲ取ル故心得居ルヘシト申シタル後相分レ申候其後同人ヨリ何モ承リタル儀無之候

同二十三日夜人員検査前岩三郎ヨリ今夜不時呼集有之モ難計趣相咄スニ付右ハ如何様ノ事ナルカ更ニ不相分候得共若シ竹四郎ヨリ承リタル儀ニテ今夜暴動スル

事ニモ可有之哉抔ト相考ヘ入寝其後同隊卒矢部楳吉ニ向ヒ今夜ハ不時呼集アル由申聞ケ其侭《ママ》眠ニ就キ候処凡十一時過キト存ル頃俄ニ営内騒ケ敷ニ付起床直ニ夏衣ヲ著シ軍刀ヲ帯シ窓ヨリ飛出ルニ白服ノ者ハ殺スト呼者アルニ付是ハ竹四郎ヨリ咄シ有之タル事件弥相発シタルト存シ衆兵ニ従ヒ事ヲナサントタ、チニ入室冬衣ヲ著シ営門ノ方ヘ駈行クトキ第二小隊入口ノ南ニ一人倒レ居ルヲ見受ケ申候夫ヨリ病室口ニイミ居ルトキ営内ニテ砲声ヲ聞キ冬衣ヲ著シタル兵多人数発声門ヲ押開クヲ見受タリ其内右ノ兵出門スルニ従ヒ自分モ発声門外ニ出ツ衆兵歩兵営ノ方ヘ相越スニ付別段ノ考ヘモ無之衆兵ニ従ヒ行タルニ同営ニ近付キ気ヲ付ケト各兵申スヲ聞キ且抜剣シタル者ヲ見受タリ然ルニ歩兵営ノ方ヨリ小銃ヲ打掛ラレタルヨリ進退谷リ一時草中ニ潜伏シ暫クアリテ砲兵営ノ方ニ皈ル際営内ニテ発砲スルヲ聞ク営門脇ニ来ルトキ同隊卒出口宇吉ニ出会シ同人ト何レヘカ相越スヘキト相談ノ上竹橋ノ方ヘ参ルニ冬衣ヲ著タル兵卒多人数ニテ支ヘタルヨリ西ノ方ヘ逃ント武庫主管ノ前ニ至ル時双方ヨリ小銃ヲ撃掛ラレ匍匐シテ西ノ方ニ行ク時近衛歩兵隊附磯林中尉殿半蔵門ノ方ヨリ馬上ニテ相越サレ段々説諭セラレ是ヨリ西ノ方ヘ行クトキハ国賊トナル故此方ニ従ヒ来ルヘシトノ事ニ付其命ニ従ヒ宇吉倶々歩兵営ニ至ルニ同様来ル所ノモノ十人余ト存候夫ヨリ兵器ヲ収メ縛サレ候事

右之通相違不申上候

明治十一年十月一日　菊地《ママ》作次郎

【現代語訳】

徒党暴動の件

一　自分は、七月中、日は忘れた、散歩のあと午後三時過ぎ、愛宕下の店名を知らない牛肉店で一酌中、別席に近衛歩兵隊の兵卒三人が酒を飲んでいて、右三人と話した際、姓名を聞くと、右卒のうち一名は近衛歩兵第一連隊第一大隊第二中隊の兵卒・福田清松と言い、ほか二人の姓名は聞けなかった。自分の隊では先般来、日給金の減少等で不平の話が折々あるので、自分から、「近頃、近衛兵も日給等の減少で難渋している。貴公の隊では、不平を言っていないか」と言うと、清松は、「そのようなことは聞いていない」と言う。自分はなおまた、「砲隊には不平の者がいて、いつ暴動を起こすかもわからない」などと話した。それから自分は二階から下りて、酔っていてはっきりと覚えていないが、自分の隊名・姓名を書いて、右清松に渡した。そのあと三人は先に立ち去った。

その後、八月上旬頃と覚えているが、同じ隊の駆卒・長島竹四郎から、「近衛歩兵隊に知り合いの者はいないか」と聞かれたので、「福田清松という者には一度会ったことがある」と答えた。竹四郎から、「それならその者と内密に話したいことがあるから、来る水曜日の午後、神田佐柄町一丁目の梅由という団子屋まで出向いてくれるよう伝えてもらいたい」と頼まれたので、承知して、直ちにつぎのような手紙を書いた。「過日話した件について相談したい。ついては、記載の場所へ、来る水曜日に出向いてもらいたい。万一貴殿が差し支えあるときは、この間牛肉店で面会した二人のうち一人に出席してもらいたい」と書き、残飯買受人から派遣されている人夫に郵便箱へ差し入れるよう頼んだが、自分へ返書はなかった。

その後、八月中旬のことと思うが、第二小隊の馬屋で馬の世話をしていると、竹四郎が自分を招くので、馬屋の外に出た。彼が、「各隊の者と集会もした。ついては貴様に頼むこともあるので、何分尽力してもらいたい」と言うので、自分が、「それはどんなことか」と尋ねると、「もう聞き及んでいることだろうが、隊の中で減給等のことにたいへんな不平があるので、こんど暴挙の企てがある。貴様も尽力してもらいたい」と言うので、承諾した。それから自分は部屋に帰ると直ちに、同じ隊の駆卒・藤原岩三郎に向かって、何心なく、「こんど暴挙を起こすという計画を聞いた。聞いているか」と言うと、「何も知らない。それは誰から聞いたのか」と問われ、「竹四郎から聞いた」と答え別れた。

午後、散歩に出ようとすると竹四郎に呼び止められ、「今朝、密かに話した件を、不用意に他言したのはよくない」と言うので、「漏らしてはいない」といったん偽って答えたものの、竹四郎が、「岩三郎に話したということを、本人から聞いた。この事が露顕すれば、その方の命に関わることだ。貴様はこちらの命を取る心得か。そうなら、貴様の命もきっと取る」と言うので、「そのような心得で話したわけではない。まったく何の考えなく話してしまった」と詫び入ると、「それなら今回は差し許す。もしこの事が露顕したときは、貴様が洩らしたものだ。そのときは必ず命を取るから、心得ていろ」と言われたあと別れた。その後、長島から何も聞かなかった。

二十三日夜、人員検査前、岩三郎が、「今夜不時呼集があるかもしれない」と言うので、それがどんなことなのか何もわからなかったが、もし竹四郎から聞いた件で、今夜暴動を起こすことでもあるか、などと考えながら就寝した。そのあと、同じ隊の兵卒・矢部楳吉に向かい、「今夜不時呼集がある」と言い、そのまま就寝した。およそ十一時過ぎと思われる頃、にわかに営内が騒がしいので起床、直ちに夏衣を着、剣を帯し、窓から飛び出すと、「白服の者は殺す」と叫ぶ者がいるので、これは竹四郎から話があった事件がいよいよ始まったと思った。自分は多数の兵に従って事をなそうと思い、直ちに部屋に戻って冬衣を着、営門の方へ駆けていくとき、第二小隊入口の南に、一人倒れているのを見受けた。それから病室口にたたずんでいるとき、営内で砲声を聞き、冬衣を着た多数の兵が声を上げて門を押し開くのを見受けた。そのうち、右の兵が門を出たのに従い、自分も声を上げて門外に出た。多くの兵が歩兵営の方へ行くので、自分も別段の考えもなく、多くの兵に従っていったが、同営に近づくと、「気をつけろ」と兵がそれぞれ言うのを聞き、抜剣した者がいるのを見受けた。そうすると、歩兵営の方から小銃を打ちかけられたため、進退きわまり、一時草の中に潜んだ。しばらくして砲兵営の方へ帰る際、営内で発砲するのを聞いた。営門脇に来たとき、同じ隊の兵卒・出口宇吉に出会った。同人とどこへ行ったらよかろうかと相談の上、竹橋の方へ行くと、冬衣を着た兵卒多数が固めていたので、西の方へ逃げようと武庫主管の前へ来たとき、両方から小銃を打ちかけられたため、葡匐して西の方へ行くと、近衛歩兵隊付・磯林中尉殿が半蔵門の方から馬に乗って来られ、いろいろ説諭せられ、「ここから西の方へ行けば国賊になるから、おれに従って来い」と言われたので、その命令に従って、宇吉ともども歩兵営に行った。同様に来たのは、十人余りだったと思う。それから兵器を収め、縛された。

右の通り相違ない。

明治十一年十月一日　　　　　　　　菊池作次郎

39　堤　熊吉

近衛砲兵大隊第一小隊
駅卒　堤熊吉　当十月二十四年十一ケ月
明治八年四月入隊　堺県平民　大和国平群郡宮堂村
政二郎弟　浄土宗

口　供

徒党暴動之件

一　自分儀明治十一年八月廿二日午前第十一時半頃第一小隊室ノ入口ニテ野中与吉ヨリ何カ話シヲ聞タルヤ

ト問ハレ何モ聞カスト答フル処与吉申ニハ当隊并ニ近衛連隊鎮台予備砲隊申合セ暴発スル積リナリト然ルニ先般ヨリ給与ハ減セラレ又食器抔ヲ破レハ直チニ償金ヲ召上ラレ是等ハ自分モ不平ニ存シ居タル折ナレハ夫等ノ事柄ニテ暴発スルナラント存委細ノコトヲ尋ネスシテ立別ル

同廿三日午前第十一時半ヨリ馬場鐵市田中音吉ト共ニ厩当番ニ有之午後第七時頃木村圓解ヨリ呼出サレ厩ノ傍ナル銀杏樹ノ蔭ニ参ル処圓解与吉両人此支度ニテ事ヲ起スナリトテ冬服ニ白襷ヲ掛ケタル図并ニ号旗ノ図ヲモ見セラレ猶圓解ヨリ今夜砲ヲ発スルヲ合図ニ暴発スルコト及ヒ近衛連隊等モ皆一致シテ居ルト申サレ其心得ニテ罷在ル処此夜第九時頃厩番駒井伍長殿見廻リ来リ第十時五十嵐軍曹殿参リ今夜ハ騒ケ敷事ナリ抔申立去ラル其後営門番兵副司令磯邉伍長殿見廻リニ来リ同人立去ラル、後程ナク第二小隊室ノ方ニ喊ノ声揚ル（第十一時半頃ト覚フ）依テ自分ハ直チニ室内ニ馳セ行キ冬衣ヲ取出シ厩ニ至リテ之ヲ着シ大隊週番室ノ近所ニ至リ名前不知モノ数人ト共ニ髙口某ニ集合喇叭ヲ吹カセタリ時ニ大隊週番室ノ所ニテ大隊長宇都宮少佐殿左手ニ提灯ヲ提ケ居ラレタルヲ見掛ケ灯アリテハ自分等顔ヲ見ラレ不都合ト存シ先ツ洋刀ニテ其提灯ヲ切リ落シタリ時ニ名前不分明ノ者十人計大隊長ニ打チ掛リ自分モ洋刀ニテ之ヲ打チ大隊長ハ斃レタリ夫ヨリ第二小隊室ノ方ニ行ク時名前不存モノ、帽ヲ奪ヒ其日覆ヲ以テ洋刀ノ汚レヲ拭ヒ去リ営門ニ至リテ衆人ト共ニ之ヲ破リ連隊ヲ誘ヒ出サント已ニ箱馬場ノ先キ十二三間計ノ所ニ進ミシトキ小銃ヲ発射セラレ自分ハ足部ニ傷ヲ受ケタル処何人ニヤ来リテ繃帯致シ呉レ夫ヨリ洋刀ヲ力ニシテ十二三間計歩ミ茲ニテ永合竹次郎来リテ自分并ニ三木六藏ヲ介抱シテ凹ミタル所ニ入レ銃丸ヲ避ケ居タル折柄連隊ノ兵銃ニ剣シテ来ル時ニ自分ハ匍匐出タレトモ危キ故再ヒ潜ミシニ連隊ノ兵ハ竹橋ノ方ニ向キ去ル其後又匍匐出タル処連隊ノ兵ヨリ誰カト申サレ近衛砲隊ノ兵ナリト答ヘ且傷ヲ蒙リシ旨申述シ処連隊ノ病院ヘ召連ラレ翌廿四日本病院ニ送ラレ治療ヲ受ケ候事

右之通相違不申上候

明治十一年十月一日　　堤　熊吉

【現代語訳】

徒党暴動の件

一　自分は、明治十一年八月二十二日午前十一時半頃、第一小隊室の入口で野中与吉から、「何か話を聞いてい

るか」と聞かれた。「何も聞いていない」と答えると、与吉は、「当隊と近衛連隊、鎮台予備砲隊が申し合わせて暴発するつもりだ」と言った。これを聞いて、先般来、給与は減らされ、また食器等をこわせば即座に弁償金を召し上げられ、これらは自分も不平に思っていた折なので、それらの事柄を理由に暴発するのだろうと考え、くわしいことを尋ねないで別れた。

同二十三日午前十一時半から馬場鉄市、田中音吉とともに馬屋当番だった。午後七時頃、木村円解から呼び出され、馬屋の傍らにある銀杏の木陰に行くと、円解と与吉の二人が、「このしたくで事を起こす」と言って、冬服に白襷をかけた図と合図の旗の図をも見せられた。さらに円解から、「今夜大砲を発するのを合図に暴発すること、近衛連隊等とも全部、一致している」と聞いた。その心得でいたが、この夜九時頃、馬屋番・駒井伍長殿が見回りに来、十時には、五十嵐軍曹殿が来て、「今夜は騒がしいことだ」などと言って立ち去った。その後、営門番兵副司令・磯辺伍長殿が見回りに来て、立ち去られたあと間もなく、第二小隊室の方で喊の声が上がった（十一時半頃だったと思う）。それで自分はすぐ室内に駆けていき、冬衣を取り出し、馬屋でこれを着、大隊週番室の近くに行って、名前を知らない数人とともに高口某に集合ラッパを吹かせた。そのとき、大隊週番室の所で、大隊長・宇都宮少佐殿が左手に提灯を提げているのを見かけた。灯があっては、自分等の顔が見られて不都合だと思い、まず洋刀でその提灯を切り落とした。そのとき、名前のわからない者十人ばかりが大隊長に打ちかかり、自分も洋刀で彼を打ち、大隊長は斃れた。それから第二小隊室の方へ行くとき、名前を知らない者の帽子を奪い、その日覆いで洋刀の汚れをぬぐい取り、営門まで行って、みんなとともに門を破り、連隊の者を誘い出そうと、すでに箱馬場の先十二、三間ばかりの所に進んだとき、小銃を発射され、自分は足に傷を受けた。すると誰かが来てくれ、包帯をしてくれた。そこから洋刀を力にして十二、三間ばかり歩いたが、そこに永合竹次郎が来て、自分と三木六蔵を介抱し、凹んだ所に入れて銃丸を避けてくれた。そのとき、連隊の兵が銃に剣をつけてやったきたので、自分は匍匐で出たが危険なので再び潜んでいると、連隊の兵は竹橋方面に向けて去っていった。そのあとまた匍匐して出ると、連隊の兵から、「誰だ」と聞かれ、「近衛砲隊の兵だ」と答えて「負傷している」と言うと、連隊の病院へつれていかれ、翌二十四日、本病院に送られ、治療を受けた。

右の通り相違ない。
明治十一年十月一日　堤　熊吉

40　吉田定吉

近衛砲兵大隊第二小隊
駆卒　吉田定吉　当十月二十四年十一ヶ月
明治八年四月入隊　堺県平民　大和国添上郡大柳村
荘助次男　真言宗

口供

徒党暴動之件
一　自分儀八月廿二日晩食後小嶋万助ヨリ呼出サレ砲廠ニ参ル処此度各隊申合暴動致ス積リナリ其次第ハ昨年西南ノ戦賞モ無之加之日給ハ減少シ物品ハ倹約セラレ実ニ不平ニ不堪依テ皇居ニ参リ強願スル約ナリ同意致シ呉ヨトノコト故同意可致旨相答タルニ明日招魂社ニ於テ右等ノコトヲ議スル為集会スル筈ナリ其許モ出呉ヨト申候ニ付承知致ス旨相答フル際士官ノ来ルニ遇フテ其侭《ママ》立別レ申候
　廿三日午前機械庫ニテ福井梅吉ニ出会昨夜萬助ヨリ聞及ヒタルコトノ大略ヲ相話シ且其刻ハ冬衣ヲ着シ白襷ヲ掛ヘキコトヲモ相話シ申候午後下宿ニテ石田丑松西村平次郎等ト出会候ニ付平次郎ニ向ヒ今度ノ事ヲ聞タリヤト相尋候得バ《ママ》永《ママ》島竹四郎ヨリ承知セリ且今日招魂社集会ニツキ行トノコトアリシカ如何自分申候ハ我モ行ツモリナレ共是ヨリ新宿ヘ遊ヒニ行ハ遅刻スルモ計リカタシ其許能各隊ノ事情ヲ聞糺シ呉ヨ西村承知ノ趣故直ニ此処ヨリ新宿ニ参リ帰路又々下宿ニ立寄招魂社ノ様子ヲ平次郎ニ承リ候得共同人不参故何事モ不知趣申ニ付其侭《ママ》帰営致シ候
　晩食頃愈今夜ハ事ヲ発スルナリ其旨其許室ヘ順次ニ伝ヘ呉ヨト小島萬助ヨリ申聞ラレ承知ノ旨相答入寝後小松崎健藏ニ伝ヘタルニ既ニ承知ノ様子ニ有之候夫ヨリ丸山新太郎ニ告同人ヨリ順次ニ伝達致シ呉ヨト依頼シテ臥床セリ少々眠ルヤ否ヤ各室共ニ騒ケ敷故匆々支度相調ヒ《ママ》室ヲ出ルノ際銃声ヲ聞直ニ抜剣西ノ方ニ参リ候処口々ニ連隊裏門ノ方ヘ行ントノ申ニ依リ多人数共ニ行キシニ裏門ハ竹四郎之ヲ破リ自分ハ工兵方面受持ノ門ヘ手ヲ掛ケ之ヲ押シ候際門外ニモ多人数居合セ力ヲ添ヘ共ニ之ヲ破リ同所ヘ参リタルニ止レ誰カノ号令アリシニ付誰ニヤ近衛砲兵大隊ト相答タル処打テ々ト令スル声ヲ聞キ一同退走スル際小銃二三発打掛ラレ（此時砲声ヲ聞キ次テ営内ニ火ノ手揚ルヲ見ル）長島竹四郎丸山

新太郎ト共ニ営柵ヲ乗越ヘ営ノ西土手ノ蔭ニ隠レ居ル内二度目ノ砲声ヲ聞暫クシテ営門ノ方ニ多人数参集スル故同処ヘ参リ候処磯邉伍長殿片山伍長殿高尾平吉等居合セ共々炊事場ヘ参リ其折小島万助羽成常助松田徳太郎谷新四郎長屋滝藏加藤由三郎等来合セ無程仁木伍長殿参ラレ同人ノ差《ママ》図ニテ飯ヲ炊キ弁当拵ヘ等仕候此時連隊ヨリ士官方参ラレ哨兵モ入来リ夜明テ室ニ入休足翌廿四日当裁判所ヘ護送相成候事

右之通相違不申上候

明治十一年十月一日　　吉田定吉

【現代語訳】

徒党暴動の件

一　自分は、八月二十二日夕食後、小島万助から呼び出され、砲廠に行くと、「こんど各隊が申し合わせて暴動を起こすつもりだ。そのいきさつは、昨年の西南の役の戦賞もなく、そればかりか、日給は減少し、物品は倹約されて、じつに不平に堪えられない。だから、皇居に行って強願するという約束だ。同意してもらいたい」と言われた。自分が、「同意する」と答えると、「あす招魂社でこの件について議論するため、集会が予定されている。お前も出くれ」と言うので、「承知した」と答えたとき、士官が来合わせたのでそのまま立ち別れた。

二十三日午前、器械庫で福井梅吉に出会い、昨夜、万助から聞き及んだことの大略を話し、「そのときは、冬衣を着、白襷をかけろ」とも話した。午後、下宿で石田丑松、西村平次郎等に出会ったので、平次郎に向かって、「こんどのことを聞いているか」と尋ねると、「長島竹四郎から聞いた。またきょう、招魂社で集会があるとのことだが、お前は行くのか」と聞かれた。自分は、「おれも行くつもりだが、これから新宿へ遊びにいくので遅刻するかもしれない。お前、よく各隊の事情を聞きただしてくれ」と言った。西村が承知したようなので、すぐにそこから新宿に行き、帰りがけにまたまた下宿に立ち寄って、招魂社での集会の様子を平次郎に聞いたが、同人は、「集会に行かなかったので何も知らない」と言うので、そのまま帰営した。

晩食の折、小島万助から、「いよいよ今夜は事を起こす。その旨を、お前の部屋の者へ順次、伝えてくれ」と言われ、「承知した」と答え、就寝後、小松崎健蔵に伝えたが、すでに知っているようだった。それから丸山新太郎に話し、「お前から順次、伝達してくれ」と依頼して、床についた。少し眠るや否や、各部屋が騒がしいので起き、急いでしたくをととのえ、部屋を出ると、銃声を聞いた。直ちに剣を抜いて西の方に行くと、みんなが口々に、「連隊裏門の方へ行こう」と言うので、多人数で行った。裏門は竹四郎が破り、自分は工兵方面の門に手をかけて押すと、門外にも多人数が居合わせ、力を合わせてこれを破った。連隊裏門に行くと、「止まれ。誰だ」という号令があったので、誰かが、「近衛砲兵大隊だ」と答えると、「打て。打て」と命令する声を聞き、一同退走するとき、小銃二、三発を打ちかけられ（このとき砲声を聞き、ついで営内に火の手が上がるのを見た）、長島竹四郎、丸山新太郎とともに営柵を乗り越え、兵営の西の土手の陰に隠れていると、二度目の砲声を聞いた。しばらくして、営門の方に多人数が集まっているので、そこへ行ってみると、磯辺伍長殿、片山伍長殿、高尾平吉等が居合わせ、ともども炊事場へ行った。そこへ小島万助、羽成常助、松田徳太郎、谷新四郎、長屋滝蔵、加藤由三郎等が来合わせ、ほどなく仁木伍長殿が参られ、同人の指図で飯を炊き、弁当ごしらえ等をした。このとき、連隊から士官方が参られ、哨兵も入ってきた。夜が明けて部屋に入って休息し、翌二十四日当裁判所に護送された。

右の通り相違ない。

明治十一年十月一日　　吉田定吉

41　高橋竹四郎

近衛砲兵大隊第二小隊
砲卒　髙橋竹四郎　当九月二十四年一ヶ月
明治八年四月入隊　新潟県平民　越後国古志郡太田村　三四郎二男　真言宗

口供

徒党暴動之件

一　自分儀八月廿二日夜八時三十分人員検査前谷新四郎ヨリ願ノ筋有之明夜十一時四十分頃号砲ヲ発スルヲ合図ニ整列シテ押出スナリ尤本日招魂社ニ集会アレハ何レ諸事分ルヘシ貴公モ同意セラレヨトノ事ニ付如何ナル訳ト問フニ夫ハ兼テ其許ノ心ニアルコト共ナリト答フルニ付先般ヨリ日給ハ減少セラレ靴下ハ省略相成是等ハ兼テ不平ニ存シ同隊卒小島万助等ト何卒願出度抔申合候儀モ有之ニ付直チニ同意致シ候

一　廿三日午後万助申聞候ニ火薬庫ノ小銃弾薬ヲ取ニ行クニ付其許立番ナル時ニハ差出シ呉レヨトノコトニ付之ヲ承諾致候又同人ヨリ「《ママ》スヘンセル銃ニハ剣ナク

シテ用ヲ為サ、ルニ付事ヲ発スル際ニハ其許等ト共ニ武庫主管ニ赴キ同所ニアル一《ママ》「スナイド《ママ》ル銃ヲ取出シテ隊中ノ銃ト引替申サント申聞ニ付自分モ可然ト相答申候然ルニ此日自分ハ営門番兵故外出ハ不致十二時後小島万助ヨリ承ルニ今ヨリ刀ヲ買ニ行クヘシ夫ハ今夜手配ヲ致ス時先ツ士官ノ処ニ行キ我等ノ意ニ従ヒ指揮致シ呉レト申承諾セサレハ刧シ又ハ切殺ス為ノ刀ナルヨシ同日自分今夜暴発ノコトヲ同番兵新家仲吉ニハ相話シ他人ニハ話シ不申同夜九時半頃営門令官北村軍曹ヨリ隣ノ連隊ト我カ隊ト三條大政《ママ》大臣ノ邸ニ行トノ噂アルニ付厳重守衛可致ト被申聞新家仲吉ヨリ暴動ノ節ハ冬衣ヲ着スヘキ旨且暗号ヲモ承リ申候無程眠リヲ催シ睡眠中十一時四十分ト思フ頃営内騒々敷喊ノ声ヲ発スルニ付不取敢銃ヲ持シ令官ノ号令ニテ営門ニ整列致シ居ル際営倉立番山本藤吉来リ唯今門井藤七破倉致シ一人ニテハ迚モ番兵難行届ト申スニヨリ令官ヨリ二三人行ケトノ令ニテ和田吉蔵（外ニ一名アリシ様ナレトモ姓名不覚）ト自分トニテ営倉ニ参リ居候処伍長代務佐々木百蔵足ヲ打レシ由ニテ来ル和田吉藏白衣ニテハ甚危シト申テ其外套ヲ脱シ同人ニ着セ居候際多人数営門ニ向ヒ来リ吶喊門ヲ押毀リ候此大勢ノ者共和田吉藏ガ《ママ》白衣ナルヲ見テ殺セ々ト呼ヒ十四五人追来ル此時自分ハ新家仲吉ト共ニ営門ノ方ニ至リシニ令官ハ不居大勢ニテ門ヲ破リ押出セリ依テ其跡ヨリ新家ト共ニ之ニ従ヒ出テ連隊ノ前ニテ喇叭ヲ聞キ半蔵門ノ処ニテ又呼集喇叭ヲ聞受候得共其方ヘハ不参大勢ノ跡ニ付キ糀町十丁目辺ニテ平岡曹長殿ニ行遇ヒ同人ノ指揮ニテ皇居ニ赴キシ処兵器御取上ケノ上捕縛当裁判所ヘ護送相成候事

右之通相違不申上候

明治十一年九月三十日　髙橋竹四郎

【現代語訳】

徒党暴動の件

一　自分は、八月二十二日夜八時三十分、人員検査の前に谷新四郎から、「願いの筋があり、あすの夜十一時四十分頃、号砲を発するのを合図に、整列して押し出す計画だ。もっとも、きょう招魂社で集会があったので、いずれいろいろはっきりするはずだ。貴公も同意してもらいたい」と言われた。「いかなるわけか」と問うと、「それは、かねてお前の心にあることだ」と答えた。先般来、日給は減少され、靴下の支給は省略され、かねて不平に思っていて、同じ隊の兵卒・小島万助等と、何とか願い出たいものだなどと申し合わせたことでもあったので、直ちに同意した。

一　二十三日午後、小島万助から、「火薬庫の小銃の弾薬を取りにいくので、お前が立番のときには、門を通してくれ」と言われたので承諾した。また同人から、「スペンセル銃には、銃剣がつかないから用をなさない。暴発のときには、お前等とともに武庫主管に行き、そこにあるスナイドル銃を取り出して、隊中の銃と引き替える」と言うのを聞いて自分も、「そうした方がいい」と答えた。この日、自分は営門番兵だったので、外出しなかった。十二時過ぎ、小島万助が来て、「今から刀を買いに行くつもりだ。今夜手配をするとき、まず士官の所へ行き、われ等の意に従い指揮してくれ、と言って、承諾しないときは、脅すか、切り殺すための刀だ」と言った。自分はその日、今夜の暴発を、同じ番兵の新家仲吉には話したが、そのほかの者には話さなかった。

同夜九時半頃、営門令官・北村軍曹から、「隣りの連隊とわが隊とが三條太政大臣の屋敷に行くという噂があるので、厳重に守衛せよ」と命令された。新家仲吉から、暴動の際は冬衣を着ることや、暗号も教えられた。ほどなく眠りを催し、眠ってしまったが、十一時四十分と思う頃、営内が騒々しく、喊の声が上がったので、とりあえず銃を持ち、令官の号令で営門に整列しているとき、営倉の立番である山本藤吉が来て、「ただ今、門井藤七が破倉しました。一人ではとても番兵が行き届きません」と言った。令官が、「二、三人行け」と指令したので、和田吉蔵（ほかにもう一人いたようだったが、名前を覚えていない）と自分とで営倉に行った。そこにいると、伍長代務・佐々木百蔵が足を打たれたとやってきた。和田吉蔵が、「白衣では危ない」と言って、外套を脱ぎ、同人に着せた。そのとき、多人数が営門に向かってきて、鬨の声を上げて門を押し破った。この大勢の者たちは、和田吉蔵が白衣なのを見て、「殺せ。殺せ」と叫んで、十四、五人が追ってきた。このとき自分は、新家仲吉とともに営門の方に行ったが、令官はいなかった。大勢で門を破り、押し出したので、あとから新家とともにこれに従って出た。連隊の前でラッパを聞き、半蔵門の所でまた呼集ラッパを聞いたが、その方には行かず、大勢のあとについていった。麴町十丁目あたりで平岡曹長殿に行き合い、同人の指揮で皇居まで行き、兵器を取り上げられた上、捕縛され、当裁判所に護送になった。

右の通り相違ない。

明治十一年九月三十日　　　　高橋竹四郎

42　辻　亀吉（編集注　口供書二通と口供備考書あり）

近衛砲《ママ》大隊第一小隊
駁卒　辻　亀吉　当十月廿五年二ヶ月
明治八年四月入隊　滋賀県農　近江国甲賀郡和田村
住　弥介弟　浄土宗

口　供

徒党暴動之件

一　自分儀明治十一年八月廿三日人員検査前同隊卒大嵜石松ヨリ何カ話ヲ聞タルヤト問ハレシニ付何モ承ラスト答フル処今夜十二時砲ヲ発スルヲ合図ニ一同整列シ隣ノ連隊ニ行キ之ヲ誘ヒ出シ同道シテ　皇居ニ参ルニ付其節ハ上ニ冬服ヲ着シ又暗号ハ云々ナリト申ニ付他ノ諸隊ハ如何ヤト尋ル処鎮台予備砲兵隊ハ九段坂ニ出ル筈ナリト申ニ付猶委シク尋ントスル際検査喇叭ヲ聞タル故立別レ入寝致シ其後自分ハ小便ニ参リ其節柴田浅蔵ニ向ヒ何カ聞タルヤト尋ルニ只今西島作助ヨリ一寸話シヲ聞キタリト答フルニ付作助ニ向ヒ貴様ハ何ソ委シキ事ヲ知ルヤト問処矢張石松ト同様ノ話ニ有之候夫ヨリ寝ニ就キ未タ暴発セサル廿分程前ニ最早起ヨト自分ヲ起ス者アリ（松本久三郎高橋小三郎ノ中ナリト覚）自分ハ未タ早シ抔申居タリ無程自分ハ髙橋小三郎ノ寝台ニ至ル処石松モ居合セタリ自分小三郎ニ向ヒ砲手ノ者ハ未タ起キサルヤ其許ハ駁者ニノミ話シタリヤト問フニ砲手モ皆承知致シ居ルナリ貴様ハ皆ヲ起シ呉レヨト申ニ付自分ハ湯川十一《ママ》平岩久右ヱ門ノ両人ヲ起シ皆々已ニ出タリ貴様等モ早ク出ヨ上ニハ冬服ヲ着スヘシト申聞ケ置キ自分モ寝台ニ戻リ身支度ヲナシ再ヒ小三郎ノ寝台ニ至ル処沢本久米吉三木重吉モ茲ニ居タリ時ニ第二小隊ノ室甚騒ケ敷何人ニヤ早ク出ヨ出サルモノハ我分隊計リナリト呼フ故自分ハ抜剣シ石松ト共ニ声ヲ揚ケ駈ケ出タル折柄大隊週番室ノ前ニ白服ニテ斃レ居タル人アルヲ見ル已ニシテ多人数第二小隊室ノ辺ヨリ営門ノ方ニ走リ行クユヘ自分モ之ニ赴キシ処衆皆口々ニ連隊ニ行クヘシト呼フ此際小川弥蔵カ白服ニテ門外ヨリ来ルヲ見ル（弥蔵ハ人力車ニテ来リシト覚フ）時ニ何人ニヤ殺セ々々ト呼フ者アリ自分ハ是レ小川ナリト呼ヒ且弥蔵ニ早ク帰リテ冬服ヲ着スヘシト申聞ケ夫ヨリ衆ト共ニ箱馬場ノ先ナル松樹ノ辺迄参リ茲ニテ連隊ヨリ発射セラレ営門ヘ引返ス途上病室ノ後ロニテ砲声ヲ聞キ営門ノ処ニテ佐藤伍長殿ヲ見掛ケタリ時ニ自分ハ烟草ヲ喫セント存シタル処烟草入無之故過刻取落シタルナラント存シ傍ラニアリシ提灯ヲ携ヘ自分室ノ方ヲ見廻リ大隊週番室ノ側ヲ通行ノ折野中与吉等カ玉箱ヲ破リ居ルヲ見タリ夫ヨリ営門ノ方ニ行カントスルト

キ週番室ノ前ニ白衣ニテ斃レタル人アルヲ見ル其傍ニ佐官ノ帽アリシヲ以テ大隊長ナルヲ知ル営門守衛所ヨリ五六間内ノ処ニテ小川弥蔵自分ノ右後ロヨリ来ルニ逢フ自分ハ剣ヲ釣ラン為メ腹巻ヲ解ク節弥蔵ニ剣ヲ為持タリ弥蔵申ニハ手貫緒ハ不用《ママ》ナルヘシト自分モ然リト答ヘタリ自分已ニ腹巻ヲ以テ剣ヲ釣ル様身拵ヲ致シタル後弥蔵傍ニ見ヘサルユヘ小川々々ト申シタル処弥蔵来リシニ付剣ヲ受取リタリ夫ヨリ営門ニ行ク途ニテ弥蔵剣ハ役ニ立タス日本刀ニ無之テハ不都合ナリト申ス（小川弥蔵ニ剣ヲ為持タル以前ニ提灯ハ何人ニカ渡シ其人ハ弾薬ヲ取出シニ行クト云テ去レリ）自分ハ夫ヨリ営門ニ至リシ処多人数ニテ大砲二門ヲ引出シ来リ皆ナ今ヨリ皇居ニ参ルヘシトテ各々進ミ行ク自分モ砲ト共ニ進ミ武庫主管ノ前ニ及ヒ右砲ヲ以テ連隊ヲ撃タント致シ居ル処連隊ヨリ二三十人出テ来リシユヘサテハ彼等モ我々ニ荷担スルナラント思フ間モナク右二三十人ハ武庫主管ノ門ニ入リ此方ニ向ヒ発射致シタルニ付自分等一同狼狽シ大砲ヲ其所ニ差置キテ散乱ス自分モ一時狼狽致シタルモ遂ニ行キ抜ケテ半蔵門ノ方ニ参ル途中磯林中尉殿連隊ノ兵ヲ率ヒ後ヨリ参ラレ其方共ハ已ニ国賊ナリ　皇居ニ参ルモ決シテ入ルコト不相成ト申聞ケラレタルニ付致方無之引返シテ連隊営ニ罷出テ剣ヲ収メ縛ニ就キ廿四日午前当裁判所ヘ護送相成候然ルニ自分剣ニ血痕有之又当夜自分カ剣ヲ以テ深澤大尉殿ノ斃レ居ルヲ斬リ（但斃タル者ニテ生死ハ判然セス）其節剣ノ鋒キ石ニ当リテ火ヲ出シタルヲ下士官ノ者三四間ノ距離ニ在テ見認メ又自分ハ大隊長ノ斃レ居ラレシ傍ヲ抜剣ニテ通リシコトモ有之ニ付テハ斬リ付タルニ相違有之間敷ト証拠ヲ以御取糺相成候処自分ニ於テ斬付ケスト申証拠トテハ無之唯抜剣ヲ暫時ノ間小川弥蔵ニ為持タルコト有之其節弥蔵ハ身ニ剣ヲ携ヘスト存セラレ候ニ付若シクハ自分ノ剣ヲ以テ弥蔵カ大隊長（自分カ弥蔵ニ剣ヲ為持タル所ハ大隊長ノ死体十間計リモ隔タリタル所ナリト覚フ）ノ死体ニ斬リ付ケタルニハ無之ヤト想像致シ候ヘトモ見タルコトニハ無之ヲ以テ弥蔵カ果シテ斬リ付タリトハ申立難ク且又弥蔵ハ其節自己ノ剣ヲ携ヘ居タル旨申出候上ハ自分ニ於テ何人ニモ斬リ付ケストノ申開キ無之候事

右之通相違不申上候

明治十一年十月一日　　辻　亀吉

【現代語訳】

徒党暴動の件

一　自分は、明治十一年八月二十三日、人員検査の前、

同じ隊の兵卒・大崎石松から、「何か話を聞いたか」と問われたので、「何も聞いていない」と答えると、石松は、「今夜十二時、大砲を発するのを合図に一同整列し、隣りの連隊に行って誘い出し、同道して皇居に行くことになっている。そのときは、上に冬服を着、また暗号は云々だ」と言うので、「ほかの諸隊はどうなっているのか」と尋ねると、「鎮台予備砲兵隊は九段坂に出るはずだ」と言うので、もっとくわしく尋ねようとしたとき、検査ラッパを聞いたので立ち別れ、就寝した。そのあと、自分は小便に行き、その折、柴田浅蔵に向かって、「何か聞いたか」と尋ねると、「今、西島作助からちょっと話を聞いた」と答えたので、作助に向かって、「貴様は何かくわしいことを知っているのか」と聞くと、やはり石松と同様の話だった。それから就寝したが、まだ暴発しない二十分ほど前に、「もう起きろ」と自分を起こす者がいた（松本久三郎か高橋小三郎あたりだったと思う）。自分は、「まだ早い」などと言っていた。ほどなく自分が高橋小三郎の寝台に行くと、石松も居合わせた。自分は小三郎に向かって、「砲手はまだ起きないのか。お前は馭者にのみ話したのか」と問うと、「砲手も皆、承知している。貴様はみんなを起こしてくれ」と言うので、自分は、湯川重一、平岩久右衛門の二人を起こし、「みんなもう出た。お前等も早く出ろ。上には冬服を着ろ」と言い聞かせ、自分も寝台に戻って身じたくをし、再び小三郎の寝台へ行くと、沢本久米吉、三木重吉もそこにいた。そのとき、第二小隊室の部屋がたいへん騒がしくなり、誰かが、「早く出ろ。出ていないのはわが分隊ばかりだ」と叫ぶので、自分は抜剣し、石松とともに声を上げ、駆け出した。そのとき、大隊週番室の前に、白服を着て斃れている人がいるのを見た。もう多くの者が、第二小隊室あたりから営門の方へ走っていくので、自分も営門に行くと、大勢の者が皆、口々に、「連隊に行こう」と叫んでいた。このとき、小川弥蔵が白服で門外から来るのを見て（弥蔵は人力車に乗ってきたと覚えている）、誰か、「殺せ。殺せ」と叫ぶ者がいた。自分は、「これは小川だ」と叫び、弥蔵には、「早く部屋に帰って冬服を着てこい」と言った。それから大勢といっしょに、箱馬場の先にある松の木のあたりまで行くと、そこで連隊から発射され、営門へ引き返そうとする途中、病室の後ろで砲声を聞き、営門の所で佐藤伍長殿を見かけた。自分は煙草をすおうと思ったが、煙草入れがないので、先刻どこかに落としたのだろうと、傍らにあった提灯を携え、自分の部屋の方を見回り、大隊週番室のそばを通ったとき、野中与吉等が玉箱を破っているのを見た。それから営門の方へ行こうとするとき、週番室の前に、白衣を着て斃れている人がいるのを見た。その傍らに佐官の帽子があったので、大隊長だと知った。営門守衛所から五、六間入った所で、小川弥蔵が自分の右後ろから来たのに会った。自分は剣を吊るため腹巻を解くとき、弥蔵に剣を持たせた。弥蔵が、「*手貫緒は不要だろう」と言うので、自分も、「そうだな」と答えた。自分が腹巻で剣を吊るよう身拵えをしたあと、そばに弥蔵が見えないので、「小川。小川」と言うと弥蔵が来たので、剣を受け取った。そこから営門に行く途中で弥蔵は、「剣は役に立たない。日本刀でなくてはだめだ」と言った（小川弥蔵に剣を持ってもらう前、提灯は誰かに渡し、その人は、「弾薬を取り出しにいく」と言って去った）。それから自分は営門に行くと、多人数で大砲二門を引き出してきた。皆、「今から皇居に行く」と言って、それぞれ進んでいく。自分も大砲といっしょに進み、武庫主管の前まで来て、右大砲で連隊を撃とうとしていると、連隊から二、三十人が出てきたので、さては彼等もわれわれに荷担するのかと思う間もなく、この二、三十人の者は武庫主管の門に入り、こちらに向かって発射したので、自分等一同みんな狼狽し、大砲をその場に残して散乱した。自分も一時、狼狽したが、ついにそこを抜けて半蔵門の方へ向かった。その途中、磯林中尉殿が連隊の兵を率いて後ろから参られ、「その方どもはすでに国賊である。皇居に行っても、決して入ることあいならず」と申し聞かされたので、致し方なく引き返し、連隊営に出頭して剣を収めて縛につき、二十四日午前、当裁判所へ護送された。

ところで、自分の剣に血痕があり、また当夜、自分が剣で深沢大尉殿が斃れているのを斬り（ただし、斃れていた者の生死ははっきりしない）、そのとき、剣の先が石に当たって火を出したのを、下士の者が三、四間の距離にいて目撃し、また自分は大隊長の斃れておられる傍らを、抜剣して通ったこともあり、斬りつけたに相違ないではないか、と証拠によってお取り糾しになったが、自分では斬りつけなかったという証拠はなく、ただ、抜剣をしばらくの間、小川弥蔵に持たせたことがあり、そのとき、弥蔵は剣を持っていなかったと思われるので、もしかすると、自分の剣をもって弥蔵が大隊長（自分が弥蔵に剣を持たせた所は、大隊長の死体から十間ばかりも隔たった所だったと記憶している）の死体に斬りつけたのではないかと想像したが、見たことではなく、これをもって、弥蔵が斬りつけたと申し立てることはできず、かつ弥蔵は、「そのとき、自分の剣を携えていた」と申し出ている上は、自分では、誰にも斬りつけなかったと申し開きはしない。

右の通り相違ない。

明治十一年十月一日　辻　亀吉

〔語句解説〕

＊手貫緒（てぬきお）　うでぬきお（腕貫緒）ともいう。刀を落としてもすぐ拾えるように、鞘につけた紐を、手首に通しておく場合、その紐をいう。陸軍では刀緒（トウショ）といい、サーベルの護拳の金具についている紐、または軍刀の柄頭につけた腕貫緒（トウチョ）（日本刀大百科事典）

辻亀吉口供備考

一　本文営門ノ方ニ行ントスルトキ小川弥蔵自分ノ右後ヨリ来リシトキ弥蔵ヨリ辻剣ヲ釣レト申サレシ旨供出スト雖モ弥蔵ハ亀吉ヨリ剣釣ヲ仕替ルニ付剣ヲ持チ呉レヨト申サレシ旨供出シ両造ノ口供符合セス故ニ本文其言ヲ省ク

一　亀吉カ弥蔵ニ剣ヲ為持タル時間ハ二分許ノ間ナリト供シ弥蔵ハ其時間十二三秒許ナリト供シ符合セス故ニ本文之ヲ省ク

一　弥蔵ハ已ニ亀吉ニ剣ヲ渡シ共ニ営門に至リシ処田嶋森助ニ会フニ森助ハ刀（日本刀ナリ）ハ役ニ立チシト申ス夫ヨリ弥蔵ハ引返シテ三分隊室ノ入口ノ左ノ所ニ剣ヲ棄テ入リテ銃ヲ取出シ其節入口ノ所ニテ何人カ居タルヲ見タレトモ営門ヨリハ誰モ自分ニ付キ来ラスト供ス

亀吉ハ初審ニ剣ヲ弥蔵ヨリ請取リシトキ弥蔵ハ室ノ方ニ行キ自分ハ営門ニ行キタリト供シ結局弥蔵ト対審ノ時ニ至リ自分モ営門ヨリ弥蔵ノ跡ニ付キ三分隊室ノ所迄行キシト供ス夫ハ何ノ為メ行キシヤト問フニ唯行キタリト供ス而シテ弥蔵カ室ノ入口ノ左ニ剣ヲ棄タルコトハ無之様覚フト云

右両件符合セス森助ヲ尋問スルニ営門ニテ弥蔵ニ遇ヒ刀ハ役ニ立チシ旨申シタルコト有之ト云フ亀吉ハ初メ弥蔵ニ剣ヲ為持タルトキ弥蔵ハ剣モ何モ携帯セサリシト供スルニ付夜間ノ事ナレハ（此時一間ヨリ先キ位ニ居ル人ハ顔モ判然分ラスト亀吉自ラ云）果シテ弥蔵カ何モ持タストハ明言シ難キ訳ナルヘシト問フニ其申開キ曖昧但想像シタルナリト供ス且又何ノ用モナク弥蔵ノ跡ヨリ室ノ入口迄参リシト供スルハ弥蔵カ剣ヲ持セサリシ剣ヲ棄テサリシトノ申立ヲ証明スル為メノ造語ニ似テ甚

タ疑フヘシ故ニ本文之ヲ省ク
亀吉カ弥蔵ニ剣ヲ為持タル上剣釣ノ身拵ヲ為シ居ルトキ弥蔵カ尋常ニ歩ミタランニハ亀吉ノ前ニ行クヘキ筈ナルニ亀吉已ニ剣釣ノ身拵ヲナシ了リ傍ラニ見ヘサル故小川々々ト呼ヒタルニ弥蔵ハ後面ヨリ来ル尤弥蔵モ此際手貫緒ヲ取テ棄タルコトアルヲ以テ其為メ後ニ在リシカ知ル可ラス然ラサレハ此事頗ル疑フヘキ様思ハル弥蔵ハ亀吉ノ剣ヲ持タルトキ自分ノ抜剣ト共ニ握リシコトアリ（手貫緒ヲ取ルトキ）シ故自分カ先キニ深沢大尉殿ヲ斬付シトキノ血カ亀吉ノ剣ニ移リシコトアランモ難斗但自分ハ自分ノ剣ヲ以テ深沢大尉殿ヲ斬リ亀吉ノ剣ヲ使用セシコトナシト云而シテ亀吉ノ剣ノ血痕ヲ検スルニ決シテ滴リタル血痕ニ非ス
亀吉ガ磯林中尉ノ説諭ニ依リ連隊営ニ至ル間ニ若シ自分カ斬付タルナレハ剣ヲ改メ血ヲ拭ヒ置クヘキ筈ナリ亀吉ノ人ト為リ是等ニ手抜ケアル者ニ非ス然ルニ是ニ及ハサルモノハ匆卒ノ際智慮及ハサル所アリタルニヤ少シク茲ニ疑ナキ能ハス其故ハ初メ亀吉自分ノ剣ニ血ノ付キアルヘキ筈ハ無之ト申シタレハナリ但是等ハ備考中ノ備考ナランカ

【現代語訳】

辻亀吉口供の備考
一　本文の中で、営門の方へ行こうとしたとき、「小川弥蔵が自分の右後ろから来て、『辻、剣を吊れ』と言った」と供述したが、弥蔵は亀吉から、「剣吊りを付け替えるので剣を持っていてくれ」と言われた旨供述して、両者の供述が符合しないため、本文ではその言を省いた。
一　亀吉が、「弥蔵に剣を持たせた時間は二分ばかりの間だった」と供述し、弥蔵は、「その時間は十二、三秒ばかりだった」と供述して、符合しないため、本文ではこれを省いた。
一　弥蔵は、「亀吉に剣を渡し、ともに営門まで行くと、田島森助に会ったが、森助は、『刀（日本刀）は役に立った』と言った。そのため弥蔵は、引き返して、三分隊室の入口の左の所に剣を棄て、室に入って銃を取り出した。そのとき、入口の所に誰かいるのを見たが、営門からは誰も自分についてこなかった」と供述した。
亀吉は初審では、「剣を弥蔵から受け取ったとき、弥蔵は室の方へ行き、自分は営門に行った」と供述し、結局、弥蔵と対面審理のときになって、「自分も営門から弥蔵のあとにつき、三分隊室の所まで行った」と供述した。「それは何のために行ったのか」と問うと、「ただ行った」と供述した。そして、「弥蔵が室の入口の左に剣を棄てたことはなかったように覚えている」と言う。

右両件は符合しない。森助を尋問すると、「営門で弥蔵に会い、『刀は役に立った』旨を言ったことがある」と言う。亀吉は初め、「弥蔵に剣を持たせたとき、弥蔵は剣も何も携帯していなかった」と供述している。「夜間のことだから（『このとき、一間より先ぐらいにいる人は顔もはっきりわからなかった』と、亀吉自身言っている）、果たして弥蔵が何も持たなかったとは、明言できないのではないか」と問うと、申し開きは曖昧で、「ただ想像した」と供述した。さらにまた、「何の用もなく弥蔵のあとから室の入口まで行った」と供述するのは、弥蔵が剣を持ってはおらず、剣を棄ててはいないとの申し立てを証明するための作り話のように思え、はなはだ疑わしいので本文では省いた。

亀吉が弥蔵に剣を持たせた上、剣吊の身拵えをしているとき、弥蔵が普通に歩けば、亀吉の前を行くはずであるのに、亀吉がすでに剣吊の身拵えを終えて、傍らに弥蔵が見えないので、「小川。小川」と呼ぶと、弥蔵は後ろから来た。もっとも弥蔵もこのとき、手貫緒を取って棄てたということなので、後ろにいたか知ることができない。そうであれば、このことはすこぶる疑わしいように思われる。弥蔵は、「亀吉の剣を持ったとき、自分の抜剣とともに握ったことがある（手貫緒を取るとき）ので、先に自分が深沢大尉殿に斬りつけたときの血が、亀吉の剣に移るということがあったかもしれない。ただし、自分は、自分の剣で深沢大尉殿を斬り、亀吉の剣は使ったことはない」と供述している。そして、亀吉の剣の血痕を調べると、決して何かから滴り落ちた血痕ではない。

亀吉が磯林中尉の説諭によって、連隊営に至る間に、もし自分が斬りつけたのであれば、剣を改め、血を拭っておくはずだ。亀吉の人となりからすれば、これらのことに手抜かりがある者ではない。ところが、そうしなかったのは、とっさのことで知慮の及ばなかった所があったか、少しここに疑いがないわけではない。なぜなら、亀吉は初め、「自分の剣に血がついているはずがない」と言ったからである。ただし、これらは、備考中の備考であろうか。

近衛砲兵大隊第一小隊
駅卒　辻　亀吉

口　供

自分儀明治十一年八月廿三日暴動ノ際提灯ヲ携ヘ本室ヲ立出ル処誰アルヤ面体ハ不相分候得共事ヲ挙ルニハ金員無之テハ不相成ト申ヲ聞込如何ニモ尤ト考ヘ大隊週番所ノ方ヘ到ル時山辺《ママ》七蔵ニ行逢金員無之テハ不都合ト申聞ル処同人モ然りト申スニ付同道同所二階ヘ上リ金櫃ノ傍ニ参リ山辺《ママ》七蔵携ル銃ヲ以テ前書金櫃ヲ破壊シ中ニ大小ノ箱二ツ有之小箱ノ分尚又七蔵之ヲ破却シ中ヨリ紙幣ヲ取出シタリ然レトモ価額ノ種類ハ不詳厚サ三寸計ノ一ト括リニ相成タルヲ取リ此際木嶋次三郎参リ引続キ澤本久米吉モ参リタリ而テ尚大ノ箱ヲ誰ナルヤ確ト覚ヘス破却致シタルハ見受候得共自分ハ右ニ関セス提灯ヲ持チ室外ヘ出テ提灯ハ消シ営門ノ処ヘ到レハ大砲二門引出スニ出会致スニ付是ニ属シ連隊営門ノ方ヘ進ミ行タルニ歩兵ヨリ銃撃セラレ馳テ武庫主管ノ前ヲ通過シ半丁程モ参リ如何可致哉思案中磯林中尉殿兵ヲ率テ来ルニ逢ヒ御同人ノ説諭ニ服シ連隊営ヘ連行カル、際先ニ盗出ス金員所持罷在候テハ不都合ト相考ヘ連隊営門ヲ距ル二十間前ヘ抛棄候右ハ先般御糺問ノ際可申上処一時相隠シタルヨリ再応ノ御審糺ニ付白状候事

右之通相違不申上候

明治十一年十月十九《ママ》日

辻　亀吉

【現代語訳】

自分は、明治十一年八月二十三日の暴動の際、提灯を携えて三分隊室を出ると、誰だか面体はわからなかったが、「事を挙げるには、金がなくてはならない」と言うのを聞き、いかにももっともと考え、大隊週番所の方へ行くと、山部七蔵に行き合ったので、「金がなくては不都合だ」と言うと、同人も、「その通りだ」と言うので、いっしょに行って同所二階に上がった。そして金庫の傍らに行き、山部七蔵が携えていた銃で前に書いた金庫を破壊すると、中に大小の箱が二つあった。小箱をまた七蔵が破却し、中から紙幣を取り出した。しかし、価額の種類はわからず、厚さ三寸ばかりの一括りになったのを取った。そこへ木島次三郎が来、引き続き沢本久米吉もやってきた。そしてもっと大きい箱を、誰だったかはっきりと覚えていないが、破却したのを見たが、自分はそれには関わらないで、提灯を持って室外に出た。提灯は消し、営門の所に来たとき、大砲二門を引き出してきたのに出会った。そこでそれに加わり、連隊営門の方に進んでいくと、歩兵から銃撃され、走って武庫主管の前を通過し、半丁ほども行ってから、どうしたものかと思案していると、磯林中尉殿が兵を率いて来るのに会い、ご同人の説諭に服し、

連隊営に連行されるとき、先に盗み出した金を持っていては不都合と考え、連隊営門からへだたる二十間前に投げ棄てた。右は、先般のご糾問の際申し上げるべきところ、一時隠していたので、再度、ご審糾を受けたので、白状する。

右の通り相違ない。

明治十一年十月十九《ママ》日

辻　亀吉

43　今井政十郎

近衛砲兵大隊第二小隊

砲卒　今井政十郎　当十月二十五年四ヶ月

明治八年四月入隊　京都府平民　丹後国加佐郡南山村住　源左エ門二男　　真言宗

口供

徒党暴動之件

自分儀明治十一年八月廿三日夜常例ノ通入寝後同夥本田弥右エ門蚊帳ノ外ニテ今夜非常呼集アル趣相話スヲ傍ヨリ聞込深ク不審ニモ存セサレトモ其趣髙尾平吉ニ相伝へ一睡間モナク室内俄カニ騒ケ敷物音ニ目覚シタルニ皆々鬨ノ声ヲ揚ケ室外へ駈出シタルニ依リ自分モ不取敢例ノ服装ヲナシ階梯ノ下リ口迄参リタル処何人ナルヤ暗黒ニテ分ラサレトモ洋刀ニテ横腹ヲ突カレ少々負傷如何ノコトヤト一旦室へ立戻ラントスルトキ傍ラニ腰掛有之ニ付之ヲ階下へ抛ケ捨テ室ニ入リ様子ヲ窺フニ第二小隊ノ者出口々々ト声ヲ掛ル者アリ或ハ冬略衣ヲ着ス様呼廻リタルニ付兵卒共暴動ノ事ト心付直ニ冬衣ヲ着換へ銃ヲ携へ出ントスル節砲廠ノ方ニ砲声二発ヲ聞キ其場ニ馳セ至レハ大勢ノ者砲車ヲ曳キ来ルニ逢ヒ其節伍長吉田文之助殿ヲ認メ共ニ其砲車ニ属シ営門外ニ出レハ小銃ノ弾薬箱有之幸ト存シ其場ニ於テ玉薬四十発程胴乱ニ入レ其内一発ヲ試ミニ発射シ居ル内砲車ハ遠ク前進スルニ付其跡ヲ追ヒ箱馬場辺ニ至リ近衛歩兵連隊ヨリ頻リニ射撃セラレ甚タ危ク依テ腰ヲ屈カメ其場ヲ駈抜ケ武庫主管ヨリ二丁程参リタルニ誰タルヤ騎馬ニテ来リ前進スル者ヲ制スル様子ニ付自分後ロノ方ヨリ声ヲ掛ケ行進ヲ妨クル者ハ殺ス可シト申シ姓名ヲ尋ヌルニ陸軍中尉何ノ某ト答へラレ御同人ヨリ種々御説諭モ有之際伍長佐藤信主殿及ヒ本多音吉等来リ合ヒ同人等ト共ニ前書中尉殿ニ随ヒ近衛歩兵連隊営迄参ル途中歩兵士官三四十名ノ兵卒ヲ率ヒ来ルニ逢ヒ前書中村《ママ》殿ヨリ御申付ニテ歩兵三四名ニテ護送セラレ連隊営門迄参リタル際士官方ト覚へ銃器等可相渡旨

中聞ケラル、ニ付其姓名ヲ相尋ネタル処其儀ニハ及ハスト申聞ケラレタルモ姓名ヲ承ハラサル上ハ銃器ヲ御渡致ス筋無之ト強情申募リ携ヘ居ル銃ヲ肩ヘ取ル際当時姓名不存大久保大尉殿ヘ銃口ヲ差向ケタル処誰トモ分ラス彼是申聞ル者ハ打殺セト云ヒ傍ラニ居合ハスモノヨリ引僵サレ銃剣或ハ洋刀ニテ殴打セラレ都合微傷トモ十ケ所程被フムリ其末該隊ノ病室ヘ被連行同二十四日午前八時頃陸軍本病院ヘ護送相成候事

右之通相違不申上候

明治十一年十月十一日

今井政十郎

【現代語訳】

徒党暴動の件

自分は、明治十一年八月二十三日夜、いつもの通り就寝したが、同僚の本田弥右衛門が蚊帳の外で、「今夜、非常呼集がある」と話しているのを傍らから聞き込み、深く不審にも思わなかったが、それを高尾平吉に伝え、一睡、間もなく、室内にわかに騒がしい物音がして目を覚ますと、みんなが鬨の声を上げ、室外に駆け出していくので、自分もとりあえずいつもの服装をし、階段の下り口まで行くと、誰だか暗くてわからなかったが、洋刀で横腹を突かれ、少々負傷した。どうしたことかと、いったん部屋に戻ろうとしたとき、そばに腰掛けがあったので、これを階下に投げ捨て、部屋に戻って様子をうかがっていた。すると、「第二小隊の者、出ろ。出ろ」と声をかける者があり、あるいは、「冬略衣を着ろ」と叫び回っていたので、これは兵卒たちが暴動を起こしたのだ、と気がつき、すぐに冬衣に着換え、銃を携えて出ようとするとき、砲廠の方に砲声二発を聞き、その場に走っていくと、大勢の者が砲車を引いてくるのに会った。そのとき伍長・吉田文之助殿を目にとめ、ともにその砲車を引いて営門外に出ると、そこに小銃の弾薬箱があった。幸いと思い、その場で玉薬四十発ほどを胴乱に入れ、そのうち一発を試しに発射してみたりしているうち、砲車は遠く前進していたため、そのあとを追って箱馬場付近に行くと、近衛歩兵連隊からしきりに射撃され、はなはだ危険なので、腰を屈めてその場を駆け抜け、武庫主管から二丁ほど進むと、誰か騎馬で来て、前進する者を制止しているようだった。自分は後ろから、「行進を妨げる者は殺すぞ」と叫んで姓名を尋ねると、「陸軍中尉何の某だ」と答えられ、ご同人から種々ご説諭もあり、その際、伍長・佐藤信主殿と本田音吉等が来合わせ、同人等とともに前書中尉殿に従って近衛歩兵連隊営まで参る途中、

歩兵士官が三、四十名の兵卒を率いて来るのに会い、前書中尉殿のお申しつけで、歩兵三、四名によって護送され、連隊の営門まで来ると、士官方と思える者から銃器等を渡すよう言われたので、その姓名を尋ねると、「その必要はない」と申されたが、「姓名を承らない限り銃器をお渡しする筋合いはありません」と強情に言い募り、携えている銃を肩へ取る際、当時姓名を知らなかった大久保大尉殿に対して銃口を差し向けた。すると誰ともわからず、「かれこれ言う者は打ち殺せ」と言い、傍らに居合わせた者に引き倒され、銃剣や洋刀で殴られ、微傷も含めて合計十か所ほどの傷を負った末、該隊の病室に連行され、同二十四日午前八時頃、陸軍本病院へ護送された。

右の通り相違ない。

明治十一年十月十一日　今井政十郎

44　布施千吉

近衛砲兵大隊第一小隊

駆卒　布施千吉　当九月二十四年二ヶ月

明治九年五月入隊　栃木県農　下野国芳賀郡芦沼村

栄蔵二男　真宗

口供

徒党暴動之件

自分儀本年八月廿三日午前八時頃同隊駆卒水上丈平ヨリ厩裏松ノ下ヘ招カレ同人ヨリ今夜十一時近衛歩兵隊東京鎮台予備砲兵隊当隊申合日給品《ママ》減省セラレ加之食籠等破損ノ節償金被申付如何ニモ厳酷ニ付暴動スル約ニテ其時ハ冬衣ヲ着シ出ル様申聞ラルニ付承知致候其後入寝致候然ルニ十一時半ト存ル頃室ノ内外大声ヲ発シ物音高ク甚タ騒ケ敷ニ付目ヲ覚シ直ニ起床周章ノ余夏衣ヲ着シ軍刀ヲ帯シ軍曹室ノ前迄到ルニ野村軍曹殿荒見軍曹殿居合セラレ両人申サル、ハ必ス騒クヘカラス室内ニ止リ居ルヘシ且願ノ筋モアレハ此方共尽力致シ可遣ス説諭致サレ候ニ付暫ク扣ヘ居タルニ第二小隊室ノ中央辺ト覚シキ処ニ小銃ノ弾ノ中タルヲ聞ク際誰タルカ存セサレ共数人駈出スニ付自分衆兵ニ従ヒ事ヲナサ、レハ不都合ト存シ冬衣ヲ着シ数人ノ跡ヨリ駈出舎ノ裏手ヨリ営門ニ到ル際営内引続二発ノ砲声且飼葉小屋ニ火ノ手ノ上ルヲ見タリ其後函馬場ノ方ニ当リ呼集喇叭ヲ聞クヨリ大勢ト共ニ声ヲ発シ其方ヘ駈行ク処冬衣ヲ着シタル兵卒処々ニ散乱シ居タルヲ見受夫ヨリ皆々半蔵門ヲ出糀町ヲ通過シ四ツ谷門ニ至リタルトキ

同隊ノ者大勢居合セ頓テ曹長平岡瓢殿参ラレ其指揮ニテ整列夫ヨリ皇居ノ前ニ到リ追テ円陣ヲ作リ兵器ヲ納メ被縛候事

右之通相違不申上候

明治十一年九月三十日　　布施千吉

【現代語訳】

徒党暴動の件

自分は、本年八月二十三日午前八時頃、同じ隊の馭卒・水上丈平に馬屋裏の松の木の下へ呼ばれ、同人から、「今夜十一時、近衛歩兵隊、東京鎮台予備砲兵隊、当隊が申し合わせ、日給と官給品を減省された上に炊事用籠等を破損すれば弁償金を申しつけられ、いかにも厳酷なので、暴動を起こすことを約束した。そのときは、冬衣を着て出ろ」と言われたので承知した。

その夜、就寝したが、十一時半と思う頃、部屋の内外で大声を発し、物音高く、はなはだ騒がしいので目を覚ました。直ちに起床、周章のあまり夏衣を着て、軍刀を帯し、軍曹室の前まで行くと、野村軍曹殿と荒見軍曹殿がおられた。両人は、「決して騒ぐな。室内に止まっていろ。願いの筋もあるなら、自分どもが尽力しよう」と説諭されて、しばらく控えていたが、第二小隊室の中央あたりに小銃の弾が当たったのを聞き、誰かわからないが数人駆け出したので、自分もみんなに従って行動しないのはぐあいが悪いと思い、冬衣を着、数人の者のあとから駆け出した。兵舎の裏手から営門に行くとき、営内で引き続き二発の砲声を聞き、さらに飼葉小屋に火の手が上がるのを見た。そのあと、箱馬場の方から呼集ラッパが聞こえたので、大勢とともに声を出して駆けていったが、冬衣を着た兵卒が所々に散らばっているのを見受けた。それからみんな半蔵門を出て麴町を通過し、四ツ谷門まで行くと、同じ隊の者が大勢いた。やがて曹長・平岡瓢殿が参られ、その指揮で整列し、それから皇居の前に行って円陣を作り、兵器を納めて縛された。

右の通り相違ない。

明治十一年九月三十日　　布施千吉

45　山本丈作

近衛砲兵大隊第二小隊

馭卒　山本丈作　当十月二十三年三ヶ月

明治十一年四月入隊　岡山県平民　美作国勝北郡田

井村　嘉蔵次男　天台宗　口供

徒党暴動之件

自分儀明治十一年八月廿三日午后外出兼テ遊歩ノ節休息所ト定メタル飯田町一丁目由良某邸内髙野辰蔵方ニテ同隊馭卒吉田定吉ニ出会シ同人同道ニテ内藤新宿ヘ相越ス途中定吉ヨリ今度兵卒等申合セ西南戦争ノ御賞賜モ無之ヨリ各隊共ニ暴動ノ企有之今夜非常アランモ難計其節ハ冬服ヲ着テ出ツルナリト承リタル末互ニ四方山ノ話ヲ致シ貸座敷ミヨウガ《ママ》屋方ニテ遊蕩シ午后七時比皈営ノ后過刻承リタル今夜非常アルモ知レヌ云々ノ話ヲ思ヒ出シ営門ニテ同隊笹井常七ニ前書定吉等ヨリ聞ク所ノ趣意ヲ相伝ヘ室ニ皈テ入寝后谷新四郎来リ前同様ノ義《ママ》ヲ申聞ケタリ其后凡十一時半ト覚候営内暴動起リ関声及ヒ物ヲ破壊スル音不容易相聞ヘ室内ノ者皆々飛出シ自分ハ一時寝台ノ下ニ扣ヘ居リタレト窓ヨリ石ヲ擲ケ込ミ硝子等ヲ破リ騒動甚敷狼狽ノ余リ冬服ヲ着セス舎外ニ出ントスル処白服ノ者殺セ々々ト罵リタル故早々室ニ皈リテ冬略衣ニ着換此時銃及砲声ヲ聞キ更ニ出ツル際又砲声ヲ聞キ砲廠ノ方ヲ見ルニ忽チ砲車ヲ挽キ出シ行ク故其後トヨリ出テ近衛歩兵連隊営門前ニテ此レニ追ヒ付夫ヨリ此砲ニ付キテ四ツ谷門内ニ至リ曹長平岡瓢殿ニ行逢シカ暫クシテ平岡曹長殿後ロヨリ近衛砲隊止マレト号令シ該門外ニテ隊伍ヲ整ヒ《ママ》引纏メラレ進ミ皇居通用門前ニ到リ捕縛相成候事

右之通相違不申上候

明治十一年十月一日　山本丈作

【現代語訳】

徒党暴動の件

自分は、明治十一年八月二十三日午後外出し、以前から遊歩のときの休息所としていた飯田町一丁目由良某邸内高野辰蔵方で、同じ隊の馭卒・吉田定吉に出会い、同人と同道して内藤新宿へ行った。途中、定吉から、「こんど兵卒等が申し合わせ、西南戦争のご賞賜もないので、各隊ともに暴動の企てがあり、今夜、非常のことが起こるかもしれない。そのときは冬服を着て出ることになっている」と聞かされた。そのあと、互いに四方山話をし、貸座敷茗荷屋方で遊蕩し、午後七時頃帰営した。その後、さっき聞いた、今夜非常のことがあるかもしれない、という話を思い出し、営門で同じ隊の笹井常七に、前書定吉等から聞いた内容を伝え、部屋に帰って就寝した。そのあと谷新四郎が来て、前同様の話を聞かされた。

その後、およそ十一時半だと思うが、営内で暴動が起こり、鬨の声と物を破壊する音がすさまじく聞こえ、室内の者はみんな飛び出した。自分は一時、寝台の下に控えていたが、窓に石を投げ込み、ガラス等を破り、騒動がはなはだしく、狼狽のあまり冬服を着ないで舎外に出ようとすると、「白服の者、殺せ。殺せ」と罵られたので、早々に部屋に帰って冬略衣に着換えた。このとき、銃声、砲声を聞き、さらに外に出る際、また砲声を聞いた。砲廠の方を見ると、もう砲車を引き出してきたので、そのあとから出て、近衛歩兵連隊営門前でこれに追いついた。それからこの大砲について四ツ谷門内に行くと、平岡瓢曹長殿に行き合ったが、しばらくして平岡曹長殿が後ろから、「近衛砲隊、止まれ」と号令し、その門外で隊伍をととのえ、引きまとめられて進み、皇居通用門前に至り捕縛された。

右の通り相違ない。

明治十一年十月一日　山本丈作

46　笹井常七

近衛砲兵大隊第二小隊

砲卒　笹井常七　当十月二十二年

明治十一年二月入営　大坂《ママ》府平民　第四大区一小区

朝日町住　亀吉弟　禅宗

口供

徒党暴動之件

自分儀明治十一年八月二十三日正午ヨリ営門番兵相勤メ罷在ル処同隊馭卒山本丈作何レヨリカ皈営シ窃カニ申聞ルニハ今夜非常ノ事有之モ難計然ルトキハ各冬略衣ヲ着シ白襷ヲ掛ケ出ル筈ニ付其心得ニ罷在ルヘク右趣意ト申スハ昨年西南之役ニ従事シ功労アルモ兵卒等ニハ何分ノ御賞賜モ無之加ルニ近頃減給且ツ御給与品迄モ減省相成ヨリ旧兵ノ者ニテ不平ヲ鳴シ暴動ヲ起ス云々ノ事ヲ通シ置ク旨承知致シ相別レ申候而シテ髙口直蔵ニ前書丈作ヨリ聞及フ趣旨ハ言ハス暴動ノ事ヲ相知ラセ決シテ他ヘ洩シテハ不宜ニ付必ス他言致スヘカラスト口止メ致シ置其他ハ誰ヘモ相通シ不申番兵勤務罷在ル処同夜宵ノ中ハ営内何ニモ変リタル様子モ無之候得共九時頃ヨリ何トナク穏ナラス其中大隊長宇都宮少佐殿其他士官方御出営ニ相成殊ニ営門外ハ士官方ノ通行モ劇敷惟フニ先刻山本丈作ヨリ聞込ミタル儀ハ全ク実事ニシテ右ハ上ヘ相知レタル事ト存シ居タリ其中井上中尉殿モ近衛連隊営ヘ被罷越彼是致シ居ル内凡十

一時半ト思フ頃室内各所ニ於テ鬨声ヲ発シ窓硝子等破壊スル物音烈シク相成タリ此時営門令官北村軍曹殿ヨリ如斯暴動ニ及フニハ暴徒等門外ニ出ルモ計ラレス仍テ営門鍵ハ此方ニ相渡セト被申付御同人ヘ相渡シタリ自分ハ予テ冬服着用ノ事ハ前以承知致シ居ルモ番兵ノ事故右服ハ用意不仕直チニ外套ヲ着シ居ル中多人数鬨ノ声ヲ揚テ営門ニ迫リ来リ番兵所ニ乱入シ腰掛等ヲ叩キランプ《ママ》ヲ破壊シ容易ナラサル騒動ニ付此際相番ノ四ツ《ママ》倉末吉ト倶ニ番兵所ノ東窓ヲ飛出シ末吉ハ見失一時東土手際ニテ潜リ様子ヲ窺フ中砲声ヲ聞キ間モナク大勢砲車ヲ引テ営外ヘ出テ行ク様思ハレタリ夫ヨリ営門ニ到レハ大砲二門ヲ引出ス故自分モ此砲車ニ付キ後トヨリ武庫主管ノ前迄進ミ行ク処歩兵ヨリ烈シク銃撃セラレ皆四方ニ散乱致シタルニ付自分再ヒ営内ニ立皈リ営門脇ニイミ居タル際小川弥蔵ニ逢ヒ同人ヨリ大砲ヲ引出ス様申聞ルモ終日ノ番兵ニテ疲レ居ル故其義《ママ》ヲ断ル処強テ申スニ付然ラハ挽キ参ルト申シ其場ヲ外シ炊事場ニ参リタル処長屋伍長殿被居合暫ク咄シ居リ再ヒ営門ノ処ヘ立戻レハ近衛歩兵三十名モ入リ来ルニ付営門番兵所ニ扣居リ暴動ニハ関係不致体ニ為シ居タル処磯部伍長殿ヨリ営門番兵ノ儀ハ歩兵ノ方ヘ引渡シタルニ付本室ヘ参リ扣居様申聞ケラレ皈室罷在ル処今般当裁判所ヘ護送相成候事

右之通相違不申上候

明治十一年十月一日　笹井常七

【現代語訳】

徒党暴動の件

自分は、明治十一年八月二十三日正午から営門番兵を勤めていたが、こっそり、同じ隊の馭卒・山本丈作がどこから帰営し、「今夜非常の事があるかもしれない。そのときは、それぞれ冬略衣を着、白襷をかけて出ることになっているので、その心得でいてほしい。その趣旨と言うのは、昨年西南の役に従事し功労があったのに、兵卒等には何のご賞賜もなく、そればかりか近頃、減給となった上ご給与品までも減省になったので古参兵の者が不平を鳴らし、暴動を起こす云々のことを知らせておく」と言ったので、自分もそれを承知して別れた。

そして高口直蔵に、前に書いた丈作から聞き及んだ趣旨は言わず、暴動のことを知らせ、「決して他に洩らしてはならないから、絶対に他言するな」と口止めし、そのほかは誰にも伝えず番兵勤務を続けた。同夜、宵のうちは営内は何も変わった様子はなかったが、九時頃から何となく穏やかでなくなり、そのうち大隊長・宇都宮少佐殿そのほか士官方がご出営になり、ことに営門外は士官方の通行も激しくなった。先刻、山本丈作から聞き込んだことは、まったくほんとうのことで、それが上に知られたようだと思った。そのうち、井上中尉殿も近衛連隊営に行かれ、かれこれしているうちおよそ十一時半と思う頃、室内各所で鬨声を上げ、窓ガラス等を破壊する音が激しくなった。このとき、営門令官・北村軍曹殿から、「このような暴動に及ぶのだから、暴徒等が外に出るかもしれない。営門の鍵はこちらに渡せ」と申しつけられ、ご同人に渡した。自分は冬服着用のことは前もって知っていたが、番兵だったので右服は用意していなかったので、すぐに外套を着ていると、大勢が鬨の声を上げて営門に迫ってきて、番兵所に乱入し、腰掛け等を叩き、ランプを破壊し、容易ならざる騒動になったので、このとき相番だった四ツ倉末吉とともに番兵所の東の窓から飛び出したが、末吉を見失い、一時、東土手際に潜んで様子をうかがっていると、砲声を聞き、まもなく大勢が砲車を引き、営外に出ていくように思われた。それで営門に行くと、大砲二門を引き出してきたので、自分もこの砲車のあとにつき、武庫主管前まで進んでいくと、歩兵から激しく銃撃され、皆四方に散乱した。そこで自分は再び営内に立ち帰り、営門の脇にたたずんでいたとき、小川弥蔵に会い、同人から大砲を引き出すよう言われたが、終日の番兵で疲れているのでそれを断わった。しかし、強く言うので、「それなら引きにいく」と言ってその場を離れ、炊事場に行くと長屋伍長殿がおられ、しばらく話をした。再び営門の所に戻ると、近衛歩兵三十名もが入ってきたので、営門番兵所に控えていて暴動には関わらなかったようなふりをしていたが、磯辺伍長殿から、「営門番兵は歩兵の方へ引渡したから、部屋で控えていろ」と言われ、帰室していたところ、今般当裁判所に護送になった。

以上の通り相違ない。

明治十一年十月一日　　　　　　　　　　　笹井常七

47　沢本久米吉

近衛砲兵大隊第一小隊

駅卒　澤本久米吉　当十月二十五年五ケ月

明治八年四月入隊　兵庫県平民　播磨国加東郡下部村住　兵次郎二男　　真言宗

口供

徒党暴動之件

自分儀去ル八月廿三日夜室内ニ於テ松本久三郎ヨリ兼テ不平ノ儀ニ付今夜暴動ニ可及間其節ハ冬服ヲ着シ白キ襷ヲカケ出営スヘシト被申聞候夫ヨリ入寝睡リ入ル処俄カニ喊ノ声揚リ硝子障子ナト打破ル音烈シキニ驚ロキ冬服ヲ着シ兵舎ヲ出ツレハ大勢立騒キ或ハ剣ヲ振リ居ヲ見ルヨリ一時之ヲ避テ馬立ノ後ロニ奔リ土手下ノ溝ノ内ニ潜匿ス此時大砲一発ノ声ヲ聞ク暫クシテ又一声ヲ聞キ続テ衆人大砲ヲ挽キ営門ヲ出ツルヨウ相聞夫ヨリ営門ノ方ヘ参レハ大隊事務所二階ニテ何カ物ヲ打破ル音聞ユルニ付如何致居ルヤト存シ立入レハ辻亀吉山辺《ママ》七蔵居合セ金櫃ハ既ニ破壊シ其内ヨリ各金円ヲ取出シ居タルヲ見フト盗心ヲ発シ箱ノ内ニ残リ在金札五拾銭札ト拾銭札ト覚フ取交セ凡厚サ七八分位ヲ盗ミ取リ直ニ同所ヲ立出自分室ニ入リ寝台藁蒲団ノ綻目ヨリ中ニ差入レ匿シ在《ママ》キ室ヲ出洗濯場脇ノ厠ニ参レハ厠ノ内ヨリ出スル者アリ自分誰レカト申セハ軍曹吉成賢敬ト被答又自分ノ姓名ヲ被尋姓名ヲ申セハ冬服ヲ着換ユル間兵舎迄同行致シ呉度被申ニ付自分ハ冬服ヲ着シ吉成殿ハ夏服ヲ着セラル故自分ト同行セハ暴徒ニ害セラレマシト被思タルコトト察シ同行怪我等致サレテハ不相成ト存シワザ《ママ》々衆人ノ居ラサル砲廠ノ方ヲ廻リ第二小隊兵舎ノ入口迄送リ込ミ夫ヨリ自分ハ第一小隊ノ厩ニ行キ暫ク休息致シ中村少尉殿ノ命ニ依リ放レ居ル馬ヲ取押ヘ夫ヨリ営門ノ方ニ参ル処北村軍曹殿自分共ノ姓名ヲ帳簿ニ記載セラレタル末第一小隊ノ室ニ入ルヘキトノコトニ付一同ト共ニ入リ廿四日営倉入被申付廿五日当裁判所ヘ護送相成候事

右之通相違不申上候

明治十一年十月十日　澤本久米吉

【現代語訳】

徒党暴動の件

自分は、去る八月二十三日夜、室内で松本久三郎から、「かねて不平のことで、今夜暴動に及ぶので、そのときは、冬服を着、白い襷をかけ出営しろ」と言い聞かされた。それから床につき眠り込んでいると、にわかに喊声が上がり、ガラス戸等を打ち破る音が激しいのに驚き、冬服を着て兵舎を出ると、大勢が立ち騒ぎ、あるいは剣を振るっているのを見たので、一時これを避けて、馬立の後ろに走って、土手下の溝の中に隠れていた。このとき大砲一発の音を聞いた。しばらくしてまた一発の音を聞き、続いて、大勢が大砲を引いて営門を出るように聞こえた。それで営門の方へ行くと、大隊事務所二階で何か物を打ち破る音が聞こえたので、何をしているのかと入ってみると、辻亀吉と山部七蔵がいて、金庫をすでに破壊し、その中から各々金を取り出しているのを見て、自分もふと盗心を起こし、箱の中に残っていた金札、五十銭札と十銭札と思われるものを取り混ぜておよそ厚さ七、八分*くらいを盗み取り、直ちに同所を出て自分の部屋に戻り、寝台のわら布団のほころび目から中に隠しおいた。部屋を出て洗濯場脇の厠に行くと、厠の中から出てくる者がいた。自分が、「誰か」と言うと、「軍曹・吉成賢敬」と答えられ、また自分の名前を聞かれたので、姓名を言うと、「冬服を着替えるので、兵舎まで同行してくれ」と言われた。自分は冬服を着ており、吉成殿は夏服を着ておられるので、自分と同行すれば暴徒に襲われることがないと思っているのだと察し、同行した。怪我などされてはならないと思い、わざわざ人が多くいない砲廠の方を回り、第二小隊兵舎の入口まで送り込んだ。それから自分は第一小隊の馬屋に行き、しばらく休息して、中村少尉殿の命令により、放れ馬を取り押さえ、営門の方へ行くと、北村軍曹殿が自分どもの名前を帳簿に記載されたあと、「第一小隊室に入れ」と言われたので一同とともに入り、二十四日、営倉入りを申しつけられ、二十五日、当裁判所に護送された。

以上の通り相違ない。

明治十一年十月十日

沢本久米吉

〔語句解説〕

＊厚さ七、八分くらい　厚さ2～2.5センチくらい

48　中沢章治

近衛砲兵大隊第二小隊

蹄鉄工　中澤章治　当十月二十四年七ケ月

長野県士族　信濃国埴科郡松代町住　正憲次男

浄土宗

口　供

徒党暴動之件

自分儀隊中兵卒等昨年戦功賞賜無之且減給等ニ付不平ヲ鳴シ居リ候ハ予テ承リ居候処本年八月二十二日午前蹄鉄場ニ於テ同僚石谷宗清ヨリ今度不平ノ儀ニ付各隊申合セ強願スル趣時日ハ未タ相決セサルモ多分明二十三日ナルヘシトノコトヲ承リ候翌廿三日朝又々同隊卒

長嶋竹四郎ヨリ右宗清ヨリ承リタル通リ同様ノ話ヲ聞キ且総指揮ヲ為ス人ハ大山少将殿ニテ各隊共夫々指揮スル人有之時刻ハ今夜一、時ヲ期シ支度ハ皆上ニ冬衣ヲ着シ之ニ白襷ヲ掛ケ《ママ》ヘシ尤モ決シテ他言致ス間敷ト申聞ケ候ニ付承知致シ候同夜舎外樅樹ノ下ニテ同人ニ出会同人ヨリ過刻一時ト申セシカ弥十二時ト決シタル故知ラセ置タト申聞候且合言葉トシテリウノリウヲキトカ申スコトヲ教ヘ呉候ニ付片仮字ニテ之ヲ紙片ニ書キ留メ候折柄宗清参リ合セタルニ付今夜弥暴発ノ由ヲ語リ右紙片ヲ同人ニ相渡シ候間モ無ク人員検査等モ相済ミ入寝致タル処十一時頃トモ思フ時砲廠ノ方ニ当リ何カカン々々敲ク様ノ物音相聞ヘ側ラニ臥シ居タル矢部楳吉ニ向ヒ何音ナルヤ抔相話候処暫クアッテ第一小隊室ニ於テ俄カニ哄声ヲ発シ硝子窓ヲ破毀スル音有之其騒キ第二小隊室ニ及ヒ続テ大勢舎外ニ駈出シ白服ノ者ハ殺セ々々抔呼ル音モ有之自分モ直ニ冬衣ヲ着シ舎外ニ駈出テ樅樹ノ下ニ到リ宗清ニ出会両人申合セノ上一旦蹄鉄場ニ相越暫ク様子ヲ覗ヒ居候処誰ナルカ一人入リ来リ直ニ立去リ候ヘ共暗黒ニテ確ト見認メ申サス夫ヨリ兎モ角モ出見ント同処ヲ立出テ倶ニ器械庫ノ前迄相越シ候処兵卒両三名居合セ自分ハ近傍ニ弾薬ノ散乱シ在ルヲ拾ヒ集メ居タル処幸ヒ側ラニ軍刀一振落シアルヲ見当リ即チ之ヲ携ヘ宗清同道砲廠ヲ通リ営門ヲ指シ相越ス途中大勢弾薬ヲ出セ々々ト申シテヲ《ママ》駈ケ行クニ付自分モ共ニ再ヒ器械庫ノ前迄引返ス外皆々仮火薬庫ニ入リ弾薬抔取出ス際連隊営ノ方ニ当リ小銃ヲ発スル音及哄ノ声等モ相聞ヘ程無ク砲廠ニテ一発ノ砲ヲ発ス暫クアッテ第二小隊厩ノ方ヨリ名前不存兵卒一人提灯ヲ持来ル処砲廠ノ方ヨリ火ヲ掛ト《ママ》々々ト呼ハル者アリ右ノ一人ハ直ニ秣小屋ノ方ヘ駈ケ行キ自分モ同処ヘ相越シタル処右ノ者提灯ノ火袋ヲ絞リ下ケ其侭《ママ》提灯ヲ横ニシ積置アル秣ニ差当テ蝋《ママ》燭ノ火ニテ附ケ居タルモ思ハシク附カサル故自分秣ヲ掴ミ蝋《ママ》燭ノ火ヲ移シ採リ之ヲ秣ノ中ヘ差入レタリ此時一人ノ者ハ提灯ヲ携ヘ小屋ノ中ヘ立入リ尚又火ヲ放ツ其際砲廠ノ方及ヒ近傍通過スル者ヨリ打消セ々々ト申ニ付自分種々手ヲ尽シタルモ早ヤ内部ノ火勢熾ニシテ力及ハズ《ママ》其内燃揚レリ折柄傍ニ宗清モ居合セ倶ニ同所ヲ立去リ自分ハ又々器械庫ノ傍ニ到リ一旦宗清ヲ失ヒ再ヒ同人ニ出会夫ヨリ営門ノ方ヘ相越ス途中自分ノコトヲ中々ト呼ヘ貴公ノコトヲ石々ト呼フヘシト申談シ営門ヲ出テ右ニ折レ武庫主管ノ前ニ到リ同処ニ大勢山砲ヲ挽キ来リ止マリ居ルニ出会致ス処頓テ武庫主管及歩兵営ノ方ヨリ小銃ヲ打掛ケラレ歩兵モ応セス迚モ致方無之ト存シ依テ携フル処ノ軍刀ヲ道ノ左側車中ニ投棄シ程能ク当夜ノ始末ヲ申出ルヨリ外致方無之ト宗清申談シ其心得ニテ士官衆ニテモ参ラレサルヤト存シ大勢ノ側ラヲ通リ抜ケ宗清同道半蔵門ノ手前一丁許ノ処ニ到リ名前不存歩兵士官殿ニ出会同処ニ同隊兵卒数人居合セ右士官殿ト彼此問答中軍馬局調馬厩附中島中尉殿石原少尉殿参ラレタル故当夜営内ニテ何事カ存セサレ共乱暴相起リ士官方モ見掛ケサル故此処迄相越シタリ抔偽リ申出テ候処中嶋中尉殿ヨリ此方ニ随ヒ来ルヘシトノコト故竹橋ノ方ヘ随ヒ行タル際宗清ヲ見失ヒ砲兵営ノ西境ニ到ルトキ近衛歩兵ノ哨兵ヨリ竹橋過行ハ甚タ懸念ナリト申スニヨリ中嶋殿ハ引返サレ再ヒ随行半蔵門外マテ相越シタルトキ中嶋殿ヨリ軍馬局ヘ同行ニテモ宜シケレ共本隊士官ノ宅承知ナレハ直ニ相越指揮ヲ受ケ可然トノコト故直ニ牛込築土八幡社脇住堀田軍吏補殿ヘ参リタル処不在ノ趣ニ付夫ヨリ飯田町住井上中尉殿ヘ参ルニ同シク不在ニ付予テ下宿ニ頼ミ置キタル西小川町一丁目四番地三好光方ヘ参リ夜明迄同家ニ休息シ其後井上中尉殿ヘハ両度程モ参リ候ヘ共不在ニテ家族衆ヨリ本隊ヘ皈ル方可然ト申聞ケラレ同廿四日午後第三時頃皈営致シ放火等ノ次第押隠シ程克当夜ノ始末若松下副官殿ヘ偽リ申立候然ルニ自分儀元志願ニテ蹄鉄工ト相成リ毫モ不満ノ儀無之候ヘ共今度ノ一条ハ隊中一般殊ニ各隊申合セトノコト故一時暴徒ニ与ミシ放火等ノ所業ニ及ヒ候事

右之通相違不申上候

明治十一年十月十二日　中澤章治

【現代語訳】

徒党暴動の件

自分は、隊内の兵卒等が、昨年の戦功の賞賜がなく、かつ減給等について不平を鳴らしていたことはかねて聞いていたが、本年八月二十二日午前、蹄鉄場で同僚の石谷宗清から、「こんど不平のことについて各隊で申し合わせ、強願するようだ。時日はまだ決まっていないが多分、明二十三日になるだろう」と聞いた。

翌二十三日朝、またまた同じ隊の兵卒・長島竹四郎から、右宗清に聞いたのと同様の話を聞き、さらに、「総指揮をする人は大山少将殿で、各隊ともそれぞれ指揮する人がいる。時刻は今夜一時を期し、したくは皆上に冬衣を着、これに白襷をかけろ。ただし決して他言するな」と言われ、承知した。同夜、舎外の樅の木の下で長島に出会い、同人から、「さっき一時と言ったが、いよいよ十二時と決まったので、知らせておく」と言われ、また合言葉として、「リュウノ、リュウオキ」と か言うことを教えてくれた。そこで片仮名でこれを紙 に書き留めていると、ちょうど宗清が来たので今夜の 暴発のことを話し、右紙片を同人に渡した。まもなく 人員検査等もすみ、就寝したが十一時頃とも思うとき、 砲廠の方で何かカンカンたたくような物音が聞こえ、 傍らに寝ていた矢部楳吉に向かい、「何の音だろう」な どと話していると、しばらくして第一小隊室でにわか に鬨の声が発せられ、ガラス窓を破毀する音がした。 その騒ぎが第二小隊室に及び、続いて大勢が舎外に駆 け出し、「白服の者は殺せ。殺せ」と叫ぶ声もあった。 自分も直ちに冬衣を着て舎外に駆け出し、樅の木の下 に行くと宗清に出会い、二人で申し合わせていったん 蹄鉄場に行き、しばらく様子をうかがっていると、誰 だか一人入ってきてすぐ立ち去ったが、真っ暗ではっ きりと確認できなかった。それからともかくも出てみ ようと、同所を出て器械庫の前まで来ると、兵卒二、 三名がいた。自分は近くに弾薬が散乱しているのを拾 い集めていたが、幸いそばに軍刀が一振り落ちている のを見つけた。それを持って、宗清と同道して砲廠を 通り、営門をめざして行く途中、大勢の者が、「弾薬を 出せ。弾薬を出せ」と駆けていくので、自分もともに

再び器械庫の前まで引き返した。ほかのみんなも仮火 薬庫に入り、弾薬を取り出していると、連隊営の方で 小銃を発する音と鬨の声等も聞こえ、ほどなく砲廠で 一発の大砲が発せられた。しばらくして、第二小隊の 馬屋の方から名前を知らない兵卒一人が提灯を持って くると、砲廠の方から、「火をかけろ。火をかけろ」と 叫ぶ者がいた。右の一人はすぐに馬草小屋の方へ駆け ていき、自分も行ってみると、右の者は提灯の火袋を しぼり下げ、そのまま提灯を横にして積んであった馬 草に火をつけようとしたが、思うように火がつかなか ったので、自分が馬草をつかんでろうそくの火を移し、 それを積んであった馬草に差し入れた。そのとき、一 人の者が提灯を持って小屋の中に入り、また火を放っ た。その際、砲廠の方や近くを通過する者から、「打ち 消せ。打ち消せ」と言うので、自分はいろいろ手を尽 くしたが、早くも内部の火勢は盛んで力及ばず、その うち燃え上がった。そのとき、傍らに宗清もいたが、 いっしょに同所を立ち去り、自分はまたまた器械庫の 傍らに来て、いったん宗清を見失ったが、また出会っ た。そこから営門の方へ行く途中、「自分のことを『中、 中』と呼べ。貴公のことを『石、石』と呼ぶようにす る」と話した。営門を出て右に折れ、武庫主管の傍ら

に至り、同所で大勢が山砲を引いてきて止まっているのに出会ったとき、にわかに武庫主管と歩兵営の方から小銃を打ちかけられ、歩兵も呼応せず、どうしようもないと思い、持っていた軍刀を道の左側の砲車の中に投棄し、ほどよく今夜の始末を申し出るよりほかいたしかたないと宗清と話し、その心得で士官衆が来られないかと思い、大勢の傍らを通り抜けて宗清同道、半蔵門の手前一丁ばかりの所に来て、名前を知らない歩兵士官殿に出会った。そこに同じ隊の兵卒数人が居合わせ、右の士官殿とあれこれ問答中、軍馬局調馬馬屋付・中島中尉殿、石原少尉殿が来られたので、「今夜、営内で何事かわかりませんが、暴動が起き、士官方も見かけないのでここまで来ました」などと偽りを言った。中島中尉殿が、「こちらについてこい」と言われたので竹橋の方へ従っていくとき、宗清を見失い、砲兵営の西境に来たとき、近衛歩兵の歩哨が、「竹橋通過ははなはだ心配です」と言うので、中島殿は引き返され、再び随行して半蔵門の外まで来ると中島殿から、「軍馬局へ同行してもよいが、本隊士官の家を知っているなら、すぐに行って指揮を受けるべきだ」と言うので、直ちに牛込築土八幡社脇に住んでいる堀田軍吏補殿宅へ行ったが不在で、それから飯田町に住んでおられる井上中尉殿宅に行くと、同じく不在なので、かねて下宿に頼んでいた西小川町一丁目四番地三好光方に行き、夜明けまで同家で休息し、その後、井上中尉殿方へは二度ほども行ったが不在で、家族の方から、「本隊に帰る方がよい」と言われ、二十四日午後三時頃帰営し、放火等のことは押し隠し、ほどよく当夜の始末を若松下副官殿へ偽り申し立てた。しかし、自分は志願で鋳鉄工となり、少しも不満はないが、こんどの一件は、隊の中では皆同じで、ことに各隊で申し合わせたことなので、一時暴徒に与し放火等の所業に及んだ。

以上の通り相違ない。

明治十一年十月十二日　　　　中沢章治

49　横山　昇

東京鎮台予備砲兵第一大隊第一中隊
火工卒　横山昇　当十月二十四年二ケ月
明治九年四月入隊　茨城県士族　常陸国茨城郡水戸上市黒羽根町住　直弟　神祭

口供

徒党暴動ノ件

自分儀今般在京諸隊暴動ノ事ヲ始メテ同隊卒増子秋次郎ヨリ承リシハ八月十八日頃ナリ其趣意ハ当時判然セサレトモ減給并ニ賞典ノコトナリト云右ノ二ケ条共自分兼テ不平ニ存シ且又満期除隊ノ後迚モ別ニ御手当モナクシテ後備兵役ヲ勤ムル等苛酷ノ御所分《ママ》ト存シ居ル処ユヘ直ニ同意致シ同隊卒高見沢卯助真田兼松等ト之ヲ相談致シタリ

一　八月廿一日右高見沢并ニ鈴木直次ハ山王社ニ集会セシ趣ヲ跡ヨリ承知ス同廿二日午後真田兼松ト共ニ外出各隊ノ様子ハ如何ナルヤ探リ見ント相談シ自分ハ鎮台工兵隊営ニ至リ兼テ識ル兵卒水野忠重ニ面会シ今度諸隊何カ穏カナラサル風説有之処其許ノ隊ハ如何ト問フニ我カ隊ニテハ右様ノ説ハ無之ト答フルニ付其侭《ママ》立別レ兼松ハ鎮台歩兵第二連隊第一大隊営ニ至リ兵卒黒川某ニ面会ス夫ヨリ兼松ト共ニ去リテ九段阪《ママ》下水茶屋ニ至リ居ル内兼テ識ル近衛砲隊卒大久保忠八ニ出会セシ処招魂社境内ニ集会有之趣ヲ承リ同伴シテ境内ノ花園ニ至ル処近衛砲隊砲隊《ママ》兵卒廣瀬喜市及ヒ忠八外姓名不存兵卒五六人居合セ卯助并ニ小林千太郎モ来会ス自分等主トナリテ其趣意ヲ承ルニ矢張減給賞典ニ付キ不平ノ為メニ有之廿三日夜暴発シ皇居ニ赴キ強願セント概ネ相談シ時ニ何人ニヤ近衛歩兵卒両人ヲ連レ来リ相談ノ末右両人ハ皈リテ同隊ノ者ニ勧メ一致サスルト申シタリ予備砲隊ハ大隊長并ニ内山少尉殿モ与シ居ル故（此事ハ真田兼松等ヨリ承リシト覚ユレ共判然不致）自分引受ケ可申ニ付何時発スルモ差支ナシト申述タリ此集会ニ於テ上ニ冬服ヲ着スヘキヿヲモ大久保忠八ヨリ承リシト覚ユ而シテ猶明廿三日集会事ヲ決スヘキ旨約シテ其場ヲ散ス卯助等ハ皆自分ヨリ先キニ其場ヲ去レリ已ニ帰隊シ練兵場ノ土手ニテ集会ノ始末ヲ卯助兼松ニ話シ同夜講義所ニテ平山火工下長殿ニ話シ居ル処ヘ梁田下副官殿来リシニ付前件ヲ委細申述ル処（八時過キ）名義ハ如何又其首謀ハ何人ナルヤト問ハル、ニ付別ニ名義モナク又首謀トテモ無之様子又近衛第二連隊ノ兵ハ通リ掛リシモノ二人ヲ呼込ミ相談セシ位ナレハ明日暴発ノ儀ハ六ケ敷シカラント存ス併シ近衛砲兵ハ是非明夜発スルト申張リ居ル旨答フル処然ラハ猶能ク其辺ヲ聞糺シ名義モ立サルニ於ハ与ミセサル方可然ト被申聞自分モ一旦之ヲ尤ト存シタリ

一　廿三日午飯後外出平山殿等ノ下宿ナル市谷阪《ママ》町定斎薬屋ニ至ル尤モ是レハ平山殿八木殿ヨリ集会ノ行キ掛ニ立寄レト申サレシ故ナリ然ルニ八木殿茲ニ来リ居タリ自分ハ是ヨリ招魂社集会ニ趣ク旨申述ル処八木殿ヨリ此挙ノ趣意ハ如何ト問ハレシニ付自分答フ理ヲ以

テ行ケハ理ヲ以テ押ヘラル、ニ付腕力ヲ以テ事ヲ行フナリト猶又当隊兵卒等ノ存意ヲ尋ネラル、故士官以下ノ平日気ニ入ラヌ者等ヲ殺シ市中ヲ乱妨《ママ》スル位カ目的ナルヘシト思ル、旨相答フル処八木殿然ラハ汝ノ意見ハ如何ト問ハレシニ付自分モ名義ナキコトハ不可ナリト思ヘ共今更衆人ヲ押ヘ難シト答ヘタルニ八木殿ノ申サル、ニハ粗暴一片ノ事ナルニ於テハ今日行キテ断ヘシ然レトモ勢茲ニ至リテハ容易ニ中止致ス間敷ニ付銘々ノ不平ニ一理アリテ不名義ニ無之ナレハ自分モ助力シ道ヲ以テ貫クヘシト申サレタリ其後無程平山殿参ラレ矢張名義等ノ事ヲ申サレタリ自分ハ唯今ヨリ集会ニ趣キ愈発スルト否トヲ取極メ可申ト答ヘシ処名義モナクハ見合セ可申又時日等総テ分リタラハ皈路立寄レヨト被申聞夫ヨリ(二、三字分空白)ハ招魂社近傍ノ水茶屋ノ二階ニ参リシ処大久保忠八廣瀬喜市外姓名不存兵卒四五名居《ママ》セ右喜市忠八ヨリ既ニ今夜事ヲ挙クルニ決シタレハ砲声ヲ合図ニ其許ノ隊モ押出シ呉レル様申聞ニ付勲賞減給ノ外ニ猶口実トスルコトアリヤト問フニ無之ト答フ然ラハ二三日延期致サヽルヤ近衛連隊ノ者モ唯昨日両人来リシ迄ニテ該隊ハ確然相談ノ整ヒタルニモ非ス旁延期可然ト申述シ処喜市云フ□隊ヘハ昨日申遣シ置タレハ大丈夫ナリ且我隊ニ於テハ今晩ト決シタレハ仮令自首スルモ延引ハ難致ト時ニ連隊ヨリ此席ニ列シ居タル兵卒ノ申ニハ我隊ハ多人数ナレハ皆不残ニハ伝ヘ難シ兎ニ角皈営ノ上今晩精々相伝ヘ可申ト云喜市忠八云フ何レ今晩砲声ヲ合図ニ出テ呉レヨ若シ砲声無之ニ於テハ出ルニ不及ト茲ニ於テ近衛連隊ノ両人ハ皈リ去ル此時自分一座ニ向ヒ我隊ノ内山少尉殿梁田下副官殿抔モ荷担スル様子又総隊ヲ指揮スル人モアリ各方之ニ服従スルヤト申述ル処勿論服従スト答フ已ニ右ノ如ク今晩暴発ト決シタルニ付テハ平山殿ヲ呼寄セ申度ト存シ大久保忠八ヲ頼ミ同人ノ下宿ニ差遣シ暫時ニシテ平山殿ハ大久保ト共ニ来ル依テ自分ハ二階ヲ下リ同家ノ裏ニテ平山殿ニ向ヒ愈今夜ト相決シ一日モ延引難致ニ付尽力致シ呉ヨト申述タル処名義ハ如何ト尋ル故名義ハナシト答ヘ且最早寸刻モ差延ヘ難シト申タリ時ニ夘助ハ去ントスルニ付我カ皈ル迄ハ愈今夜発スト云コトヲ皆ニ語ラサル様致度ト夘助ニ申聞タル処夘助ハ之ヲ承諾シ去ル平山殿ハ再ヒ二階ニ上リ一座ニ向ヒ名義モナク麤暴ニ事ヲ挙ルハ不可然ト申述シ処喜市等ハ暴ニテモ何ニテモ今夜十二時ニ発スヘシト云フ平山殿ハ今一両日差延ルコトハ出来サルヤト申セシニ迚モ差延ヘ難シト断言セシニ依リ平山殿ハ然ラハ兎ニ角今夜第九時迄ニ返答スヘク就テハ誰ナリ一人ヲ近衛砲兵営門ニ差出シ置キ呉レヨト喜市忠八等ニ約セリ而シテ自分又ハ同志ノ者一人通知ノ為右営門ニ参ルヘキニ相決ス此時自分ハ平山殿ニ向ヒ内山少尉殿ニ此事ヲ報シ呉レラレヨト申述シニ委細承諾セリ其許ハ阪町《ママ》ノ下宿ニ至リ今夜ノコトヲ梁田八木等ニ報シ呉レヨト申聞アリテ同人ハ立去ル是集会ニ於テ在京ノ諸兵号砲ヲ聞カハ必ス皇居ニ参集スヘキニ付其節他ノ諸兵ニモ申通シ飽迄強願スヘク且其時ニ必ス我々ヲ指揮スルモノアルヘシ若シ支フルモノハ誰ニテモ之ヲ打果スヘキコトニ決シ又号旗并ニ暗号モ承知致候夫ヨリ自分ハ廣瀬喜助《ママ》ト共ニ集会ノ席ヲ去リ阪町《ママ》ナル下宿ニ至リ梁田下副官殿八木火工下長殿ニ会フテ今夜暴発ノコト并ニ平山殿カ承諾シテ去リシコトヲ語リ是非隊長ヲ惹キ出シ呉レヨト申シタルニ梁田殿等ヨリ名義ハ如何ト問レシ故別ニ名義ハナキ趣ヲ答ヘ且八木殿ニ金ヲ借リ受ケテ旗ニスヘキ布ヲ買入レ旗ヲ製ス梁田八木殿等ハ大隊長ノ所ニ至リテ相談スヘシト申テ出去ルニ付九時迄ニ報知シ呉レヨト申ス処梁田殿等ハ夫迄ハ茲ニ待チ居ルヘシト申ス跡ニ残リ居ル徳永殿ニ貴官ハ皈リテ弾薬等ヲ心配シ呉レ度ト申シ又旗ニスヘキ布不足ナル故徳永殿ノ金ト自分ノ金ヲ并セ徳永殿出テ布ヲ買ニ行キ其後何時ニヤ八木殿来リ大隊長ハ他出中ナリ余ハ今ヨリ隊ノ様子ヲ見ル為メ皈営スト申サル、ニ付然ラハ是非隊ノ様子ヲ報シ呉レヨト申述タル処八木殿ヨリ夫迄ハ茲ニ待チ居レト申聞ラレ同人ハ立去ル暫クアリテ徳永殿返リ来リ同人ハ隊ノ様子ヲ見ニ行クト申スニ付誰ソ人ヲ以テ隊ノ様子ヲ報シ呉レ度様申述タル処承諾ノ旨答ヘテ出去ル自分ハ廣瀬ト共ニ待ツコト十時頃ニ及ンテ猶何ノ報知ナシ依テ廣瀬ト共ニ下宿ヲ出テ我カ隊ニ至リ見ルニ裏門ハ哨兵アリシ故扨ハ此事発覚シテ同志ノ者ハ捕縛セラレタルナランカト存シ竹橋内ニ至ラン為メ廣瀬ト共ニ去リテ九段坂辺ニ及ヒシ処吶ノ声并ニ砲声ヲ聞キタルニ付直チニ駈ケ付ケ近衛砲隊ノ営門ニ及フ此時已ニ営門ハ開ケ多人数押出シ砲モ一門有之ニ付自分ハ近衛砲兵早ク行クヘシト自分等ノ隊ハ已ニ皇居ニ参リタリト大声ヲ発シ砲ヲ挽キ半蔵門ヲ指シテ進ミ行ク途中武庫主管前ニテ士官ニ遭フテ願ノ筋アラハ申出ヨト説諭セラレシト雖モ之ヲ聴カス進ンテ四谷門ノ所ニ至リ平岡曹長殿指揮セラレ茲ニテ隊伍ヲ組ミ皇居御門前ニ参リ茲ニテ一同銃器ヲ収メ捕縛相成廿四日当裁判所ヘ護送相成候事

右之通相違不申上候

明治十一年十月三日　横山　昇

【現代語訳】

徒党暴動の件

自分が今般の在京諸隊の暴動のことを、初めて同じ隊の兵卒・増子秋次郎から聞いたのは、八月十八日頃だった。その趣意は、はっきりしなかったが、減給と賞典のことだと言う。当時、右の二カ条とも、自分はかねて不平に思っており、かつまた満期除隊のあととても、別にお手当てもなく後備兵役を勤めるなど、苛酷なご処分だと思っていたので直ちに同意し、同じ隊の兵卒・高見沢卯助、真田兼松等と相談した。

一　八月二十一日、右高見沢と鈴木直次とが山王社の集会に出たことを、あとから承知した。

同二十二日午後、真田兼松とともに外出、各隊の様子はどうか探ってみようと相談し、自分は鎮台工兵隊営に行き、かねて知り合いの兵卒・水野忠重に面会し、「このところ諸隊に何か穏やかでない噂があるが、お前の隊はどうか」と聞いたが、「わが隊ではそのような話はない」と答えたのでそのまま別れ、兼松は鎮台歩兵第二連隊第一大隊営に行き、兵卒・黒川某に面会した。それから兼松とともに九段坂下の水茶屋に行くと、かねて知り合いの近衛砲隊兵卒・大久保忠八に出会い、招魂社の境内で集会があることを聞き、同伴して境内の花園に行くと、近衛砲隊兵卒・広瀬喜市や忠八ほか名前を知らない兵卒五、六人が居合わせ、卯助と小林千太郎も来た。自分等が主になって暴発の趣意を聞くと、やはり減給、賞典について不平があるためで、二十三日夜、暴発し皇居に行き、強願しようとおおむね相談がまとまったとき、誰かが、近衛歩兵卒二人を連れてきた。相談の結果、右二人は、「帰って同じ隊の者にすすめ、一致させる」と言った。自分は、「予備砲隊は、大隊長ならびに内山少尉殿も与しているから（このことは真田兼松等から聞いたと思うが、はっきりしない）、自分が引き受けるので、いつ事を起こしても差し支えない」と言った。この集会で、上に冬服を着ることも、大久保忠八から聞いたと思う。そして、なお明二十三日、集会して事を決定することを約束して散会した。卯助等は皆、自分より先にその場を離れた。隊に帰り、練兵場の土手で、集会の結果を卯助、兼松に話し、同夜、講義所で平山火工下長殿に話しているところへ梁田下副官殿が来られたので、その話を委細申し述べると（八時過ぎ）、「名義は何か。またその首謀は誰か」と聞かれたので、「別に名義もなく、また首謀もいない様子です。また近衛第二連隊の兵は、通りかかった者二人を呼び込んで相談したくらいなので、あす暴発するのは難しいだろうと思います。しかし近衛砲兵は、どうしても明夜暴発すると言い張っています」と答えた。「それならもっとよくその辺を聞きただし、名義も立たないなら、与しない方がいい」と言われ、自分もいったん、これをもっともだと思った。

一　二十三日午飯後外出、平山殿などの下宿である市ヶ谷坂町定斎薬屋に行った。もっともこれは、平山殿、八木殿から、「集会の行きがけに立ち寄れ」と言われたからだが、八木殿はそこに来ていた。自分は、「これから招魂社の集会に行きます」と言うと、八木殿から、「この挙の趣意は何か」と聞かれたので、「理屈でもってやると理屈で抑えられるので、腕力をもって事を行なうのです」と答えた。さらにまた当隊の兵卒等の考えを聞かれたので、「士官以下の、日頃気に入らない者等を殺し、市中で乱暴するくらいが目的だと思われます」と答えると、八木殿は、「それではお前の意見はどうなのだ」と聞かれたので、「自分も名義もないことはよくないと思いますが、いまさら多勢を押さえられません」と答えた。八木殿は、「粗暴だけのことならきょう行って断わるべきだ。しかし、勢いここに至っては、容易に中止しないだろうし、めいめいの不平に一理あるので、不名義でなければ自分も助力し、道理をもって貫くつもりだ」と申された。そのあとほどなく平山殿が来られ、やはり名義などのことを言われた。自分が、「ただ今から集会に行き、いよいよ暴発するか否かを取り決めます」と答えると、「名義もないなら見合わせるべきだ。しかし、時日などすべてがわかったら、帰路立ち寄れ」と言われた。それからは、招魂社近くの水茶屋の二階に行った。大久保忠八、広瀬喜市ほか名前を知らない兵卒四、五名が居合わせ、喜市、忠八から、「すでに今夜、事を挙げることに決まったから、砲声を合図にお前の隊も押し出してくれ」と言われたので、「勲賞、減給のほかになお口実とすることがあるのか」と聞くと、「ない」と答えた。「それでは二、三日延期しないか。近衛連隊の者も、きのう二人来ただけで、あの隊は、しっかりと相談がととのっているわけではない。だから延期した方がいい」と言ったが、喜市は、「連隊へはきのう申しつかわしておいたから大丈夫だ。さらに、わが隊では、今晩と決めているから、たとえ自首しても、延引は難しい」と言った。そのとき連隊から この席に出ていた兵卒が、「わが隊は多人数なので、皆残らず伝えるのは難しい。とにかく部隊に帰って、今晩できるだけ伝える」と言った。喜市、忠八は、「いずれ今晩砲声を合図に出てくれ。もし砲声がないときは出るに及ばない」と言った。ここで近衛連隊の二人は帰っていった。このとき自分は一座に向かい、「わが隊の内山少尉殿、梁田下副官殿等も荷担する様子だし、また総隊を指揮する人もあるが、みんなこれに服従するか」と言うと、「もちろん服従する」と答えた。すでに右のように今晩暴発すると決まっただについては、平山殿を呼び寄せたいと思い、大久保忠八に頼んで同人の下宿に行ってもらった。しばらくして平山殿は、大久保とともに来た。そこで自分は二階を下り、同家裏で平山殿に向かい、「いよいよ今夜と決定し、一日も延引は難しいので、尽力してください」と言うと、「名義は何か」と尋ねられたので、「名義はありません」と答え、さらに、「もはや寸刻も差し延べできません」と言った。そのとき、卯助が帰ろうとしたので、「自分が帰るまでは、今夜暴発するということを皆に話さないようにしてくれ」と言った。卯助はこれを承諾して去った。平山殿は再び二階に上がり、一座に向かい、「名義もなく、粗暴に事を挙げるべきではない」と言われたが、喜市等は、「粗暴だろうが何だろうが、今夜十二時に暴発すべきだ」と言った。平山殿は、「いま一両日、差し延ばすことはできないか」と言われたが、「とても差し延べできません」と断言した。平山殿は、「とにかく、今夜九時までに返答するから、誰か一人を近衛砲兵営門に差し出しておいてくれ」と喜市、忠八等に言った。そして自分または同志の者一人が通知のため、右営門に行くことに決まった。このとき自分は、平山殿に向かい、「内山少尉殿にこのことを知らせてください」と言うと、「委細承知した。お前は坂町の下宿に行って、今夜のことを梁田、八木等に知らせてくれ」と言われ、同人は立ち去った。この集会で、在京の諸兵は号砲を聞けば必ず皇居に参集するはずだから、そのときは他の諸兵にも申し伝え、あくまで強願すること、かつそのときは必ず、われわれを指揮する者があること、もし妨害する者があれば、誰であっても打ち果たすことに決め、また合図の旗と暗号も決めた。それから自分は広瀬喜市と集会の席を出て、坂町の下宿に行き、梁田下副官殿、八木火工下長殿に会って、今夜暴発すること、ならびに平山殿が承諾して去られたことを話し、「ぜひ隊長を引き出してください」と言うと、梁田殿から、「名義は何か」と聞かれたので、「別に名義はありません」と答え、また八木殿に金を借りて旗にする布を買い入れ、旗を作った。梁田、八木殿等は、「大隊長の所に行って相談する」と言って出ていくので、「九時までに知らせてください」と言うと、梁田殿は、「それまではここで待っていろ」と言った。あとに残った徳永殿に、「貴官は帰って弾薬等を心配してください」と言い、また旗にする布が足りないので、徳永殿の金と自分の金を合わせ、徳永殿は布を買いに出ていった。そのあといつ頃だったか八木殿が来て、「大隊長は外出中だ。自分は今から隊の様子を見るため帰営する」と言われるので、「それではぜひ隊の様子を知らせてください」と言うと、八木殿は、「それまではここで待っていろ」と申され、立ち去った。しばらくして徳永殿が帰ってきて、「隊の様子を見にいく」と言うので、「誰か人をもって隊の様子を知らさせてください」と言うと、「わかった」と答えて出ていった。自分は広瀬と待つこと十時頃に及んで、なお何の知らせもない。そこで広瀬とともに下宿を出て、わが隊に行ってみると、裏門に哨兵がいたので、さては事が発覚して同志の者は捕縛されたのかと思い、竹橋内に行くため広瀬とともに九段坂辺まで行ったとき、喊声と砲声を聞き、直ちに近衛砲隊の営門に駆けつけた。このときすでに営門は開いていて、多人数が押し出し、砲も一門あったので、自分は、「近衛砲兵、早く行け。自分等の隊はすでに皇居に行ったぞ」と大声を発し、砲を引いて半蔵門をめざして進んでいく途中、武庫主管前で士官に会い、「願いの筋があれば申し出よ」と説諭されたがそれを聞かず、進んで四谷門の所に至り、平岡曹長殿が指揮されてここで隊伍を組み、皇居ご門前に行き、ここで一同銃器を収め捕縛され、二十四日当裁判所へ護送されてきた。

右の通り相違ない。

明治十一年十月三日　横山　昇

50 宮崎忠次

東京鎮台予備砲兵第一大隊第二中隊
一等砲卒　宮嵜忠次　当十月二十四年十一ヶ月
明治七年四月入営　栃木県農　下野国都賀郡中島村
清七弟　真言宗

口供

徒党暴動ノ件
自分儀本年八月十日頃ニヤ日ハ失念同隊卒落合政蔵横島多三郎ト営門ヲ出前ノ水茶屋ニ参リ候処近衛砲兵ノ金井総《ママ》太郎モ参リ右同人政蔵ニ向ヒ昨年ノ戦賞モ無之日給其他ノ物品モ減少シ不平ニ不堪依テ隊中申合セ連隊共々　皇居へ歎願スル積リ也隊中へモ伝へ呉ヨトノ

コトニ付承知致ス旨相答夫レヨリ自分ハ総太郎《ママ》ト共ニ四ツ谷辺ヲ散歩シテ皈営ノ後仝隊卒高見沢夘助ニ話シ何レ相談ノ上何トカ総太郎《ママ》へ返答セサレハ不相成ト語リ合候事

一　仝十七日午後総太郎《ママ》并大久保忠八ノ両人自分并仝隊卒高見沢夘助ヲ尋ネ参リ今度減給賞典等ノ儀ニ付近衛連隊ニ於テ不平ヲ抱キ中隊毎ニ同意ノ者二三十人モ有之已ニ各隊ノ申合モ整ヒタル由就テハ其許等ノ隊ニテモ同意致呉度トノコト故自分并夘助ヨリ先日落合政蔵ヨリ其咄ハ承リ隊中ニモ不平ノ者ハアルガ《ママ》先ツ司令スル者ハ誰ゾ《ママ》ト問フニ右両人言フ此事ハ長島竹四郎主トシテ尽力シ居ルニ付我々ハ承知致サスト依テ自分等ヨリ兵卒ノミニテハ行ハレ難カルヘシ司令スル者ノ名ヲ聞カザ《ママ》レハ協議シ難シト答ヘタル末明十八日総太郎《ママ》ノ下宿ニ至リ相談スベ《ママ》キコトヲ約シ且又来ル水曜日（廿一日）ニハ各隊ノモノ赤坂山王社ニ於テ集会ノ筈ニ付予備砲隊ヨリモ一両人出席致シ呉ヨト右両人ヨリ申聞ニ付自分夘助ト共ニ之ヲ承諾シテ立別レ候然ルニ自分ニ於テモ賞典并減給ノ儀ハ官ノ御処分不宜ト存居タルニ付此度ノ一件モ初ヨリ同意仕候事

一　仝夜厩ノ前ニテ同隊卒高見澤夘助ニ前段ノ事ヲ話シ居折柄真田兼松来リテ此話ハ聞居候依テ他言スベ《ママ》カラザ《ママ》ル旨申聞候事

一　仝十八日前件相談ノ為メ夘助并同隊卒小林千太郎大畑力三郎ト共ニ午飯後外出九段坂ニテ忠八ニ遇ヒ同道シテ其下宿ニ参リシ処無程総太郎《ママ》モ参リ忠八ヨリ昨日ノ話ニ付同意ノ者ハ何程アルヤト問フ故自分夘助等同意ノ者ヲ話サヾ《ママ》ルニハ非ス先ツ貴様等ノ方ニテ司令スル者ハ誰ゾ《ママ》ト申シタル処忠八ハ承知不致ト答ヘ総太《ママ》郎モ仝様ノ答ニ有之候ニ付自分夘助ト謀リ偽リテ我カ隊ニハ上官ニモ同意ノ者アレトモ其名ハ未タ告ケ難シ抔ト申述ヘ候然ルニ総太郎《ママ》等ヨリ司令スベ《ママ》キ人物ハ兵卒中ニ隋分可有之仮令ハ兵卒中ヨリ可然人物ヲ撰ミ出シ其中ヨリクジヲ探リテ定ムルモ可ナリト申ニ付自分夘助ト共ニ夫ニテハ面々頭気取ニナリテ迚モ行レ難カラン少将位ノ人司令スルニ非レハ見込ミナシ抔申述タリ此等談話ノ間ニ総太郎《ママ》ヨリ警視各分署青山火薬庫并武庫主管（武器ヲ奪フ為）ハ近衛歩兵之ヲ襲ヒ大蔵省ハ仝砲兵之ヲ襲ヒ（金円ヲ奪フ為）　皇居ハ仝歩兵已ニ詰居故心配ナシ事ヲ発スル時ノ手配ハ先ツ如右猶又山王集会ヘハ其許等ノ隊誰ゾ《ママ》一両人出席致呉ヨト申ニ付自分等一同之ヲ承諾シテ立別レ申候事

一　仝二十日大久保忠八谷《ママ》新四郎来リ明水曜日赤坂山王社ニ相会シ此度ノ議ヲ決スベシ諸君モ参集セラレヨ

トノコトニ付高見澤夘助鈴木直次出会ノ事ニ決シ申候事
一　仝廿二日夘助直次山王社ヨリ帰リ来リ本日ハ野砲隊ノ者ハ出タレトモ近衛歩兵ノ者参会セス依テ確ト議論モ決セザ《ママ》レトモ概ネ廿三日頃発スル旨夘助ヨリ承リ候事
一　仝廿二日午後又々金井総《ママ》太郎来リテ過日相談セシ一条ハ如何ト申ニ付砲兵三大隊ノミニテハ迚モ「ダメ」《ママ》ナリト相答候処総《ママ》太郎申ニハ近衛歩兵モ長島竹四郎ヨリ相談シ既に整ヒタレハ左様気ヲ挫カヌ様ニ致シ呉レヨトテ立チ帰リ申候此夜大山少将殿岡本少佐殿内山少尉殿梁田下副官殿平山火工下長殿モ指揮セラル、由尚又今日招魂社ノ集会ニ参リシ処確ト取極ラスシテ止ミタル趣右両条ハ高見沢夘助ヨリ承リ候事
一　仝廿三日午食後夘助申聞ニハ今日招魂社ニ於テ集会アルニ付横山昇出会スル筈也我ハ少シ用事アリテ行キガ《ママ》タシ其許参リ呉ラレヨトノコトナレトモ愚昧ノ自分ナレハ行トモ益ナシ横山一人ニテ可然トテ参リ不申候同夜高見沢卯助招魂社ヨリ皈営集会ノ議ハ定ラザ《ママ》レトモ今夜発スルモ難計何レ確定次第横山ハ皈リ来ル筈故委シキコトハ其時相分ルヘシ依テ第二中隊中九年兵ト十年兵ニハ今夜事アルモ難旨《ママ》ヲ通シ置タル由承リ候仝夜不時呼集ニテ整列ノ際一仝混雑致候自分ハ隊長引卒《ママ》セラル、コトナレハ静ニ致シタル方可然ト夘助ニ話合ヒ夘助モ左様ト申シ号令ニ従ヒ第九時頃出営十二時頃王子へ着仝所ニ於テ平山火工下長殿板橋へ弾薬受取ノ為メ参ラレ候ニ付自分外兵卒二十名程随行一時過仝所ニ着然ルニ仝所ニハ弾薬無之旨ニテ三時頃王子ニ皈リ仝廿四日午前第十時頃久徳大尉殿ノ令ニテ皈営ノ末当裁判所へ護送相成候事
右之通相違不申上候
明治十一年十月三日　宮嵜忠次

【現代語訳】

徒党暴動の件

自分は、今年八月十日頃だったか、日は忘れた、同じ隊の兵卒・落合政蔵、横島多三郎と営門を出て、前の水茶屋に行くと、近衛砲兵の金井惣太郎も来た。右同人は政蔵に向かい、「昨年の戦賞もなく、日給その他の物品も減少し、不平に耐えない。だから隊の中で申し合わせ、連隊ともども皇居へ嘆願するつもりだ。隊中へも伝えてもらいたい」と言うので、「承知した」と答えた。それから自分は、惣太郎とともに四ツ谷辺を散歩して帰営し、そのあと、同じ隊の兵卒・高見沢卯

助に話し、「いずれ相談の上、何とか惣太郎に返答しなければならない」と語り合った。

一　同十七日午後、惣太郎と大久保忠八の二人が自分と高見沢卯助を訪ねてきて、「こんど減給や賞典等のことについて近衛連隊で不平を抱き、中隊ごとに同意の者は二、三十人もいて、すでに各隊の申し合わせもととのったようだ。ついては、お前等の隊でも同意してもらいたい」と言うので、自分と卯助から、「先日、落合政蔵からその話は聞いている。隊の中にも不平の者はいるが、まず、司令する者は誰なのか」と聞くと、右の二人は、「このことは長島竹四郎が主として尽力しているので、われわれは承知していない」と答えた。だから自分等から、「兵卒だけで実行するのは難しいだろう。司令する者の名前を聞かなければ協議できない」と答えた。その結果、明十八日、惣太郎の下宿に行って相談することを約束し、さらに、「こんどの水曜日（二十一日）には各隊の者が赤坂山王社で集会する予定なので、予備砲隊からも一両人出席してもらいたい」と二人から言われたので、自分は卯助とともに承諾して別れた。そうではあるが、自分も賞典ならびに減給の件は官側のご処分はよくないと思っていたので、このたびの一件も初めから同意していた。

一　同夜、馬屋の前で同じ隊の兵卒・高見沢卯助と前段のことを話していると、真田兼松が来て、「この話は聞いている」と言った。だから、「決して他言してはならない」と言い聞かせた。

一　同十八日、その件を相談するため、卯助、同じ隊の兵卒・小林千太郎、大畑力三郎とともに午飯後外出、九段坂で忠八に会い、同道して忠八の下宿に行くと、まもなく惣太郎も来た。忠八から、「昨日の話に同意した者は何人くらいいるか」と問われたので、自分や卯助は、「同意している者を話さないではないが、まず、貴様等の方で司令する者は誰だと言うべきだ」と言うと、忠八は、「承知しない」と答え、惣太郎も同様の答えだったので、自分は卯助と謀り偽って、「わが隊には上官にも同意の者がいるが、その名はまだ告げられない」などと言うと、惣太郎等から、「司令すべき人物は兵卒の中にもずいぶんいる。たとえば、兵卒の中からしかるべき人物を選び出し、その中からくじを引いて決めるのもよいではないか」と言うので、自分は卯助とともに、「それではそれぞれが頭気取り《かしらきど》になって、とてもうまくゆかない。少将くらいの人が司令するのでなければ見込みがない」などと言った。これらの話の間に惣太郎が、「警視各分署、青山火薬庫と武庫主管（武器を奪うため）は近衛歩兵が襲い、大蔵省は同砲兵がこれを襲い（金円を奪うため）、皇居は同歩兵がすでに詰めているので心配ない。事を発するときの手配はこのようになっている。さて、山王集会にはお前等の隊から誰か一両人、出席してもらいたい」と言うので、自分等一同、これを承諾して別れた。
一　同二十日、大久保忠八、谷新四郎が来て、「あす水曜日、赤坂山王社に集まって、このたびの件を決定する。諸君も参集してくれ」と言うので、高見沢卯助、鈴木直次が出席することに決めた。
一　同二十二日、卯助と直次が山王社から帰ってきて、「きょうは野砲隊の者は出席したが、近衛歩兵の者は参会しなかった。そのためきちんと議論も決まらなかったが、おおむね二十三日頃暴発する」と卯助から聞いた。
一　同二十二日午後、またまた金井惣太郎が来て、「先日相談したことはどうなったか」と言うので、「砲兵三大隊のみではとてもだめだ」と答えると、惣太郎は、「近衛歩兵も長島竹四郎から相談し、すでに同意したので、そのように弱気にならないようにしてくれよ」と言って立ち去った。その夜、「大山少将殿、岡本少佐殿、内山少尉殿、梁田下副官殿、平山火工下長殿も指揮をされるそうだ。また、きょう招魂社の集会に行ってきたが、はっきり取り決めができないまま終わった」という右二つのことは、高見沢卯助から聞いた。
一　同二十三日午食後、卯助が、「きょう招魂社で集会があり、横山昇が出席するはずだ。自分は少し用事があって行けない。お前が行ってくれないか」と言ったが、「愚昧な自分だから、行っても役に立たない。横山一人で大丈夫だ」と言って行かなかった。同夜、高見沢卯助が招魂社から帰営し、「集会での議論は決定しなかったが、今夜事を起こすかもしれない。いずれ確定し次第、横山は帰ってくるはずだから、くわしいことはそのときにわかるだろう。だから、第二中隊の中で九年入隊の兵と十年入隊の兵には、今夜、事があるかもしれない、と伝えておいた」と言うのを聞いた。
一　同夜、不時呼集で整列したとき、みんな混雑した。自分は、「隊長が引率されることだから、静かにした方がいい」と卯助と話し合い、卯助も、「そうだ」と言って号令に従い、九時頃出営、十二時頃王子に着いた。同所で平山火工下長殿が、板橋へ弾薬を受け取りにいかれるというので、自分ほか兵卒二十名ほどが随行し、一時過ぎ同所に着いた。しかし、そこには弾薬はないとのことで、三時頃王子に帰り、同二十四日午前十時頃、久徳大尉殿の命令で帰営したあと、当裁判所へ護送となった。

以上の通り相違ない。

明治十一年十月三日　　宮崎忠次

51　真田兼松

東京鎮台予備砲兵第一大隊第一中隊

二等馭卒　真田兼松　当十月二十三年四ヶ月

明治九年四月入隊　千葉県平民　安房国安房郡国生村　弥惣次二男　法華宗

口供

徒党暴動ノ件

自分儀本年八月中旬（日不覚）既当番ノ節第二中隊ノ厩ノ辺ニテ同隊卒高見沢夘助宮崎忠次ノ両人談話致居ルヲ見テ立寄ル処此度近衛砲兵等給与ヲ減セラレ且昨十年西南戦争ノ功労ヲ賞セラレサルヲ憤リ皇居ニ逼リ訴ルトノコトニテ其段ヲ当隊ヘモ通セラレシ趣併シ未タ判然シタル事ニモ無之故妄リニ他人ニ洩スヘカラサル旨右両人ヨリ承リ同夜之ヲ火工卒鈴木直次ニ告ケ真偽如何ト尋ル処直次ハ未タ承知セサル旨答ヘタリ又日ハ失念右ノ概略ヲ同夥渡邉鉄之助ニ話シタリ後一両日経テ又忠次ヨリ在京諸隊ノ兵モ概ネ一致シテ事ヲ起スコト及ヒ来ル廿一日赤阪《ママ》山王社ニ集会シテ其事ヲ謀ル旨承知シ各隊ニテモ右様ノ訳ナレハ自分モ同意シテ其事ヲ為サント答ヘタリ而シテ又之ヲ鈴木直次ニ告ケ直次ニ行テ見サルヤト申シタル処直次ハ如何ナル話アルヤ山王ニ参リテ見ント申シタリ

一　同廿日夜直次夘助忠次ト共ニ練兵場ニ至リ直次ヨリ当隊ノ士官下士ニモ此事件ニ与シ周旋スル者有之旨承リ当隊ハ最早事取極リタリ抔語リ合候

一　同廿一日夜直次ハ今日山王ノ集会ニ赴キタル処兼テ聞タル程ノコトニモ無之近衛砲隊卒等ノミ参リテ他ニ好キ議論ヲ立ルモノモ無之拙者ハ之ヲ嘲リテ皈リ来リシト同人ヨリ承ル尤同人ハ此時酩酊致シ居タリ依テ自分ハ其趣ヲ鋏《ママ》之助ニ告テ置キタリ

一　同廿二日午前直次ハ昨日ノ会ニ概ネ廿三日ニ発スルコトヲ取極メ来リシ旨承リ又今日招魂社ニ集会アル由ヲモ承リ（但集会ノコト今判然ト覚ヘサレトモ直次ハ申タリト云ニ付自分ハ之ヲ忘シコトト存ス）同日午後同隊卒横山昇ト共ニ外出ス昇ハ此度ノ事件ヲ何人ヨリ聞キタルニヤ已ニ承知致居レリ依テ同人ト謀リ各隊ノ様子ヲ探ラン為メ自分ハ鎮台歩兵第二連隊第一大隊営ニ到リ兼テ識

ル同隊卒黒川寅藏ニ面会シ我隊ニテハ勲賞等ノ不平ニ付今度暴動ヲ企ル処其許ノ隊ニテハ如何ナル様子カト相尋ル処寅藏此方隊ニテハ右様ノ事無之ト申ニ付此後右等ノ事ヲ為サントスル人アラハ報シ呉ヨト申述へ立別レ昇ハ鎮台工兵隊ニ至リ兵卒水野某ニ面会シタレトモ自分ハ同席セサル故昇カ如何ナルコトヲ申セシカ不存夫ヨリ九段阪《ママ》下水茶屋ニ参リ（十余字分空白）清吉等ニ会ヒ休息致居ル処近衛砲隊卒大久保忠八モ来リ招魂社境内ニ集会有之故同所へ来ルヘシト忠八ノ言ニ依リ昇等ト共々之ニ赴キシ処名前不存兵卒数人居合セ夘助昇等主トシテ事ヲ談シ自分ハ千太郎ト其傍ノ柴《ママ》ノ上ニ居タリ然ルニ皈営時限ニ迫リタル故自分夘助千太郎ハ先キニ同所ヲ去リ帰営ス昇ハ尚能ク事ヲ談スル為跡ニ残ル夜ニ入リ昇モ已ニ帰営シ練兵場ノ土手ニ於テ明廿三日夜弥暴発スヘキニ決シ猶其手配等ハ廿三日集会シテ能ク事ヲ決スル筈ナリト昇ヨリ承リ此時夘助モ同所ニテ之ヲ承リシト覚フ

一　同廿三日昇ハ今日モ招魂社ノ集会ニ赴キ事ヲ談決スル旨同人ヨリ承リ之ヲ鈴木直次ニ告ケタリ夘助モ此集会ニ赴キ帰営ノ上午後八時頃自分ニ告ルニハ昇カ今迄帰リ来ラサルヲ以テ見レハ愈今夜事ヲ起スコトニ決シタルナランカト又直次モ自分ヲ呼ヒ唯今大隊長始メ出営セラレタリ兎角ニ気ヲ付ケ居ルヘシ是迄申合セタルコト露ハレテ縛セラル、トキハ誰ニテモ跡ニ残リ居ル者周旋シ大勢ノ力ヲ負ミ嘆願シテ其縛ヲ解ク様可致ト申聞ラレ候ニ付自分モ之ヲ諾ス（但シ此事ハ判然承リシト不覚併シ直次カ申シタリト云フニ於テハ自分モ承ラスト申証拠モナク匆卒ノ際故承リシコトハ記臆《ママ》セサリシ儀ト存スルナリ）此等ノ談話終ルカ終ラサル中ニ呼集喇叭ヲ聞キタルニ付整列ノ末（皆々背嚢ハ負ハス）出営行進ス自分ハ少々足痛ノ処下士ニモ誰ニモ告ケス勝手ニ一丁許隊伍ニ後レ行キタリ王子ニ着シ喫飯後平山火工下長殿弾薬請取ノ為メ旧兵十人計ヲ召連レ行ク際誰言フトナク旧兵ハ弾薬取ニ行ヘシト申合凡三十人計ニテ王子ヲ発シ板橋火薬庫ニ着シタルハ同廿四日午前四時頃ト覚フ然ルニ同所ニハ弾薬無之由ニテ王子ニ引返シ間モナク夜明ケニ相成久徳大尉殿ノ令ニテ一同整列王子ヲ発シ午前九時頃帰営シ同日当裁判所へ護送相成候事

右之通相違不申上候

明治十一年十月三日　真田兼松

【現代語訳】

徒党暴動の件

自分は、本年八月中旬（日は覚えていない）、馬屋当

番のとき、第二中隊の馬屋のあたりで、同じ隊の兵卒・高見沢卯助と宮崎忠次の二人が話し合っているのを見て立ち寄ると、「このたび近衛砲兵等が、給与を減らされ、その上、昨十年の西南戦争の功労を賞されないのを憤り、皇居に迫って訴えるということで、そのことを当隊へも連絡してきたらしい。しかし、まだはっきりしたことでもないので、みだりに他人に洩らしてはならない」と右両人から聞いた。その夜、このことを火工卒・鈴木直次に告げ、「真偽はどうか」と尋ねると、直次は、「まだ聞いていない」と答えた。また、日は忘れたが、右の概略を同僚の渡辺鉄之助に話した。

その後一両日を経て、また忠次から、在京諸隊の兵もおおむね一致して事を起こすこと、および来る二十一日、赤坂山王社に集会してそのことを謀ることを知り、各隊でも右のような状況なので、「自分も同意して、その事をやろう」と答えた。そしてまたこれを直次に告げ、直次に、「行ってみないか」と言うと、直次は、「どんな話があるか山王に行ってみよう」と言った。

一　同二十日夜、直次、忠次、卯助とともに練兵場に行き、直次から、「当隊の士官、下士にもこの事件に与し、動いている者がいる」と聞き、「当隊では、もはや事は決まった」などと語り合った。

一　同二十一日夜、直次は、「きょう山王の会議に行くと、前に聞いていたほどのことでもなく、近衛砲隊の兵卒等だけ来ていて、ほかによい議論をする者もいなかった。拙者はこれを嘲って帰ってきた」と言った。もっとも同人はこのとき酩酊していた。そこで自分はそのことを鉄之助に告げておいた。

一　同二十二日午前、直次から、「きのうの会合でおおむね二十三日に暴発することを取り決めてきた。またきょう招魂社で集会がある」と聞いた(ただし集会のことは、今、はっきり覚えていないが、直次は言ったというのだから、自分はこれを忘れたのだと思う)。同日午後、同じ隊の兵卒・横山昇とともに外出した。昇は、このたびの事件を誰から聞いたのか、すでに知っていた。だから、同人と相談して、各隊の様子を探らんため、自分は鎮台歩兵第一連隊第一大隊営に行って、かねて知る同隊兵卒・黒川寅蔵と面会し、「わが隊では勲賞等の不平ついて、こんど暴動を企てているが、お前の隊ではどんな様子か」と尋ねると、寅蔵は、「こちらの隊ではそのようなことはない」と言ったので、「今後、そのようなことをしようとする者があったら連絡してくれ」と言って別れた。昇は鎮台工兵隊に行って兵卒・水野某と面会したが、自分は同席しなかったので、昇がどのようなことを言ったか知らない。それから九段坂下の水茶屋に行き（十余字分空白）清吉等と会い休息していると、近衛砲隊兵卒・大久保忠八も来て、「招魂社境内で集会があるので、同所へ来てくれ」と言うので、昇等とともどもに行った。名前を知らない兵卒数人が居合わせ、卯助や昇等が主に話し、自分は千太郎とその傍らの芝の上にいた。けれども帰営時間に迫ってきたので、自分、卯助、千太郎は先に同所を去り帰営した。昇は、なおよく事を相談するためあとに残った。夜になって昇も帰ってきて、練兵場の土手で昇から、「明二十三日夜、いよいよ暴発すべきと決まった。なおその手配等は二十三日集会して、きちんと決めるはずだ」と聞いた。このとき、卯助も同所でこれを聞いたと記憶している。

一　同二十三日、昇から、「きょうも招魂社の集会に行き、事を話し合い、決める」と聞き、これを鈴木直次に告げた。卯助もこの集会に行き、帰営後、午後八時頃、自分に、「昇が今まで帰ってこないのを見ると、いよいよ今夜事を起こすことに決したのだろう」と告げた。また直次も自分を呼び、「ただ今、大隊長はじめ出営された。とにかく気をつけているべきだ。これまで申し合わせたことが露見して縛せられるときは、誰でもあとに残っている者が動き、大勢の力を頼んで嘆願し、その縛を解くようにしよう」と言うので、自分もこれを承諾した（ただし、このことははっきり聞いたと覚えていない。しかし、直次がそのように言うからには、自分は聞かなかったという証拠もなく、あわただしいときのことなので、聞いたことは記憶しなかったのだと思う）。これらの話が終わるか終わらない内に、呼集ラッパを聞いたので整列し（全員背のうは背負わなかった）、出営、行進した。自分は少し足が痛かったので、下士にも誰にも告げず、勝手に一丁ばかり隊伍に遅れて行進した。王子に着いて食事のあと、平山火工下長殿が、弾薬受け取りのため古参兵十名ばかりをつれていく際、誰言うともなく、「古参兵は弾薬を取りに行こう」と申し合わせ、およそ三十人ばかりで王子を出発した。板橋火薬庫に着いたのは、同二十四日午前四時頃と覚えている。しかし、そこには弾薬はないというので王子に引き返すと、まもなく夜明けとなり、久徳大尉の命令で一同整列して王子を発し、午前九時頃帰営し、同日、当裁判所へ護送となった。

右の通り相違ない。

明治十一年十月三日　真田兼松

52 鈴木直次

東京鎮台予備砲兵第一大隊第一中隊
火工卒　鈴木直次　当十月廿六年七カ月
明治八年四月入隊　茨城県平民　常陸国真壁郡大国
玉村　喜蔵二男　真言宗

口供

徒党暴動ノ件

一　自分儀去ル八月十七八日頃近衛砲兵ヨリ自分隊へ通シアリテ勲賞減給ノ儀ニ付不平ノ為メ申合セテ暴発シ皇居ニ強願スルノ企テアル旨同隊卒眞田兼松ヨリ始テ承知シ夫ハ随分可然ト答ヘタリ其後一両日ヲ経テ右ノ事ヲ相談ノ為メ廿一日午後山王社ニテ諸隊ノ兵集会有之旨真田ヨリ承リ第二中隊ヨリハ高見沢夘助第一中隊ヨリハ自分之ニ参ルヘキニ決ス（初メ兼松ヨリ行呉ヨト申サレ自分之ヲ諾ス）

一　廿日午後外出麹《ママ》町十三丁目姓名不識鮓屋ニ至ル処同隊火工下長平山荊殿先キニ来リ飲酒致居タリ依テ談話ノ序自分ハ同夥ヨリ相談ヲ掛ケラレシコト有之何事モ手ニ不付ト申述タル処平山殿ヨリ夫ハ何故ナルヤト尋問セラレシニ付眞田ヨリ承リシコト及ヒ明廿一日山王ニ赴クコトヲ語リ是事ハ成就スル者カ如何ト問フ平山殿ノ申聞ケニ此等ノ事ニ付テハ我モ議論アリ又下副官梁田正直并ニ少尉内山定吾殿モ是等ノ事ハ議論アル様子ナリ加之猶立派ナル人モ周旋可致呉モ難計已ニ上官ノ者周旋致スヘキ事ニナレハ汝等ニ迷惑ハ掛ケ不申又明日ノ集会ニモ自分罷越スヘク尤之ヲ内山殿ニ話シ行カサル方可然トノコトナラハ汝等ノミ参ルヘシ且此事ハ全ク他ニ洩サル様可致我ハ我カ話ス可キ人ニノミ話スナリ又明日ハ内山殿ニ頼ミ講義所ニテ兵ノ気ヲ引立ル様ナル講義ヲ為致可申ニ付汝ハ内山殿カ講義致スト申テ兵卒ニ聴問サスル様周旋スヘシト申聞ラレ夫ヨリ小酌数時ノ末帰隊シ平山殿ヨリ承リシコトヲ高見沢卯助ニ話シ且平山殿カ立派ナル人ガ《ママ》周旋致シ呉ル、モ難計ト申セシハ大山少将殿ニ当ルナラント申シタリ同夜又練兵場ニテ夘助并ニ宮﨑忠次眞田兼松等ト共ニ内ノ隊ハ最早已ニ極リタリ抔語合候

一　廿一日午前練兵後平山殿自分室ニ来リ自分ヲ呼出シ練兵場ノ南ノ土手ノ陰ニ到リ申聞ニハ内山殿モ梁田殿モ已ニ同意致シタリ此事ハ成リ《ママ》丈ケ早キヲ好シトス今日ノ会ニハ自分梁田殿ト共ニ山王ニ参ルヘシ但他隊ニテモ士官下士参リ居レハ自分等モ其席ニ臨ムヘク然ラサレハ自分モ其席ニハ臨マス又跡ノ論ハ我等カ引受ケ必ス汝等ニ心配ハ掛ケス又今日ハ汝一人山王ニ行ク

カト申ニ付高見沢モ行クト答フル処然ラハ其節我カ下宿ニ立寄レト申聞ラレ此折モ今日ハ内山少尉殿外史国史略ヲ講スル旨ヲ以テ兵ヲ集メヨト被申聞乃チ其通兵卒ニ伝ヘタリ尤自分ハ講義ヲ悉ク聴問セスシテ止ム同日午前同隊増子秋次郎鶴田安右エ門ニ此暴挙ノ事ヲ話シ立派ナル人カ指揮スル筈ナリ尤隊中ニテ之ニ与セサル者モアルヘシ右様ノ人ニハ之ヲ話ス勿レト言フニ右両人ハ総テ同意致シタリ同日午飯後自分ハ高見沢卯助ト同伴市ヶ谷坂町ナル平山殿ノ下宿ニ至ルニ梁田下副官殿モ参リ居ル高見沢ハ下ニ居リ自分ハ二階ニ上リ無程梁田平山両人ハ闘袖服ヲ着換ヘテ立出テ麹《ママ》町辺ヨリ車ニ乗リ山王ノ阪《ママ》ニテ下リ梁田殿平山殿両人ト茲ニテ相分レ自分ハ高見沢ト共ニ水茶屋ニ至ルニ兼テ存シタル近衛砲兵大久保忠八長島竹四郎外姓名不識兵卒七八人居合セ大久保忠八云フ本日ハ他隊ノ可会モノ十分集ラス尤浅草辺ノ何某ト申モノ方ニ近衛隊ノ士官下士等集会アルニ付何レ後刻浅草ヨリ報知アルニ付之ヲ待テ事ヲ決スヘシト又一人ノ近衛砲兵ノ申ニハ元来此事ハ近衛連隊ノ方ヨリ組立タルニ本日ハ連隊ノ者遊歩留ノ様子ニテ来ラスト依テ自分ハ若シ遊歩留ニテ来ルコト能ハサレハ誰カ日本服ヲ着シ郷里ノ親族ノ体ニナリテ連隊ニ至リ面会シテ談スルカ或ハ郵便ヲ以テ相談致テハ如何抔申述タリ然ルニ何人ニヤ自分ノ姓名ヲ記シタル札ヲ持参シ呼ヒニ来リシ故其方ニ赴ク処梁田平山殿ノ両人ニテ集会ノ模様如何ト尋ルニ付前文ノ大略ヲ申述タル処然ラハ猶能ク聞糺シ帰路内山少尉殿ノ宅ニ立寄レ我々ハ内山殿宅ニテ待タント申シ内山殿ノ町名番地ヲ教ヘラレ茲ニテ右両人ト別レ再ヒ集会ノ席ニ至ル処浅草ノ報知モ来ラス大久保ノ曰ク今汝ヲ呼ヒニ来リシ者ハ誰ナルヤ同志ノ者ナラハ呼ヒ来レト自分云唯今此処ヘハ呼ヒ難シト且又我カ予備砲隊ハ内山少尉殿梁田下副官殿其外ノ下士ニモ此挙ニ与ミスル者アリ且ツ又立派ナル人モ荷担致シ呉ル、趣ナレハ何時事ヲ発シテモ不苦今夜ニテモ不都合ハ無之今ヨリ連隊ヘ通シテ今夜暴発致サゞ《ママ》ルヤト申タル処大久保等ノ申ニハ今夜ト申訳ニモ不被行ト依テ概ネ廿三日ニ発スヘシ而シテ明廿二日尚又招魂社ニ集会シテ事ヲ議スヘシト概ネ是等ノ事件ヲ相談シテ各相別レ夫ヨリ内山殿宅ニ至ルニ梁田殿平山殿ハ過刻已ニ去リシ趣ニテ内山殿ヨリ談話アルニ付上レト申サレ候得共他ノ兵士一人居合セタルユヘ自分ハ梁田殿平山殿ニ話スヘシト申タレハ然ラハ夫レニテモ宜シト被申聞夫ヨリ又坂町ナル下宿ニ参ルニ茲ニモ右両人ハ不居候ニ付途中ニテ一酌致シ帰営ス帰営ノ上眞田兼松ヨリ今日ノ会如何ト被尋ニ付概ネ取極メテ来リシト答フ夫ヨリ梁田殿平山殿八木殿同席ノ処ニテ廿三日事ヲ発スルコトニ取極メテ参リタリ尤本日ハ他隊モ十分集ラス何レ明日招魂社ノ集会ニテ談話ノ筈ナリト申述シ処梁田殿等申聞ケニハ元来組立ヲナシタル近衛歩兵ハ何故来ラサリシヤ汝ハ其故ヲ聞キテ来リシヤ自分答フ歩兵ヘハ人ヲ遣シタレトモ逢フコト叶ハスシテ止ミシト梁田殿等云フ我隊ヤ近衛砲隊位ニテハ事ハ成シ難シ能ク其首謀人ト又他隊ハ如何ナルヤヲ聞糺シテ取極メル方可然ト此折齋藤軍曹殿室内ニ来リシヲ以テ皆々離散致候事

一　廿二日午前昨日集会ノコトヲ更ニ真田ニ話シ来ル廿三日発スルコトヲ概ネ取極メ尚今日招魂社ニ集会アル筈ナリト語リタリ

一　廿三日今夜愈暴発スルカ如何ハ横山昇カ招魂社ノ集会ニ趣キ居ルユヘ何レ横山ガ《ママ》取極メテ来ル趣眞田兼松ヨリ承リタリ午後第八時頃大隊長出営呼集ヲナシ行軍致スニ弾薬背嚢等携帯ニ不及旨聞及ヒ自分ハ大声ヲ発シ弾薬ヲ携帯セサル行軍ガ《ママ》有ル物カト申タリ又兼テ暴挙ヲ申合ヒシコト発覚シテ捕縛セラル、トキハ跡ニ残レルモノ誰ニテモ周旋シ大勢ノ力ヲ負ンテ縛ヲ解ク様嘆願スヘシト眞田兼松ニ相談シタレトモ匆卒ノ場合故其他ノ者ニハ話サスシテ止ム已ニ出営八丁計ノ処ニテ自分ハ何処ヘ行軍スルヤ抔呼タル処鈴木伍長殿ヨリ黙セト申聞ラル行軍王子ニ着スル以前ニ平山火工下長殿白石軍曹殿ヨリ自分并ニ髙見沢夘助ヲ呼ヒ出シ起ル方（暴発）カ拒ク方（鎮圧）カ又隊長ノ令ヲ聞クヤ兵士ノ心情ヲ聞合セ之ヲ隊長ニ申出ヨト隊長ノ命令ナリト被申聞之ヲ承諾シ兵士ト相談ノ上隊長ノ前ニ出テ髙見澤同様申候ハ已ニ隊長ノ命令ニテ茲迄来リシコト故御命令ニ服従可致儀ニハ候得共又御命令ニテモ服従不致事モ有之ト申出候隊長云フ我カ令ヲ受クルトナレハ我モ尽力スル所アリ今ヨリ人ヲ東京ニ遣リ模様ヲ探ラスルニ付汝等其人物ヲ撰ミ出スヘシト依テ髙見沢ト相談シ栗原伊十郎《ママママ》山本八十八ヲ差遣シ可然ト申上ル処隊長ヨリ御所ヘハ味方ノ兵カ参リ居ルカ又味方ハ竹橋ヲ繰出シ如何ナル戦線ニ成リ居ルカ近衛連隊ハ発シタルカ能ク見届ケ来ル様可致且又右二人ハ闊袖服ヲ着用可然而シテ汝等能ク鎮リテ東京ノ報知ヲ待ツヘシト申聞ラル（此件ハ伊十 郎《ママママ》ハ内山少尉殿ヨリ承リシト申出シ趣ナレトモ自分ハ隊長ヨリ承リシト覚フ）依テ髙見沢ト共ニ之ヲ兵ニ伝フ隊長又平山殿ニ向ヒ汝ハ弾薬ヲ請取リニ行クヘシト命セラル其後白石軍曹殿又赤羽根ヘ弾薬請取リニ行ク時旧兵ハ皆ナ行クヘシト申合自分モ二三十人ト一同之ニ赴ク至レハ則チ弾薬ハナシ依テ王子ニ帰リ来リシ

時ハ夜モ明ケタリ隊長ハ先発セラレ無程隊伍モ王子ヲ発シ廿四日午前八時半頃帰隊ス同日ノ夜当裁判所ヘ護送セラレ候事

右之通相違不申上候

明治十一年十月三日　　　鈴木直次

【現代語訳】

徒党暴動の件

一　自分は去る八月十七、八日頃、「近衛砲兵から自分の隊へ連絡があって、勲賞、減給のことについて不平のため、申し合わせて暴発し、皇居に強願するという企てがある」と、同じ隊の兵卒・真田兼松から初めて聞き、「それはまったくその通りだ」と答えた。

その後一両日たって、「強願の件を相談するため、二十一日午後、山王社で諸隊の兵の集会がある」と真田から聞き、第二中隊からは高見沢卯助、第一中隊からは自分が行くことに決めた（初め、兼松から、「行ってくれよ」と言われ、自分はこれを引き受けた）。

一　二十日午後外出、麴町十三丁目の名前を知らない寿司屋に入ると、同じ隊の火工下長・平山荊殿が先に来ていて酒を飲んでいた。それで話の折に、「自分は同僚から相談をかけられたことがあり、何ごとも手につきません」と言うと、平山殿から、「それはなぜだ」と尋問されたので、真田から聞いたこと、明二十一日山王社に行くことを話し、「これは成就するものでしょうか」と問うた。平山殿は、「これらのことについては自分も意見があり、また下副官・梁田正直殿や少尉・内山定吾殿もそれらのことは意見があるようだ。それに加えて、なお立派なる人も動いてくれるかもしれない。上官の者が動いてくれることになれば、お前等に迷惑はかけない。また、あすの集会にも自分は行くつもりだ。もっともこれを内山殿に話し、行かない方がいいということならば、お前等だけ行くがいい。そしてこのことは、絶対、ほかに漏らさないようにしなければならない。自分は、自分が話すべき人にだけ話す。またあすは、内山殿に頼んで、講義所で兵の気持を引き立てるような講義をしてもらうから、お前は、『内山殿が講義するから聴聞しよう』と、兵卒に働きかけろ」と言われた。それから、しばらく飲んで帰隊し、平山殿から聞いたことを高見沢卯助に話し、さらに、「平山殿が立派なる人が動いてくれるかもしれないと言ったのは、大山少将殿のことではないか」と言った。同夜、また練兵場で卯助と宮崎忠次、真田兼松等とともに、「うちの隊はもうすでに決定だ」などと語り合った。

一　二十一日午前の練兵後、平山殿が自分の部屋に来て自分を呼び出し、練兵場の南の土手の陰に行って、「内山殿も梁田殿もすでに同意された。このことはなるべく早い方がいい。きょうの会には、自分は梁田殿とともに山王に行くつもりだ。ただし、他隊からも士官や下士が来ていれば、自分等もその席に臨むが、そうでなければ、自分もその席には臨まない。また、あとの論議はわれ等が引き受け、決してお前等に心配はかけない」と言われた。また、「きょうはお前一人で山王社に行くのか」と言われたので、「高見沢も行きます」と答えると、「それではその折、わが下宿に立ち寄ってくれ」と言われ、このときも、「きょうは内山少尉殿が外国史・国史のあらましを講義されるから、兵を集めよ」と言われたので、その通り兵卒に伝えた。もっとも自分は、講義を全部は聴聞しなかった。同日午前、同じ隊の増子秋次郎、鶴田安右衛門にこの暴挙のことを話し、「立派なる人がいて指揮するはずだ。もっとも隊の中にはこれに与しない者もあるだろうから、そのような者には話すな」と言うと、右両人はすべて同意した。

その日午飯後、自分は高見沢卯助と同伴、市ヶ谷坂町にある平山殿の下宿に行くと、梁田下副官殿も来ていた。高見沢は下にいて、自分は二階に上がった。ほどなく梁田、平山両人は、和服に着換えて出てきた。麹町辺から人力車に乗り山王の坂で下りた。梁田殿、平山殿とここで別れ、自分は高見沢と水茶屋に行くと、前から知っていた近衛砲兵・大久保忠八、長島竹四郎ほか名前を知らない兵卒七、八人が居合わせた。大久保忠八が、「きょうは、他隊の来るべき者が十分集まらない。もっとも、浅草辺の何某という者方に、近衛隊の士官、下士等が集まっているので、後刻、浅草から通知があるから、これを待って事を決めよう」と言った。また一人の近衛砲兵が、「もともと、このことは近衛連隊が組み立てたのに、きょうは連隊の者は散歩禁止の様子で来ていない」と言うので、自分は、「もし散歩禁止で来ることができないのであれば、誰か和服を着て郷里の親族のようにして連隊に行き、面会して話をするか、あるいは、郵便で相談してはどうか」などと言った。そのとき、誰かが自分の名前を書いた紙を持って呼びにきたので、そちらに行くと、梁田、平山殿がいて、「集会の模様はどうか」と尋ねるので、今までの大略を話すと、「それではなおよく聞きただし、帰路、内山少尉殿の家に立ち寄れ。われわれは内山殿宅で待っている」と言われ、内山殿の町名番地を教えてくれた。右両人と別れ、再び集会の席に行くと、浅草からの連絡もなく、大久保が、「今、お前を呼びにきたのは誰だ。同志の者ならば呼んでこい」と言うので、自分は、「今、ここへは呼べない」と言った。そして、「わが予備砲隊は、内山少尉殿、梁田下副官殿、そのほかの下士にもこの挙に与する者がいる。かつまた、立派なる人も荷担してくれるようだから、いつ事を起こしてもいい。今夜でも不都合はない。今から連隊へ連絡して、今夜暴発しないか」と言うと、大久保等は、「今夜というわけにもいかない。おおむね二十三日に発する、ということで、明二十二日、なおまた招魂社に集まって議論しよう」と言った。おおむねこれらのことを相談して別れた。それから内山殿宅に行ったが、梁田殿、平山殿は、先刻すでに帰ったようで、内山殿から、「話があるから上がれ」と言われたが、ほかの兵士が一人居合わせたので、自分は、「梁田殿、平山殿に話します」と言うと、「それならそれでもいい」と言われた。それからまた坂町の下宿に行ったが、ここにも右両人はいなかったので、途中で一酌し帰営した。帰営すると、真田兼松から、「きょうの会はどうだったか」と尋ねられたので、「おおよそ取り決めてきた」と答えた。それから、梁田殿、平山殿、八木殿が同席している所で、「二十三日、事を発することに取り決めてきました。もっとも、きょうは他隊も十分集まらなかったので、またあす、招魂社の集会で話し合うはずです」と言うと、梁田殿等が、「もともと計画を立てた近衛歩兵はなぜ来なかったのか。お前はそのわけを聞いてきたか」と言われた。自分は、「歩兵へは人をやったが、会うことができなかったようでした」と答えた。梁田殿等は、「わが隊や近衛砲隊くらいでは、事は成功しないだろう。その首謀人と、また他隊はどうなのかをよく聞きただして、取り決める方がよい」と言われた。このとき、斎藤軍曹殿が来たので、みんな離散した。

一　二十二日午前、昨日の集会のことをさらに真田に、「来る二十三日、暴発することをだいたい取り決め、なおきょう、招魂社で集会するはずだ」と話した。

一　二十三日、「今夜いよいよ暴発するかどうかは、横山昇が招魂社の集会に行っているから、いずれ横山が取り決めてくる」と真田兼松から聞いた。午後八時頃、大隊長が出営、呼集を出し、行軍するが弾薬、背のう等は携帯しなくてもよい旨を聞き、自分は大声を上げて、「弾薬を携帯しないような行軍があるものか」と言った。またかねて、暴挙を申し合わせたことが発覚して捕縛されたときは、あとに残った者が誰でも動いて、大勢の力を頼んで縛を解くよう嘆願しようと真田兼松に話したが、とっさの場合だったので、その他の者には話さないでしまった。出営してすでに八丁ばかりの所で、自分は、「どこへ行軍するのか」と叫んだが、鈴木伍長殿から、「黙れ」と言われた。行軍が王子に着く以前に、平山火工下長殿、白石軍曹殿が自分と高見沢卯助を呼び、「起こす方（暴発）か防ぐ方（鎮圧）か、また隊長の命令を聞くか、兵士の気持を聞き合わせ、これを申し出よ、と隊長が命令している」と言われたので、これを承諾し、兵士と相談の上、隊長の前に出て、高見沢と同様、「すでに隊長の命令でここまで来たことなので、ご命令に服従しますが、またご命令でも服従しないこともあります」と申し出た。隊長は、「わが命令を受けるとなれば、自分も尽力しよう。今から人を東京につかわして模様を探らせるから、お前等、その人物を選び出せ」と言われた。高見沢と相談し、「栗原猪重郎、山本八十八を差しつかわすのがよいと思います」と申し上げると、隊長から、「御所へは味方の兵が行っているか、また、味方は竹橋を繰り出してどのような戦線になっているか、近衛連隊は発したか、よく見届けてこい。かつまた右二人は和服を着ていけ。そしてお前等は、静かに東京の知らせを待つように」と言われた（この件は、猪重郎は内山少尉殿から承ったと申し出たようだが、自分は隊長から承ったと覚えている）。それで、高見沢とともに、隊長のことばを兵に伝えた。隊長はまた、平山殿に向かって、「お前は弾薬を受け取りに行け」と命じた。そのあと、白石軍曹殿がまた赤羽へ弾薬を受け取りに行くとき、古参兵は皆行こうと申し合わせ、自分も二、三十人といっしょに行ったが、弾薬はなかった。王子に帰ってきたときは夜も明けていた。隊長は先発され、まもなく隊伍も王子を出発して、二十四日午前八時半頃帰営した。同日の夜、当裁判所へ護送された。

右の通り相違ない。

明治十一年十月三日　　　　鈴木直次

53　高見沢卯助

東京鎮台予備砲兵第一大隊第二中隊

駅卒　高見沢夘《ママ》助　当十月二十一年十ケ月

明治九年四月入隊　長野県平民　信濃国佐久郡高柳村　辰五郎三男　真宗

口供

徒党暴動之件

一　自分儀本年八月初旬日不覚同隊兵卒落合政藏ヨリ頃ロ各隊中不平ノ儀ニ付何カ企有之ニヨリ当予備砲兵隊ニ於テモ同意致シ呉レル様近衛砲隊卒金井総《ママ》太郎ヨリ申聞ケタル趣初メテ承リ其時同隊火工卒宮嵜忠次等参リタルニ付自分ヨリ右ノ咄ヲ致シ何レ相談ノ上答ヘサレハ不相成ト立別レ申候其後名前失念自分仝隊卒遊歩ノ砌近衛砲兵隊ノ者ニ出会シタル趣ニテ先日金井総《ママ》太郎ヨリ申置タルコト早々何トカ申越呉度旨伝言有之ニ付夫ハ何事ナルヤト尋ネタルニ仝人ハ更ニ承知無之体ニ見受候仝十七日午後一時三十分頃右金井総《ママ》太郎仝隊卒大久保忠八ノ両人自分営ニ来リ候ニ付自分并宮嵜忠次面会致ス処総《ママ》太郎申スニハ今度減給等ノ事近衛連隊ニ於テ不平ノ儀有之暴発ノ企アッテ中隊毎ニ同意ノ者二三十人モ有之已ニ各隊申合セ相整ヒタル由就テハ予備砲兵隊ニ於テモ同意致シ呉度トノコト故自分并忠次ヨリ先日モ落合ヨリ其咄有之当《ママ》隊中不平ノ者モアルガ《ママ》先ツ大将（司令スル者ヲ云）ハ誰ゾ《ママ》両人言フ此事ハ竹四郎等主トシテ尽力シ居ルニ付其辺ノコトニ至リテハ此方等承知セズ《ママ》ト申スニ付自分等ヨリ兵卒ノミニテハ行ハレ間敷ク大将ノ名ヲ聞カザ《ママ》レハ協議シ難シト此時両人ヨリ右事件ニ付篤ト相談致度是ヨリ下宿トカヘ参ルヘキ旨申スニ付自分等ノ隊ニテハ午後五時ヨリノ散歩ナレハ本日ハ参リ難キ段断リタル処左スレハ明日総《ママ》太郎下宿迄参リ呉度ク且ツ来ル水曜日ニハ各隊ノ者永田町山王社ニ於テ集会ノ約ナレハ仝処ヘモ参リ呉ル、様申聞ケ自分等承諾ノ上両人立去候然ルニ自分ニ於テモ未タ坐食ノ士族有之処自分等ノ如キ貧窶ノ農民ニマテ兵役ヲ科セラレ満役後ノ御手当等モ一切不被下加之兵卒些少ノ日給迄モ減セラレ且ツ兵卒等ニ至リテハ昨年西南ノ役功労アルモ絶ヘテ賞賜モ無之是等ノ廉々ハ如何ニモ苛酷且不公平ナル御取扱ト予テ存シ居ル故今度ノ一条モ固ヨリ不同意ニ無之依テ尚協議ノ為メ翌十八日右忠次并仝隊一等馭卒小林千太郎大畑力三郎ト共ニ昼食後出営九段坂下ニテ大久保忠八ニ出会ヒ夫ヨリ皆々総《ママ》太郎ノ下宿一ツ橋通七番地小柳キン方ヘ罷越ス処総《ママ》太郎不在忠八ヨリ昨日ノ咄シニ付同意ノモノ幾何アルヤト問ハレ同意ノモノヲ咄サヾルニハ非ス貴様等ノ大将ハ誰ゾ《ママ》ト申シタルニ折節総《ママ》太郎モ参リ合セ昨日返答ノ如ク其辺ハ承知無之趣但各隊相談已ニ整ヒタレハ同意致シ呉レ度且ツ山王会議ヘハ出席致シ呉レ度トノ答ヘナリ自分忠次等ト謀リ偽テ両人ニ向ヒ自分等ノ隊ニハ上官ニモ同意ノ人アレド《ママ》其名ハ未タ申聞ケ難ク抔申シタリ且ツ右談話中総《ママ》太郎ヨリ暴動ノ時ノ手配ノ儀抔申シ自分モ其概略ハ聞取リ候其内皈営時限モ迫ル故山王ヘハ誰ゾ《ママ》参ルベ《ママ》シト相約シ一同立去リ候仝二十日夕食後自分大隊使役中同隊火工卒鈴木直次相越シ今度各隊不平ノ廉有之ニ付明二十一日永田町山王社ニ於テ各隊ノモノ会合有之由就テ此方モ相越ス含ナリト申スニ付自分モ参ル積リト相答ヘタルニ直次ヨリ此度ノ事件此方探リ見ルニ中々容易ナラザ《ママ》ルコトニテ大山少将殿岡本少佐殿内山少尉殿并下副官火工下長衆抔モ承知トカ申事故自分ハ一層力ヲ得申候且忠次ヨリ明日山王社内集会ヘハ必ラス重立タル者モ出席スルナラント申相別レタリ尤直次儀ハ誰ヨリ承リタルカ一向自分ニ於テ存シ不申候同二十一日ハ大隊使役当番ニテ徳永軍曹殿ニ従ヒ東京鎮台ヘ相越ス途中自分ヨリ昨年西南戦役後ノ御処置ニ付各隊兵卒等何カ不平アルヤノ話アリ聞及ハザ《ママ》ルヤト承ルニ中少尉以下ニハ賞典モ無之定メテ不平ノ者モアラン已ニ此方モ其許等ト同様働タレ共賞モナク致シ方無之抔ト答ヘラル故今度近衛砲兵隊ト当隊申合セ他隊モ同様事ヲ起シ　皇居ニ至リ我カ隊ハ砲兵本廠ヲ襲フ含ナリ右ニ付明日永田町山王社ニテ集会ノ事ニ相談致シ置ト申シ候其趣意ハト尋ネラル、故賞典減給等ノ事ナリ自分モ昨年ノ戦争ニ生延ヒタレトモ今度ノ事ニ付テハ厳罰ニ処セラル、ナラン抔ト申ス処其頭ハト問ハル、故夫ハ之レナキ旨相答其后飯路ニハ何ノ話モ致サス候同日午後一時頃直次一同出営平山火工下長殿下宿ナル市ケ谷坂町家名不存家ニ相越シ自分ハ戸口ニ待チ居ル処直次一人二階ニ上リ頓テ下副官并火工下長殿下リ来ラレ下副官殿ト火工下長殿トハ各和服着用ニテ同車自分ハ直次ト相乗ニテ無程山王社鳥居ノ前迄参リ此処ニテ一同車ヲ下リ下副官殿ト火工下長殿トハ夫ヨリ山王社内ヘ参ラレ自分ハ直次ト同処ノ茶店ニ立寄ルニ近衛砲兵隊ニハ大久保忠八長島竹四郎外名前不存者十人計東京鎮台砲兵第一大隊ニハ名前不存者二人前後相会スルニ予テ約シアル趣ナル歩兵ノ者参ラサルニ付如是コトニテハ迚モ決議ニ至ル間敷ト一同申合セ一旦石段ヲ下リタリ夫ヨリ自分ハ近辺徘徊罷在飯路直次ト同行其節仝人ヨリ来ル二十三日夜ニ粗決シタル由承リ候ニ付自分ハ夫レモ可然ナレトモ歩兵ト共ニ事ヲ上ゲ《ママ》ザ《ママ》レハ成就ス間敷ト申候翌廿二日午前八時比出営阪西軍曹殿陸軍省第三局迄参ラル、ニ付使役申付ラレ途中麹《ママ》町迄参リシトキ阪西殿ヨリ今般各隊不平ノ話シ有之承知アリヤト尋ヌルニ承知候趣相答ヘ第一小隊ニテハ鈴木直次第二小隊ニテハ自分重モ立チ尽力致シ居ル旨申シタル処其ノ不平ノ廉ハ何々ナルヤ強願ノ次第ハ如何ナル事ヤト尋ネラル、ニ付予テ不平ニ存シ居リシ廉一々申シ述ヘ且ツ此度ハ大山少将殿始メ隊長岡本少佐殿内山少尉殿梁田下副官殿平山火工下長殿モ尽力ノ趣聞及タレハ今度ノ目的ハ屹度相達スルナラント答ヘタルニ如此ナレハ定メテ成就スルナラン抔ト申サル、後互ニ口外致ス間敷ト相約シ其後皈途龍ノ口ニ至ル比ロ再ヒ阪西殿ニ向ヒ先刻密話シタル儀ハ如何相成ルヘキヤト尋ヌルニ此事件ハ先ツ行ヒ見サレハ成否ハ期シ難シト申サル、ニ付大山少将殿始メ其他士官ニモ尽力被下コトナレハ自分共ハ兵器ヲ携ヘ出場スレハ外ニ心配ニハ及ハサルト申タル処兵卒タリ共至当ノ論アラハ又上ニモ夫々尽力被下方モアルナラン抔ト答ヘラレ再ヒ他言ヲ禁シ皈営仕候午後招魂社ノ近傍ニ至ルニ大久保忠八等ニ出会シ今日会議ノコトヲ聞申候夫ヨリ会議ニ参リ合セタルハ近衛砲兵隊ニテハ大久保忠八外名前不存者七八人近衛歩兵第二連隊ニテハ同二人自分同隊ニテハ横山昇馭卒小林千太郎同眞田兼松モ相会シタルニ皈営時限ニ至ル故横山昇ヲ残シ一同皈営候間跡ノ儀承知不致尚又明日同社ヘ会合ノ儀ヲ約シ置タリ翌廿三日ハ又々約ノ通リ午后四時四十五分比招魂社ノ東南側ナル水茶屋ニ自分到ルニ近衛砲兵隊ニテ名前不存者四五人仝歩兵第二連隊ニテ二人横山昇ハ已ニ参リ居リ続ヒテ大久保忠八平山火工下長殿モ参ラレタリ其以前近衛連隊ヨリノ二人ハ已ニ皈営シ早ヤ皈営時限ニモ至ルニ付暴挙時限等報シ呉ル、様昇ニ依頼シタル処昇ヨリ未タ今夜暴発ト決シタルニモ無之ニ付皈営ノ上先ツ誰ニモ決着ノコトハ不話様致ス方ト申シ候ニ付承知致シ候此際昇ハ火工下長殿ヲ二階ノ梯子ニ喚下シ何カ密談致居候夫ヨリ自分ハ皈営致シ同中隊ノ旧兵等ニ今夜発スルカモ知レス抔申シタリ同夜八時三十分比俄カニ不時呼集ノ喇叭ヲ聞クニ付例ノ通整列致ス処第一小隊馭卒渡辺銕《ママ》之助自分ニ向ヒ第一小隊ニテハ背嚢ヲ用ヒサルニ第二小隊ニテハ何故背嚢ヲ措カサルヤト申スニ付予テ隊長モ同腹ノコトト信シ居ル故今宵ハ弥事ヲ挙ラルナリト察シ背嚢ハ有用ニ無之却テ不便ノモノト存ルヨリ直ニ第二小隊丈ケハ自分申伝ヘ背嚢ヲ卸サシメ夫ヨリ列伍ニ加リ行進致ス処予テ事ヲ挙クルトキハ火薬ハ青山庫ヨリ取リ出ス可クト存シ居ルニ其方向ニハ進メラレス却テ牛込ノ方ヲ指シ行進ノ令アルニ付営ヲ距ルコト凡七八丁ノ処ニテ行進ノ障碍ヲ為サバ《ママ》ヤト列伍ヲ脱ケ出シ先頭ニ立チ種々妨ケヲナス際隊中ノ者ノ内同様妨ケヲ為ヲ見受申候然ルニ久徳大尉殿ニ制セラレ隊長ノ命ニ従ヒ行クヘキ旨申サル、ニ付必定良策モ有之事ト考ヘ付キ自分位置ニ返リ行進シ本郷ニ於テ一同暫時休憩夫ヨリ王子ヲ指シテ行進スル際東京ノ方位ニ当リ砲声相聞ヘ且火ノ手モ見ユルニ付同志ノ者共弥事ヲ挙ケタルナラント存シ王子ニ着セハ弾薬等相整ヘ是非トモ隊長ノ指揮ニ従ヒ事ヲ為サント存シ居ル内王子ノ近所ニテ平山火工下長殿ヨリ自分并ニ直次ヲ呼出サレ起ル方（暴発）静メル方（鎮圧）カ又隊長ノ令ヲ聞クカ兵卒等ノ心情ヲ問合セ後刻隊長ニ申出ヨト隊長ヨリ命セラレシ旨申聞ラレ之ヲ承諾シ王子ニ着后他ノ兵卒ト相談ノ上同所扇屋ニテ直次并ニ栗原伊十《ママママ》郎ト倶ニ隊長ノ前ニ出テタル処士官方モ列席ニ有之隊長自分等ニ向ヒワシニ服従スルヤト問ハル、ニ付自分ヨリ乍恐アナタノ命令ト申シテモ遵奉スルコトモアリ又為サヾ《ママ》ルコトモ有之ト上申致シ候且東京ニテ已ニ事起リ居レハ其方ヘ参リ度旨答フルニ一先扣ヘテ居レト申サル、故隊長ノ御心ハ如何テ御坐ルト尋ヌレハワシハワシノ意見有之其処置未タ咄シ難シ已ニ遠見モ出シアル故貴様ノ方デ《ママ》モ出タスガ《ママ》宜シト申サル、ニ付第一小隊ニテ栗原伊十《ママママ》郎第一《ママ》小隊ニテハ同隊火工卒山本八十八ヲ遣スヘキ旨申置キ尚両人ハ此服ノ侭《ママ》差出スヘクヤト相伺フ処和服着用カ宜シカラン且御所ヘハ味方ノ兵カ廻テ居ルカ将タ味方ハ竹橋ヲ繰出シ如何ナル戦線ニ成リ居ルカ又近衛連隊モ発シタルカ能ク見届ケ来ル様ニト申サルニ付（此件ハ伊十《ママママ》郎ハ内山少尉殿ヨリ承リシト申出ル趣ナレトモ自分隊長ヨリ承リシト覚フ）右二人ヲ差遣シ尚自分ヨリ隊長ニ請ヒ一同ヘ足袋單《ママ》鞋等ノ手当抔心配致シ続テ旧兵等赤羽根板橋ノ両所ヘ弾薬受取トシテ参リタル後隊附軍医試補殿被参東京ノ模様モ薄々相分リ暴挙ノ兵モ鎮定シタル趣故弾薬モ多分ハ入用ニ無之依テ自分ハ赤羽根ヘ参リ一同ヘ申聞ヘキ旨隊長ヨリ命セラレ是レヨリ人力車ニテ同処ヘ罷越サントスルニ内山少尉殿モ人力車ニテ参ラレ同行候処旧兵等三十人計赤羽根ノ橋向ニ残リ居リ当所ニハ弾薬無之趣ニテ其他ハ板橋火薬庫ニ参リタル由其時衛戍ノ伝令使相越候ニ付伝承スルニ近衛砲兵隊暴動ノ処最早鎮定ノ趣ニ付内山少尉殿ニ引率セラレ立返ル途中内山少尉殿ヨリ当夜激発ノ近衛砲兵隊モ鎮定スレハ此寡兵ニテ暴発スルモ空ク犬死スルノミナリ一同如何ト申サレタルニ付尤ノ旨相答一旦王子村ニ立帰リタル処本隊最早帰営後ニ付一同帰営致候事

右之通相違不申上候

明治十一年十月三日　高見澤夘助

【現代語訳】

徒党暴動の件

一　自分は本年八月初旬、日は覚えていない、同じ隊の兵卒・落合政蔵から、「この頃各隊の中で不平があり、

何か企てがあるので、当予備砲兵隊でも同意してくれるよう近衛砲隊兵卒・金井惣太郎から言われた」と初めて聞いた。そのとき、同じ隊の火工卒・宮崎忠次等が来たので、自分から右の話をし、「いずれ相談の上、答えなければならない」と言って別れた。

その後、名前は忘れたが自分と同じ隊の兵卒が散歩しているとき、近衛砲兵隊の者と出会ったということで、「先日、金井惣太郎から申しおいたことについて、早く何とか言ってきてもらいたい」という伝言があったので、「それは何のことか」と尋ねると、同人はまったく知らない様子と見受けたという。

同十七日午後一時三十分頃、右金井惣太郎、同じ隊の兵卒・大久保忠八の二人が自分の兵営に来たので、自分と宮崎忠次が面会した。惣太郎が、「こんど減給等のことで近衛連隊で不平があり、暴発の企てがあって、中隊ごとに同意の者が二、三十人もいる。すでに各隊の申し合わせはととのったようだ。ついては、予備砲兵隊でも同意してくれないか」と言った。自分と忠次から、「先日も落合からその話があった。当隊の中にも不平の者もいるが、まず大将（司令する者を言う）は誰なのか」と尋ねると、二人は、「このことは長島竹四郎等が主になって尽力しているので、その辺のことについては、こちらは知らない」と言った。自分等は、「兵卒だけでは実行できない。大将の名前を聞かなければ協議しがたい」と言った。このとき両人から、「右事件につきとくと相談したいので、これから下宿へ来てくれないか」と言われたので、「自分等の隊では午後五時からの散歩なので、きょうは行けない」と断わると、「それではあす、惣太郎の下宿まで来てもらいたい。また来る水曜日には各隊の者が永田町山王社で集会する約束なので、同所へも来てもらいたい」と言い、自分等が承諾すると、両人は立ち去った。さて、自分においても、まだ座食の士族がいるのに自分等のような貧しい農民にまで兵役を科せられ、満期後のお手当等もいっさい下されず、その上、兵卒のわずかな日給金までも減らされ、さらに、兵卒等に至っては、昨年西南の役で功労があったのにまったく賞賜もない。これらはいかにも苛酷かつ不公平なお取扱いだとかねて思っていたので、こんどの一条も、もとより不同意ではなかった。

そこでなお協議するため、翌十八日、右忠次、同じ隊の一等馭卒・小林千太郎、大畑力三郎とともに昼食後出営、九段下で大久保忠八に出会い、それからみんなと惣太郎の下宿、一ツ橋通り七番地小柳キン方へ行くと、惣太郎は不在で、忠八から、「きのうの話について同意した者はどのくらいあるか」と問われた。「同意の者を話さないではないが、貴様等の大将は誰だ」と聞いたとき惣太郎も来て、「きのう返答したように、その辺は承知していない。ただ、各隊ですでに相談がととのったのだから同意してもらいたい。それから山王の会議に出席してくれ」と答えた。自分は忠次等と謀り、偽って両人に向かい、「自分等の隊には上官にも同意の人がいるが、その名はまだ言えない」などと言った。またこの話の中で惣太郎は、暴動のときの手配等も言い、自分もその概略は聞き取った。そのうち帰営時限も迫ったので、「山王へは誰かが行く」と約束して一同立ち去った。

同二十日夕食後、自分が大隊使役についていると、同じ隊の火工卒・鈴木直次が来て、「こんど各隊で不平のことがあるので明二十一日、永田町山王社で各隊の者が会合するそうだ。だから自分も行くつもりだ」と言ったので、「自分も行くつもりだ」と答えた。直次は、「このたびの事件は、自分が探ってみると、なかなか容易ならざることで、大山少将殿、岡本少佐殿、内山少尉殿等、ならびに下副官、火工下長等もご承知のようだ」と言ったので、自分はいっそう力を得た。さらに忠次から、「あしたの山王社内の集会には、必ず主だった者も出席するだろう」と聞かされ、別れた。もっとも直次が言ったことは誰から聞いたことなのか、いっこうに自分にはわからなかった。

同二十一日は大隊使役当番で、徳永軍曹に従い東京鎮台へ行く途中、自分から、「昨年の西南戦争後のご処置について各隊兵卒等に何か不平があるやの話がありますお聞き及びではありませんか」と聞くと、「中少尉以下には賞典もなく、きっと不平の者もあるだろう。現に自分もお前等と同様働いたが、賞もなく致し方ない」などと答えられた。そこで、「こんど近衛砲兵隊と当隊とが申し合わせ、他隊も同様に事を起こして皇居に行き、わが隊は砲兵本廠を襲うようです。右につき、あす、永田町山王社で集会する相談をしています」と言うと、「その趣意は何だ」と尋ねられたので、「賞典、減給等のことです。自分も昨年の戦争に生き延びましたが、こんどの事については厳罰に処せられるでしょう」と言うと、「その頭《かしら》は誰か」と問われたので、「それはいません」と答えた。そのあと帰路では、何の話もしなかった。同日午後一時頃、直次といっしょに出営、平山火工下長殿の下宿である市ヶ谷坂町の家名を知らない家に行き、自分は戸口で待っていて、直次は一人で二階に上がった。しばらくして下副官殿と火工下長殿はそれぞれ和服を着て、同じ人力車に乗り、自分は直次と相乗りして、ほどなく山王社の鳥居の前まで来た。ここで一同車を下り、下副官殿と火工下長殿とはそれから山王社内に行かれた。自分は直次と同所の茶店に立ち寄ると、近衛砲兵隊では大久保忠八、長島竹四郎ほか名前を知らない者十人ばかり、東京鎮台砲兵第一大隊では名前を知らない者二人前後が会したが、前もって約束していたという歩兵の者が参加していないので、このようなことではとても決議に至らない、と一同申し合わせ、いったん石段を下りた。それから自分は近辺を歩き回り、帰路は直次と同行した。そのとき、同人から、「来る二十三日夜にほぼ決まった」と聞いたので、自分は、「それもいいが、歩兵とともに事を挙げなければ成就しないだろう」と言った。

翌二十二日午前八時頃出営、阪西軍曹殿が陸軍省第三局に行かれるのに使役を申しつけられ、途中麴町まで行ったとき、阪西殿が、「この頃各隊で不平の話がある。知っているか」と尋ねられたので、自分は、「承知しています」と答え、「第一小隊では鈴木直次、第二小隊では自分が主になって尽力しています」と言った。「その不平の箇条は何々か。また強願とはどういうことか」と尋ねられたので、かねて不平に思っている箇条を一つ一つ言い、さらに、「今回は大山少将殿はじめ隊長岡本少佐殿、内山少尉殿、梁田下副官殿、平山火工下長殿も尽力されるように聞いていますので、こんどの目的はきっと達成されるでしょう」と答えると、「そうならばきっと成就するだろう」などと言われたあと、互いに口外しないと約束した。帰途、龍ノ口*に来た頃、再び阪西殿に、「さっき密談したことはどうなるでしょうか」と聞くと、「この件はまずやってみなければ成否はわからない」と言われたので、自分は、「大山少将殿はじめその他士官も尽力くださることなので、自分どもは兵器を持って出れば、ほかに心配することはないと思います」と言うと、「兵卒たりとも、また正しい言い分があれば、上にもそれぞれ尽力くださる方もあるだろう」などと答えられ、再び他言を禁じて帰営した。午後、招魂社の近くに行くと、大久保忠八等と出会い、きょうの会議のことを聞いた。それから会議に行くと、近衛砲兵隊では大久保忠八ほか名前を知らない者七、八人、近衛歩兵第二連隊では名前を知らない二人、自分と同じ隊では横山昇、馭卒・小林千太郎、同真田兼松が参会していたが、帰営時間になったので、横山昇を残して皆帰営したため、あとのことは承知しない。

なおまたあす、同社で会合することを約束した。

翌二十三日は、またまた約束の通り午後四時四十五分頃、招魂社東南側にある水茶屋に自分が行くと、近衛砲兵隊では名前を知らない者四、五人、同歩兵第二連隊では二人、横山昇はすでに来ていた。続いて大久保忠八、平山火工下長殿も来られた。それより前に、近衛連隊からの二人はすでに帰営し、早くも帰営時間になったので、暴挙の時間等知らせてくれるよう昇に頼むと、昇は、「まだ今夜暴発、と決まったのでもないから、帰営しても、とにかく誰にも決着のことは話さないようにしろ」と言うので承知した。このとき昇は、火工下長殿を二階のはしごの下に招いて何か密談していた。それから自分は帰営し、同じ中隊の古参兵等に、「今夜暴発するかもしれない」などと言った。

同夜八時三十分頃、急に不時呼集のラッパを聞いたので、いつも通り整列すると、第一小隊駅卒・渡辺鉄之助が自分に向かって、「第一小隊では背のうを使わないのに、第二小隊ではなぜ背のうを下ろさないのか」と言ったので、自分は前から隊長も同腹のことと信じていたから、今宵はいよいよ事を挙げられるのだ、と察して、背のうは役にたたず、かえって不便だと思って、すぐに自分は申し伝えて、第二小隊だけは背のうを下ろさせた。それから列伍に加わって行進したが、かねて事を挙げるときは、火薬は青山火薬庫から取り出すものと思っていたのに、その方向には進まず、逆に牛込の方を指して行進する命令があったので、兵営からおよそ七、八丁の所で行進を妨害しなければと、列伍を抜け出し、先頭に立っていろいろ妨害した。そのとき、隊中の者のうち、同じように妨害をしているのを見受けた。しかし久徳大尉殿に制せられ、「隊長の命に従え」と言われたので、きっとよい策もあるのだろうと考え、自分の位置に戻って行進し、本郷で一同しばらく休憩した。そして王子に向かって行進しているとき、東京の方位に当たって砲声を聞き、同時に火の手も見えたので、同志の者どもがいよいよ事を挙げたのだと思い、王子に着いたら弾薬等をととのえ、ぜひとも隊長の指揮に従い、事をなそうと思っていると、王子の近くで平山火工下長殿から自分ならびに直次が呼び出された。そして、「起こる方（暴発）か、静める方（鎮圧）か、また隊長の命令を聞くか、兵卒等の心情を聞き、あとで隊長に申し出よ、と隊長から命じられた」と言われた。このことを承諾して王子に着いたあと、他の兵卒と相談し、同所扇屋で直次ならびに栗原猪重郎とともに隊長の前に出ると、士官方も列席していた。隊長は自分等に向かい、「わしに服従するか」と問われたので自分は、「恐れながらあなたの命令と申しても、遵奉することもあり、またしないこともあります」と申し上げた。そして、「東京ですでに事が起こっているので、その方へ参りたいと思います」と答えると、「ひとまず控えておれ」と申されたので、「隊長のお心はどうなのですか」と尋ねると、「わしはわしの意見がある。その処置はまだ話せない。すでに遠見も出しているので貴様の方でも出すがよい」と申されるので、第一小隊から栗原猪重郎、第二小隊からは同じ隊の火工卒・山本八十八をつかわす旨申しおき、なお両人はこの服のまま差し出した方がよいか伺ったところ、「和服着用の方がよいだろう。また御所へは味方の兵が回っているか、味方は竹橋を繰り出し、どんな戦線になっているか、また近衛連隊も暴発したのか、よく見てこい」と言われたので（この件は、猪重郎は内山少尉殿から承ったと言っているようだが、自分は隊長から承ったと覚えている）、右二人を差しつかわし、なお自分から隊長に、一同に足袋や草鞋等の手当てをお願いし、続いて古参兵等は赤羽、板橋に弾薬を受け取りに行った。そのあと、隊付の軍医試補殿が参られ、東京の模様もうすうすわかり、暴挙の兵も鎮定されたようで、弾薬も多くは必要でなくなった。そこで自分は赤羽へ行き、このことを一同に伝えるよう隊長から命じられ、人力車で同所に行こうとすると、内山少尉殿も人力車で来られ、同行すると、古参兵等三十人ばかりが赤羽橋の橋向こうに残っていて、そこには弾薬がないので、その他は板橋火薬庫に行ったとのことだった。そのとき、衛戍の伝令使がやってきて、「近衛砲兵隊の暴動はもはや鎮定された様子です」と伝えたので、内山少尉殿に引率されて帰る途中、内山少尉殿から、「今夜激発した近衛砲兵隊も鎮定されたのであれば、この少ない兵で暴発してもむなしく犬死するのみだ。一同、どうするか」と申されたので、「もっともです」と答え、いったん王子へ立ち帰ると、本隊はもはや帰営したあとだったので、一同帰営した。

右の通り相違ない。

明治十一年十月三日　　　　高見沢卯助

〔語句解説〕

＊龍ノ口　地名。現・皇居大手門前付近

4 殉難者一覧

一九八七年十月十五日に建立された顕彰碑（青山霊園の「旧近衛鎮台砲兵の墓」の側に建立）に刻された、竹橋事件で処刑された下士官・兵士の氏名・出身地・処刑時年齢。

出身県	氏名	処刑時年齢
茨城	羽成常助	二四年五カ月
同	門井藤七	二六年四カ月
同	横山昇	二四年二カ月
同	鈴木直次	二六年七カ月
千葉	宮崎関四郎	二五年七カ月
同	真田兼松	二三年四カ月
群馬	佐藤種五郎	二三年
同	菊池作次郎	二三年五カ月
神奈川	小島万助	二三年十一カ月
同	近藤祖舟	二二年十カ月
埼玉	長島竹四郎	二五年七カ月
同	高橋小三郎	二四年
同	野中与吉	二二年十カ月
同	田島盛介	二四年五カ月
同	浅見綾次郎	二一年八カ月
栃木	広瀬喜市	二五年七カ月

出身県	氏名	処刑時年齢
栃木	金井惣太郎	二三年二カ月
同	布施仙吉	二四年二カ月
同	宮崎忠次	二四年十一カ月
東京	本橋兼次郎	二三年五カ月
長野	中沢章治	二四年七カ月
同	高見沢卯助	二一年十カ月
新潟	藤橋吉三郎	二四年九カ月
同	木村円解	二六年三カ月
同	高橋竹四郎	二四年一カ月
三重	伊藤丈三郎	二三年二カ月
同	桜井鶴次	二二年一カ月
同	永合竹次郎	二五年十一カ月
滋賀	三添卯之助	二四年八カ月
同	小川弥蔵	二五年
同	谷　新四郎	二四年十カ月
同	松宮弁次郎	二四年六カ月

滋賀　松居善助　二三年九カ月
同　辻　亀吉　二五年二カ月
大阪　新熊安治郎　二六年九カ月
同　笹井常七　二三年
京都　今井政十郎　二五年四カ月
奈良　松本久三郎　二四年十一カ月
同　堤　熊吉　二四年十一カ月
同　吉田定吉　二四年十一カ月
兵庫　木島次三郎　二四年十カ月
同　山中繁蔵　二二年十カ月
同　新家仲吉　二四年九カ月
同　水上丈平　二五年五カ月
同　沢本久米吉　二五年五カ月
岡山　山本丈作　二三年三カ月
島根　梁田正直　二三年一カ月
同　岩本久造　二三年五カ月
長崎　平山荊　二七年十カ月
同　馬場鉄市　二二年九カ月
大分　久保田善作　二七年七カ月
同　是永虎市　二四年四カ月
同　浦塚城次郎　二二年七カ月
熊本　山部七蔵　二四年六カ月
宮崎　見山今朝治　二三年十一カ月
大久保忠八　自殺

（二〇〇四年八月二三日第一版・二〇一五年一〇月一五日一部改訂版『竹橋事件　1878（明治11）年の事件が現代に呼びかけるもの』〈編集・発行　竹橋事件青山墓地遺族会〉所収「顕彰碑に刻まれている殉難者名」より）

「竹橋事件の会」創立前史覚書――解説に代えて

松尾　章一

昨年の二月六日付、つくばね舎社主の谷田部隆博氏からの書簡で、「竹橋事件の会」が本年（二〇一七）の三月に行われる総会までに『近衛砲隊暴動始末』の翻刻本を刊行するので、この解説を私に書いてもらいたいと同会の決定があったとのお知らせをうけた。この翻刻については、私が同会の代表（二〇一〇年二月まで）をしていた時に、しばしば、現代文訳を作ろう、原本では今の若い読者に読んで理解してもらえないのではないか、と強調してきた。この私の要望をうけ入れてくださり、刊行が実現したのは、会員の浦野孝弘・岡田三郎助・岡野茂・大竹俊市・遠山親雄・野口信治・原直男の七氏（大竹と遠山両氏はすでに故人となられた）の永年のご努力の成果である。

「竹橋事件」の歴史の真実の解明にとって最重要な史料である「近衛砲隊暴動始末」は、近衛歩兵第二連隊・近衛砲兵大隊および東京鎮台予備砲兵第一大隊の兵士五十三名の犯罪処分を死刑と決めた事件の大要を、明治十一年十月十四日に、陸軍卿西郷従道が太政大臣三条実美に宛てたものであり、「口供書」は、陸軍裁判所での兵士の口供内容を陸軍裁判所が墨書したものである。したがって、私たちがこの史料を用いる時には、厳密な史料批判が必要なことはいうまでもないことである。

さてこの解説で、「竹橋事件の会」の前史について簡潔に記しておく。一九七六年某日、私の大学の研究室（その当時はいわゆる「大学紛争」の真っ最中で、「全共闘」系の学生集団に私の本務校であった法政大学市ヶ谷校舎もバリケイド封鎖されていたために、大学近くのビルの一部屋にあった）に、突然それまで全く未知であった麻生三郎氏（麻生は筆名で本名は内田）の訪問をうけた。その時に、麻生氏の著書である『飛び起つ竜』『倒された竜』『埋められた竜』（この三部作はサブタイトルに「竹橋近衛暴動記　竜の軌跡第一部・第二部・第三部とあった）の寄贈を受けた。この麻生著が日本で初めての竹橋事件の歴史書である。

麻生三部作が公刊された年の五月、角川書店から発行されていた総合文芸誌の『野生時代』創刊四周年記念五月特大号に、作家の澤地久枝氏の〈ドキュメンタリー・竹橋事件〉『火はわが胸中にあり』と題する大長篇作品が掲載された（現在『岩波現代文庫』に所収）。

上述した麻生の訪問をうけた直後に、飯田橋駅を下車して神楽坂の中途にあった麻生氏に指定された蕎麦屋で、松島栄一・絲屋寿雄・大村英之助三氏にお会いした。歴史家の松島氏以外は初対面であった。絲屋氏は日本映画復興協会議長で、四谷に事務所があった日本映画協会（今井正監督などが所属していた）の代表であった。大村氏は、戦前にPCL〔編集注 映画会社、東宝の前身〕などに所属していたドキュメンタリー映画の監督である。麻生氏は、私費を投じて「明治11年竹橋近衛暴動の真相を追求する会」の名称で『竹橋通信』創刊号を一九七七年十月一日に発行し、その編集発行人となった。この創刊号に、平野義太郎稿「竹橋騒動発掘の意義」と題した巻頭論文を掲載している。

第一面の最下欄に「竹橋近衛暴動99周年記念懇談会」の記事が記載されている。その内容を次に記す。

同年八月二十三日夕、東京麴町の食糧会館で平野義太郎・絲屋寿雄・吉川経夫（法政大学法学部教授・刑法学）・中村新太郎（文芸評論家）・大村英之助・稲岡進・吉見周子・江刺昭子・柳沢恭雄・杉本文雄ら二十五氏が参加されて、冒頭に大村発起人から会の趣旨説明があり、中村氏を司会に推して会が進められた。中村氏は、「戦前の国定教科書そのままの、山本権兵衛大将や軍神広瀬武夫のあらわれる江藤淳氏の『海は甦える』が一億円をかけたテレビドラマとして放映される近頃の世相に対し、『竹橋事件』のように平和と民主主義のためにたたかった祖先の伝統を明らかにし、うけつぐことは大きな意味がある」と挨拶して、懇談会がはじめられた。最初に麻生氏が「竹橋暴動事件」について報告、絲屋氏の意見発表（この内容は前述の創刊号の二頁に「竹橋暴動と陸奥宗光」と題して掲載されている）。その後に藤原彰・中沢市朗両氏からの文書発言や出席者の発言があり、今後このような会合を何回か開いて、来年の八月二十三日の竹橋暴動百周年までに何か意義ある催しができるようにしたいとの申し合わせをして散会した。

ここで一言、付言をしておく。「竹橋事件」を、事件当時の政府・軍の表現に乗って「暴動」と表記していたが、「明治11年竹橋近衛暴動の真相を追求する会」は、

『竹橋通信』第26号(一九八三年一二月二五日)から「竹橋事件の真相を明らかにする会」と改称し、東京の青山墓地に「明らかにする会」と「竹橋事件全国遺族会」共同で竹橋事件犠牲者顕彰碑(碑文は澤地久枝撰)を、一九八七年に建立した。そして、この年の一二月二五日発行の第42号に、この号を最後に第一期に一応のピリオドを打つことにした、と麻生氏は記している。

再び小論にもどる。創刊号の第三面には、藤原彰氏の「竹橋暴動について」と中沢市朗氏の「秩父困民党との関連について」と題する小論が掲載されている。藤原氏の小論を紹介しておく。戦後の日本軍隊史研究の第一人者であり、竹橋事件についての最初の解説ではないかと私は思うからである。

「竹橋暴動は、松下芳男氏のいわれるように、二・二六事件と併称さるべき陸軍軍人の二大団体反乱事件です。前者は天皇制軍隊の確立の過程に起こった反乱で、これを契機に軍紀や服従が強調され、天皇制軍隊の特質と軍国主義形成の一つの起点となったものであり、後者は日本ファシズム成立の原因となり、軍隊や帝国主義国家そのものの崩壊の出発点となった事件でした。しかし二・二六事件の研究がさかんに行われているのに比べて、竹橋暴動の研究はほとんど空白のままに残されていました。これは戦前の軍国主義下においては、軍隊の大きな汚点であるこの事件についてはなるべく秘密にされ、資料の公開も十分でなかったという事情があり、戦後は軍隊の研究そのものがあまり行われなかったのが原因でありましょう。

麻生三郎氏の『竹橋暴動』は、困難な条件の中で、この事件の真相を明らかにし、事件の原因と結果についても新たな視点を打ち出したすぐれた本だということができます。資料の点では公文録や新聞などを丹念に調べ、また従来の事件に関する調査や研究にも詳しく目を通したものです。その上で記述は平易で、読みにくい裁判記録などもやさしく紹介し、一般の読者にもわかりやすいような配慮がなされています。

近代日本の軍事史、政治史の上で重要な地位を占めている竹橋暴動について、このような詳細な研究が行われたことには大きな意味があると思います。また事件を単なる恩賞への不満からの兵士の暴発だとせず、暴動の社会的、歴史的背景をさぐり、日本軍隊成立史や明治社会史の上に位置づけようとしたものといえましょう。

このお仕事をきっかけに、この事件の真相解明と、その歴史的意義の明確化がいっそう進むことを期待しております。」

次に掲載されている秩父出身の郷土史家で「秩父事件」研究の第一人者でもあった故中沢市朗氏の「秩父困民党との関連について」も紹介しておこう。

「実は、私も麻生三郎著『飛び起つ竜』第一部で、竹橋に秩父郡の者三名（高橋小三郎もいます）を知りおどろき、それの調査にのりだし始めたわけです。浅見綾次郎の場合、遺族もわかり、裏庭に招魂社をまってあること、『西南戦争に天朝様へ大筒をむけたのだ』という口伝で伝承されていました。綾次郎の写真もあります。あと一度訪ねる予定です。

そして私はそれらを近刊の『秩父困民党に生きた人びと』（現代史出版会、発売・徳間書店、一三〇〇円＝松尾注）の中に紹介しておきました。田島森助については、小森に田島姓は四軒ほどあり、あたって見るつもりです。

浦山村からは勿論、秩父困民党への系譜（精神的影響）はなかったものかどうか、ちなみに平野義太郎先生もこのことは注目なさっておりました。」

上記の中沢氏の小論に続いて麻生氏は、「竹橋近衛暴動99周年懇談会を契機として、『竹橋ニュース』を発刊してその真相を明らかにするための活動を行うことにした。会の規則はつくらないが、年会費一〇〇〇円とし、年三～四回ニュースを発行する。麻生の個人負担が主となっているが、一日も早く会独自の運営ができるようになったらと思う。会費の振込口座は〈株〉ラテイス宛」と〈お知らせ〉を書いている。

このように、麻生氏の独力（資金も編集も）で発行した『竹橋ニュース』第一期は、前述の通り、第42号（一九八七年一二月二五日）で終わっている。私の乏しい書庫に全号が揃って保存されている。またまた要望で恐縮だが、第一期分だけでも復刻版ができるとありがたい。特に貴重な新発掘資料として、当時会員であった目良誠二郎氏による事件関係者の本籍地や当時の記事が第36号（一九八六年八月二五日）に初めて寄稿されている。氏の本務校であった海城中学・高等学校の『研究集録』第9集（一九八四）に「竹橋事件に関する官側史料の若干の整理」と題して貴重な基礎的史料を公刊し、その後も、同じ題名で同上『集録』に精力的に史料発掘をされているので、竹橋事件研究者の必読文献であることを指摘しておく。

『竹橋通信』第一期最終号が発行された一九八七年、この年の八月発行の〈古書を巡る情報誌〉『彷書月刊』第3巻第8号に、「特集　竹橋事件」が組まれている。

この特集号は、本誌の発行人であった堀切利高氏が、私の大学の研究室を訪問されてこの特集企画を持ち込まれた際に、執筆者の人選と依頼は私がしたものである。一般の読者には入手しにくい小冊子なので、竹橋事件に関してのみ、題名と筆者を紹介しておく。

「近代天皇制国家の成立と竹橋事件」〈松尾章一〉・「われらの竹橋事件」(澤地久枝)・「遺族会結成の意味」(菊池久)・「その背景と経過」(中林茂夫)・「竹橋と秩父の遺族たち」(中沢市朗)・「竹橋事件と明治政府」〈麻生三郎〉・「映画の側からみた竹橋兵士の群像」(千野皓司)・「本籍の判明した竹橋兵士たち」(目良誠二郎)。

以上の八氏の寄稿は短文ではあるが、すべてが「竹橋事件」の歴史的実像の解明にとってきわめて有益なものだと私は思うが、紙数が限られているために、『口供書』について述べている澤地氏と、死刑に処せられた菊池作次郎の遺族で、現在、遺族会会長で「竹橋事件の会」の代表委員のお一人でもある菊池氏の文章の二つのみを紹介させていただくことをお許し願いたい。

「われらの竹橋事件」(澤地久枝)

「『火はわが胸中にあり』」(文春文庫)は、ものかきとして小さな記念碑のような仕事になった。事件から百年という歳月の経過、時の権力や軍中枢にとっては抹消が最善と判断された事件の性質と規模―。百年という時間は、現実に過ぎ去った時間の倍はありそうな暗黒をのこしていた。

昭和、それも旧憲法時代を守備領域としてささやかな仕事をしてきた人間にとって、竹橋事件はまことに荷の重い仕事であった。

わたしはここで、事件復元のために用いた手法のことを書いておきたい。それは現在、目良誠二郎氏によって、有期刑を宣告された人々の氏名・本籍地などが明らかになったことにかかわる。

銃殺された男たちは、彼らを裁いた陸軍裁判所の口供書の中にしか、その声をのこし得なかった。それがいわば唯一の資料であり、裁いた側に都合のいい資料になっていたはずである。

それでもなお、口供書を丁寧に解きほぐし、つなぎ合わせてみると、たとえば『謀議』進行中になにも動きのない『空白の三日間』があるのがみつかった。作為された資料にはかならずこういう矛盾がひそんでいる。

有期刑になった人々は、事件の発起から暴発、そして鎮圧さらには処刑のあとのことまで見聞し得た証人である。

いくら帝国陸軍の強圧下であったとしても、生きのびた時間をもつ関係者すべての口を封じることはできない。

昔語りのように、独り言のように、声をひそめて明治十一年夏のことが語られるのを聞いた家族がかならずあり、一家の中の秘められた真実は、口伝によってのこされずにはいない。そう考えれば、百年はそれほど長い時間ではなくなる。

本籍地の地番などが変わっていても、地名辞典などが旧地番とのつながりを教えてくれる。ある村が特定されてきたら、それぞれの土地に住む人々による人海戦術で、関係者の家の確認の仕事をいそいでやるべきである。

村役場も市役所も、いまでは協力的になった。その土地の郷土史家、とくに民権問題や公害問題に関心をもつ人に案内を頼むことは、役場との関係を良好にする意味においても大切である。

なにものこっていない一家はあっても、かならず墓地があり、墓石が死者の人生の片鱗を刻む。寺には過去帳があるし、墓の現在の施主が誰であるかを教えてもらうことも可能である。そうやって、有期刑になった男たちの遺族に辿りつく仕事を手分けして全国的にやる必要がある。」【注　以上の澤地氏の文章の続きは参考②を参照】

参考①、菊池氏の文章は、

「竹橋事件」に関する最初の概説書は、竹橋事件百周年記念出版編集委員会編『竹橋事件の兵士たち　近頃人民一般苛政に苦しむにより』〈発行＝現代史出版会、発売＝徳間書店　一九七九年五月十日第一刷〉である。

本書の目次を紹介しておく。

竹橋事件発掘の意義と問題（平野義太郎）、竹橋事件と国民の歴史意識（高橋磌一）、竹橋事件の真相を追う（麻生三郎）、秩父路の兵士たち（中沢市朗）、蜂起の日を命日に（多田留治）、埋火（ひだね）を掘る—上州の兵士をたずねて（藤林伸治）、崖下の墓標—東京の兵士をたずねて（野村正太郎）、成立期における日本軍隊の特質（藤原彰）、岡本柳之助と陸奥宗光（絲屋寿雄）、兵士たちの生活とこころ（対談　澤地久枝・高橋正衛）、「竹橋事件」研究史小論（松尾章一）

資料篇（麻生三郎・松尾章一編）、あとがき（麻生三郎記・竹橋事件百周年記念出版編集委員会）、執筆者紹介（本書収録順）

最後に、松尾が竹橋事件の概要を一般国民に紹介した最初の文章を【参考③】として掲載しておきたい。

なお、竹橋事件青山墓地遺族会が編集・発行した『竹橋事件　一八七八（明治11）年の事件が現代に呼びかけるもの』（二〇〇四年八月二三日第一刷　頒価一五〇〇円）が容易に入手できる（取扱者・海老原勉氏　TEL・FAX＝045−921−1094、郵便振替口座は00230−4−11186）。

【参考①】澤地久枝「われらの竹橋事件」後半部（一九八七年八月発行〈古書を巡る情報誌〉『彷書月刊』第3巻第8号「特集　竹橋事件」所載）

内山定吾の結婚について、系譜が改ざんされていることを証言してくれたただ一人の人は、わたしの本の出版から間もなく急死された。その人がいなかったら、事件後の定吾の結婚の行方はわからずに終わった。それは単に結婚という個人のレベルのことではなく、権力中枢にまでかかわっていたことを証明できずに終わったはずである。

急がなければはならない。証言能力のある人々の退場はすでに始まっている。いまのうちである。

当時の新聞を読んでいて、脱獄囚となった有期刑の中山清三郎をみつけ、そこから話が膨らんでいった。逆に、どの県で、いつ、誰が出獄を許されたという事実から、当時の新聞を読み返す作業も必要になってくる。

家族構成、一家の暮らし向き、長男か次三男か、背の高さといった具体的なことを一人また一人と調べあげていくことで、竹橋事件は事を起こした兵士たちのものとして戻ってくる。歴史を奪い返すためには、具体的な資料の掘り起こし以外にはない。

麻生さんやわたしが竹橋事件に手をつけた頃は、全く暗中模索であった。しかしすでに多くの研究者や遺族によって竹橋事件の土台はかたまった。

いったいなにが起き、なにを目的としてしかも果せなかったのか、特に大久保忠八について、どんなに小さな断片であれ、資料が浮び上がってくることをのぞんでやまない。徒刑にやられることは即、死を意味したという明治初年の刑務所の生活。政治犯として扱われたのか、一般の犯罪者として扱われたのかも判明しよう。

赤坂仮御所にいる天皇を目指して、一斉に兵営を出ていった足音と熱気を体で知っている人々がよみがえってくるのである。地味ではあってもなんと刺激的な仕事だろうか。若い人たちの出番である。

わたしは何日も座り込んだまま電話をかけて、一村の同じ姓の家をはじから問いただしていったことがある。木村円解は僧侶の子だったが、そうやって生家の寺をみつけ出した。地方では、駐在さんに聞くとよくわかるということもある。

空白の歴史を埋めていくためのヒトコマヒトコマは、結局創意と根気によってのみ手にできることを、わたしは仕事を通して知った。のちに一族から近衛兵を出している例も多いことも、調べて知って驚いたことの一つである。

わたしは『火はわが胸中にあり』に、有期刑も無罪もふくめ、口供書に登場したすべての男たちの名前を、所属と名前以外は不明のまま、一人のこさず書いた。いつかその人の年齢や本籍や家族という生きた顔を探し出せるという希望をもっていたからである。

一人では困難なことも、十人なら容易になり、百人ならより早く確実になる。掘り起こし作業が終わる時、竹橋事件は文字通り私たちの歴史となるのである。

【参考②】菊池久「遺族会結成の意味—事件の真相へ正当な位置づけ」全文（一九八七年八月発行〈古書を巡る情報誌〉『彷書月刊』第3巻第8号「特集　竹橋事件」所載）

西南戦争後、一八七八年八月二十三日、近衛砲兵大隊の兵士たちは何を考え何故集団で行動を起こしたのか。兵士たちの行動は直ちに鎮圧され、乱暴な裁きによって、五十三名の死刑を含む多数の兵士たちは刑に処せられた。彼らが生命をかけて、訴えたかったことは何だったのか。そして、彼らを何故殺さなければならなかったのか。

いわゆる「竹橋事件」に関する調査・研究活動と殉難者の掘り起こし及び顕彰運動は「竹橋事件の真相を明らかにする会」の発足以来各地で進み、事件の真相を究明する上で、大きな成果をあげている。

こうした全国的な運動の高まりの中で、竹橋事件遺族会は、東京青山霊園にある「旧近衛鎮台砲兵之墓」を守り、墓域に竹橋事件顕彰の碑を建てることを目的に、一九八三年九月「竹橋近衛暴動の真相を追求する会」（後に「竹橋事件の真相を明らかにする会」に改名）の呼びかけと、関係者の努力で準備され、一九八五年、東京・栃木・群馬・新潟・三重・大分の各都県の青山墓地埋葬者の遺族によって東京で結成された。「竹橋事件遺族会」の結成は、一八七八年の事件から実に一〇七年の歳月を必要とした。遺族会の結成によって、墓地継承者としての要件が整い、永い間所有主のないままとなっていた殉難者の墓地は、ついに東京都から正式に墓地の使用が認められることになった。

一八七八年十月十五日、東京深川越中島で処刑された五十三名を含む殉難者五十六名の兵士たちの遺族と、竹橋事件の真相を明らかにし事件の歴史的評価と先人の復権を願う人々のもとに「旧近衛鎮台砲兵之墓」を永久にとりもどすことができたわけである。

遺族会は「竹橋事件の真相を明らかにする会」と共同して、一九八五年十月遺族会結成記念全国集会を成功させ、一九八六年十月竹橋事件一〇八周年記念には、竹垣を造り整理された「旧近衛鎮台砲兵之墓」で盛大に墓前祭を行なった。その日「竹橋事件犠牲者顕彰碑建立基金募集」の訴えを発表した。竹橋事件は、日本の歴史に正当に位置づけられるべきである。

一九八七年十月、竹橋事件百十回忌を記念しての顕彰碑建立の準備は全国の多くの人々の協力で、今着実に進められている。竹橋事件遺族会は、墓地をしっかり守り事件研究の新たな発展のために果すべき役割を分担しながら、準流刑以下の兵士を含む殉難者とその遺族の掘り起こしをすること。そして、まだ遅れている遺族会への加入促進と財政の確保や、竹橋事件の劇映画化などの諸行事に対する協力、研究集会等への積極的な参加など、取り組むべき課題は誠に多い。

【参考③】松尾章一「竹橋騒動起る　謎の近衛兵の叛乱」（一九八〇年版『現代用語の基礎知識』付録『読める年表　動乱の幕末から明治憲法発布まで　知っておきたい72の事件史』〔松尾章一監修　他十一氏協力執筆〕所収）

軍隊史上最大の叛乱

明治十一年八月二三日夜一一時半ごろ近衛砲兵大隊の兵営（現在の地下鉄東西線竹橋駅のある北の丸公園の一部、国立近代美術館と国立公文書館の裏あたり）から兵卒二〇〇名以上が蜂起し、制止する大隊長宇都宮茂敏少佐と深沢巳吉大尉を殺害し、山砲を二発発して、厩《うまや》に火を放ち、砲兵大隊兵営と向いあっていた近衛歩兵第二連隊にも協同を呼びかけた。歩兵連隊から呼応した者は三十数名のみで、少尉一名が混乱の中に死亡しただけで叛乱はまもなく鎮圧され、歩兵は逆に砲兵に向って小銃で応戦してきた。そこで蜂起した兵士の一隊、九〇名余は山砲一門を率いて兵営を脱出、半蔵門をへて麴町通りをこえ、当時仮皇居になっていた赤坂離宮に迫って天皇に強訴を行おうとしたが、ここで鎮圧され、一名が自殺、他の多くが捕縛された。残った兵士は、負傷して堀にかくれたり、形勢利あらずとみて事態収拾をよそおったりしたが、ついに全員逮捕されてしまった。かくして日本軍隊史上、最初にして最大の規模であった近衛兵の叛乱は、翌八月二四日午前二時ごろにはすべて鎮圧された。

死刑五三名を含む処罰

その日の午前八時から陸軍裁判所において、裁判長黒川通軌・評事山川浩・権評事伏谷惇・同阪元純凞・参坐陸軍中佐国司順正・同陸軍少佐西寛二郎・同陸軍少佐葛岡信綱・同陸軍少佐大島久直の下で、そろばん責め、箱責めの拷問を含む過酷な糾問が開始された。その結果、同裁判所は一〇月一三日、暴動兵卒二五九名に対する犯罪処分断案を作成した。

その内訳は、死刑五三名、准流刑一一八名、徒刑六八名、戒役一五名、杖及び錮一名、錮四名であった。翌一四日、陸軍卿西郷従道は死刑五三名について太政大臣三条実美の決済を仰ぎ、同日決済をえて、翌一五日、罰文の申渡が行われた。

五三名の死刑囚は、午前三時三〇分、仮囚獄より人力車に乗せられ、深川越中島の陸軍刑場（現在東京商船大学内）に護送され、砲殺〔編集注　銃殺の意で、明治期の用語〕の十字架を五本ずつ三組に立て並べ、一度に一五名ずつ処刑が行われ、午前五時ごろから開始されて九時ごろには全員の処刑が終った。死体は桶に入れ、青山陸軍埋葬地に送られたと、『朝野新聞』（一〇月一六日付）は報じている。死刑に処せられた五三名の内訳は、近衛歩兵第二連隊兵卒一名、近衛砲兵大隊兵卒四七名、東京鎮台予備砲兵第一大隊兵卒五名で、そのほとんど全員が徴兵された農民または平民で、平均年齢は二四歳強であった。

この後、翌一二年四月一〇日、鎮台予備砲兵大隊の梁田正直曹長と平山荊《いばら》火工下長の二名の死刑が執行された。このほか、暴動関係者として、東京鎮台予備砲兵第一大隊長岡本柳之助少佐が、一二年二月二六日、奪官の判決をうけ出獄、同日、岡本大隊長の部下内山定吾砲兵少尉には自裁（切腹）の判決が下ったが、なぜか実施されず、一五年五月一三日になって無期流刑に変更された（明治二二年二月一一日帝国憲法発布により、死刑者たちとともに大赦になり出獄。明治三九年二月二一日五六歳で歿した）。

暴動の理由については、当時から今日にいたるまで西南戦争の賞典がなかったこと、陸軍省経費削減による減給・官給品減省などにたいする不満からであったともっぱら説明されてきた。しかしながら、最近の新研究によれば、埼玉県秩父郡小森村出身の農民である近衛砲兵大隊砲卒田島森助（介）の口供書の中にある蜂起直前に国元へ送った書面に「近頃人民一般苛政に苦しむにより、暴臣を殺し、以て天皇を守護し、良政に復したく」と書かれていたことなどから、当時の地租改正反対農民一揆や自由民権運動の影響を強くうけていたのではなかったかと推測されている。またこの事件の真相は、一〇〇年間も歴史の中にうずもらされてきたため、いまだ多くの謎につつまれている。

岡本柳之助の行動が鍵

この謎をとく重要な手がかりは、とくに事件当時不可解な行動をして注目され、結局は奪官という奇妙な罪名で出獄し、のちに右翼浪人として明治政府の黒幕の一人となった岡本柳之助をはじめとする紀州派の動きの解明である。竹橋暴動の起きた三日前に、西南戦争に呼応する挙兵陰謀の罪により禁獄五年の判決をうけて下獄（逮捕は六月一〇日）した紀州出身の大物政治家である元老院幹事陸奥宗光を獄中から救出し、内閣の大改造を行なおうという動きが当時あったといわれている。

陸奥の紀州藩時代からの腹心の部下であった岡本柳之助の奇怪な行動と、叛乱が事前に政府に洩れていたことがほぼ確かであったこととあわせて、今後の研究にまつところが大きい。

（まつおしょういち・法政大学名誉教授・二〇一七年一月五日稿了）

「近衛砲隊暴動始末」「口供書」刊行委員会 について

本書刊行委員会の母体は、竹橋事件の発掘・研究、顕彰のために1977年に創立された「竹橋事件の真相を明らかにする会」と、1985年創立の「竹橋事件青山墓地遺族会」である。この二つの会については、巻末の「『竹橋事件の会』創立前史覚書」に記述されているので、そちらをご参照いただきたい。本書刊行委員は、いずれも、長年、この二つの会の活動に取り組んできた会員である。

（「近衛砲隊暴動始末」「口供書」刊行委員会　　代表　菊池　久）

「近衛砲隊暴動始末」と「口供書」

――竹橋事件・日本軍隊史上最大の兵士の叛乱

©編・著者　「近衛砲隊暴動始末」「口供書」刊行委員会

2017年4月10日　初版発行

発行所　**株式会社つくばね舎**

〒277-0863　千葉県柏市豊四季379-7

TEL・Fax04-7144-3489　Eメール tukubanesya@mx3. ttcn. ne. jp

発売所　**地歴社**

〒113-0034　東京都文京区湯島2-32-6

TEL 03-5688-6866　Fax 03-5688-6867

印刷・製本　モリモト印刷株式会社

ISBN978-4-924836-83-9　C3021